日本政治学会 編

政府間ガバナンスの変容

年報政治学2008−Ⅱ

木鐸社

はじめに

　1990年代以降，日本の地方政府では多数の改革項目が同時多発的に進行した。リストラへの取組，住民とのパートナーシップの構築・推進，透明化への一層の改革，NPM型改革への取組など，極めて多種多様な変化が起きている。同時に，90年代は，中央政府において，法制度改革（中央関与の縮減，機関委任事務の廃止）を主眼とした地方分権改革が進められた時期でもあった。これらの同時多発的な地方における改革と中央における改革は，中央地方の政府間ガバナンスに大きな変容をもたらすことになった。また，2002年以降本格化した三位一体改革は，財政面での中央地方政府間のガバナンスの変更を迫るとともに，そのプロセスにおいて，知事会内における意見対立の表面化など地方政府相互間に緊張をもたらした。

　ヨーロッパにおいても，多くの国において政府間ガバナンスの変容が観察されるところである。先行研究の知見を要約すると，マクロレベルの環境変化とメゾ・ミクロレベルの環境変化とが，政府間ガバナンス変容の要因となっている。マクロレベルでは，都市化の進行により地方政府の規模に差がつきその間の調整をどのようにするかという問題が生じてきたこと（地方制度再編，合併や連携組織の構築），グローバリゼーションによって中央政府のコントロールを余り受けない金融市場や多国籍企業などが強大化してきたこと，欧州統合により地方政府が直接EUの規制や影響を受ける事態が出てきたことがあげられる。メゾ・ミクロレベルでは，NPMの浸透による効率的な政府の追求，また，地域住民のより強い参加要求や応答性に地方政府が応じなければならなくなったことなどがあげられる。これらの事情は，欧州統合という点を除けば，日本もまた同じである。

　本特集号では，政府間ガバナンスの変容について，多角的な視点から分析を行った。政府間ガバナンスに関する研究をタイプ分けすると，大きく二つに分けられる。まず，政府間ガバナンス，一定の状態の継続や変化がどのような帰結をもたらすのか，独立変数として政府間ガバナンスを扱うものである。いま一つは，変化をどのように説明するのか，従属変数とし

て扱う研究である。本特集の論文をあえて分類すると，北村，村上，南・李論文が前者に，市川，宗前，青木論文が後者に該当する。曽我論文は，両者にまたがる政府間ガバナンス関連論文の包括的レビューである。

まず，北村論文は，1970年代以降の日本の財政赤字におけるパターンを中央地方関係から説明している。全体として昭和50年代および平成元年代の国の財政赤字の拡大に比べると，地方の財政赤字の拡大は比較的緩やかだった原因を，自民党の意向を汲んだ大蔵省と自治省の地方財政対策から説明する。この事例は，一見すると技術論的な領域に見える地方財政の政策領域であっても政治家の意向が大きく作用していることを明らかにする一方で，政治家が直接に影響力を行使するのではなく政治家の意向に対して予測された行動をとる行政官庁の重要性を明らかにしている。

次に，村上論文は，自治体行政組織の必置が緩和された場合にいかなる要因が地方政府の制度選択に影響を与えるのかを，教育委員会制度改革に関する首長へのサーベイ・データから実証的に考察する。分析の結果，首長の政治的安定性や首長と議会の関係といった地方政府内部の政治的要因が教育委員会の制度選択に大きく影響しており，必置緩和によって機能的に望ましい行政組織が選択されるとは限らないことを明らかにする。

南・李論文は中央と地方間の財政調整をめぐる政治過程を，「不動産取引税」を事例として取り上げ，「地方分権の政治合理モデル」により説明することを目的としている。すなわち，なぜヨリンウリ党（与党）が不動産税の中で地方税収における最も多くの割合を占めている「不動産取引税」を減税のターゲットとしたのか。また，なぜハンナラ党（野党）は既存の減税政策をいきなり一変させ，地方自治体と一体になり政府与党案に反対したのか，という問いを立てた。そして，ヨリンウリ党が取引税をターゲットとした理由として，地方権力がハンナラ党によって統一されたため，政権党には地方政府の裁量を弱める誘因が働いたことを論証した。

従属変数としての中央地方関係の検討，すなわち，分権改革という変化をもたらしたのは何かを考察したのが市川論文である。本論文では，2000年分権改革が実現した要因を検討する。分権改革は，それまで何度も課題とされながら，挫折を繰り返してきた。論文は，この「挫折の構造」を特定し，ついで，今回なぜこの構造が打破されたのかを分析する。財界の支持により分権改革が正統性の高いアジェンダに浮上した過程を「アイデア

の政治」によって説明し，また，地方自治政策コミュニティが権威の高い審議会を獲得した原因を，自社連立政権の存在に求める。

宗前論文は，激しい政治的抵抗が想定される福祉政策領域の供給カットが成立しうる条件を，複数の事例分析によって検討する。医療供給は，歴史的政策資源としての病院群が必要であり，他方，施設形成・ネットワーク形成・病院経営・病院事業管理・人事・医療職育成などに関する行政管轄は，複数の政府で分有されている。その意思形成は統一的な調整を経ないために，医療に対する国民的期待を達成するような政府間ガバナンスの一体的実現は，極めて困難であることが明らかにされる。

青木論文は従来中央政府（文部科学省）の制約下にあったとされる教育政策の領域で，分権改革以降は中央政府の制約緩和に伴い，地方政府が学校選択制をはじめとする多様な独自施策を展開していることを析出するとともに，政治アクター（首長，議会）が教育アクター（教育長，教育委員会事務局）へ影響力を行使するようになったことを明らかにする。

曽我論文は，中央地方関係に主な焦点をあてながら政府間ガバナンスについての最近の海外の研究動向を紹介，検討している。大きく分けて二種類の研究，すなわち，中央地方関係のあり方がもたらす帰結を解明する研究と，中央地方関係のあり方を規定する要因を探る研究が扱われる。それらの研究動向をふまえて，日本における研究の今後への方向性についても示唆を与えるものである。

本特集のため編集委員会は，2007−08年度科学研究費基盤（C）「政府間ガバナンスの変容に関する研究」（課題番号19530113・研究代表者　稲継裕昭）を受けた。精力的に研究会を重ね，年報委員の皆様方と刺激的な議論を交わすことができたことを改めて感謝したい。

なお，特集の最後には，2008年度第Ⅰ号年報に編集上の都合により収録できなかった杉田論文を掲載している。

特集に加えて，本号には6本の査読論文が収録されている。質の高い論文をお寄せ頂いた執筆者各位と，中邨章査読委員長をはじめとする査読委員の皆様方のご尽力に対して心よりお礼申し上げる次第である。

2008年9月

2008年度第2号年報委員長　稲継裕昭

日本政治学会年報　2008-Ⅱ

目次

はじめに　　　　　　　　　　　　　　　　　　　稲継裕昭（3）

〔特集〕 **政府間ガバナンスの変容**

中央地方関係から見た日本の財政赤字　　　　　　北村　亘（11）

行政組織の必置緩和と地方政府の制度選択
　　―教育委員会制度改革を素材として―　　　村上祐介（37）

中央地方間ガバナンスの政治分析
　　―韓国における不動産取引税引き下げの政治過程―
　　　　　　　　　　　　　　　　　　　南京兌・李敏揆（59）

分権改革はなぜ実現したか　　　　　　　　　　　市川喜崇（79）

医療供給をめぐるガバナンスの政策過程　　　　　宗前清貞（100）

分権改革のインパクト
　　―教育政策にみる自治体政治行政の変容―　　青木栄一（125）

政府間ガバナンスに関する最近の研究動向　　　　曽我謙悟（144）

*

法と暴力
　　―境界画定／非正規性をめぐって―　　　　　杉田　敦（166）

〔論文〕

アメリカ外交政策の継続と民主制度　　　　　　　　　樋渡典洋（182）

「進化政治学」とは何か？　　　　　　　　　　　　　森川友義（217）

事業廃止の政治学
　——都道府県のダム事業を対象に——　　　　　　　砂原庸介（237）

観念論としての自由主義
　——1910年から25年におけるクローチェ思想の展開——　倉科岳志（258）

自己所有権と平等
　——左派リバタリアニズムの意義と限界——　　　　井上　彰（276）

地方制度改革と官僚制
　——外部専門家のアイディアと行政官の専門性の視座から——
　　　　　　　　　　　　　　　　　　　　　　　　木寺　元（296）

〔学界展望〕

2007年学界展望　　　　　　　　　日本政治学会文献委員会（316）

2008年度日本政治学会総会・研究会日程　　　　　　　　　（346）

『年報政治学』論文投稿規程　　　　　　　　　　　　　　（360）

査読委員会規程　　　　　　　　　　　　　　　　　　　　（364）

Summary of Articles　　　　　　　　　　　　　　　　　　（367）

政府間ガバナンスの変容

中央地方関係から見た日本の財政赤字

北村 亘*

1 はじめに

　本稿の目的は，日本の財政赤字の特徴を政治的な要因から分析することである。政府部門全体の財政赤字が急激に悪化していく中にあって，中央政府の債務と地方政府の債務の膨張に見られる「違い」を「決定的転換点」での政治的決定に着目して説明する。

　一般政府部門の総負債残高を見ていくと，1975年度では一般政府部門全体で約37兆円（名目国内総生産比24.8％）であった財政赤字が，2005年度では約957兆円（名目国内総生産比190.0％）にまで膨れ上がる。昭和50年代（1975－84年）までは増加の一途を辿り，その後横ばいを続け，再び平成元年度（1989－98年）の特に1991年度から急増している（図1参照）。しかし，ここでさらに興味深いのが，一般政府部門の総負債残高の中でも中央政府の抱える負債残高の伸びは，地方政府の負債残高と比べると圧倒的に大きい。つまり，地方の債務の膨張に比べて中央の債務は急速に膨張し，それが昭和50年代と平成元年代に生じているのである。

　日本の財政赤字が急激に拡大していく中で，なぜ，中央政府の財政赤字は地方政府の財政赤字を上回って拡大したのか。本稿は，特に昭和50年代と平成元年代に着目し，地方財政ゲームから中央と地方との債務の伸びのギャップを分析する。結論を予め要約しておくと，政治的不安定性に敏感に反応する与党自民党幹部の意向が地方財政をめぐる自治省と大蔵省との間の折衝に大きな影響を及ぼすというところに大きな鍵がある。つまり，昭和50年代と平成元年代には与野党伯仲及び政権交代の危機に直面した自

＊　大阪大学大学院法学研究科　教員　行政学・地方自治論

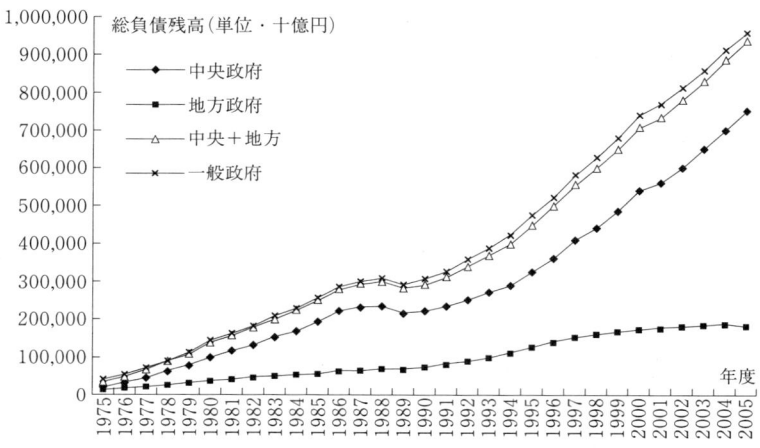

図1 一般政府部門の総負債残高：名目GDP比

[出典] 内閣府「国民経済計算」。一般政府部門内の資産・負債の持ち合いは調整されていない。

民党幹部が財政支出の拡大を望んだ結果，大蔵省は財政支出の拡大を歓迎していなかったにもかかわらず，地方への移転財源の拡大を要求する自治省の主張を受け入れていくのである。その結果，中央政府が財政支出のための負担をより大きく引き受けることになってしまい，中央レヴェルの債務膨張が急速に進んだのである。地方の擁護者を自他共に任じる自治省と，国家財政を所管する大蔵省との間で，どのような折衝過程が展開されるかということが財政的な負担をどちらが引き受けるかということを考える上で重要なポイントとなる。

本稿は，最初に制度と政治的プレイヤーに関して理論的な検討を行った上で，昭和50年代および平成元年代のそれぞれの決定的転換点の政治過程を分析する。特に地方自治体への移転財源をめぐって中央政府がどのように対応したのかということに焦点を当てる。

2 理論的検討

(1) 地方税財政政策における政治過程の重要性

中央官僚が政策決定を主導しているという官僚優位論が正しいのであれ

ば，「官僚の中の官僚」である大蔵省（財務省）が厳格な予算管理を行い，他の各省庁や地方自治体に押し付けたであろう（辻，1969年，1976年）。しかし，現実には，急速に膨張した財政赤字の負担を地方自治体に転嫁することなく中央政府は自ら大きな負担を引き受けている。このパズルを解くためには，地方財政をめぐる政治過程に着目しなければならない。

そもそも，一般的に，政権与党が政権交代の危機に直面したとき，財政支出を拡大するために借入強化を選択する（Persson and Svensson, 1989; Alesina and Tabellini, 1990）。政権の政治的基盤が弱体化していればそれだけ次回総選挙での支持を得ようとして課税強化ではなく借入強化によって財政支出の拡大を図るインセンティヴが大きくなる。日本の場合，与党自民党は1970年代以降の相次ぐ国政選挙での敗北を受けて，課税強化で対応することは選挙政治的に不可能であった。1975年には財政特例法を成立させて2兆2900億円の赤字国債の発行という「禁じ手」を用いることで歳出と歳入の乖離を埋めざるをえなかった[1]。問題は，中央か地方のいずれがより大きく財政的な負担を引き受けかという点である。つまり，中央政府が主として債務を負うのか，地方政府が主として債務を負うのかということが問題となる。いずれにしても政策決定者である与党幹部が選択をしなければならない大きな政治的課題である。

確かに，単一主権国家の多くでは中央政府によって地方財政の健全性を担保するための制度が多く準備されていることから考えると，地方財政は中央財政よりも健全性を保ちやすい傾向がある。とりわけ，中央政府が決めた政策であっても，その実施を中央省庁の出先機関ではなく地方政府に依存している「融合型」の中央・地方関係の下では，中央からの十分な財源供給がなければ地方政府の怠業や抵抗を招いて中央の政策が貫徹されない。そのため，中央政府が借入強化によって調達した資金は，地方政府に財源移転されることになる。実際，日本の地方交付税の総額は，増加傾向にある（図2参照）。

しかし，以上のような単一主権制度や融合型地方制度からの説明だけでは債務の伸びの変化を十分に説明できない。政府部門全体の債務が伸びたときに中央政府と地方政府との債務の間に格差が拡大することを制度的変数からだけでは説明することは困難である。政治的な決定過程に着目しなければならない。

図2 中央地方の債務負担比率と地方交付税総額の伸び

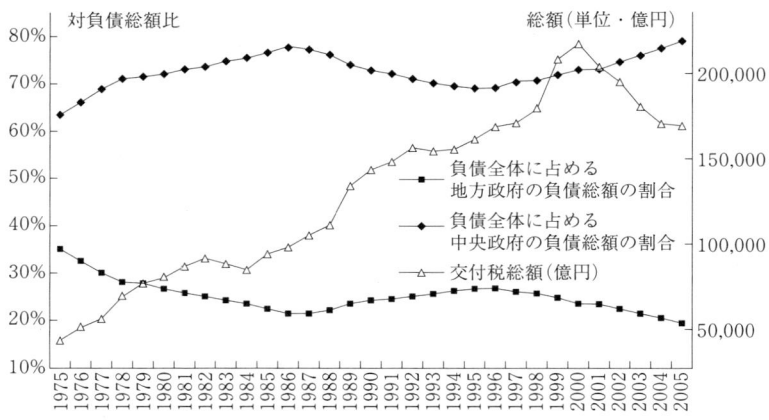

［出典］内閣府「国民経済計算」。総務省（編）『地方財政要覧』2003年度版及び2006年度版を参照。

　本稿は，中央政府内部での地方利益の表出メカニズムとして，政治的な回路だけではなく行政的な回路も加味した政治過程に着目して中央と地方の債務の伸びのギャップを説明する。従来，政治的回路から中央政府内部での地方利益の表出を説明する研究があった（村松，1988年）。しかし，政治家が技術論的な色彩の強い地方税財政政策について直接に関与することはまれであり，現実には所管省庁の自治省と大蔵省が重要な役割を担っている（北村，2000－02年）。さらに付言すれば，三位一体改革で全国知事会が「国と地方の協議の場」を通じて国庫補助負担金の廃止削減や税源移譲などの改革に直接関与するという例も存在するが，恒常的に予算過程を含めて中央政府内部の政策決定のアリーナに地方自治体が参加しているわけではない[2]。つまり，最終的な政策決定者たる与党，中央財政所管省庁たる大蔵省，地方自治所管省庁たる自治省の三者で一体どのようなゲームが展開されているのかという点が重要なのである。与党が直面している政治的な不安定性の結果として財政赤字が拡大する際に，どのような政治的なゲームが与党，大蔵省，自治省の間で展開されて，結果として中央政府の債務がどのように膨張していくのだろうか。

(2)　地方財政ゲームの構造：自治省，大蔵省，自民党幹部

中央から地方への財源の移転の中で最も重要な制度が地方交付税制度である。地方歳入全体では約20％を占めており，近年では18兆円前後で推移している。基本的には客観的な指標を用いて算出された基準財政需要額から基準財政収入額を減じた財源不足額を交付基準額としている（北村，2006年b，141－142頁）。地方交付税制度が抱える最大の問題は，上記の財源不足額と，国税の一定割合から繰り入れられた原資とが一致する保障がないということである。1970年代以降，財源不足額の補填は国税の繰り入れ分では足りない状態が常態化している。「地方財源の不足額をどうするのか」ということが大きな政治課題である。

　ここで，地方財源の不足額の扱いをめぐって行政内部では自治省と大蔵省が激しく対立する。地方財源の不足額の発生に対してどのような措置を講じるのかということを決めるのが「地方財政対策」の策定過程においてである。地方財源に不足額が発生したとき，自治省は大蔵省にその補填措置を要求し，大蔵省は自治省の要求を受けて容認か拒絶かの判断を下す。大蔵省が拒絶した場合，自治省は自民党幹部に知らせるか，それとも大蔵省の拒絶を容認して地方予算の事実上の削減を受け入れるかという判断をする。自民党は自治省という「火災報知器」が作動して初めて政治的な判断を下す。ここで重要なことは，自治省も大蔵省も，最終的な決定権を有する自民党幹部の動向を見ながら自省の利益に沿って合理的に行動しているということである。常に自民党幹部の財政における政策選好が政治的不安定性によってどのような状態にあるのかということを中央省庁が考えているという点で政治が行政に影響を及ぼしている。言い換えれば，与党である自民党の意向を斟酌しながら「予測された対応」を自治省も大蔵省も採っているのである。

(3)　暫定的な補填措置，恒久的な補填措置，地方予算の実質的削減

　地方財源の不足に関するゲームで地方財源不足の補填を行う際には，地方交付税法が予定するとおりに交付税率の引き上げなどのように将来的に中央財政を制度的に拘束するような恒久的な財源補填措置と，交付税特別会計の借入や臨時交付金の交付などのように一定期間だけ中央財政に負担を与える暫定的な財源補填措置のふたつの措置がある。いずれも行わない場合は，地方予算は不足分だけ削減されるということを意味する。このよ

うに3つの選択肢がある。

地方交付税の総額確保を目指す自治省は，当然のように恒久的な補填措置を望み，次いで暫定的な補填措置を望み，地方予算の削減だけは回避したいと考えている。他方，中央財政の健全性を目指す大蔵省は，自治省の全く逆の政策選好を有している。つまり，大蔵省からすれば，中央財政の圧迫につながる地方財源の不足額の補填を回避しようとし，やむをえない場合であったとしても暫定的な措置に抑えたいと考え，恒久的な補填措置が最も避けなければならない選択肢である。

政治に目を転じたとき，与党である自民党幹部にとってみれば，財政危機の際には財政支出の削減をはかって国庫の健全性を確保し，そのことによって分配できる政治的資源の永続性を図ろうとするが，同時に政治的安定性を欠く場合にはいかなる財政状況であっても財政支出を拡大して政治的支持を調達しようとする。政治的不安定性の中でも国会における獲得議席比率が重要である。この獲得議席比率によって与党幹部が引き続き政権を握ることができるかが左右されるからである。政権交代の危機がせまってきた際には，与党幹部は恒久的な補填措置あるいは恒久的な補填措置と暫定的な補填措置の組み合わせを好ましいと考えるだろう。中選挙区制度の下で保守系無所属議員などがいるために政権交代の危機とまではいえないが，それでも野党との議席差がわずかであるような与野党伯仲の状態では，与党幹部には暫定的な補填措置が好まれるであろう。与党幹部にとって暫定的な補填措置は，恒久的な補填措置ほどのアピール度はないが，赤字を悪化させたという批判を回避しつつ，実質的には財政を拡大させるという意味で都合がいい選択肢であった。そうして，政治的な不安定性が低下したときにはじめて与党幹部は地方への移転支出を削減しようとする。

3　事例分析

借入強化によって財政支出を拡大する際に問題となるのが，中央か地方かのいずれがその財政的負担を多く引き受けるのかということである。日本では中央省庁が政策を決定したとしても，その実施を自らの出先機関ではなく地方自治体に負っている。そのため，中央省庁は，自らの政策の円滑な実施を確保するためには地方自治体に財政的配慮をしなければならない。政策の円滑な実施を望む中央政府が債務を負い，結果として中央の債

務が膨張したと制度論的な説明が可能である。

しかし，債務の伸びを見ると，昭和50年代や平成元年代のように大きくなるときとそうではないときがある。この差異を説明するのが地方財政をめぐる政治ゲームである。

(1) 政治的な不安定性

政治的な不安定性とは，与党が自らの政策を追求できない可能性といえ，与党の議席比率に大きく左右されている。1970年代以降，政治的に不安定な状態に直面した自民党内閣は次回総選挙を意識して公共事業の支出を拡大し，同時に高齢化の進展に対応した社会保障支出の拡大も行うが，税収は支出の伸びには見合わない水準で推移する。特に，1970年代と1990年代には十分な課税強化が行われなかったのにもかかわらず大幅な歳出拡充を行っている。

国政選挙における自民党の獲得議席を見ると，ちょうど1970年代後半から1980年代前半にかけて自民党は議席を大きく減らしている（図3参照）。自民党内閣は，自らの政権基盤が脅かされ，財政支出の拡大によって危機を乗り切り次回総選挙での議席占有率の拡大を目指すことになる（カルダー，1989年）。1976年の衆議院総選挙での敗北以降，議席占有率が5割を超

図3 衆議院総選挙および参議院選挙における自民党の獲得議席比率

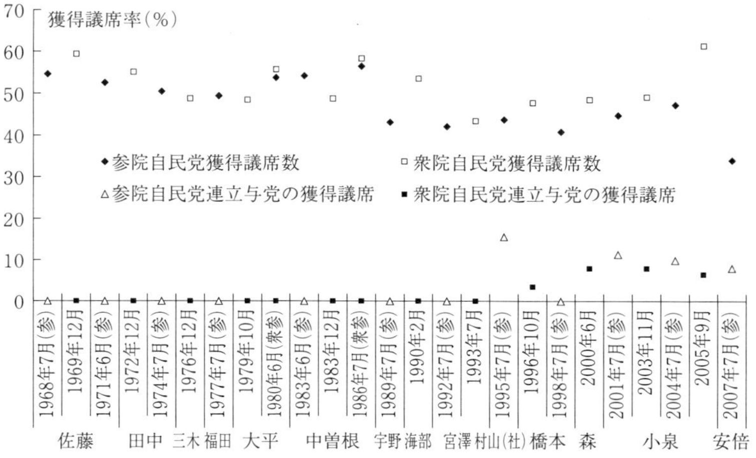

えたのは1986年以降1993年までの期間だけである（2005年総選挙は郵政解散なので例外的に6割を超える）。参議院では1974年に5割を失うが，その後は少し持ち直すものの，1989年の消費税選挙の際に5割を大きく下回ってからは1990年代を通じて5割を上回ることはなかった。

(2) 昭和50年代の地方財政対策

1970年代以降の不安定な政治状況に直面した自民党内閣は，不安定な状況を脱出するため積極的に財政支出を拡大する一方で，相次いで減税措置を打ち出す。実際に昭和50年代（1975－84年）には地方財源が不足するという事態に陥った（図4参照）。自治省は，不足額の完全補填を大蔵省に要求する。

1975年以降の自民党の幹部たちは，国会では与野党伯仲という困難な政治状況にも直面する中で，2兆円近くの地方財源不足に対する選択肢の順位付けを行っていく。経済的停滞で税収が伸び悩む中で，福祉や公共事業での支出の拡大が行われ，国家財政は危機的な状態にあった。このような状況下で地方交付税法の想定する地方交付税率の引き上げは，現実として

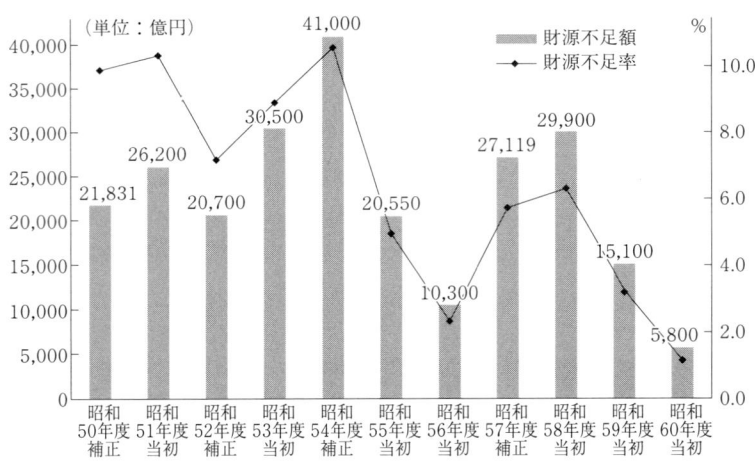

図4　昭和50年代の地方財政計画における財源不足額

［注］折れ線グラフは，地方財政計画額全体に占める財源不足額の割合(%)を示している（右軸）。
［出典］総務省『地方財政要覧』（平成15年12月）。

は赤字の拡大のみならず支出の硬直化を招き，自民党幹部としても地方財源不足解消の選択肢とすることに躊躇する。他方，赤字国債の発行が徐々に拡大していく中で財政再建を行うために地方財政計画の圧縮を行うという地方支出の削減という選択肢は，与野党伯仲の状況では現実的に難しい選択肢である。赤字国債の発行に踏み切った当時の大蔵大臣である大平正芳も，首相就任後には課税を強化して対応しようとするが，彼の一般消費税構想は失敗に終わり，1980年代後半まで増税による歳入増加の追求は政治的なタブーとなる。結局，自民党幹部は，地方交付税特別会計による借入や一般会計からの臨時特例交付金の交付，地方債増発での優遇措置といった暫定的な地方財源補填を「見えにくい支出拡大」として最も支持することになる。

　与党自民党の幹部たちが暫定的な財源補填措置を志向していることは財政赤字や国会の議席占有率の減少などから十分に想定できる。そこで，自治省も大蔵省もともにそれぞれの効用を最大化するための行動をとっていく（図5参照）。

　自治省の戦略的行動から考えると，自治省が政府内でのプレステージを維持するためには地方自治体からの最新かつ詳細な情報が不可欠である。この政策情報を得るためには，自治省は，自らの補填措置要求を大蔵省が却下した場合，大蔵省の主張どおりに地方支出の削減につながる補填措置断念を決め込むことはできない。むしろ，自民党の最終的な決断を仰ぐことで補填措置が勝ち取れるのであれば，自治省は政治的決断を求めて行動しなければならない。そのことによって自治省は地方自治体に自らの立場をアピールしうる。

　他方で，大蔵省からみれば，自治省の補填措置要求を却下することが本来望ましいが，却下した場合には自治省が自民党幹部とともに巻き返しに出てくると想定しうる。政治家の支援によって予算の獲得可能性が高まる地方自治所管省庁や事業省庁とは異なり，政治家の介入によって一貫的な政策体系が壊されることを大蔵省は危惧する。その結果，大蔵省は，財源補填措置を強硬に要求してくる自治省に抵抗するが，最終的には暫定的な補填措置に応じていくことになる。自民党幹部が決断したとしても同じ暫定的な補填措置を最終決定としたであろうが，大蔵省にとっては自ら暫定的な補填措置を決定するほうが政治的な介入を回避しうる分だけ被害を最

図5 暫定的な地方財源措置の決定過程

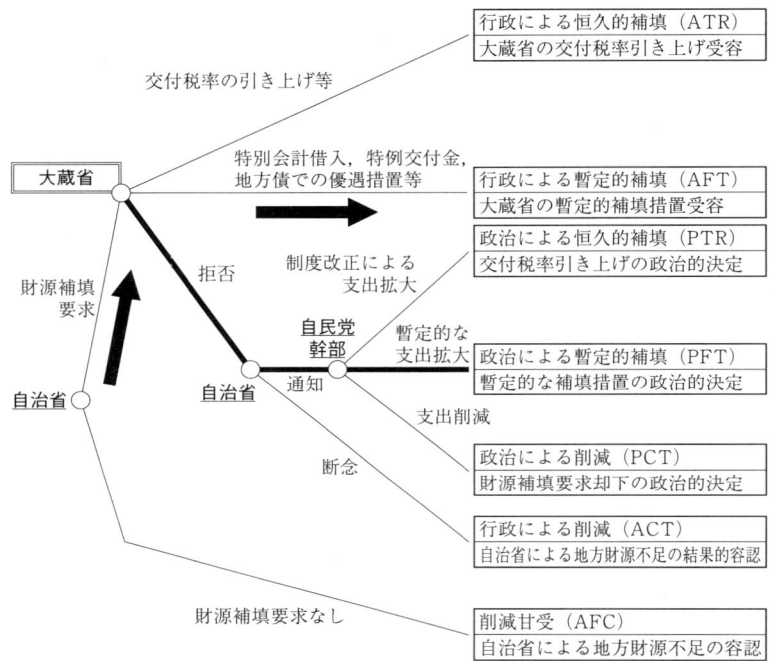

［注］太い矢印が実際の決定の流れであり，太線は大蔵省が行った逆戻り推論の流れである。

小化できるという点で合理的な対応であった。

　1970年代中頃からの「昭和50年代の地方財政危機」では，大蔵省は，自治省の補填措置要求に対して反発をしながらも最終的には要求を受け入れていく。中央負担による交付税特別会計の借入を認めたり，臨時特例交付金を一般会計から繰り入れたり，地方債によって民間市場から資金を調達する際の利子分を負担する措置を講じたりして暫定的な形ではあったが自治省と大蔵省との相対取引で補填措置が決定されていき，中央政府の債務は増えていったのである。

　ただ，公営企業金融公庫の改組問題については，大蔵省と日本銀行による金融政策の一元的管理に触れるために猛烈に抵抗し，結局，省庁間交渉では収拾がつかずに自民党三役による調整を仰ぐことになる。党三役は，金融政策の一元的管理という大蔵省の主張を受け入れつつも，実質的な融

資対象の拡大をはかり、財源不足額の補填措置の拡大につながる決定を行っている。制度の根幹には触れずに運用で対応するという意味では、交付税特別会計による借入などと同じ発想であり、この決定も中央政府に過重負担をかけることになる。

(3) 平成元年代の地方財政対策

　1986年の衆参同一選挙での大勝の勢いの中で自民党は課税強化路線に転換して消費税の導入にこぎつけるが、その導入直後の1989年7月の参議院議員選挙では大敗を喫し、過半数の127議席を大幅に下回る109議席となってしまう。以後、政治家や官僚のスキャンダルが頻発しただけでなく、景気後退も重なり、政権交代の危機感が自民党内で高まった。宮澤喜一内閣は、1992年8月には景気浮揚を図るべく戦後最大規模の10兆7000億円の財政措置を盛り込んだ総合経済対策を決定し、1993年4月にも景気回復を目指して社会資本の整備などを内容とする事業規模13兆2000億円の新総合経済対策を決定する。しかし、1993年6月には政治改革関連4法案の取り扱いをめぐって自民党内で造反が発生し、宮澤内閣への不信任決議案が可決された。即座に宮澤首相は衆議院総選挙に打って出るが、与党自民党は233議席しか獲得できずに衆議院の過半数の議席を獲得するのに失敗した[3]。

　1993（平成5）年8月には日本新党の細川護熙を首班とする非自民8会派の連立内閣が発足する。しかし、その政治的基盤は発足当初から脆弱であった。野党に転落した自民党は相変わらず院内第一党であり、与党8会派間では政策やその決定方法において意見が異なり合意形成に手間取ったからである。細川内閣も、財政支出の拡大によって政治的危機を乗り越えようとした。1993年9月、景気悪化を食い止めるために緊急経済対策を策定し、宅地開発など94項目の規制緩和と円高差益還元（ガス・電気料）、社会資本整備、住宅融資拡大など総額6兆2000億円の財政措置を打ち出し、1994年2月には、さらに景気刺激のために5兆8500億円の減税を柱とする「総合経済対策」を決定し、総額15兆2500億円という過去最大規模の財政出動を明らかにした。しかし、細川首相自らの政治資金疑惑や国民福祉税という名称での消費税の税率引き上げ構想への反発、そしてそれらに関連した衆議院予算委員会の1ヵ月余りの空転が重なり、1994年4月に細川内閣

は退陣する。続く羽田孜内閣も，公共料金の凍結などを打ち出すが，社会党が連立内閣から離脱し，新党さきがけも閣外協力に転じたため，短命で終わった。

1994年6月，社会党委員長の村山富市を首班とする自民党と社会党，新党さきがけの3党連立内閣（自社さ連立内閣）が発足する一方で，同年12月には細川，羽田内閣を支えた非自民会派を中心に新進党が結成されて二大政党が拮抗する萌芽が生まれる[4]。1996（平成8）年1月には自社さ3党連立内閣の枠組みを維持したままで橋本龍太郎内閣が発足したが，同年11月に社民党（社会党は1996年1月に名称変更）と新党さきがけが閣外協力に転じたために，橋本改造内閣は1993年以来の自民党単独組閣となった。橋本首相は，度重なる景気対策と社会保障費の増大に対応するため消費税の税率引き上げと財政支出の削減からなる財政構造改革路線を打ち出した。しかし，消費税率の引き上げは景気悪化に拍車をかけて税収全体が思うように伸びなかったばかりか，支出削減によって景気はさらに悪化してしまう。1998年7月の参議院議員選挙を控えて，橋本内閣も旧来の財政支出路線に回帰せざるをえなかった。1998年4月，追加の景気浮上策として4兆3000億円の特別減税の追加・継続や12兆円もの財政出動などを盛り込む事業規模総額16兆6500億円の総合経済対策を決定した。しかし，景気回復を見込めなかったばかりか，選挙キャンペーン中に恒久減税について発言が揺れたために自民党は大敗を喫し，橋本内閣も退陣していく。

以上のように，日本経済が悪化していく中で，1993年に発足した非自民連立内閣も1994年に政権に復帰した自民党を中心とする内閣も政権維持のために財政支出の拡大と減税を頻繁に打ち出していく。いずれの政策も，地方支出の拡大を求める施策であったり，地方に減収を強いたりする施策であるため，地方財源不足は大幅に悪化していった（図6参照）。その結果，財政の悪化を懸念する地方自治体の怠業や消極的抵抗が予想されたため，与党は，地方への財源措置には一層積極的な姿勢を示さざるをえなかった。暫定的な補填措置のみならず恒久的な補填措置にまで与党幹部は踏み込んでいく。

政治的に不安定な状況に直面している与党にとって，財政支出の拡大は，景気対策と選挙対策を兼ねた政治的に合理的な政策選択である。財政支出の拡大や大型減税を含む経済対策が相次いで打ち出され，その結果として

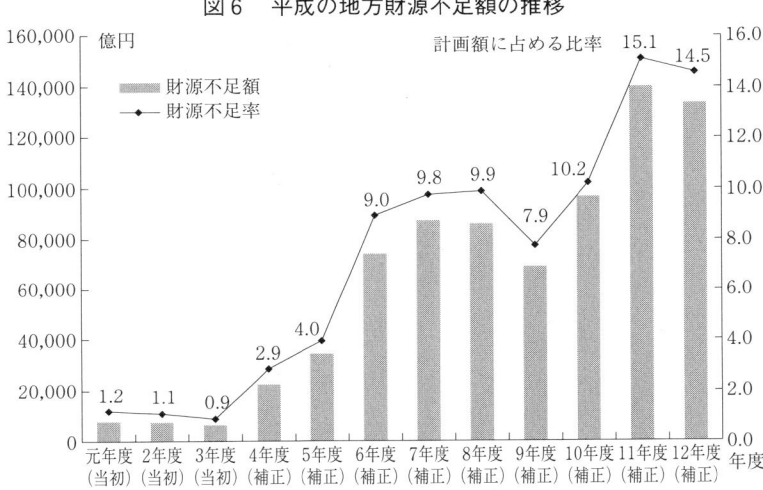

図6　平成の地方財源不足額の推移

［出典］総務省（編）『地方財政要覧（平成15年12月）』（地方財務協会）。

発生した巨額の地方の財源不足額に対して，与党は財源補填措置を積極的に行う姿勢を示す。

　財政支出拡大の政治状況の下で，自治省は念願の地方消費税の導入や地方交付税率の引き上げを大蔵省に要求する。自治省は，中央の経済対策に実質的につき合わされて地方自治体の支出は大幅に拡大しているのだから，その財源を地方に渡すのは当然だと主張した。大蔵省はもちろん反発するが，政治的に不安定な連立内閣に財政再建を図る余裕がないことを十分に理解している以上，最終的には応じざるを得ないと判断する。細川内閣時代に国民福祉税構想の頓挫の際に批判を浴びた苦い経験のみならず，自民党が下野からわずか1年で予期せぬ形での政権復帰を果たしたことも誤算であった。大蔵省と自民党の間にはかつてのような蜜月関係は消えていた（真渕，1997年）。赤字国債の増発や所得税減税による減収で財政的には危機的状況であっても，大蔵省は，地方自治体を背景にした強気な自治省の要求を斥けて自民党が大蔵省の見解を支持してくれるとは到底期待できなかった。加えて，支出拡大政策によって政治的な危機を脱出するという自民党の方針も既知である。結局，大蔵省は，政治的な決断によって一貫性が失われることを少しでも回避するために，自らの手で恒久的な財源補填

措置にも応じていく（図7参照）。

1990年代前半からの景気後退による税収不足は地方財政の財源不足に打撃を与えるが、さらに追い討ちをかけたのが党派を問わず連立内閣が実施した度重なる減税措置である[5]。1996年度以降は地方交付税法の規定からすれば、地方交付税率を引き上げなければならない[6]。しかも昭和50年代の地方財政の危機のとき以上に財源不足額が大きくなっているだけでなく、借入金残高に目を転じると、平成6年度の段階ですでに100兆円を大きく上回っており、200兆円にあっという間に到達する勢いである（図8、図9参照）。

1996年度の地方財政計画における地方財源不足額は、所得税および住民税の減税に伴う影響額として2兆8745億円、通常の財源不足として5兆7533億円の総計8兆6278億円と見込まれる。国の財政も未曾有の財政危機

図7　恒久的な地方財源補填措置の決定過程

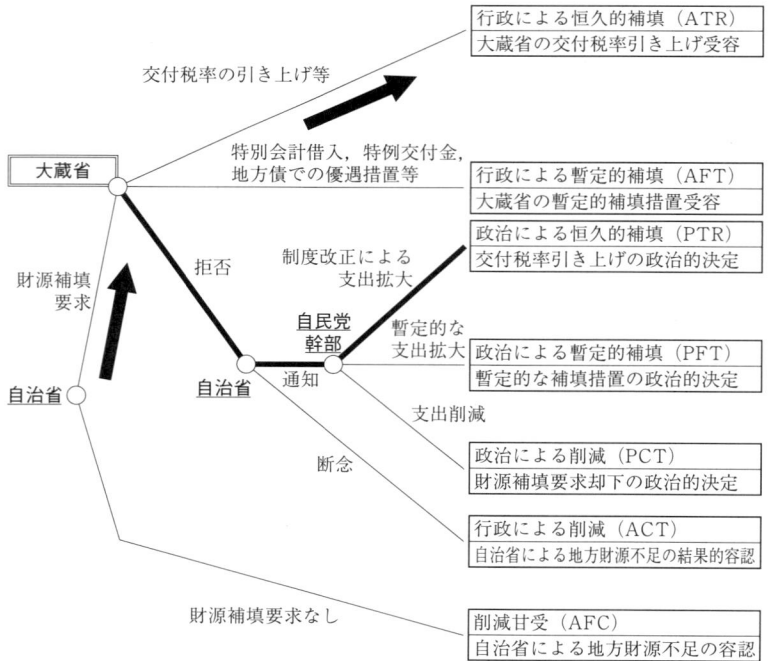

［注］太い矢印が実際の決定の流れであり、太線は大蔵省が行った逆戻り推論の流れである。

に陥っており，大蔵省も「財政危機宣言」を出している状態であった。大蔵省は，自治省が要求する地方交付税の増額や不足額の補填措置に難色を示すが，政治の判断を考慮すると，結局は自治省の主張を受け入れるしかなかった。1995年12月18日に自治省と大蔵省の大臣折衝で決着するが，減税実施による影響額2兆8745億円については，地方交付税の増額と地方債の発行で完全に補填されることになった。具体的には，交付税特別会計が資金運用部資金から1兆2320億円を借り入れる一方で，地方財政法第5条

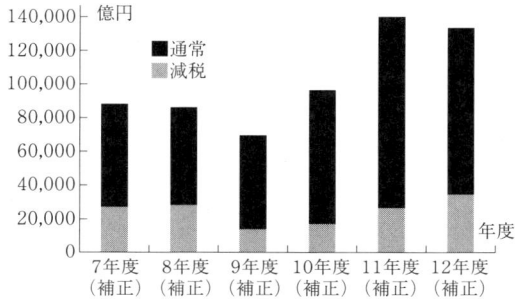

図8　平成の地方財源不足の内訳

［出典］総務省（編）『地方財政要覧（平成15年12月）』（地方財務協会）。

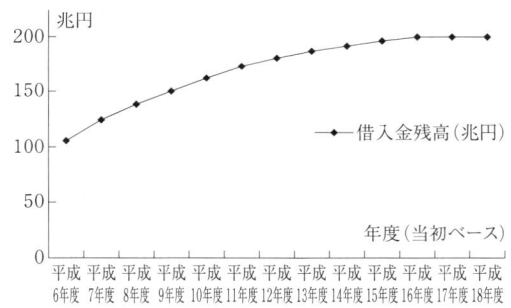

図9　地方の借入金残高

［出典］総務省ホームページ。

の特例で「減税補填債」と呼ばれる地方債を1兆6425億円分発行することで賄うこととされた[7]。他方，通常の5兆7533億円の財源不足については地方交付税が3兆7233億円増額され，「財源対策債」と呼ばれる地方債が2兆300億円分発行されることになった（表1参照）。1996年度の交付税の増額分の内訳をみると，8391億円の加算，2兆4577億円の交付税特別会計の借入，4265億円の交付税特別会計の借入金の元金償還繰り延べで賄われている[8]。しかも，交付税特別会計の借入金のうち，1兆225億5000万円は国の負担で償還されることが法定化され，一般会計からの加算と実質的には同じであった。地方債についても財源対策債と呼ばれていることからも明らかな通り，対象事業の臨時的拡大及び充当率の臨時引き上げ措置が講

表1　平成の財源不足額の補填措置（単位：億円，％）

		財源不足額等 (B)	左の補填措置									地方債の増額	
			地方交付税の増額										
			償還方法変更	特例加算	法定加算	特別会計借入	特別会計剰余金の活用	精算繰延	計 (P)	P/B	Q	Q/B
1993年度	5年度（補正）	34,272	0	0	0	16,675	0	0	16,675	48.7	17,597	51.3
1994年度	6年度（補正）	74,421	1,979	300	1,760	36,369	400	0	40,808	54.8	33,613	45.2
1995年度	7年度（補正）	60,797	4,192	378	1,810	30,103	0	0	36,483	60.0	24,314	40.0
1996年度	8年度（補正）	57,533	4,265	4,253	4,138	24,577	0	0	37,233	64.7	20,300	35.3
1997年度	9年度（補正）	55,065	4,714	3,221	2,600	18,330	0	0	28,865	52.4	26,200	47.6
1998年度	10年度（補正）	79,634	6,462	3,509	2,191	35,056	0	0	42,218	59.3	32,416	40.7
1999年度	11年度（補正）	113,658	0	2,201	3,299	73,356	0	6,725	85,581	75.3	28,077	24.7
2000年度	12年度（補正）	98,673	0	1,500	6,000	64,892	0	1,981	74,373	75.4	24,300	24.6

［出典］　総務省（編）『地方財政要覧（平成15年12月）』。

じられている（表1参照）。

　1997年度を「財政構造改革元年」と位置づける橋本内閣は，公債発行額の減額を目標として掲げ，平成6年の税制改正で新たに導入された地方消費税が地方財政に一時的な負担を強いている中で，地方交付税特別会計の借入金にも相当の圧縮を要求する（嶋津（編），1998年，125－126頁）[9]。しかし，このときも，前年度と同様に地方交付税の増額と財源対策債の発行で補填された。交付税の増額については，前年度と同じく，特例加算と交付税特別会計の借入金で賄われた。交付税特別会計の借入金の場合，償還に必要な財源及び利子については，交付税の増額分から国の一般会計負担分を差し引いた残り1兆3322億円のみが地方負担とされた。財源対策債については，前年度と同様に対象事業の臨時的拡大と充当率の臨時的引き上げの措置がとられた。さらに，単年度限りの措置として，地方財政法第5条に基づく臨時税収補填債の発行によって補填されることになった。廃止予定の消費譲与税のうち，未だ地方自治体に譲与していない金額を地方消費税収から差し引いた1兆2000億円程度が補填された。この臨時税収補填債の利子の3割が国の一般会計から交付税特別会計に繰り込まれた。

　1998年度もまた通常収支だけでも4兆円を超える地方財源不足が発生し，さらに単年度限りの所得税・個人住民税の特別減税に伴う減収分を加えると，当初計画で総額5兆4059億円の財源不足となる（実際は9兆6957億円にまで達する）。減税に伴う地方財政の減収分は，減税補填債の発行，交付税特別会計の借入によって措置され，借入の際の利子相当額は発生年度ご

とに一般会計から繰り入れられることになった。また，所得税減税に伴う平成9年度の交付税の減収分3133億円については，平成8年度国税決算の剰余金など912億円を差し引いた2221億円が国の一般会計からの加算措置で補填されることになった。通常収支での財源不足額も，前年度と同様に交付税特別会計の借入（交付税特別会計償還繰延分も含む）と財源対策債の発行によって完全に補填された[10]。

1999年度の緊急経済対策をめぐる地方財源不足の補填措置の決定では自治省と大蔵省の間のみならず自民党の内部でも大議論となる。1998年11月9日，小渕首相の公約に沿った緊急経済対策の原案が発表され，第3次補正予算と1999年に実施予定の減税とあわせて当初規模を大きく上回る総額20兆円規模の事業とされた。この原案の中には，交付税の追加措置や地方債の発行条件の緩和措置が盛り込まれる一方で，個人住民税の減税，法人課税の税率引き下げなど地方自治体の歳入減少につながる措置も盛り込まれた。中央政府がマクロ経済運営の観点から行う減税措置の負担配分について，「11月末日の臨時国会前までの決着」を目指して自治省と大蔵省との折衝が始まる。

自治省は，減税負担の国税での対応を要求し，地方税での負担は不可能であると主張する。具体的には，所得税の最高税率を現行の50％から35％に引き下げて，住民税は現行どおりの15％で据え置くこと，そして代替財源のない法人事業税の税率引き下げの見送りを大蔵省に対して主張した。緊急経済対策の発表以前に地方の通常収支ですでに財源不足額が過去最大の8兆8000億円に達すると試算されており，ここにさらに地方税減税が加われば地方歳入は壊滅的な影響を受けてしまうことは明らかであった（結果として11兆円近くにまで不足額は達した）。11月10日に自治省は同試算を政府税制調査会に提出して地方財政の危機をアピールした[11]。

自治省の主張に対して，大蔵省は減税負担を国と地方で分担することを主張し，あわせていわゆる赤字地方債の発行も要求した。具体的には，所得税の最高税率を50％から40％に引き下げるのと同時に住民税の最高税率も15％から10％に引き下げることを主張した。また，法人課税での税率引き下げについては，1998（平成10）年度の税制改正によって法人税の基本税率が37.5％からアメリカ並みの34.5％にまで引き下げられたばかりであったため，緊急経済対策については地方の法人事業税で対応すべきだと論

じた。

　大蔵省の提示した代替案に対して自治省は激しく反発する。大蔵省案では，個人所得課税の引き下げは，国が2000億円の減税規模で済むのに対して，地方は7000億円規模にまで膨らんでしまうという。第2に，法人課税に関しても，従業員数や面積などを基準に課税する外形標準課税の導入が凍結されている状態では，不況下の法人事業税で減税の余地はないと論じた。第3に，赤字地方債の発行についても，1998（平成10）年度末で地方債残高は118兆円にも達し，1991年度比で2.1倍にもなっている以上，市中消化が困難であると主張した[12]。

　大蔵省と自治省との対立の中で，自民党の幹部の間でも意見が分かれる。11月11日の自民党税制調査会では，自治省出身で参議院国会対策委員長であった片山虎之助が「地方財政は小さく，か弱いもので，過剰な負担を強いればバラバラになる」と地方の財政負担の軽減を主張し，元法務大臣の奥野誠亮も片山発言を支持した。他方，大蔵省出身で元大蔵大臣の村山達雄は「地方も応分の負担をすべきである」と反論し，元農林水産大臣の大原一三も「国が40度の高熱なのに，地方は平熱でいたいとはムシがよすぎる」と自治省の立場を批判した。結局，この段階では自民党幹部の間でも決着をつけることができなかった（日本経済新聞1998年11月12日付朝刊）。

　11月12日に所得税減税4兆円強と法人減税2兆円強の減税総額7兆円規模とすることが決まり，16日には正式に財政支出が20兆円を越える規模とする緊急経済対策が策定されるが，肝心の減税負担の配分については未決着のままであった。自治省は「閣僚折衝にゲタを預ければ断然有利」と判断し，「閣僚折衝に持ち込んで，大蔵大臣の譲歩を政治的に引き出す」という戦略を実行し，関係者も「7兆円減税は国が決めた景気対策の一環。国の負担で対応するのが筋だ」と強気の発言を繰り返していく（日本経済新聞1998年11月19日付朝刊）。さらに，「地方が負担するなら，消費税の1％を地方財源に移譲して欲しい」と付け加えるのを忘れなかった。大蔵省サイドは主計局と主税局，自治省サイドは財政局と税務局を中心に折衝が続けられるが，自治省サイドは「協力するにしても消費税などの税財源を国から地方に移譲することが条件である」として事実上の国の全負担を要求したのに対して，大蔵省サイドは「地方も応分の負担をしてほしい」と繰り返し要請するにとどまった（日本経済新聞1998年11月24日付朝刊）。

結局，民主党の攻勢の前に政権交代の危機を感じた小渕首相や党幹部たちは，首相の公約でもある7兆円規模の減税と景気対策を優先し，新たな財政負担を前に協力を渋る地方自治体に対して自主財源で賄ってきた非公共事業の負担を「地方交付税」で措置することを表明し，さらに，緊急経済対策によって発生する減税に伴う地方税収減についても中央政府の財政負担で応じることを決定する。11月25日，自治省と大蔵省との間で合意が成立し，巨額の財源不足と恒久減税にあえぐ地方自治体に対して，後述のように昭和50年代には実現できなかった地方交付税率の引き上げが行われるとともに，地方特例交付金制度の創設によって東京都などの不交付団体についても対応されることになった。また，個人所得課税の減税についても国の所得税で多くを負担し，法人課税についても国の法人税を30％近くにまで引き下げることで対応する方針も確認された。同日，大蔵省は，1999（平成11）年度当初予算案に，20兆円を越える新規国債の発行で財源を賄うことを明らかにし，1998（平成10）年度第3次補正予算案で発行を予定している12兆5000億円余りの国債のうち約10兆円を市中消化にまわす方針を打ち出す（日本経済新聞1998年11月26日付朝刊）。もはや従来の資金運用部資金による引き受けだけでは消化できないと大蔵省は判断したのである。12月16日には，自民党税制調査会は，小渕首相の公約をはるかに上回る9兆3000億円規模の減税を内容とする「平成11年度税制改正大綱」をまとめた。党税調の幹部も，首相公約の実現とともに連立交渉中であった自由党の主張する10兆円規模の減税提案との調整も考慮することが求められたという。党税調のある議員によれば「最初に結論ありきの下請け作業」であったといい，大蔵省主税局でも「これじゃあ，金を使う主計局の減税係だ」と自嘲気味に漏らす幹部もいたという（朝日新聞1998年12月17日付朝刊）。税制改正大綱が決定された同じ日に，大蔵省は，1年物の短期国債を数兆円分，数千億円分の30年物の利付国債を発行を決定した。12月19日に地方財政計画の大枠が大臣折衝で決まるが，交付税も前年度比19.1％の増加，地方債の発行額も2.3％増加することが盛り込まれただけでなく，6から8％の年利で借り入れていた政府資金の繰上げ償還や金利の一部を補給するための特別交付金の交付もあわせて盛り込まれた。
　このように，平成の地方財政危機は，地方財源不足額の点でも政治的な不安定さの点でも，昭和50年代の地方財政危機以上の深刻なものである。

しかし，政権交代の危機に直面した与党幹部は，かつて以上に財政出動に積極的であった。そして，与党の意向を十分に類推しえた大蔵省は，政治の介入を招くことなく自治省の補填要求に応じていく。結果として，平成における地方財政計画での財源不足額は，交付税特別会計の借入や特例交付金の交付，地方債の政府資金での引き受けや利子補給などの暫定的な措置で補填された。

しかし，昭和50年代のときとは異なり政権交代の危機に直面している与党は，暫定的な補填措置に加えて恒久的な補填措置という政治的カードを切る意向も示す。その一例が1994年9月の地方消費税の導入決定である（図7参照）。1990年代になると，所得税及び住民税の度重なる減税措置に危機感をもった自治省は，すでに導入が成功していた消費税の税収に目をつけ，地方独自財源として大平内閣の一般消費税構想以来の「長年の悲願」であった地方消費税の導入を目論む。相対する大蔵省は，非自民連立内閣の下ですでに財政に対するコントロールを失っていた。1994年2月に細川首相の国民福祉税構想が頓挫した直後に，総額15兆2500億円の総合経済対策が打ち出されていたが，この中では所得税および住民税の5兆8500億円の減税の財源として5年ぶりの赤字国債の発行も決定されていたのである。将来の消費税などの増税を担保として短期償還を前提とするつなぎ国債の発行で赤字国債発行を避けようとしてきた大蔵省にとって，この経済対策は政治的な大失点となり，以後，「財源確保なき減税」が規定路線となってしまう（加藤，1997年，270－271頁）。従来否定的であった地方消費税に関していえば，地方消費税は租税理論の問題ではなく「政策判断の問題」と考えられることになる（加藤，1997年，280頁）。1993年11月の政府税制調査会の中期答申は導入を困難視していたのに対して，1994年5月に報告された「地方税源問題ワーキング・グループ」報告は地方分権の推進や高齢化社会の対応のために地方財源の充実確保が必要と論じている。

しかし，具体的な地方消費税をめぐる制度理念や構想をめぐっては自治省と大蔵省との間には大きな対立の余地を残したままである。特に，村山内閣が成立する直前に自治省と大蔵省は地方消費税の導入による影響についてまったく異なる試算結果を発表していた。1994年6月に発表された大蔵省の試算によると，地方消費税の導入によって消費譲与税がなくなるために市町村を中心に地方財政全体では減収になるとする一方，自治省の試

算では都道府県民税と地方消費税の各都道府県の全国シェアを計算した結果として都道府県を中心に地方財政全体では増収になると主張する。

地方消費税問題は税制改革の中で大きな政治問題化していくが，連立3与党内部は地方財政に負担を与えないという以上の合意はなく，この時期の与党税制改革プロジェクト・チーム内でも自治省と大蔵省との間での調整を暗に求めていたという。村山首相や五十嵐官房長官が率いる社会党が最も地方消費税の導入に熱心であり，八日市市長や滋賀県知事の経験者でもある大蔵大臣の武村正義もどちらかといえば熱心であった。自民党内では村山達雄などの大蔵大臣経験者や大蔵省出身者が否定的であり，鎌田要人などの自治省出身者や地方自治関係者は積極的であり，合意がみられなかった。

しかし，村山首相以下，地方利益への配慮を示す政治家で与党幹部が占められており，結局，大蔵省は政治の意思を斟酌して自治省の主張のとおり地方消費税の導入に合意をする。ただし，自治省も消費税が最終消費地に帰属するように各都道府県の消費指標をもとに国で調整することで妥協した。つまり，消費税の徴税権は地方自治体に帰属するが，実際の徴収は国へ委託して国によって行うという形にしたのである。この合意の結果，5％に引き上げられる消費税の中で1％が地方独自財源の地方消費税とされたのである。

このように，地方消費税の導入が決まっていく過程は「政治決着というより，自治省・大蔵省間で妥協がなったことが大きい」といわれている（加藤，1997年，294頁）。しかし，そのことは政治が決定過程に影響がなかったということを決して意味しない。与党の意向を予測して中央省庁は合理的に行動している。政治的な不安定さに起因する財源の担保なき減税措置が打ち出される中で，大蔵省は政治の介入を招く前に自治省の年来の要求である地方消費税の導入に同意したのである。自治省と大蔵省が妥結に至る際には政治的なメカニズムが作用している。

さらに，昭和41（1966）年以来，所得税，法人税，酒税の32％だった地方交付税率も，たばこ税や消費税も加えて国税5税を原資とし，交付税率の引き上げも決定される。国が赤字国債を発行する中で，政治的な「追い風」を受けて，自治省が要求してきた地方消費税の導入も交付税率の引き上げも実現していくのである。自民党内には，財政支出を行う以上は地方

にも応分の負担を求めるべきだという声もないわけではなかったが，景気対策の声にかき消された。1990年代後半になると自民党は，新進党の解党後に野党第一党に躍り出た民主党に激しく追い上げられ，政治的支持の回復を目指して財政支出の拡大をひたすら行った。地方自治体は，地方単独事業の継続に危機感を持っていったが，中央政府に政策実施の手段がない以上，中央政府ができることは地方の懸念を払拭するために財政支出をさらに拡大することだけであった。このことが，結果として，中央政府の債務残高を膨張させていったのである。

4　結　語

　本稿は，急激に膨張していく日本の財政赤字の中でも，特に中央政府の担う債務が地方政府の担う債務に比べて急増していく原因を地方財政ゲームに着目して説明した。つまり経済成長が鈍化する中で経済対策や社会保障などの領域で行政需要が増大したのに対して，政治的な不安定さに直面した歴代与党は，赤字国債の発行で財政支出を拡大したのである。

　しかし，重要なことは，政府部門の債務が膨張するときに，主として負担を引き受けたのは中央政府だったという点である。ここに日本の財政赤字のパターンの特徴が垣間見える。国防と年金以外の政策領域で中央省庁は政策実施を地方自治体に依存している。政府部門の支出規模を維持・拡大する場合，中央政府は，地方自治体での円滑な支出を保証する必要があった。その結果，中央政府が積極的に財政負担を行い，新規施策の導入や行政需要の拡大，相次ぐ減税措置などで財源不足に陥ることが予想された地方自治体に対して財政的な補填をし続けたのである。地方政府の債務残高と比べたときの中央政府の債務残高の急激な拡大は，日本の中央地方関係の制度的なあり方から説明できる。

　ただ，そうした制度的要因の中で，中央と地方との間での債務のギャップが拡大するときとそうでないときの差異は，政策決定者である与党の意向が大きく作用していることによる。政治的不安定性が増すと与党は財政支出の拡大を志向する。地方に政策執行を依存していることから地方財政の健全性に配慮しなければならない以上，地方での安定的な支出を確保するために中央政府としてできることは積極的に財政的負担を引き受けることであった。

2001年5月に発足した小泉純一郎を首班とする自民党主導の連立内閣は，財政再建を明確に打ち出す。これまで聖域であった地方財政にもメスがいれられ，2004年度からは地方自治体の使途の裁量度が大きい地方交付税の総額が削減されただけでなく，地方に交付すべき交付税の不足額を補完するために国による元利償還負担で発行されてきた臨時財政対策債の発行額も削減された。「聖域なき構造改革」が可能であった理由は，1990年代の小選挙区比例代表並立型の導入や政治資金規正法の改正などの政治改革の結果，党内集権化が進んだことと，省庁再編の成果である経済財政諮問会議を活用して首相や主要大臣が財政の観点から政府全体の政策に影響力を及ぼすことを可能とする制度的手段が整備されたからに他ならない（北村，2006年 a）。

　しかし，首相や主要大臣が活用しうる制度的手段が整備されたからといって自動的に歳出削減が行われるわけではない。参議院議員選挙や衆議院総選挙が近づく中で政治的不安定さが増してくると，再び財政支出の削減路線は停滞する可能性も高まっていくだろう。

(1) 1965年に歳入欠陥があったためにやむなく公債発行を決断したことはあったが，1975年以降は赤字国債がほぼ常態化していく。北欧諸国は消費課税の導入という課税強化で乗り切っているが，日本は消費課税の導入が大幅に遅れた（Kato, 1994, 2003; Beramendi and Rueda, 2007）。

(2) おそらく三位一体改革の中での国庫補助負担金制度の改革の際に，全国知事会をはじめとする地方六団体が，小泉首相の依頼を受けて国庫補助負担金の廃止・削減案を作成し，「国と地方の協議の場」で中央省庁と激しく議論をして最終的な改革案をまとめていくのに参画したのが中央の政策決定過程への地方の最初のフォーマルな参加であると考えられる（北村，2007年）。

(3) 確かに自民党は過半数の獲得には失敗するが，衆議院で233議席を占めて第一党の地位は確保している。第二党の社会党の獲得議席が70議席，第三党の新生党の獲得議席が55議席，日本新党の獲得議席が35議席であることから考えても，にわかに一党優位体制の崩壊とは言いがたい。なお，英国のような議院内閣制の多くの国では，このような場合，第一党の党首が国家元首に組閣を要請されることから，選挙結果が判明した時点で宮澤首相率いる自民党の敗北と本当にいえるのかどうかはマスメディアが騒いだほど自明のことではない。

(4) なお，自民党単独内閣の崩壊から非自民連立内閣の成立と瓦解，そして自民党を中心とする連立内閣の誕生に至る政治過程で「地方分権」の方向性が確定する。細川内閣，羽田内閣，そして村山内閣と党派構成の異なる連立内閣の下で地方政治家出身の国会議員が影響力をもつようになったことが方向性の確定に大きく作用した。自治労出身の村山富市，旭川市長経験者の五十嵐広三が，知事経験者の細川護熙や武村正義とともに地方分権への道筋をつけていく。自民党でも町長や副知事を歴任した野中広務の影響力も増大していく。彼らが，1993（平成5）年6月の衆参両議院における地方分権推進決議の可決や同年10月の第3次行政改革審議会の最終答申での地方分権の推進提言，1994年12月の地方分権推進に関する大綱の閣議決定，1995年7月には5年の時限立法である地方分権推進法の施行とつながる地方分権の流れを担ったことは疑いない（西尾，2007年，19-21頁）。

(5) 1993年の自民党下野後に行われた税制改正をめぐる衆議院議員アンケートは，この時代の政治家の政策選好を示している（1993年11月1日付朝日新聞朝刊）。回答者478名中，所得税減税を不要と答えた議員は27名（回答者全体の6％）しかいない。それも，非自民連立与党の一画を占めていた公明党の河合正智議員のように「消費税アップにつながるなら減税はしなくていい」という消極的な反対である。全体の86％にあたる411名が所得税減税を必要と回答している（非自民連立与党225名，自民166名，その他）。その財源としては消費税率引き上げとの同時論はわずかに31名（連立与党7名）であり，将来の消費税率引き上げによって補填することを前提とした短期の赤字国債の発行を求める「つなぎ国債」論が102名（連立与党50名）で，単純に赤字国債の発行を主張する「赤字国債」論が101名（連立与党61名）となっている。自民，非自民といった党派性を問わず，この時代から減税や支出拡大がほぼ与党の政策選好となっていく。

(6) 地方交付税法第6条の3第2項は，「毎年度分として交付すべき普通交付税の総額が引き続き第10条第2項本文の規定によつて各地方団体について算定した額の合算額と著しく異なることとなつた場合においては，地方財政若しくは地方行政に係る制度の改正又は第6条第1項に定める率の変更を行うものとする」と定めている。地方交付税率の引き上げを自治省が要求できるのは，財源不足が「2年以上ずっと赤字」であって「それから見通される3年以降も赤字」という状態で，その不足額が「1割くらいのまあ大体財政計画に対して不足するという状態」のときとされている。この規定の解釈は，1954（昭和29）年5月4日の参議院地方行政委員会での塚田十一郎自治庁長官の答弁で明らかにされ，1975（昭和50）年10月23日の衆議院予算委員会での細谷治嘉委員（社会党）の質問に対する松浦功政府委員（自治省財政局長）の答弁においても確認されている。

（7） 正確には，所得税減税による地方交付税の減収分を交付税特別会計の借入金で補填し，住民税減税による地方税収の減少分が減税補填債で補填されることになった。
（8） 加算額を正確にいえば，地方交付税法附則第4条第3項に基づく法定加算額4138億円，同法附則第3条に基づく臨時特例加算4253億円の合算額である（本文表1参照）。
（9） 国の税務署で委託徴収されることになっている地方消費税が地方自治体に振り込まれるまでの間，2カ月のタイムラグが発生し，導入初年度に平年度で見積もられている税収を相当下回ることになったのである。
（10） 平成の地方財政危機が昭和50年代の地方財政危機と異なっている点がある。それは，地方交付税の増額で対応した分の負担が利子も含めて国と地方で実際に折半して措置することになっているという点である。平成9（1997）年11月に成立した「財政構造改革の推進に関する特別措置法」によって平成12（2000）年度までの3年度間を集中改革期間と定めて財政の健全化を求めることになったことが変化の原因である。集中改革期間にあたる平成10年度は，交付税の総額措置分の半分を地方が負担することになっている。
（11） なお，この試算を受けて，政府の緊急経済対策には，地方単独事業（国の補助なしに地方自治体が実施する事業）を盛り込まないことが決定されていた。
（12） 1992年前後のバブル崩壊以降，7次にわたる地方での「起債」依存の景気対策の結果，地方自治体の中には，地方債の元利償還負担が財政規模の2割に達しているところも出ていた。

参考文献

伊藤大一（1989）「テクノクラシー理論と中央・地方関係　自治省と地方公共団体」，『レヴァイアサン』第4号。
加藤淳子（1997）『税制改革と官僚制』（東京大学出版会）。
カルダー，ケント（著），淑子カルダー（訳）（1989）『自民党長期政権の研究：危機と補助金』（文藝春秋社）。
北村亘（2000-02）「地方税財政システムの日英比較分析（1）（2）（3）」，『自治研究』第76巻第7号（2000年），第77巻第3号（2001年），第78巻第3号（2002年）。
――（2006a）「三位一体改革による中央地方関係の変容：3すくみの対立，2段階の進展，1つの帰結」，東京大学社会科学研究所（編）『失われた10年を超えてⅡ：小泉改革への時代』（東京大学出版会）。
――（2006b）「地方税財政」，村松岐夫（編）『テキストブック地方自治』（東

洋経済新報社）。
── (2007)「三位一体改革と全国知事会」,『大阪市立大学法学雑誌』第54巻第2号。
── (2008, 近刊)『地方財政の行政学的分析』(有斐閣)。
辻　清明 (1969)『新版日本官僚制の研究』(東京大学出版会)。
── (1976)『日本の地方自治』(岩波書店)。
西尾　勝 (2007)『地方分権改革』(東京大学出版会)。
本間義人 (編) (1994)『証言地方自治　内務省解体－地方分権論』(ぎょうせい)。
村松岐夫 (1988)『地方自治』(東京大学出版会)。
村松岐夫・北村　亘 (2008)「財政赤字の政治学：政治的不安定性，経済バブル，歳出赤字」，内閣府経済社会研究所バブル・デフレ研究会報告書用提出ペーパー，内閣府，2008年7月25日。
Alesina, Alberto, and Guido Tabellini (1990) "A Positive Theory of Fiscal Deficits and Government Debt," *Review of Economic Studies*, vol. 57, issue 4.
Beramendi, Pablo, and David Rueda (2007) "Social Democracy Constrained: Indirect Taxation in Industrialized Democracies," *British Journal of Political Science*, vol. 37, pp. 619-641.
Kato, Junko (1994) *The Problem of Bureaucratic Rationality: Tax Politics in Japan* (Princeton: Princeton University Press).
── (2003) *Regressive Taxation and Welfare State: Path Dependence and Policy Diffusion* (New York: Cambridge University Press).
Persson, Torsten, and Lars E. O. Svensson (1989) "Why A Stubborn Conservative Would Run A Deficit: Policy with Time-Inconsistent Preferences," *Quarterly Journal of Economics*, vol. 104, issue 2.
Rhodes, R.A.W. (1988) *Beyond Westminster and Whitehall: The Sub-central Governments of Britain* (London: Routledge).

行政組織の必置緩和と地方政府の制度選択
―― 教育委員会制度改革を素材として ――

村上 祐介＊

1　本論文の目的と概要

　本論文の目的は，自治体行政組織の必置緩和によって地方政府はどのような制度選択を行うのか，またその制度選択の違いを規定する要因は何かを推論することにある。さらにこれらの分析を通じて，行政組織の必置緩和，すなわち自治組織権の拡大がいかなる帰結をもたらすのかを検討する。

　行政組織の形態がいかなる要因によって決定されるのかについては，これまで政治学でも一定の研究蓄積がある。しかし後でも述べるように，先行研究での分析対象はこれまで中央政府にほぼ限定されていた（伊藤 2003；Moe 1990；Lewis 2003）。一方で，地方政府は中央政府と異なり，政府の行動が中央地方関係と社会経済環境という外部要因によって制約されるという特徴がある（曽我 2001）。この文脈で行政組織の必置とは中央地方関係による制約を指しているといえる。

　では，この制約は地方政府にどのような影響を与えているのだろうか。また，必置という制約が緩和された場合，いかなる要因が地方政府の制度選択を規定するのだろうか。こうした問いはこれまで実証的に検討されていない。本論文では首長への質問紙調査のデータを用いて考察を行う。

　分析では，教育委員会制度改革を具体的な事例として取り上げる。その理由は，第1に特に近年において必置の是非が制度改革の重要な争点となっているためである。一方で教育委員会の必置はこれまで地方政府にとっていかなる効果や影響を持っていたのか，必置が緩和されることで地方の実情に合った組織形態がどの程度実現するのか，といった点が必ずしも実

＊　愛媛大学法文学部　教員　行政学・教育行政学

証的に明らかにならないままに制度改革の議論が先行しているように思われる。本論文ではこうした問いについて経験的分析に基づいた知見と含意を提示する。第2に，先行研究は主として行政組織の政権からの独立性の強弱に焦点を当てており，具体的には行政委員会制度を分析対象とした研究が多い。したがって地方政府に関して理論的な検証を行ううえで，行政委員会としての教育委員会制度は事例として適切と考えられる。

本論文での具体的な問いは，仮に教育委員会の必置が廃止された場合に，教育委員会の存廃を決める要因は何かということである。あらかじめ結論を述べると，首長の政策選好や教育委員会が機能しているかといった要因よりも，首長の政治的安定性や首長―議会関係といった地方政府内部の政治的要因が教育委員会の存廃に大きな影響を与えている。換言すれば，教育委員会の必置に地方政府内部の政治的要因による影響を緩和する効果があるといえる。また必置緩和によって機能的な制度選択や首長の政策選好に沿った制度選択が行われるとは限らず，それ以上に地方政府内部の政治的要因によって教育委員会の存廃が決まる可能性が高いことを主張する。

論文の構成は以下の通りである。1では本論文の目的と概要を述べた。2で行政組織の制度選択に関する先行研究を概観し，本論文での仮説を提示する。3では2004年に実施した首長への質問紙調査の分析から，教育委員会の必置廃止が起こった場合の制度選択とその規定要因を探る。最後に4で本論文での知見をまとめ，その含意を述べる。

2 先行研究の検討と本稿での仮説

2.1 合理的選択制度論による行政組織分析

次に先行研究を概観する。行政組織がいかなる要因で決定されるかを検討した研究は，これまでに政治学・社会学などで一定の研究蓄積がある[1]。

行政組織の決定要因に関してはセルズニックの「同型化」の議論に代表されるように当初は社会学的制度論からの分析が多かった。これは現在でもなお有力な理論であるが，1980年代頃から合理的選択制度論の影響を受けて，よりミクロな視点からの分析が行われるようになってきた。

合理的選択制度論による行政組織研究は3つの時期に区分してその発展を理解できるように思う。第1の時期は，1980年代から盛んになったアメ

リカ議会研究の影響を受けた分析である。これらの研究は行政組織より政官関係の解明に焦点があったが，その後の行政組織研究に影響を与えた。マッカビンズらによる分析がその代表としてあげられる（McCubbins et al. 1987; 1989）。この頃の研究では立法府を本人，行政府を代理人と見立て，立法府の行政府に対する優位を主張した。合理的選択制度論を用いた行政組織研究もこの本人・代理人理論を基本的に受け継いでいるが，次の２点については本人・代理人理論の内容を批判的に継承・発展させてきた。

一つは，初期の本人・代理人理論では，制度決定を規定する要因について，取引費用の最小化といった経済学的な合理性を基にした機能主義的な理解を前提にしていた。たとえば議会内の委員会制度などが成立した理由として，不確実性の減少や議員間の取引費用の最小化といった機能主義的な説明がなされることが多かった。しかしこの説明については，経済学的な合理性を無批判に受容しているとの批判がある（伊藤 2003：18－19）。

もう一つの批判は1980年代後半頃からモーが指摘したことで，これ以降が第２の時期といえる。モーは議会研究での本人・代理人論を援用しつつも，第１の時期の研究は議会以外のアクターを軽視していると批判し，立法府の影響力だけではなく大統領や首相といった執政長官や利益集団の選好・影響力も重視するべきだと主張した（Moe 1989; 1990）。さらにモーは行政組織の制度選択に関しては公的権力の特質と政治的権力の不確実性という２つの特性があり，それゆえ行政組織の制度は政治構造によって選択されると述べた。行政府の組織的構造が非効率な体裁となるのもそのためであり，機能主義的な制度観には修正が必要であることを示した。

第３の時期は1990年代半ばから現在に至る流れで，モーの指摘を理論的に深化させるとともに，実証分析も多く行われている。

モーの理論的提起をより明確な分析枠組として提示したのがホーンによる研究である。ホーンは，本人・代理人理論とモーのいう政治的権力の不確実性を組み合わせてコミットメント・コストとエージェンシー・コストという概念を設定し，行政組織の制度選択を説明している（Horn 1995）。

ホーンによれば，コミットメント・コストとは特定の政策に深入りすることのコストを指す。現在の与党が特定の政策を大きく変更すると，野党に転落したときに次の与党が再び政策を転換して打撃を受ける可能性がある。それゆえ，次の与党が容易に政策変更できない状況を作っておく必

がある。そのためには，行政機関の独立性を高めておき，政敵に政権を奪われた際に容易に政策を変更できない制度にすることが望まれる。要するに，政治的に不安定で政権維持が不確実であるほど，政策に自らが関与する際のコストは増大する。これがコミットメント・コストである。

コミットメント・コストを回避するには，行政組織を独立させて当該組織に権限の多くを委任することが考えられる。ただしこの場合，委任した組織が政権担当者の意に沿わない行動を採る危険がある。なぜなら，官僚には政権担当者とは異なる独自の選好が存在する場合があり，また政権担当者と官僚の間には情報の非対称性が存在するために，官僚が政権の思う通りに行動するとは限らないからである。これをホーンはエージェンシー・コストとよんでいる。つまり，政権担当者が「代理人」である行政機関などの組織に問題解決を委任するときに発生するコストである。

ホーンはコミットメント・コストとエージェンシー・コストとはトレード・オフの関係にあり，政権担当者はこうしたコストを勘案したうえで，行政組織の形態を選択すると述べている[2]。

このように理論的な精緻化が進む一方，実証分析については少数の事例を観察するケーススタディがいくつか行われるにとどまっていた。行政組織の独立性の程度を操作化することが難しく，また観察可能な事例数もそれほど多くないこともあったが，最近ではアメリカ連邦政府の行政組織を対象とした計量分析も行われている（Lewis 2003）。ルイスは，行政組織の独立性などを従属変数とし，議会の与党議席率，統一・分割政府の違いなどを独立変数として推定を行った。その結果，同一政党が長期間統一政府を構成する場合や，統一政府で議会の与党議席率が高い，または大統領支持率が高い場合に行政組織の独立性が低くなることを明らかにした。この結果は，これまでの分析の知見を裏付けるものであった。

一方，日本における行政組織研究は法律学的な分析が多かった。しかし近年は政治学的な分析も出ている。その中では伊藤（2003）が代表的な研究といえる。伊藤は，1950年代に日本の中央政府において行政委員会が相次いで廃止された理由として，諸アクター間の政治的駆け引きの側面が強かったことを説明している。法律学などでは行政委員会制度の存在根拠として専門的技術判断などの機能主義的な観点からの説明が多かったが，伊藤は政治学的な視角から，制度選択における政治的要因の重要性を示した。

この他に，村上（2003）は教育委員会制度が存続している理由を合理的選択制度論により説明している。通説的見解では教育委員会は旧文部省を頂点とする上意下達的な機構として機能してきたと理解されており，旧文部省の影響力が強調されてきた。それに対し村上は，教育行政分野以外のアクターの利益に着目すべきであると述べ，旧自治省や地方政府の首長・議会にとっても教育委員会制度の存続がホーンのいう種々の政治的コストを最も引き下げる選択肢であり，それゆえに制度が存続してきたと主張している。また南（2003）は日英の国鉄民営化が異なる制度形態を採った理由をホーンの枠組を用いて説明している。

以上に述べた通り，合理的選択制度論を用いた行政組織分析は理論・実証の両面で発展している。ただし，ルイスの研究を除くと依然として事例分析が中心であること，また地方政府を対象とした分析がほとんど存在しないことも指摘できる。ただ理論的にみて，地方政府を対象とする場合は中央政府とは異なる要因が作用している可能性がある。そこで以下では，地方政府における制度選択を扱う際の理論的仮説と注意点を考える。

2．2　地方政府における制度選択の規定要因：3つの可能性

先行研究では当該政府が自ら制度を選択できる事例を扱っていた。しかし教育委員会制度は現時点では中央政府という外部環境によって当該地方政府の制度選択が制約されている点が先行研究と大きく異なる。また地方自治研究では，地方政府の政策選択を規定する要因として，中央地方関係，社会経済環境，地方政府内部の政治的要因の3点があげられることが多い（たとえば伊藤 2002）。教育委員会の必置を緩和することは，すなわち中央地方関係による制約を弱めることを意味する。この場合に地方政府の制度選択の決定要因がどう変化するかは，3つの理論的仮説が考えられる。

第1に，中央政府レベルと同様に，当該政府内部の政治的要因によって制度選択が行われることが考えられる。もしこの仮説が正しいのであれば，中央政府に比べて社会経済環境に影響されやすい地方政府においても，中央政府と同様に政治的要因が制度選択にとって重要であることを示している。この仮説が採択されるのであれば，教育委員会の必置が地方政府内部の政治的要因による影響を緩和する役割を果たしていると言える。

第2に，中央政府レベルを対象とした先行研究とは異なり，地方政府レ

ベルでは社会経済環境が制度選択を規定する可能性がある。この場合，先行研究の知見は中央政府に限って適用可能であり，社会経済環境に制約されやすい地方政府では従来の知見を修正する必要があることが指摘できる。

最後に第3の仮説として，地方政府では中央政府と異なり機能的な制度選択が可能である，との見方もありうる。地方政府は中央政府よりも住民に近い存在であり，ゆえに地方政府レベルでは地域の実情や住民のニーズに応じた柔軟で機能的な制度選択が可能かもしれない[3]。もしこの仮説が妥当であれば，政治的要因や社会経済環境にかかわらず，当該地方政府で最も機能的に優れた制度が選択される。従来の見解は中央政府に限った知見であり，地方政府はむしろ機能主義的な説明が適切であることが示される。

以下の分析では，これらの仮説に関してその妥当性をそれぞれ検証する。

2.3 本論文の仮説

次に具体的な仮説を述べる。本論文では社会経済環境，機能主義的認識といった諸要因の影響を統制してもなお，地方政府レベルでの制度選択が政治的要因によって規定されるとの仮説を採る。その理由は，第1に地方政府の政策採用や予算編成において政治的要因の影響が確認されている点があげられる（伊藤 2002；曽我・待鳥 2007）。第2に，中央政府レベルで政治的要因の影響が強いにもかかわらず，地方政府レベルでそれが全く消えてしまうことは理論的にも無理がある。機能主義的認識の影響があっても，政治的要因の影響はそれを上回るだろう。第3に，日本の教育委員会制度は地方財政と直接に関連しない制度であるため，社会経済環境の影響を比較的受けにくいと思われる。以上から，次の仮説1が導出される。

【仮説1】教育委員会が任意設置となった場合，その存廃は当該地方政府内部の政治的要因によって規定される。

次に仮説1が採択された場合に，教育委員会の存廃を決める政治的要因は何かを検討する。ホーンの枠組からは，エージェンシー・コストを抑えるために教育委員会を廃止し教育行政を首長自身の管轄下に置くと，政権交代が起こった際に対抗勢力に行政統制と政策転換の機会を与える危険が

ある。少なくとも対抗勢力に容易に政権を奪われない程度に現政権が安定している必要がある。逆にいえば，首長の政治的安定性が低い場合は教育委員会を存続し，政権交代後に大幅な政策変更が行われる危険を小さくすることが合理的である。以上の説明から，次のような仮説2が考えられる。

　【仮説2】首長の政治的安定性が低い場合，議会との関係の良し悪しにかかわらず，首長は教育委員会の存続を志向する。

　一方で，首長の政治的安定性が高い場合でも，首長と政策選好が一致する教育委員に教育行政を委任できるならば，首長の政策選好を十分に反映した政策実施は可能である。また万が一政権交代があった場合の急激な政策転換も避けられる。教育委員には任期が存在するため，仮に首長が交代しても当分の間は自らが任命した教育委員の在任が可能である。教育委員会を廃止してコミットメント・コストを大きくする危険を冒さずとも，首長と選好が一致する教育委員を通じて首長の政策を実行することは可能である。エージェンシー・コストが極小化できるのであれば，あえてコミットメント・コストを大きくする選択肢を採る必要はない。
　首長と類似の選好を持つ教育委員を任命できるかは，人事案の同意権を持つ議会の動向が重要である。首長と議会の関係が良好ならば首長が提示する人事案を議会は拒否しないだろう。逆に首長と議会が対立的な場合には人事案が議会に承認されない危険が高まる。この場合，教育委員会を存続させるエージェンシー・コストは大きくなる。政権交代の可能性つまりコミットメント・コストが小さければ，教育委員会を廃止して教育行政を首長の管轄とすることが合理的である。以上から，仮説3が導出される。

　【仮説3】首長の政治的安定性が高い場合，議会との関係が良ければ首長は教育委員会の存続を志向し，議会との関係が悪ければ首長は教育委員会の廃止を志向する。

　以下では，首長へのサーベイ・データから上記の仮説1～3を検証する。

3 首長サーベイ・データの分析

3.1 従属変数の検討

　ここでは首長への質問紙調査の検討を行う[4]。まず，従属変数となる設問の結果をみる。今回の分析では2種類の従属変数を設定する。第1に，「仮に教育委員会の設置が首長の判断に委ねられた際に，首長自身がどのような選択を行うか」という設問への回答を用いる。分析では，「現行の制度を変更せずそのまま維持する」と「制度を維持するが必要な制度的改善を図る」の回答は制度を存続するとの意味で同じ選択肢とみなす。「現行の教育委員会制度を廃止し，その事務を市町村長が行う」をもう一つの選択肢とする。第2に，首長自身の選択ではなく，教育委員会制度に対する一般的な評価への回答を用いる。具体的には「現行の制度を廃止して，その事務を市町村長が行う」との意見に対する賛否（5段階で回答）を従属変数とする[5]。

表1　教育委員会の設置が首長自身の選択に委ねられた場合の対応（市・区長の回答）

現行の教育委員会制度を変更せずそのまま維持する	160	(32.7%)
教育委員会を維持するが，必要な制度的改善を図る	252	(51.5%)
現行の教育委員会制度を廃止し，その事務を市町村長が行う	68	(13.9%)
その他	6	(1.2%)
無回答・わからない	3	(0.6%)
合計	489	(100.0%)

表2　教育委員会制度を廃止して，首長がその事務を行うことへの賛否（市・区長の回答）

賛成	38	(7.8%)
どちらかといえば賛成	34	(7.0%)
どちらともいえない	131	(26.8%)
どちらかといえば反対	157	(32.1%)
反対	116	(23.7%)
無回答・わからない	13	(2.7%)
合計	489	(100.0%)

　結果は表1に示した。「教育委員会を維持するが，必要な制度的改善を図る」との回答が51.5%と最も多く，次いで，「現行の教育委員会制度を変更せず維持する」との回答が32.7%，「現行の教育委員会制度を廃止しその事務を首長が行う」との回答が13.9%であった。約8割強の首長が，教育委員会が必置でなくとも制度を維持すると回答している。また，教育委員会制度に対する一般的な評価に関しては，表2の通り，過半数の首長が制度廃止に反対している。制度廃止を支持する首長は約15%となっている。

3．2　独立変数の検討

次に独立変数について述べる。本論文の目的は，地方政府内部の政治的要因，社会経済環境，機能主義的認識の違いが教育委員会の制度選択にどの程度影響しているかを検討することにある。したがって，これらの要因を独立変数として用いる。さらに首長の政策選好などの変数を投入する[6]。

・機能主義的認識：教育委員会が制度本来の趣旨に沿って機能しているかを示す。機能主義的理解に立てば，現行制度を高く評価する首長は制度を存続させるだろう。具体的には「自らの自治体教委は制度の趣旨に沿ってよく機能しているか」という設問の結果（5段階で回答）を用いる。

・首長の政策選好：教育委員会の存廃は，教育政策に対して首長自身が関与を望むか否かという点も重要と考えられる。そこで次の2つの変数を用いる。一つは，首長自身が教育政策に関与すべきと考えているかである。首長にとって比較的重要な7種類の教育課題について，それぞれ首長自らが関与すべきかを尋ね，これらの回答の主成分得点を変数として投入した[7]。得点が大きいほど，その首長は教育政策への関与を強く望む傾向にある。もう一つは，首長部局所管の行政分野と比べて，教育行政分野で国や県と意見や利害が食い違うことが多いかを尋ねた設問の結果（5段階で回答）を用いる。国や県との意見・利害の相違が大きいほど，教育政策において市・区の首長が独自の政策選好を持っていると推測できる。

・政治的要因：地方政府内部の政治的要因を示す。直前首長選挙の得票率，議会との関係，在職2～4期（ダミー変数）を投入する。直前首長選挙の得票率は首長の政治的安定性と政権交代の可能性の大小を示す。直前選挙で圧勝していれば，次の選挙も当選の可能性が高く，政権交代の危険が小さいと推論できる。有権者の支持を背景に強い影響力を行使することができるうえ，対抗政治勢力に政権を奪われる心配が少ないと推測される[8]。

議会との関係は，エージェンシー・コストに影響を与える変数である。教育委員の任命には議会の同意が必要であるため，議会との関係が悪ければ首長は自分の望む人物を任命できない可能性が高まる。逆に議会との関係が良好であれば，首長は自らの選好と一致した人物を教育委員に任命することができる。つまりエージェンシー・コストが小さくなる。

本論文では議会との関係を示す変数として，首長に自分自身と議会との

関係を尋ねた設問を用いる。市町村では首長が政党の推薦・支持なく当選することが多く、議会の政党化が進んでいない場合も多いため、首長の党派や議会の与党議席率で首長—議会関係を示すことが困難である。本稿では首長自身に議会に対する意識を尋ねることで首長—議会関係の変数とした。さらに分析では得票率と議会との関係との交互作用に着目する。すなわち、首長と議会との関係によって、得票率の影響が異なるかを検証する[9]。

在職期間について得票率との関連を見ると、2〜4期までは得票率が高いが、5期以上は得票率のばらつきが大きい[10]。そこで政治的な安定度を示す指標として、在職2〜4期かそれ以外かを示すダミー変数を投入する[11]。

・社会経済環境…分析では最もあてはまりのよかった自治体の人口を用いる[12]。ただ他の変数を用いても結果にはほとんど違いがなかった。

・その他…その他の変数として、首長の年齢を投入した。世代間による認識の差がある可能性を考慮するためである。

3.3 分析(1)

分析ではロジスティック回帰分析を用いて、まずサンプル全体について全ての独立変数を用いて推定を行う。次に議会との関係と得票率の交互作用を確認するため、サンプルを3種類に分割し[13]、そ

表3　教育委員会制度の存廃を規定する要因

	全体		
	係数	t値	オッズ比
自教委は機能しているか（反転値）	0.95	(4.75)	2.59**
首長は教育政策に関与すべきか（主成分）	−0.52	(−4.24)	0.59**
国・県との意見の相違（反転値）	−0.56	(−2.44)	0.57*
議会との関係（反転値）	0.51	(2.12)	1.67*
得票率	−2.53	(−1.50)	0.08
在職2−4期（ダミー）	−0.22	(−0.50)	0.80
年齢	−0.01	(−0.55)	0.99
人口	0.00	(0.42)	1.00
定数項	1.40	(0.67)	
N	339		
Log likelihood	−90.64		
LRchi2	84.20		
Prob>chi2	0.00		
PseudoR2	0.32		

従属変数：教育委員会制度を存続するか（ダミー変数）**$p<0.01$　*$p<0.05$
(注) 議会との関係について、どちらともいえない、やや非協力的、非協力的のいずれかを回答した首長をサンプルとしている。

れぞれ係数を推定する。分割したモデルはサンプル数が少ないため，在職2～4期，年齢，人口を独立変数から除外した。分析結果は表3に示した。

表3ではまず推定モデル全てについて，モデル全体は1％水準で有意である。以下，結果を確認する。第1に，サンプル全体の分析からは，機能主義的認識，首長の関与志向が1％水準で，国・県との意見の相違，議会との関係が5％水準で統計的に有意である。これらの変数が制度選択に影響を与えている。第2に，議会との関係によってサンプルを分割すると，機能主義的認識は全てのモデルで1％または5％水準で統計的に有意であるが，首長の関与志向は議会と協力的な場合は統計的に有意ではない。また国・県との意見の相違については，やや協力的な場合は5％水準，協力的な場合は10％水準で統計的に有意となる。第3に，議会と非協力的な場合に限り，1％水準で得票率が有意となる。係数が負なので得票率が上がるほど制度を維持する確率が低くなる。在職期数，年齢，人口との関連は統計的には確認できなかった。

教育委員会に対する現状認識や教育政策に対する首長の関与志向といった要因によって制度選択が異なるのは当然であるが，それらの回答を統制しても議会との関係や得票率といった政治的要因が影響を与えている点は

（ロジスティック回帰分析）

	議会と非協力的（注）			議会とやや協力的			議会と協力的		
	係数	t値	オッズ比	係数	t値	オッズ比	係数	t値	オッズ比
	0.80	(2.09)	2.24*	0.87	(3.35)	2.38**	1.55	(2.14)	4.72*
	−0.64	(−2.24)	0.53*	−0.63	(−3.64)	0.53**	−0.25	(−0.70)	0.78
	0.26	(0.46)	1.30	−0.72	(−2.33)	0.49*	−1.43	(−1.85)	0.24+
	−10.94	(−2.62)	0.00**	−1.44	(−0.77)	0.24	−0.87	(−0.24)	0.42
	4.54	(1.74)+		2.51	(1.47)		3.17	(0.97)	
	58			194			90		
	−21.04			−52.17			−12.38		
	19.64			52.20			13.86		
	0.00			0.00			0.01		
	0.32			0.33			0.36		

+p<0.10

注目に値する。なぜなら，仮に教育委員会が任意設置となった場合に，教育委員会に対する現状認識や首長自身の政策選好などが同じであっても，政治的要因によって制度選択が異なってくると予想できるからである。

では実際に，政治的要因の違いが制度選択にどの程度の影響を与えるのか。これを推定したのが図1のグラフである。議会との関係によってサンプルを分割した推定モデルを用いて，得票率以外の独立変数を平均値に固定し，得票率と議会との関係の変化が教育委員会を維持する確率にどの程度の影響を与えているのか，その期待値と統計的信頼区間を求めた[14]。

図1は本論文での主張の核となるグラフである。図1からは，次の3点が読み取れる。第1に，直前の首長選挙での得票率が高く，かつ議会との関係が悪い場合は，制度を維持する確率がかなり低くなる。仮に直前首長選挙で70％の得票率を得て当選したが議会と協力的な関係ではない場合，制度を維持する確率の期待値は5割程度である。同様に得票率が85％であった場合の期待値は2割弱である。議会との関係が良好な場合に比べて統計的にも有意な差がある[15]。第2に，得票率が高くても議会との関係が良好な場合は，逆に非常に高い確率で制度を維持する。つまり得票率が高い場合には首長と議会の関係が教育委員会の存廃を左右する。第3に，得票率が低い場合は，議会との関係に関係なく高い確率で制度を維持する。直前首長選挙での得票率が50％を下回る場合は，議会との関係にかかわらず，9割を超える確率で教育委員会を維持する。

得票率が低く政権が不安定な場合，政権交代の可能性が高くコミットメント・コストが大きいため教育委員会の維持を志向するとの仮説に適合する。一方，得票率が高い場合はコミットメント・

図1　教育委員会を維持する確率（政治的要因の影響）

（縦軸：教育委員会を維持する確率（％），横軸：直前首長選挙得票率（％））

凡例：
- ●　議会と非協力的（「どちらかといえば非協力的」「どちらともいえない」を含む）
- ---　（上記の統計的信頼区間（90％）上限）
- ◇　どちらかといえば協力的
- ……　（上記の統計的信頼区間（90％）下限）
- ■　議会と協力的

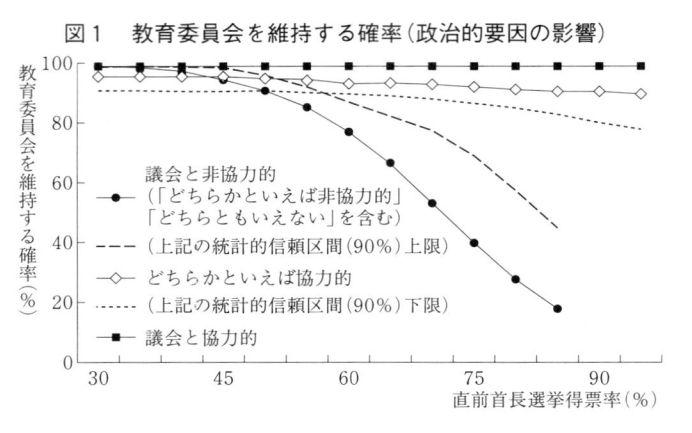

コストが小さいが、議会との関係が良ければ制度を維持し、逆に議会との関係が悪ければ制度を廃止する可能性が高い。分

図2　教育委員会を維持する確率
（機能主義的認識・政策選好の影響）

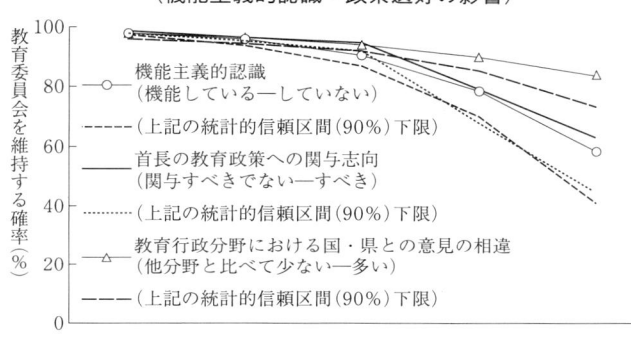

凡例：
- 機能主義的認識（機能している―していない）
- ------ （上記の統計的信頼区間（90%）下限）
- 首長の教育政策への関与志向（関与すべきでない―すべき）
- ……… （上記の統計的信頼区間（90%）下限）
- 教育行政分野における国・県との意見の相違（他分野と比べて少ない―多い）
- ── － （上記の統計的信頼区間（90%）下限）

析結果からは、仮説1～3はいずれも支持される。では、機能主義的認識や首長の政策選好などの要因は制度選択にどの程度影響を与えるのか。図1と同様に推定した結果が図2である。当該自治体の教育委員会が機能しているとみる首長は9割以上の確率で制度を維持するが、機能していないとみる首長の期待値は6割弱にとどまる。また、教育政策への関与志向が最も強い首長が制度を維持する確率の期待値は6割強である。逆に関与すべきでないとする首長はほぼ必ず制度を維持する。

図1と図2を比較すると、機能主義的認識による影響以上に政治的要因の影響が大きい。統計的信頼区間を考慮しても、機能主義的認識などによる影響以上に政治的要因の影響が大きいといって差し支えない[16]。

3.4　分析(2)

次に、制度改革に関する首長の意見の違いを規定する要因が制度選択の場合と異なるかを検討する。従属変数は「現行の教育委員会制度を廃止しその事務を市町村長が行う」との意見への賛否（5段階で回答）である。推定では順序プロビット・モデルによる回帰分析を用いた。

推定結果は表4に示した通りである。表4は4種類のモデルを推定しているが、いずれもモデル全体は1%水準で有意である。その上でサンプル全体での分析では、機能主義的認識、首長の関与志向について1%水準、議会との関係について10%水準で係数は統計的に有意である。

議会との関係でサンプルを分割したモデルについても、機能主義的認識、

表4 教育委員会制度廃止への賛否を規定する要因（順序

	全体		議会と非協力的（注）	
	係数	t値	係数	t値
自教委は機能しているか（反転値）	−0.47	(−6.95)**	−0.64	(−3.79)**
首長は教育政策に関与すべきか（主成分）	0.27	(6.85)**	0.32	(3.36)**
国・県との意見の相違（反転値）	0.11	(1.49)	−0.27	(−1.34)
議会との関係（反転値）	−0.14	(−1.67)+		
得票率	0.61	(1.19)	4.26	(2.80)**
在職2〜4期（ダミー）	−0.20	(−1.43)		
年齢	0.01	(1.61)		
人口	0.00	(−0.39)		
/cut 1	−1.80		−1.61	
/cut 2	−0.68		−0.79	
/cut 3	0.42		0.41	
/cut 4	0.87		1.10	
N	340		57	
Log likelihood	−419.15		−73.244	
LRchi2	142.72		29.55	
Prob>chi2	0.00		0.00	
PseudoR2	0.15		0.17	

従属変数：教育委員会制度廃止への賛成（5段階，反転値）**p<0.01 *p<0.05 +p<0.10
（注）議会との関係について，どちらともいえない，やや非協力的，非協力的のいずれかを回答した首長をサンプルとしている．

首長の関与志向について統計的に有意である。サンプル全体での推定と異なるのは，議会と非協力的な場合に限り，得票率が1％水準で有意という点である。これは表3と同様の結果である。国・県との意見の相違については，いずれのモデルでも統計的な関連が確認できなかった。

次に他の変数を平均値に固定して特定の変数の影響を検討する。まず政治的要因の影響について，議会との関係が協力的な場合は，得票率の高低に関係なく制度廃止に反対する確率が高い。逆に議会との関係が非協力的な場合は，得票率30％の場合では廃止反対が約8割を占めるが，得票率85％の場合は廃止賛成が6割を超える(図3)。制度選択の場合と結果は似ている。すなわち，得票率が低い場合は制度存続に対し肯定的，得票率が高い場合は議会との関係が良ければ肯定的，悪ければ否定的となる。

では，機能主義的認識，首長の関与志向，国・県との意見の相違といった変数と，制度改革への意見との関連についてはどうだろうか。図3は，政治的要因，機能主義的認識，首長の教育政策への関与志向，国・県との意見の相違による影響を示している。一番左の棒グラフは実際の観測値で

プロビット・モデルによる回帰分析）

議会とやや協力的		議会と協力的	
係数	t 値	係数	t 値
−0.44	(−4.92)**	−0.50	(−3.40)**
0.31	(5.54)**	0.23	(3.17)**
0.14	(1.64)	0.21	(1.33)
−0.63	(−1.05)	0.80	(0.96)
−2.50		−1.40	
−1.26		−0.32	
−0.17		0.88	
0.27		1.20	
197		89	
−239.04		−102.44	
82.59		32.81	
0.00		0.00	
0.15		0.14	

ある。他の棒グラフは他の変数を固定したうえで独立変数の変化による影響をグラフ化している。国や県との意見の相違はそれほど大きな影響はない。しかし他の3つの変数（政治的要因・機能主義的認識・教育政策への関与志向）の違いは，制度改革への意見の差異に大きな影響を与えている。

ただし，制度選択の場合に比べると政治的要因による影響は大きくないと解釈できる。たとえば，教育委員会が機能していないとみる首長の5割弱，関与志向の強い首長の4割強は制度廃止に賛成すると推論できる。この期待値は，政治的要因による影響と比べてそれほど大きな差ではない[17]。

制度改革に対する一般的な評価を規定する要因については，制度選択の場合と比べて機能主義的認識や首長の政策選好による影響が小さくない。

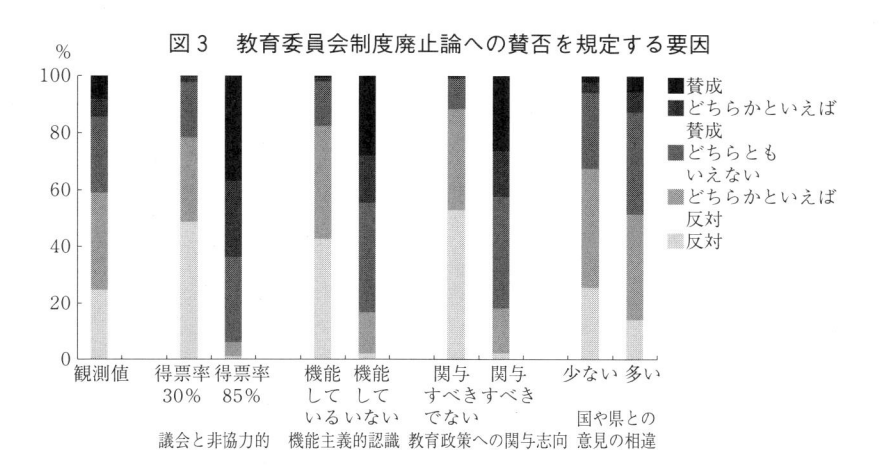

図3　教育委員会制度廃止論への賛否を規定する要因

裏返して言えば，制度選択の場面では，制度改革に対する一般的な評価に比べて政治的要因の影響がより強く表れることが示唆される[18]。

4 結論と含意

以上の分析から，本論文での結論として次のことが指摘できる。

教育委員会を必置とせず首長の選択に委ねた場合，地方政府内部の政治的要因や機能主義的認識，および首長の政策選好などが制度選択を規定する。さらに，機能主義的な認識や首長の政策選好による影響以上に，政治的要因の影響がより強かった。必置を緩和した場合には，機能主義的な観点や首長の政策選好よりも，地方政府内部の政治的要因によって制度の存廃が選択されると考えられる。したがって仮説1は支持された。

また，分析結果からは仮説2・3も支持された。つまり，首長の政治的安定性や首長―議会関係が制度選択に影響を与える。首長の政治的安定性が高く，かつ議会との関係が悪い場合には，首長は教育委員会の廃止を志向する[19]が，首長の政治的安定性が高くても議会との関係が良い場合や，首長の政治的安定性が低い場合には，首長は教育委員会の存続を志向する。

この結果がもたらす含意としては，以下の3点が挙げられよう。

第1に，必置緩和によって必ずしも機能的に望ましい制度選択が行われるとは限らず，むしろ地方政府内部の政治的要因が制度選択を強く規定するという含意が提示される。

この点に関しては，地方制度改革の重要課題の一つである教育委員会制度の見直しについても示唆が得られよう。教育委員会の必置という中央政府からの制約は，地方政府内部の政治的要因が制度の存廃に影響を与えることを防ぐ役割を果たしていると言える。中央政府からの制約が弱まると地方政府内部の政治要因が制度選択を強く規定し，逆に中央政府が制約をかけることで地方政府内部の政治的要因を緩和する効果があるといえる。

この結果には様々な評価が考えられる。自治体の自治組織権を広く認めるべきだとの立場からは，地方政府が組織形態を自ら決定するのであれば地方政府内部の政治的要因による影響を受けるのは当然であり，中央政府からの制約は地方政治による自己決定を不当に妨げていると主張するだろう。

しかし一方で，教育委員会制度の目的として，教育行政への直接的な政

治的影響を避け，安定性・継続性を確保することがあげられる。したがって，その存廃が首長の政治的安定性や首長—議会関係などの政治的要因によって直接左右されることは，そもそも制度の趣旨自体にそぐわないのではないか，制度の必置はむしろ政治的要因による直接的な影響を緩和する役割を果たしているのではないかとの主張もありうる。

また地方レベルの行政委員会制度は，執行機関多元主義の原則からも分かるように，他国に比べて相対的に権限が大きい首長の権力を抑制し，均衡を図るために設けられている仕組みである（小川 2006）。首長の党派や方針によって施策が極端にぶれることを避ける自動安定化装置（ビルト・イン・スタビライザー）の役割を果たすことがその目的ともいえる。そうであるならば，地方政府内の政治的要因による直接的影響を抑制することは，むしろ行政委員会制度本来の目的に適っているとの解釈も可能であるように思う。

第2に，本論文の理論的含意として合理的選択制度論による行政組織分析の射程を広げたことが指摘できる。アメリカ政治学におけるこれらの研究は連邦政府を対象としたものであり，政権交代の可能性を含む二大政党制を前提とした分析枠組であった。また同時に，外部の政府による制約を受けず，自らの政府で組織形態を決定できることも分析の前提にあった。それに対して，本論文での分析は必ずしも政党化が進んでおらず，また自治組織権が比較的制約されている日本の地方政府レベルにおいても，合理的選択制度論の枠組が適用可能であることを示した。これまで法解釈や機能主義的見解を強調してきた日本の行政組織研究において，政治学的な視角と分析が重要であることが示唆される。ただ同時に，理論的には地方政府レベルでは中央政府の場合と異なる要因が制度選択を規定する可能性があること，実証分析ではそうした点への配慮が必要であることも示した。

第3に，本論文は地方行政組織の原理が実際にいかなる機能を果たしてきたのかについて経験的な分析を行った。地方行政組織の原理としては首長主義，執行機関多元主義，法定画一主義の3点があげられることが多い。しかしこれらの考え方が戦後日本の地方自治にどのような効果や弊害を与えてきたのかは明らかではなかった。本論文はこれらの制度原理がいかなる効果をもたらしてきたのかを実証的に分析した研究といえる。

最後に今後の課題を2点述べる。一つは，他の行政委員会の場合や，あ

るいは地方政府の首長・議会がどのような場合にどの程度官僚制や各種の執行機関・補助機関等に権限を「委任」するのかを分析することである。より広い文脈で，自治組織権の拡大がいかなる変化をもたらすのか，また組織編成の差異がいかなる要因で生じるのかを明らかにすることが求められる。もう一つの課題は，時系列的な実証分析の必要性である。本論文はクロスセクショナルな分析であり，他の時期を対象とした際に本論文の分析枠組でどの程度説明が可能なのかは今後の課題である。

（1） 河野（2002），伊藤（2003）などでも先行研究の動向を概観している。
（2） ホーンはこれらの他に立法（意思決定）コストと不確実性コストがあると述べているが，行政組織の独立性に関しては主にコミットメント・コストとエージェンシー・コストに着目して説明している（Horn 1995:52-53）。
（3） 地方政府は数が多いため，各政府での実験を通じた進化と淘汰によって機能的に優れた制度が生き残るとの見方もある。これも一種の機能主義的見解として位置づけられるように思う。
（4） 分析で用いる質問紙調査の概要は以下の通りである。実施時期：2004（平成16）年8〜9月。調査対象：全ての市・特別区長（718名）。市町村数は2004（平成16）年8月1日時点のデータを用いた。回収率は68.1％（489名）であった。なお，都道府県知事（47名）および町村長の半数（1196名）にも調査を行ったが，本論文では市・区長のデータを用いる。調査の概要については，村上（2005）を参照していただきたい。なお，本調査は「教委制度及び県費負担教職員制度の運用実態に関する調査」（平成16年度文部科学省委嘱研究）の一環として行われたものである。
（5） いずれの設問ともその他・わからない・無回答は分析から除外した。
（6） 変数の概要および記述統計量は表注1・注2の通りである。
（7） 主成分分析の結果は表注3の通りである。
（8） 無投票当選は欠損値として扱った。なお，無投票当選か否かのダミー変数を投入した推定も行ったが，無投票当選か否かでは大きな相違はなかったため，無投票当選を除いて分析を行った。
（9） 交互作用の効果を検証するためには，通常の回帰分析では両変数の積を独立変数としてモデルに投入すればよい。しかし従属変数が離散変数である場合は，交互作用項の解釈は通常の回帰分析の場合とは異なるとの指摘がある（Ai and Norton 2003; Norton et al. 2004）。また，得票率と議会との関係は相関が高く多重共線性が生じるため，交互作用項を投入することが難しい。そこで分析では議会との関係の良し悪しによってサンプルを分割し，それぞれ得票率による影響を確認するという単純な方法を採る。

表注1　変数の概要

変数	説明・出典
教育委員会の存廃（ダミー変数）	首長に選択が委ねられた場合に現行制度を維持する，または必要な制度的改善を図り制度を維持すると答えた場合を1，制度を廃止すると答えた場合を0とする。
教育委員会制度廃止への賛否（反転値）	一般論として，教育委員会制度を廃止するという意見への賛否（5段階），賛成を5，どちらともいえないを3，反対を1とする。
当該自治体の教育委員会への評価（反転値）	「自らの自治体教委は制度の趣旨に沿ってよく機能しているか」という設問への回答（5段階），機能しているを5，どちらともいえないを3，機能していないを1とする。
教育政策への関与志向（主成分得点）	7種類の教育政策について，首長が関与すべきか否かを尋ねた設問の主成分得点。得点が大きいほど，首長は教育政策への関与を強く望む傾向にあるといえる。
国・県との意見の相違（反転値）	他の行政分野と比較しての国・県との意見の相違の頻度（5段階），多いを5，同程度を3，少ないを1とする。
議会との関係（反転値）	議会との関係について（5段階），非常に協力的であるを5，どちらともいえないを3，全く非協力的であるを1とする。
得票率	直前首長選挙での得票率。出典：『全国首長名簿2003年度版』（地方自治総合研究所）。2003年5月から2004年8月までのデータは朝日新聞記事から筆者作成。
在職2～4期（ダミー変数）	在職2～4期は1，それ以外は0とする。
年齢	調査時点（2004年8月）での首長の年齢。
人口	2003年12月末日または2004年1月1日時点の人口。出典：「市区町村別人口世帯数データファイル2004」（日本システム開発株式会社）。2004年1月以降から調査時点（2004年8月1日）までに市町村合併のあった自治体については，合併前の旧自治体の人口合計を合併後の自治体の人口としている。

（注）出典が明記されていない変数は首長調査のデータによる。

表注2　記述統計量

変数	N	平均値	標準偏差	最小値	最大値
教育委員会の存廃（ダミー変数）	339	0.87	0.34	0	1
教育委員会制度廃止への賛否（反転値）	333	2.38	1.16	1	5
当該自治体の教育委員会への評価（反転値）	339	3.56	0.97	1	5
教育政策への関与志向（主成分）	339	−0.02	1.71	−3.50	4.30
国・県との意見の相違（反転値）	339	2.98	0.88	1	5
議会との関係（反転値）	339	4.05	0.76	1	5
得票率	339	0.58	0.13	0.27	0.96
在職2～4期（ダミー変数）	339	0.50	0.50	0	1
年齢	339	61.07	8.09	37	82
人口	339	151148.80	213135.80	11280	2626980

(10)　在職期数別の平均得票率は表注4を参照。5期目は4期目までに比べて平均得票率が下がる。また標準偏差が大きく得票率のばらつきがあり，

表注3　首長の政策選好に関する主成分分析

	第1主成分	第2主成分
教職員組合との交渉	0.37	−0.30
学校統廃合	0.26	0.66
国旗・国歌に関する問題	0.38	−0.05
教科書の採択	0.40	−0.43
学校での事件・事故の対応	0.35	0.43
学力問題への対応	0.41	0.19
県費負担教職員の異動	0.44	−0.24
寄与率	0.42	0.16

(注)「関与すべき」を3,「どちらともいえない」を2,「関与すべきでない」を1としている。

表注4　在職期数別得票率

在職期数	平均得票率	N	標準偏差
1期	52.1%	150	0.113
2期	65.1%	82	0.123
3期	62.5%	68	0.115
4期	62.0%	20	0.113
5期	54.6%	13	0.143
6期	63.1%	2	0.155
7期	52.1%	1	—
8期	53.9%	2	0.057
9期	64.7%	1	—
計	58.2%	339	0.130

　　　2〜4期と傾向が異なるであろうことが推測できる。6期以上はサンプル数が少ないため判断しづらいが，事例ごとのばらつきが大きいといえる。
(11)　在職2〜4期（ダミー変数）と得票率とは正の相関があるが，多重共線性が発生するほどではない。
(12)　市町村合併の進行中に調査が行われた関係で，第一次産業人口比やDID（人口集中地区）人口比のデータが欠損している自治体があった。財政力指数なども投入したが，人口が最もモデルのあてはまりがよかった。
(13)　議会との関係は5段階での回答であるが,「議会と非協力的である」「どちらかといえば非協力的である」の回答が少ないため，これらの選択肢は「どちらでもない」と合わせて一つのカテゴリとしてサンプルを分割する。
(14)　得票率は最小値が27%，最大値が96%であるので，30%から95%まで得票率の値を変化させ，教育委員会を維持する確率の期待値を求めた。ただし，議会と非協力的（「どちらかといえば非協力的」「どちらでもない」を含む）に属するサンプルは，得票率の最大値が85%であったので，30%から85%までの間で得票率の値を変化させている。
(15)　図1の2本の点線は「議会とどちらかといえば協力的」な場合に制度を維持する確率の統計的下限と,「議会と非協力的」な場合の統計的上限をそれぞれ示す。得票率が高くなると前者の値が後者の値を上回るので，議会との関係によって制度維持の確率に差があると統計的に判断できる。
(16)　政治的要因の影響が最も強い場合の制度維持確率の統計的上限は4割強である。一方，機能主義的認識の影響が最も強い場合の制度維持確率の統計的下限は約4割である（首長の関与志向についてもほぼ同様である）。したがって，統計的な誤差を考慮しても政治的要因の影響は他の要因より強いといえる。なお，国・県との意見の相違による影響は他の変数の影響

(17) また期待値だけでなく信頼区間を考慮した場合でも両者の差は統計的に明確とはいえない。
(18) 付け加えれば，今回の分析は仮に教育委員会の必置が緩和された場合の制度選択を対象としている。実際の制度選択では，政治的要因がさらに強く影響することも考えられる。その際，いかなる政治的要因が重要で，それらの要因がどの程度影響を持つのかは、制度選択の手続き（議会の同意を必要とするのか、住民投票を行うのかなど）に大きく依存するだろう。
(19) こうしたケースは革新系や無党派首長に多いため，単に改革を志向する首長が現状を打破するため制度廃止を望んでいるに過ぎないとの反論もありうる。しかし，革新系や無党派でも自らの政治的安定性が低ければ制度を維持する確率が高く，改革志向や首長の党派だけでは説明できない。

参考文献

伊藤修一郎（2002）『自治体政策過程の動態』慶應義塾大学出版会。
伊藤正次（2003）『日本型行政委員会制度の形成』東京大学出版会。
小川正人（2006）『市町村の教育改革が学校を変える』岩波書店。
河野勝（2002）『制度（社会科学の理論とモデル12）』東京大学出版会。
曽我謙悟（2001）「地方政府と社会経済環境」『レヴァイアサン』28号，木鐸社。
曽我謙悟・待鳥聡史（2007）『日本の地方政治』名古屋大学出版会。
南京兌（2003）「民営化の取引費用政治学（一）～（三）」『法学論叢』154巻1～3号。
村上祐介（2003）「教育委員会制度はなぜ『安定』したのか」『東京大学大学院教育学研究科教育行政学研究室紀要』22号。
村上祐介（2005）「教育委員会制度改革に対する自治体首長の意識と評価」『東京大学大学院教育学研究科教育行政学研究室紀要』24号。
Ai, C. and E.C. Norton (2003) "Interaction Terms in Logit and Probit Models" *Economics Letters* 80(1).
Horn, Murray J. (1995) *The Political Economy of Public Administration: Institutional choice in the public sector.* Cambridge: Cambridge University Press.
McCubbins, Mathew, Roger Noll, and Barry Weingast (1987) "Administrative Procedures as Instruments of Political Control" *Journal of law, economics & organization* 3.
—— (1989) "Structure and process, politics and policy: Administrative arrangements and the political control of agencies" *Virginia Law Review* 75.
Moe, Terry M. (1989) "The Politics of Bureaucratic Structure," in John E. Chubb

and Paul E. Peterson (eds.) *Can the Government Govern?* The Brookings Institution.

—— (1990) "The Politics of Structural Choice: Toward a Theory of Public Bureaucracy" In Oliver E. Williamson (ed.). *Organization theory: from Chester Barnard to the present and beyond*. Oxford University Press.

Norton. E.C., H. Wang., and C. Ai. (2004) "Computing interaction effects and standard errors in logit and probit models" *The Stata Journal* 4(2).

Lewis, David E. (2003) *Presidents and the politics of agency design: political insulation in the United States government bureaucracy, 1946-1997*. Stanford University Press.

〔付記〕 本研究は科学研究費補助金（若手研究（B））「教育委員会制度改革をめぐる地方教育行政の動態と政治過程」による研究成果の一部である。

中央地方間ガバナンスの政治分析
―― 韓国における不動産取引税引き下げの政治過程 ――

南　京兌*・李　敏揆**
（ナム　キョンテ）（イ　ミンギュ）

1　はじめに

「もう，その話（不動産取引税）はやめましょう。今まで私が他人の話を止めさせたことはなかったけど，今日は私の気分が悪いです」。これは，2007年7月12日に青瓦台（韓国の大統領官邸）で行われた「住民生活サービスの伝達体系の革新事業」に関する国政報告会における盧武鉉大統領の発言である。そもそも，この報告会は行政自治部（日本の総務省に該当する）が開いており，全国の知事・市長・郡守・区長といった自治体の首長230人[1]と関係部局の長官など300人余りが出席し，住民生活サービスに関して議論する場であった。ところが，自治体の首長らは，その案件より，2006年8月に行われた不動産取引税の引き下げに伴う地方税減少分の補填策を大統領に繰り返して要求したため，盧武鉉大統領の怒りを誘発したのである。このことからわかるように，中央と地方間の財政調整の困難さについては説明の必要がないと考える。

本稿は，こうした困難な問題である中央と地方間の財政調整をめぐる政治過程を，「不動産取引税」を事例として取り上げ，「地方分権の政治合理モデル」（南・李 2007：65-66）により説明することを目的としている。また，このモデルを応用し，分析を行った事例（南・李 2008）の限界であったソウル特殊論をこえ，韓国の地方政府全般を説明できることを示す。

---

　*　京都大学法学研究科　助教　取引政治学・行政学・地方自治，本論文の Corresponding Author
　**　京都大学法学研究科　博士後期課程　公会計の改革・行政学・地方自治，本論文の First Author

とりわけ，本稿は次の側面に注目する。第一に，地方の最大税収源である「不動産取引税」がなぜ減税のターゲットとなったのか（「不動産取引税」は地方税収の総額のうち，およそ35％～41％を占める。より詳細なデータは表1を参照されたい）。言い換えれば，地方自治体とハンナラ党の反対が予想されるにもかかわらず，ヨリンウリ党はなぜ「不動産取引税」を減税のターゲットとしたのか。

　第二に，「不動産取引税」の引き下げまたは廃止を一貫して主張してきたハンナラ党は，なぜ2006年8月に減税法案の国会通過を阻止しようとしたのか。より具体的に言えば，盧武鉉政権期に入り，高騰し続ける不動産価格に対して，政権党は非常に高い税金を累進させる政策を何回も推進したが，ハンナラ党は常に市場メカニズムに任せながら，供給を拡大させるべきであると主張し続けた。つまり，ハンナラ党は政権党の累進課税に反対し，減税と供給を通じた市場メカニズムを強調してきたものの，「不動産取引税」の引き下げ案に対してはなぜ急に政策選好を転換せざるを得なかったのか。本稿は，こうした2006年8月に韓国の国会のみならず，世論を沸き立たせた「不動産取引税」の引き下げの政策決定過程を「地方分権の政治合理モデル」により解明していく。

2　不動産政策の流れと「不動産取引税」

　ここでは，まず，韓国で蓄積された研究業績と政府の政策を踏まえながら，不動産政策の流れを簡単に整理しておく。次に，こうした不動産政策の流れの中で「不動産取引税」が持つ意義を明らかにしたい。

　韓国の土地総額は国民所得の10倍を越えていると言われるほど（朴釘洙 2001：115），韓国における不動産をめぐる政策は非常に重要で，景気や物

表1　自治体の地方税収における「不動産取引税」[2]の比重

（単位：百万ウォン）

区分	2000年	2001年	2002年	2003年	2004年	2005年
取得税	3,148,197 (15.3%)	3,782,506 (14.2%)	5,278,226 (17.1%)	5,695,282 (17.1%)	5,563,087 (16.7%)	6,866,771 (19.0%)
登録税	4,527,575 (22.0%)	5,586,670 (21.0%)	7,504,456 (24.3%)	7,577,099 (22.9%)	6,752,981 (19.7%)	6,820,415 (19.0%)
合計（％）	37.3%	35.2%	41.4%	40.0%	36.4%	38.0%

出典：金男旭（2007：＜表3－1＞と＜表3－2＞）を筆者たちが整理。

表2　金大中政権下での不動産の規制緩和政策 3

政策区分	政策施行日および政策内容
供給規制緩和	1998.01.01：小型住宅建設義務比率廃止，1998.01.30：民営住宅25.7坪超過分譲価の自由化，1998.12.30：住宅分譲価の原価連動性の施行指針廃止，1999.01.01：分譲価の全面自由化（25.7坪以下），1999.04.30：住宅共済組合及び住宅建設指定業者制度の廃止
需要規制緩和	1998.06.01：再当籤禁止期間の短縮及び廃止，1998.09.19：宅地所有上限に関する法律の廃止，1998.12.28：土地超過利得税法の廃止，1999.01.28：住宅賃貸事業を外国人に開放，1999.02.08：分譲権の転売制限の廃止，土地取引許可制及び遊休地制度の廃止，1999.05.08：再当籤制限期間，民営住宅1順位制，請約倍数制（無住宅者の当籤機会拡大），無住宅世帯主の優先分譲制度等の廃止，1999.07.15：債権入札制の廃止，1999.08.28：住宅分譲権の転売許容，2000.07.22：公共賃貸住宅の賃借権の譲渡及び許容

出典：金元壽（2005：27-28）による。

価と密接に連動しており，政権にとっても選挙や国政運営などに対する国民の支持と深くかかわっている。また，急速な経済成長に伴って引き起こされた都市化と住宅供給の不足により，不動産は投機を目的とする民間資本の良い獲物になってしまった。その結果，政府の不動産政策は投機抑制のための規制政策と，景気浮揚のための規制緩和政策の間を輾転する場当たり的なものとなったのである（金元壽 2005：20；金ヨンミン 1999：152；將炳九 1992：60-61；金男旭 2007：78）。

金大中政権で一貫して行われた規制緩和政策（表2）により，不動産価格が急騰するようになったことに対する抑止政策として，盧武鉉政権は徹底した規制政策を行った（表3）。

次頁の表3は，盧武鉉政権で行われた最も代表的な不動産規制政策のみを整理したものである。表2と比べてみると，金大中政権による規制緩和政策から規制政策に転換したことがわかる[4]。

李インス（2006）は，盧武鉉政権が9回も大きな不動産政策を打ち出したにもかかわらず，国民の大多数から信頼を得られなかったと論じた。彼は，朝鮮日報による世論調査を引用しながら，国民の85.5％が盧武鉉政権の不動産政策を「良くない」と評価したと指摘すると共に，現代経済研究院の調査からも「ソウル市民10人のうち4人は政権交代が行われても住宅価格は高まり続ける」と認識していると述べた[5]。また彼は，盧武鉉政権が不動産政策の信頼を高めるためには，規制と供給及び税務調査などの画一的な手段のみに頼らず，再開発（再建築）などの規制を緩和し一時的で

表3　盧武鉉政権下での不動産の規制政策

政策	政策内容	日付
住宅価格安定対策	分譲権の転売禁止（首都圏・忠清圏の一部拡大），投機地域内住商複合建物・組合APTの分譲権の転売禁止，1順位資格制限及び再当籤制限の復活	2003.05.23
再建築（または）再開発市場の安定対策	再建築（または）再開発の際，中小型60％の建設を義務付け，1世帯1住宅の譲渡税の非課税要件の強化，再建築（または）再開発APTの組合員持分の転売制限	2003.09.05
住宅市場安定総合対策	1世帯3住宅者に譲渡税の重課，投機地域の1世帯2住宅以上譲渡税の弾力税率導入，投機地域の1世帯3住宅の譲渡税率を引き上げ，総合不動産税の導入時期を1年短縮，分譲権の転売禁止地域を拡大，首都圏に開発負担金を附加，再建築（または）再開発APTの開発利益の還収，住宅取引の許可制を導入，土地取引の許可面積の許可，住宅取引申告制，投機地域内6億ウォン以上の高価住宅取得時に時価で取引税を課税	2003.10.29
不動産保有税改編方案	総合不動産税の導入（総合土地税は廃止）	2005.09.15
不動産価格安定対策	不動産の保有税率の段階的強化，1世帯2住宅者の譲渡所得税は時価で課税，再建築（または）再開発基盤施設負担金の附加	2005.05.04
庶民住居安定と不動産投機抑制のための不動産制度改革方策	7次にわたる不動産総合対策党政協議（2005.7.6～同年8.24）を通じて，総合不動産税の課税対象の拡大，1世帯2住宅に50％の譲渡税及び実際の取引価格で課税，2007年から1世帯2住宅者の長期保有特別共済適用を排除，総合不動産税の世帯別合算，2008年から毎年5％課税標準適用比率を上向きに調整し2017年に時価標準額（公示価格）の100％を適用などの方策が決定	2005.08.31

出典：金男旭，2007：78-80を一部抜粋し，筆者たちが整理。

も譲渡税を引き下げるべきだと提言した。

　しかし，李インスの主張が必ずしも正しいとは言い切れない[6]。例えば，分配政策の側面から見ると，総合不動産税収（注10参照）の86％が首都圏に集中しているものの，政府による首都圏への支援額は40％にも及ばず，他の自治体に分配されたのである[7]。また，盧武鉉政権の不動産政策の主な戦略である「保有税の引き上げ，取引税の引き下げ」（第16代大統領職引受委員会 2003：265）は一貫性を維持していた。このことは，表3と表4によって裏付けられる。すなわち，表3で表れているように，盧武鉉政権は総合不動産税の導入と課税基準を時価に近づける政策を通じて保有税を引き上げる一方，表4のように取引税を徐々に引き下げたのである。さらに，盧武鉉大統領はこうした不動産政策の根幹を維持しようとしており，第17代大統領選挙における有力な大統領候補者に不動産政策の具体的な計画を明言するようにプレッシャーをかけた。すなわち，「譲渡所得税と総

表4　盧武鉉政権下での不動産取引税の引き下げ（地方税法の改正）現況

税　目	2005.1.5		2005.12.31		2006.9.1	
	個人間の住宅取引	その他の住宅取引8	個人間の住宅取引	その他の住宅取引	個人間の住宅取引	その他の住宅取引
取得税（有償取引）	2％	2％	1.5％（△0.5％）	2％	1％（△0.5％）	1％（△1％）
登録税（不動産の所有権移転）	3％→1.5％（△1.5％）	3％→2％（△1％）	1％（△1％）	2％	1％	1％（△1％）
合　計	3.5％	4％	2.5％	4％	2％	2％

＊韓国の地方税法の第112条には取得税について，第131条には登録税について，それぞれどれほどの税率で納付するべきかを定めている（2005年1月5日の改正前には，取得税が2％，登録税が3％に定められていた）。つまり，2005年1月の改正により登録税率は3％から2％に1％引き下げられたのである。しかし，同改正の際に，第273条第2項が新設され，個人間の住宅取引の登録税率を0.5％さらに軽減する内容が加えられており，その結果，個人間の住宅取引の登録税率は1.5％引き下げられることになった。また，この条項は同年12月31日と翌年の9月1日に再び改正された。
出典：大韓民国国会『法律知識情報システム』(http://likms.assembly.go.kr/law/jsp/main.jsp)。

合不動産税を引き下げることを公約する候補者は，全国民の大統領ではなく，全国民の1％だけの大統領，百歩譲るとしても4％だけの利益を代弁する大統領になろうとする人物だ」と圧力をかけたのである9。

　ところで，急騰し続ける不動産価額を抑制しようとして行われた税制改革により，中央政府の税率は上昇したものの，地方政府の税率は引き下がってしまったのである。すなわち，総合不動産税を導入することによって，基礎自治体の課税対象の一部が中央政府のものになり10，譲渡所得税などの国税の税率もより高くなった。また，広域自治体の税目である不動産取引税は大きく引き下げられた。もちろん，総合不動産税法は，徴収された財源の全てを地方に交付することを定めている（地方交付税法の第4条③）が，地方の自主財源を弱めるのは確かであった。

　本稿はこうした地方税法の改正のうち，2006年9月の改正を主な分析対象とする。なぜなら，前2回の改正では，①新設される総合不動産税法のインパクトが強すぎたため，地方政府が不動産取引税の改正にはそれほど注目しなかったこと，②課税の基準となる課表が以前よりはるかに上昇したことから，実際の課税金額は変わらなかったこと，③何より，前2回の改正の主な減税対象は個人間の住宅取引のみであったため，地方政府に大きなダメージを与えなかったことなどが挙げられる。こうした理由から，地方政府は2005年に行われた2回の地方税法改正にはそれほど反発せず，ハンナラ党も反対しなかったのである。しかしながら，2006年9月の地方

税法改正は地方税収に大きなダメージを与えるものであったため，地方政府は取引税の引き下げに猛烈に反対したのである。

3 「地方分権の政治合理モデル」による「不動産取引税」引き下げの政治過程の分析

(1) 事例分析のための「地方分権の政治合理モデル」の検討

筆者たちは1988年以降の全ての政権党が地方分権への選好を持つという仮定の下で，大統領制における統一政府と分割政府及び，中央政府と地方政府間の党派性の一致度を独立変数として提示し，この2つの軸によって政策のやり方が決まるという「地方分権の政治合理モデル」を組み立てた。すなわち，立法府の過半数を基準に「統一政府」と「分割政府」を区別し，首都圏を含む地方政府の過半数（韓国における広域地方自治体16のうちの8以上，総人口で言えば3分の2以上）を，中央政府と地方政府間の党派性の一致度を分ける基準とした[11]。その上で「地方分権の政治合理モデル」により象限ごとに次のような仮説を提示した。それを簡単にまとめると，Ⅰ象限では地方分権関連の法案を通過させると共に行財政的支援を行う。Ⅱ象限では地方に財源と権限を移譲するための法案を準備し，行財政的支援を行う。Ⅲ象限の場合，政権党は既存の地方政策を維持するか，あるいは，行財政的な手段を利用して地方政府を統制しようとする。Ⅳ象限の場合は，現状維持と逆コースの可能性が共存し，中央政府は様々な行政権限を用いて地方政府を統制しようとする。以上のような仮説を，盧泰愚政権（1988-1992）から金泳三政権（1993-1997）・金大中政権（1998-2002）・盧武鉉政権（2003-2007）に至るまでの地方分権の過程を対象に，地方分権に関する法案と権限・財源移譲に関するデータの分析を通して解明したのである（南・李 2007）。

不動産取引税の引き下げが中央政界と地方政治において大きく論議された2006年8月を「地方分権の政治合理モデル」（図1を参照）にあてはめてみると，この事例はⅢ象限に位置する。筆者たちは，このモデルのⅢ象限について，中央政府は地方政府と党派性が一致しないため，地方分権への誘因を持たず，既存の地方政策を維持する，あるいは，中央政府はむしろ地方に対する監査・責任追及・責任転嫁等を利用して地方政府を統制しようとする。しかし，Ⅲ象限は分割政府であるため，地方政府の裁量を縮め

るための法案の制定は他の野党との合意が必要になる，という仮説を提示した（南・李 2007：66）。すなわち，「取引税」の引き下げが行われた時期における中央政府は，

図1　モデルにおける「不動産取引税」の引き下げの位置付け

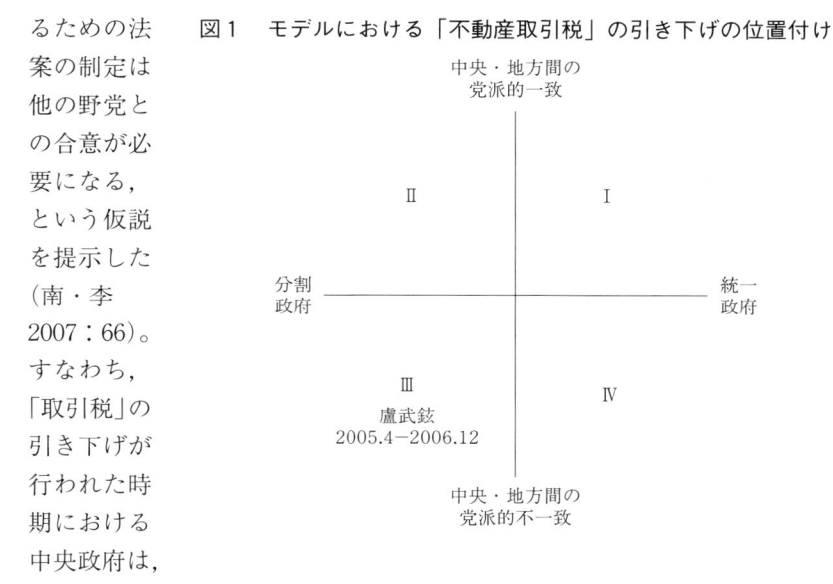

```
                    中央・地方間の
                    党派的一致

              Ⅱ              Ⅰ

     分割                            統一
     政府                            政府

              Ⅲ              Ⅳ
           盧武鉉
         2005.4-2006.12

                    中央・地方間の
                    党派的不一致
```

地方分権への誘因を持たず，むしろ地方政府の裁量を縮めようとする。しかし，野党の協力を得なければ，地方政府の裁量を縮めるための法案の制定はできないはずである。

　本稿の研究対象である2006年8月の「取引税」の引き下げ過程に限定して，より特定化してみると，地方自治体が地方税収の減少に対し反対するのは当然のことで，自治体と党派的に一致する政党が自治体の利益を代弁するのも当然である。従って，地方税収を減少させようとする中央政府の試みは失敗するはずである。しかしながら，何らかの理由で野党が協調するならば，法案の制定も可能なのである。

　以下からは2006年8月の「取引税」の引き下げの政治過程を分析することによって，「地方分権の政治合理モデル」の仮説を検証していくことにする。

(2)　不動産取引税をめぐる各アクターの選好[12]

　不動産取引税をめぐる政治過程では次の3つのアクターが中心となる。すなわち，①与党（ヨリンウリ党）・行政府，②野党（ハンナラ党），③自治体がそれである。以下，この3者の2006年7月までの選好を整理してお

く。

　①与党・行政府：与党と行政府は「不動産保有税の引き上げと取引税の引き下げ」で一致しており，一枚岩とみなすことができる。ただ，その施行方法については，与党と行政府の間に食い違いが見られた。2004年8月頃から新聞紙上に「不動産取引税」の減税に関する内容が頻繁に報道されており，これには概ね2つの重要なイシューがあった。第一に，不動産取引税の対象を個人間の取引に限定することと，実際の取引価格で申告することが義務付けられることによって，税率の引き下げが行われても，実際には引き下げの効果は出ないということであった[13]。第二に，取引税の引き下げを「地方税法」の改正によって明文化するか，各自治体の裁量に任せるかという与党と行政府の立場の違いがあった。すなわち，行政府（特に，行政自治部）は取引税の引き下げを「地方税法」の改正を通して行うよりも，各々の自治体の裁量に任せることによって自治体の税収へのダメージを最小限に止めようとした[14]。しかし，それが世論からの激烈な非難を受けるようになると[15]，与党はより確実な方法として「地方税法」の改正を主張したのである[16]。このように与党と行政府両方とも，取引税の引き下げが自治体の税収に大きなダメージを与えることを十分に認識していたのである。

　②野党：ハンナラ党は減税と市場中心主義のイデオロギーに基づいている政党である。特に，盧武鉉政権で行われた増税政策に対し，野党としてのハンナラ党の政策選好は減税主義と市場主義により傾きがちであった。例えば，2002年に行われた第16代大統領選挙におけるハンナラ党候補者の大統領選挙公約[17]では，不動産の取引税を緩和し保有税の負担を強化するということが公言されていた。大統領選挙に敗北した後には，減税政策が一層強調された[18]。このようなハンナラ党の主張は2006年7月まで続く[19]。つまり，ハンナラ党は，2006年7月まで一度も取引税の引き下げに反対することなく，むしろ与党や政府案よりも一層強い減税を主張したのである。さらに，このときまでは自治体の税収減少に対しての言及もほとんど見られず，一貫して取引税の引き下げを繰り返したのである。しかしながら，2006年8月21日に臨時国会が始まると，急に政策選好を変更し，与党の減税案に猛烈に反対したのである。

　③地方政府：自治体は言うまでもなく，地方財源を縮めようとする全て

の政策に反対する。ただし，2005年12月の地方税法の改正までは，取引税の引き下げに対しては大きく反発せず，主に総合不動産税の導入に反対の声を高め続けた。例えば，盧武鉉政権での不動産政策，とりわけ，税制システムの改革に際して，公式的に反応を示したのは2004年8月5日に開かれた「総合不動産税，国税新設方策の代案模索に関する政策討論会」であった。この討論会は「全国市・道知事協議会」「全国市・道議会議長協議会」「全国市長・郡守・区長協議会」「全国市・郡・区議会議長協議会」の後援によって開かれた[20]。討論会の名称からもわかるように，この討論会の主な批判対象は総合不動産税の新設であり，前節の不動産政策の流れと「不動産取引税」のところで説明したように，取引税の引き下げの問題には目を向けていなかった[21]。ともかく，自治体は中央政府の税制改革によって，地方税収が減らされることを望まなかった。

(3) 「不動産取引税」の引き下げをめぐる2006年8月の攻防と政治過程の分析

当時，不動産取引税の引き下げというイシューが世間の注目を大きく集めた上，それをめぐって各政党・中央政府・地方政府など，諸政治アクターが対立し始めた最も重要な原因は次の2つである。1つは，不動産取引税の引き下げは地方税収を弱めることによって地方の自主財源を減少させるものであった。もう1つは，それを実施する時期が，2006年5月31日に行われた「第4回全国同時地方選挙」以後であり，この選挙の結果，与党が歴史的惨敗を喫したことであった。すなわち，広域自治体の知事16人のうち，1人のみが与党所属であり，さらに，人口比率で計ってみると，与党は全人口の3.8％しか占めることができず，その一方ハンナラ党は88.1％を占めるようになった（南・李 2007：68, 77）。こうした状況下で，地方政府とこれらの利益を擁護するハンナラ党は，政府与党による取引税の引き下げを地方政府の抑圧として受け取ったのである。

これに対し，ヨリンウリ党は第4回地方選挙の大敗の原因を不動産政策の失敗に求め，既存の規制一辺倒の不動産政策から規制緩和を主張し始めた[22]。また，こうした状況認識に基づいて，8月21日から臨時国会を開き，取引税の引き下げ案の処理と財産税の減税を含む不動産税制の規制緩和を行おうとした[23]。

次に、不動産取引税の引き下げが本格的になった8月における各アクターの行動を分析してみよう。

3日、ヨリンウリ党は行政自治部との党政協議を行い[24]、個人間の取引のみに限定されていた既存の取引税引き下げの可能要件を全ての住宅取引にまで広げながら、さらに取得税と登録税の税率を1％ずつにすると決定した。こうした与党の動きに対しハンナラ党も同日、最高委員会議を開き[25]、その際、院内代表は「今日、政府与党が党政会議を通じて取得税と登録税といった取引税の引き下げ方針を決めるはずだ。周知の通り、この件はハンナラ党が以前から声高に要求してきた主張だった。この前の与野党院内代表会談のとき、ハンナラ党は強力に取引税の引き下げを要求しており、ヨリンウリ党がハンナラ党の要求に応じてくれたのだ…」と語っており、与党よりむしろハンナラ党の方が取引税の引き下げに熱心だったことを強調した。

ハンナラ党は翌日も主要党職者会議を行い、前日の与党案よりもさらなる引き下げ率を盛り込んだ案を作成したと広報した[26]。この会議でハンナラ党の政策委員長は「…8月21日に臨時国会が開かれる。…取引税においてもヨリンウリ党案は全体的に2.5％を0.5％縮めた2％案になっているものの、ハンナラ党は全体的に1％を縮めて1.5％案を取りまとめた。法人との取引においても同じく1.5％にすべきだと思う…」と党の方針を明確にした。すなわち、このときまでのハンナラ党は、取引税を引き下げるという政策選好を明確に持っていたのである。

ここで、新たに7月に就任したばかりの自治体の首長らは、反対の声を徐々に高めており、全国市・道知事協議会は取引税の引き下げを地方自治制度の存立基盤つぶしだと批判した[27]。とりわけ、臨時国会が開かれると、取引税引き下げ案に対する反対も本格化した[28]。23日にはハンナラ党所属の知事4人がヨリンウリ党を抗議訪問した[29]。その日、市・道知事協議会の会長団は、ヨリンウリ党の金槿泰党議長と面談を行い、不動産取引税の引き下げによる地方税の補填対策を要請したが、金槿泰議長はその要請を拒否した。協議会は「不動産取引税を引き下げると、来年度の地方税収のうち、6兆ウォンの損失が発生する」「政府は総合不動産税で補填すると公言しているが、そもそも、その税収は地方税だったものを、中央政府が勝手に奪ったものだ」「せめて、譲渡税の一部を地方税に回すなどの方策が必

要だ」などと要求した。このような要求に対して，金槿泰議長は「政府と与党は不動産投機の根絶及び住宅の安定供給に重点を置いている」「取引税の引き下げは不可避なものであり，総合不動産税は均衡発展を目的として地方から中央政府に移したのである」「皆さんの意見を参考にするけれど，国政を総合的に考えるべき中央政府の立場も皆さんに理解してもらいたい」と述べ，拒否の意を伝えた。

こうした仲間たる地方の動きに対し，ハンナラ党もようやく反応し，23日の行政自治委員会から取引税引き下げに歯止めをかけ始めた[30]。ハンナラ党はこれまで一度も主張しなかった「国税一部の地方税への転換」を要求すると共に，地方税の引き下げによって縮められる地方税収の補填を求めた。さらに，ハンナラ党は「地方消費税」を地方税として新設する地方税法改正案を立案した。また，25日には議員総会を開き，政府与党が地方税収の不足分を補填してくれない限り，政府与党の取引税引き下げ案の国会通過を阻止することを党議として確定した[31]。このように，ハンナラ党は仲間たる自治体の利益を守ろうとし，自治体の要求を代弁しようとしたのである。

ハンナラ党が従来の志を翻さない限り，自治体の反発は無力であろう。ところが，自治体の猛烈な反対を認識したハンナラ党は既存の政策路線を急転換しており，それはほとんど同じ党派で統一されていた地方の要求を無視できなかったからであろう。

ハンナラ党の変節に与党が苦しんだのは言うまでもないが，ハンナラ党にも不都合だったのは同様であった。すなわち，政府与党のみならずマスメディアや世論からたたかれ始めたのである[32]。当時の新聞紙上のハンナラ党に対する批判をまとめてみると，以下の通りである。

①納税者の反発：当初，減税をめぐっては与党と野党の間に大きな異見が見られなかったため，納税者は減税案が問題なく国会を通過するはずだと信じ，不動産取引税が引き下げられるまで不動産契約を延ばした。従って，そうした大勢の人々が激しく反発するはずであり，ハンナラ党の信頼性は地に落ちてしまう。特に，取引税の引き下げが9月から適用されると予想し，契約の途中で待っていたり，残金の支払いを遅らせて延滞料まで払ったりしている人が少なからず存在し，この損失をどうしてくれるのか，さらに，今回の臨時国会で法案の通過ができなければ，今年度分の引き下

げは不可能となり33，納税者の被害はより大きくなる，というものであった。

②皮肉る：不動産取引税を引き下げると共に，地方政府に配るべき税金は減らされてはならないというハンナラ党の理屈は，右手は減税を，左手は増税をしようとすることと同じではないのか。国民の税負担は変わらないのではないか。国債でも発行しろという主張なのか。

さらに，その当時のハンナラ党においては，党の内部からも非難の声が高まっていた。いくつかを紹介しておこう。「今まで減税を強調し続けてきたのに，いまさら地方税法改正案に反対すると，世論の非難はハンナラ党に集中するはずだ」「取引税を引き下げろという世論の圧力によって，与党から臨時国会の召集の提案を受け取ったものの，そのときに地方税収の不足分の補填策について公式的な確約をもらうべきだった」「地方政府の反発が強すぎて，税収不足分に対する補填なしに通過しがたい。相当の負担を抱えているのが事実だ」などの非難が噴出しており，ハンナラ党は地方自治体の利益と政府与党・世論・党内などの反対という相容れないジレンマに陥ってしまった。

こうした状況下で，ハンナラ党は余儀なく既存の政府与党案（法案のみならず，補填策として総合不動産税収を使う）34をそのまま受容せざるを得ず，8月29日に国会の本会議で「地方税法改正法律案」を通過させた。しかしながら，通過した法案や与党が提示した補填策の内容は，自治体が猛烈に反対した内容のままであり35，ハンナラ党にとって短期間のうちに2回も政策選好を転換したのは手痛い戦略ミスであった。

4　おわりに

韓国における不動産は財産蓄積に最も有効な手段として認識されており36，各政権は不動産価格の上昇による貧富の格差を是正するために，絶え間なく不動産政策を見直し続けてきた。とりわけ，政府は不動産税率を調節することによって，税収を調整すると共に不動産の価格に影響を与えた。

本稿は，なぜヨリンウリ党が不動産税の中で地方税収における最も多くの割合を占めている「不動産取引税」を減税のターゲットとしたのか。また，ハンナラ党は既存の減税政策をいきなり一変させ，地方自治体の利益を代弁し，取引税の引き下げに反対したのか，という問いを立てた。これ

に対し，ヨリンウリ党が地方政府の強い反発を十分に認識したにもかかわらず，取引税をターゲットとした何よりの理由は，地方権力がほぼ100％と言って良いほどハンナラ党によって統一されていたからであった。これにより，政権党は地方政府の選好を考慮する必要性がなくなり，地方政府を配慮せず，むしろ地方政府の裁量を弱めるための誘因が働いたのである。

　ところが，ヨリンウリ党と比べハンナラ党の場合は，地方政府の選好への配慮を余儀なくされた。すなわち，地方選挙での圧勝を考えると，ハンナラ党の急激な政策選好の転換は，当然の結果であり，地方政府の選好を貫徹することに，非常に強い誘因が働いたのである。しかしながら，何年も維持してきた選好の急転換は，ハンナラ党にとって様々な不都合を招いてしまい，元の政策選好にもう一度転換せざるを得なかった。これにより「地方税法改正法律案」の騒ぎは幕を下ろしたのである。

　これを2006年8月に焦点をしぼって整理してみると，2006年の8月半ばまで政府与党と野党両方とも減税という類似した選好を有していたのは確かであった。それゆえ，不動産取引税を引き下げるための法案は国会に提出され次第，問題なく通過するかに見えた。しかしながら，8月21日に臨時国会が始まり，政府与党が地方の最大税収源である「不動産取引税」を減税のターゲットとする具体的な減税法案の制定に向かって走り出すと，地方税目の縮小に対する地方政府の猛烈な反対が強まっていった。反対した地方政府の大部分は，2006年5月31日に行われた「第4回全国同時地方選挙」で勝利したばかりのハンナラ党所属であった。同じ党派の地方政府が減税法案に猛烈に反対すると，ハンナラ党も同一党派の利益の代弁を余儀なくされた。そのため，ハンナラ党は既存の減税政策から急に態度を変え，取引税の引き下げ反対を党議として決めた。それだけではなく，同時に，地方税収を補うための「国税の一部の地方税への転換」及び，地方税として「地方消費税」の新設を主張すると共に，政府与党案の国会通過を妨げた。しかしながら，ハンナラ党は長期間維持してきた選好の急転換が生み出したディレンマによって，党議を再転換せざるを得なくなったのである。こうした経緯をたどり，2006年8月29日に「地方税法改正法律案」が国会を通過したのである。

　（1）　韓国において地方政府の数は，広域レベル（都道府県に該当する）が

16，基礎レベル（市町村に該当する）が230である。従って，230人の首長の参加は，ほとんどの自治体が参加したと言って良い。
（2） 実際に「不動産取引税」という税目は存在しない。金男旭（2007：82-83）によると，「不動産取引税」とは国家または地方政府によって不動産の取引段階で附加される租税である。国税では，相続税・贈与税・印紙税・付加価値税・農業村特別税があり，地方税では，取得税・登録税・免許税・地方教育税がある。とりわけ，本稿での「不動産取引税」とは地方税のうち，取得税と登録税を意味する。
（3） 金大中政権は極端な規制緩和政策を行い，多くの副作用を引き起こしたが，それはIMFの介入という国家的危機状況を克服するために，内需景気を人為的に活性化せざるを得なかったためであったと思われる。
（4） 盧武鉉政権が前政権の規制緩和から規制の方に不動産政策の修正を試みたのは確かであり，表3は規制政策を中心にまとめたものである。しかしながら，盧武鉉政権の政策の中には，保有税に対する累進税強化などに代表される規制政策も存在する一方，選挙の惨敗による規制緩和を試みたり，供給政策により重点を置いたりした。
（5） 盧武鉉大統領も政権末になって，不動産政策の失敗を認める発言を繰り返した。最初の謝罪だとマスコミで言われるのは，2006年12月27日のことである。この日，盧武鉉大統領は「不動産を除けば（私の任期中に）気にかかることはない」と述べた。2007年1月25日には「不動産問題は誠に申し訳ございません。不動産の価格が上がってしまって申し訳ないし，国民を混乱させてしまって一気に安定させられなくて申し訳ありません」と，より謝罪の気持ちを込めて新年演説を行った。
（6） 2007年に入り，韓国の代表的な投機地域であるソウル市の江南区などは少しではあるが，不動産価格が下がった。文化日報，2007年5月2日「李建設交通部長官，住宅価格より値下がりすべき」。
（7） ソウル新聞，2007年8月31日「自治体の総合不動産税，慶南'好好好（喜び）'・ソウル'虚虚虚（無念）'」。
（8） 法人間の取引と法人と個人間の取引の両方を意味する。
（9） 国民日報，2007年5月27日「コラム：任期末釘打ち」。
（10）「総合不動産税」（2005年1月5日に制定）は，盧武鉉政権における代表的な不動産税制改革である。本稿の観点からそれを簡単に整理しておくと，韓国において総合不動産税が導入される前までの保有税体系は，基本的に土地と建物に分離課税するシステムであった。例えば，住宅の場合，宅地は「総合土地税」によって徴税され，建物は「財産税」によって徴税された。このような分離課税システムによって徴収された両税金は地方税目であったため，政権党はそれを保有税の全国的な累進課税を阻害する原

因として認識した。こうした認識に基づいて政権党は，土地と建物の分離課税システムを財産税として統合し，個人あるいは世帯ごとに合算した不動産に累進するシステムとして制定したのが「総合不動産税」であった。ところが，全国的に分布されている保有資産を把握し，累進するシステムを備えるためには，それを中央政府の税目にせざるを得なくなった。それゆえに，財産税の徴税権は自治体にあることを認めた上で，一定の金額以上の不動産保有者のみを「総合不動産税」の対象としたのである。このような仕組みによって，「総合不動産税」の対象になった不動産は，自治体の財産税対象からは外れたのである。

(11) 日本の場合，革新自治体の時代と呼ばれている1960年代でさえ，革新自治体が占めた割合は全体の過半数をこえなかった。従って，本稿は日本のそれよりはるかに高い基準をもって中央地方間の党派性の一致度をはかったといえよう。

(12) 以下は1990年以降のあらゆる中央日刊紙を含め，言論上のニュースをデータベース化している「カインズ」(http://www.kinds.or.kr/) で，キーワード（不動産，取引税，地方政府）検索を用いて資料を収集し分析に活用したのである。また，各政党の公式的な選好と行動は「ニュース通信振興に関する法律」によって国家基幹通信社と指定された「連合ニュース」(http://www.yonhapnews.co.kr/) に集められた各党の報道資料に基づいて特定化した。

(13) 韓国経済新聞，2004年7月31日「党政，不動産取引税の引き下げの決定を行ったとしても，課表が高すぎるため負担は相変わらず」。ソウル経済新聞，2004年8月18日「不動産取引税，上がった分だけ，値下げする」。東亜日報，2004年8月19日「不動産市場の活性化対策の概略－分譲APT入居時は取引税の減免されず」。

(14) 文化日報，2004年8月19日「不動産取引税の引き下げ，事実上白紙化－自治体が条例を見直し，税額軽減」。この記事には，8月18日に行われた財政経済部の税制室長との記者懇談会で室長の発言「取引税の引き下げ方式は，地方税法の改正を通じる税率引き下げより，各地方政府が現行法の枠の中で条例を見直し，税金を軽減する方策が推進されている」を紹介している。韓国経済新聞，2004年8月19日「実際の取引価格で申告しても取得・登録税の負担はそのまま－税率引き下げ白紙化」。この記事でも財政経済部の関係者の発言を引用し，「行政自治部と一部の自治体は……地方税収に狂いが生じることを恐れているから…」とその理由を説明している。

(15) 財政経済部が取引税の引き下げを法律で定めるより，自治体の裁量に任せるという方針を発表すると，多くの新聞はこれに反対する記事を続々と載せた。ファイナンシャルニュース，2004年8月19日「社説：取引税額

の減免方針，問題大有り」。ソウル新聞，2004年8月20日「社説：不動産取引税の引き下げ約束を守るべき」。ハンギョレ新聞，2004年8月20日「社説：取引税率，引き下げが正しい道」。

(16) 東亜日報，2004年10月22日「総合不動産税の徴税機関，国税庁と行政自治部同士で責任転嫁」。この記事は2004年度の国政監査で与党と野党の議員及び李憲宰副総理兼財政経済部長官の質疑に基づいて作成されており，与党の金振杓議員が「…取引税の引き下げが必要だ」という話を載せている。東亜日報，2004年11月2日「党政，総合不動産税の導入合議－個人・法人5万人から10万人が賦課対象」。この記事によると，…，ヨリンウリ党は「保有税を多く取り立てるなら，それに応じて取引税は引き下げるべき」と主張し，具体的な取引税率の引き下げ計画を財政経済部に要求した。このような与党の要求に財政経済部の税制室長は「自治体の税収減少をいかに処理すれば良いのかが問題だ」と語った。東亜日報，2004年11月15日「不動産取引税引き下げの追加検討…登録税率を現行3％か2％以下に」。世界日報，2004年11月15日「不動産取引税の引き下げ／登録税率を現行3％から2％以下まで引き下げることを検討」。京郷新聞，2004年11月15日「不動産取引税，より引き下げられるよう，今日，党・政・青が会議…2％から追加引き下げも検討」。当初，政府は…登録税率を現行3％から…2％に引き下げ，…それ以上は自治体ごとに条例を見直し，引き下げるよう誘導する方針だった。しかし，去る12日のヨリンウリ党の議員総会では「保有税率を高めるためには，少なくとも取引税はより引き下げるべき」という主張が強かった。これに対し，財政経済部の関係者は「登録税率を3％から2％に引き下げることも，政府の立場からは相当な税収欠損を甘受することであるため，…登録税率をより引き下げることは現実的に非常に厳しい。しかし，与党との折衷を行った後，最終方針を定めるつもりだ」と語った。これに対し，ヨリンウリ党の第3政策調整委員長は「15日に開かれる党・政・青会議で，不動産取引税の負担を軽減する方策を主に論議すべきだ」と主張した。京郷新聞，2004年11月16日「党，取引税の引き下げを要求。政，難色を表明。総合不動産税の導入は再び陣痛，年内の立法化は不透明」。…15日の党政懇談会は…与党の財政経済委員会，行政自治委員会，政策調整委員会所属の議員と財政経済部の関係者が参加して開かれており，…政策委員長は会議直後「総合不動産税の導入に対する方向や原則には大きな異論がなかったけれど，取引税の追加引き下げ…自治体の反発などの問題をより検討すべきだ」と述べた。…経済副総理も「取引税をより引き下げることよりは，自治体が条例によって…調整するように誘導するつもりだ」と語った。京郷新聞，2004年11月16日「党，取引税の引き下げを要求。政，難色を表明。総合不動産税の導入は再び陣痛，年内の立

法化は不透明」。ある議員は「税金政策によってヨリンウリ党は20％程度の支持率さえ守れないのではないか…」という憂慮を現した。
(17)　文化日報，2002年11月12日「ハンナラ党大統領選挙200公約を発表」。
(18)　東亜日報，2003年11月4日「ハンナラ党，APT保有税の重課税に反対」。ハンナラ党の代表は3日に政府の…不動産保有税の大幅な引き上げに反対の立場を明らかに…「政府が立法を推進するなら，国会の常任委員会で反対するつもり」。京郷新聞，2003年11月4日「ハンナラ党代表，保有税重課に反対」。文化日報，2003年11月4日「不動産対策，施行陣痛・取引申告制などにハンナラ党が反対」。…ハンナラ党の租税改革委員長は…「譲渡所得税など不動産取引税は引き下げ，保有税を強化することがハンナラ党の基本方針だ…」と主張した。2004年11月5日「今日のイシュー－総合不動産税，来年10月施行の意味と問題点」。…ハンナラ党政策委員長は「保有税を引き上げ，取引税を引き下げることに同意はするけれど，保有税の引き上げ率に対しては様々な意見がある…」と語った。
(19)　文化日報，2006年7月1日「与党と野党，不動産政策で再び激突」。…ハンナラ党「税金だけではだめ…全面的な見直しを…」。租税日報，2006年7月20日「不動産税制，放置すればより大きな政策失敗を招くはず」。この記事では新たに国会の財政経済委員長になったハンナラ党の議員との特別インタビューが記されている。ここで委員長は「…今まで不動産税制に関連する政府の政策は高額財産家に，一般的な財産税だけでなく，総合不動産税を追加的に課税し，税負担の衡平性を図ろうとしたものの，現実とは離れすぎたものだった…このような不動産税の急増は国民の抵抗を招き…，従って，…不動産税制の一貫性は保ちながら，保有税の強化による税収増加分は取引税の引き下げと連携させ，国民の全体的な税負担は均衡を保つようにすべきだ」と主張した。
(20)　主催はソウル市立大学の地方税研究所であり，テーマは「総合不動産税の新設計画，その問題点の分析と評価」及び「総合不動産税の新設の法制度的な妥当性検討」であった（全国市・道知事協議会のホームページによる）。
(21)　政府の「不動産制度改革方策」。全国市・道知事協議会のホームページによると，2005年9月5日に「全国市・道知事協議会」はようやく声明書を発表し，初めて取引税の引き下げによって引き起こされた地方税収の補填策を求めた。
(22)　オーマイニュース，2006年6月3日「与党，惨敗原因が不動産政策にあったか」。京郷新聞，2006年6月5日「5・31民心読めない与党－民心を口実に逆走行するヨリンウリ党」。…最大イシューは不動産と租税政策だった。…不動産取引税及び譲渡税の引き下げ，不動産市場の供給補完策

も検討対象だ…。韓国日報，2006年6月15日「与党の初選議員，5・31民心収斂討論会」，「取引税のさらなる引き下げ措置が必要だ」「増税政策を行って成功した政府はない…百戦百敗たる増税政策をいきなり行ったのが一番大きな選挙敗北の原因…」。ハンギョレ新聞，2006年6月30日「政府の財産税緩和及び取引税の引き下げが不動産政策の'微細調整'の終わりなのか，もしくは始まりなのか」。党政が30日に財産税の軽減措置などを発表した中で，今後の不動産政策の…取引税の引き下げ…などがその対象だ。

(23) ハンギョレ新聞，2006年7月29日「与野党，来月の臨時国会の開始に合意」。京郷新聞，2006年7月29日「臨時国会開始に与野党合意」。

(24) 連合ニュース報道資料，2006年8月3日「ヨリンウリ党＜ブリーフィング＞行政自治部と党政協議－取引税の引き下げ方策」。

(25) 連合ニュース報道資料，2006年8月3日「ハンナラ党，最高委員会議の主要内容」。

(26) 連合ニュース報道資料，2006年8月4日「ハンナラ党，主要党職者会議の主要内容」。

(27) 東亜日報，2006年8月10日「社説：一生懸命に叫んだのに不動産取引税引き下げに反対するかな」。東亜日報は税率の引き下げを主張し続けてきたハンナラ党の党議に対し，その所属の地方首長が反対することを皮肉った。ソウル新聞，2006年8月14日「自治体首長ら，そろそろ声を出すか」。

(28) 21日に臨時国会が開かれる前までは，それほど大きな混乱は見られず，ハンナラ党の減税政策もそのまま維持された。連合ニュース報道資料，2006年8月14日「ハンナラ党，最高委員会議の主要内容」。連合ニュース報道資料，2006年8月21日「ヨリンウリ党，公報副代表の定例ブリーフィング」。

(29) 連合ニュース，2006年8月23日「金槿泰議長－市・道知事，地方税補填をめぐって神経戦」。連合ニュース報道資料，2006年8月23日「ヨリンウリ党，全国市・道知事協議会の会長団接見」。

(30) 連合ニュース，2006年8月23日「行自委，減税法案の審査難航」。

(31) 連合ニュース，2006年8月25日「与野党，減税案をめぐって衝突，立法霧散の恐れ」。ハンギョレ新聞，2006年8月25日「取引税の引き下げ遅れるかも」。

(32) 京郷新聞，2006年8月26日「減税の罠に自ら陥ったハンナラ党」。連合ニュース，2006年8月27日「地方税減税案の国会通過，霧散憂慮，非常－納税者の反発は激しくなる模様」。連合ニュース，2006年8月27日「ハンナラ党は地方税法の処理に協調するのか反対するのかジレンマ－世論の逆風の恐れで，先協調・後補完論を提起」。ハンギョレ新聞，2006年8月27日「減税はすべきだが，税収は維持すべき？朝三暮四共和国？」。国民日報，

2006年8月27日「社説：取引税に足払いをかけるハンナラ党」。オーマイニュース，2006年8月27日「取引税の引き下げの約束を守れ！－ネチズン，ハンナラ党を糾弾」。東亜日報，2006年8月28日「地方税法改正案，霧散可能性－不動産契約を延ばした世帯に被害」。
(33) これは取引税の引き下げと一緒に通過されるはずであった一部の財産税に該当する話である。
(34) このような補填策は，実際に執行された。文化日報，2007年8月30日「ソウル，総合不動産税1兆ウォン納めたが，2825億ウォンしか交付されず」。東亜日報，2007年8月31日「ソウル，昨年度の総合不動産税1兆681億ウォン，しかし，地方交付税は2825億ウォンしかもらわず」。2つの記事ともにソウルをタイトルとしているが，ソウルと京畿道以外の地域は納めた金額より多くの交付税をもらった。特に，慶尚南道の場合は，133億ウォンを納めたが，その7.4倍の991億ウォンが還付された。全体的に整理すれば，中央政府は総合不動産税で1兆7179億ウォン（3757億ウォンは分納のため，1兆3422億ウォンが実際の徴収額である）を徴収し，そのうち，8409億ウォンが不動産取引税の減少による補填措置に使われた。
(35) 連合ニュース報道資料，2006年8月25日「全国市・道知事協議会－不動産取引税率の引き下げの財源補填策をめぐって与党と野党間の対立，その争点と真実」。知事協議会が発表したこの報道資料を見ると，総合不動産税収を利用して不足分を補填するという与党の方策に対して，反対の意見を明言している。彼らの口調は単なる反対程度ではない。例えば，彼らは政府の補填策を「お父さんが弟（総合不動産税の前身である総合土地税が，基礎自治団体に徴税権があったことから）のお金を奪って，兄に渡すことに他ならない」と主張した。すなわち，そもそも総合不動産税によって徴収されたものが地方に配られるのは当然であるため，取引税の引き下げによって，減少した税収は他の財源で補填すべきだという理屈であった。
(36) 中央日報，2007年11月25日「韓国のお金持ち，彼らの財産は110億ウォン，ベンツに乗りシャネルを使っている」。

参考文献
韓国語文献（カナダラ順）
金男旭，2007「不動産取引税制の問題点と改善方向」『年報土地公法研究』第36輯，77－123頁。
金ヨンミン，1999「わが国における不動産政策の課題」『年報不動産学研究』第16輯，151－172頁。
金元壽，2005「住宅政策効果の実証的分析―住宅価格変動を中心に―」国民大学大学院行政学科博士論文。

大韓民国国会,『法律知識情報システム』http://likms.assembly.go.kr/law/jsp/main.jsp。

朴釘洙, 2001「不動産取得税及び登録税の課税標準の現実化方策研究」『年報税務学研究』第18巻第2号, 115－134頁。

連合ニュース, http://www.yonhapnews.co.kr/。

李インス, 2006「参与政府の不動産政策の評価と代案―11・15不動産市場安定化対策を中心に―」『年報大韓不動産学』Vol. 24, 195－205頁。

將炳九, 1992「韓国の地方土地税制に関する研究」『年報地方自治研究』第4巻第1号, 59－79頁。

全国市・道知事協議会, http://www.gaok.or.kr/。

第16代大統領職引受委員会, 2003『対話（大統領職引受委員会白書）』。

カインズ（韓国言論財団）, http://www.kinds.or.kr/。

日本語文献（五十音順）

南京兌・李敏揆, 2007「韓国地方分権の政治分析」『季刊行政管理研究』第117号, 63－81頁。

南京兌・李敏揆, 2008「地方税目交換の政治分析―ソウル特別市と自治区間のタバコ消費税と総合土地税をめぐる党派的争い―」『年報行政研究』第43号, 131－150頁。

分権改革はなぜ実現したか

市川喜崇*

1　はじめに

　分権改革はなぜ実現したのだろうか。これまで，神戸（かんべ）勧告や，第9次・17次の地方制度調査会の答申など，政府の審議会で抜本的な分権改革を求める提言がたびたび提出されてきたが，いずれも棚上げにされてきた。地方分権一括法の施行（2000年）によって実現した改革（以下「2000年分権改革」）は，こうした「棚上げの歴史」に終止符を打つものであった。本稿は，まず，これまでの分権改革の「挫折の構造」がどのようなものであったかを明らかにし，次いで，2000年分権改革がなぜそうした構造を打ち破ることに成功したのかを論じることにしたい。

　これまで，多くの研究が分権改革の成功理由の解明に努めてきた。しかし，これらは，従来の「挫折の構造」を特定せずに分析しているため，今回成功した理由を不十分にしか説明することができていない。本稿は，「挫折の構造」の克服過程として，2000年分権改革を描き出すものである。より具体的には，分権改革が財界の支持などを得て政府のアジェンダへと浮上した過程を「アイデアの政治」として描き出し，また，地方自治政策コミュニティが地方分権推進委員会という権威の高い審議会を獲得した原因を，当時の村山連立政権の存在に求めようとするものである。

　ここで，本稿が対象とする2000年分権改革について若干の説明をしておきたい。2000年改革は，1993年6月の地方分権推進の衆参両院決議と同年10月の第3次行革審「最終答申」により政府のアジェンダへと浮上し，2000年4月の地方分権一括法の施行によって実現したものである（年表参照）。

＜2000年分権改革年表＞

---

　*　同志社大学法学部　教員　行政学・地方自治論

1990年代初頭		地方分権を求める気運が盛り上がる
1993年	6月	地方分権推進の衆参両院決議
1993年	10月	第3次行革審「最終答申」
1994年	12月	地方分権推進に関する大綱方針の閣議決定
1995年	5月	地方分権推進法成立（5年間の時限法，後に1年間延長）
1995年	7月	地方分権推進委員会発足
1996年	3月	「中間報告」
1996年	12月	「1次勧告」，97年7月「2次勧告」，9月「3次勧告」，10月「4次勧告」
1998年	5月	（第1次）地方分権推進計画閣議決定（1次～4次勧告分）
1998年	11月	「5次勧告」
1999年	3月	第2次地方分権推進計画閣議決定（5次勧告分）
1999年	7月	地方分権一括法成立
2000年	4月	地方分権一括法施行（一部は99年7月に公布と同時に施行）
2001年	6月	地方分権推進委員会「最終報告」

　この改革は，改革を主導した地方分権推進委員会の「最終報告」も述べているように，「関与の縮減」に終始した。機関委任事務制度の廃止がその最大の成果であった。このほかに，若干の「権限委譲（事務事業の委譲）」が実現したが，期待された「税財源の移譲」は実現しなかった。なお，税財源改革については，その後，小泉政権下でいわゆる三位一体改革として議論され，約3兆円の税源移譲と約4兆円の補助金削減が実現している。

　さて，本論に入る前に，簡単な概念整理をしておきたい。集権と分権について考察する場合，地方自治体にはさまざまな省庁が関わっていることを認識する必要がある。ここで，便宜的に，地方自治体に関する事項を，①教育，福祉，農政，公共事業など自治体が実施している〈個別行政〉の分野と，②自治体の組織や運営の〈一般的事項〉に分類すると，文部，厚生，農水，建設などの省庁[1]が自治体の〈個別行政〉に関わるのに対して，自治省は自治体の〈一般的事項〉に関わる官庁である（市川 2002；2005b）。

　より具体的に言えば，文部，厚生，農水，建設などの個別省庁は，学校教育法，生活保護法，児童福祉法，道路法，都市計画法など自治体の〈個別行政〉に関わる法律を所管し，これらの行政に関わる補助金を自治体に交付するとともに，これらの行政に関わる機関委任事務を自治体に実施させてきた。これに対して，自治省は，地方自治法，地方財政法，地方交付

税法など自治体の〈一般的事項〉に関わる法律を所管している。

したがって，補助金の削減や機関委任事務制度の廃止に抵抗するのは文部，厚生，建設などの個別省庁であり，自治省は，自治体を「顧客」としていることもあって，一般に，地方分権には好意的な対応をとる。

次に，本稿で頻繁に用いることになる「地方自治政策コミュニティ」という概念について，ここであらかじめ説明しておきたい。

政策コミュニティとは，教育，医療，農業，土木などの政策分野ごとに形成されている関係者の結びつきのことである。その具体的な構成要素は，一般に，族議員，中央官僚，地方自治体の関係職員，利益団体，専門家団体，研究者などである。政策コミュニティは，通常，関係者間で利害と価値観を共有しているが，戦後日本の教育政策のように，関係者のあいだに深刻な内部対立が恒常的に存在していた分野もある。

地方自治政策コミュニティを構成しているのは，自治官僚，地方六団体，自治労，地方自治研究者などである（村松1999）。他の政策コミュニティと異なり，族議員が発達しないのがこの分野の特徴である。自治省が所管する地方交付税は，農業や公共事業などの特定補助金と異なり，比較的客観的に算定されており，政治家が介在する余地に乏しいからであろう。

地方自治政策コミュニティは，先の分類を使えば自治体の〈一般的事項〉にかかわる。他方で，自治体は，教育，福祉，衛生，農政，公共事業などの〈個別行政〉を，国の法律や補助金などによって，あるいは独自の条例や財源などによって実施しているが，これらについては，地方自治政策コミュニティとともに，それぞれの分野の政策コミュニティが影響力をもっている。

II．分権改革をめぐる対立構図：「挫折の構造」

分権改革が実現した理由の検討に入る前に，分権化をめぐる対立構図を確認しておこう。

いうまでもなく，分権化に賛成するのは地方自治体であり，その連合組織としての地方六団体である。自治省もまた，通常は分権化に賛成する。行政学・財政学・行政法学などを専攻する地方自治研究者の多くも，地方分権に好意的であり，しばしば分権化のための論陣を張る。以上の勢力はいずれも，首相の諮問機関であり自治省が事務局を務める地方制度調査会

のメンバーであり，地方自治政策コミュニティを形成している（市川 2006）。

これに対して，分権化に反対するのは，文部，厚生，建設，運輸，農水など，自治体の〈個別行政〉にかかわりが深く，自治体の実施している機関委任事務や，自治体に交付されている補助金を所管している個別省庁である。神戸勧告や第9次・17次の地方制度調査会答申が挫折したのは，中央省庁の同意を得られる見通しが立たなかったからである。

政治家の態度は微妙である。総論としての地方分権には反対しにくい。また，社会党や日本新党などは地方分権に熱心であった。しかし，各論となると話は別である。補助金の削減が話題になると，関連する族議員は反対する。とりわけ，中央－地方の利益媒介に存在意義を見出している公共事業関係の族議員の場合，補助金の削減は死活問題である。

しかし，同じ各論でも，機関委任事務制度の存廃は，補助金のように政治家の利害に関わる問題ではなく，基本的に官僚世界の内部の話であるので政治家は関心を示さない（西尾 2007：31-32）。もっとも，全く関心をもたないとも言い切れない。北村（2003：172）が指摘するように，官僚に依存しながら統治をしている自民党の国会議員は，官僚の利益を擁護し，官僚との円滑な関係を保つこと自体に利益を見出しているからである。しかし，逆にいえば，官僚自身がこの制度の廃止を受け入れてしまえば，自民党議員にとって，自らの利害に関係しないこの制度をあえて死守する理由はなくなる。要するに，自民党議員は，機関委任事務制度の廃止を積極的に推進することもしないかわりに，命がけで阻止しようともしないのである。後述のように，2000年分権改革で，自民党議員は，一方で機関委任事務制度の廃止を受け入れ，他方で公共事業の分権化を頓挫させたのであるが，このことは，彼らの利益からすればきわめて当然の行動であった。

以上より，2000年分権改革の最大のテーマであった機関委任事務制度の廃止に関する対立構図は次のように整理される。霞ヶ関の中でこの制度の廃止に賛成するのは自治省だけであり，他省庁のほとんどは反対する。霞ヶ関の大多数が反対することが実現されるためには政治の力が必要であるが，自民党は，官僚との良好な関係を維持するという観点から，機関委任事務制度の廃止をあえて積極的に推進するようなことはしない。

もちろん，官僚が反対する事項でも，外交上の差し迫った課題や，選挙や政権の命運に直結するような緊要性のある課題であれば，政権の強いリ

ーダーシップにより実現へ向けて動き出すこともありえないことではない。しかし，従来，地方分権は，歴代の自民党政権にとって，このような緊要性のある課題とは認識されてこなかった。官僚が反対し，政治も後押しもしない。したがって改革は実現しない。これが分権改革（機関委任事務制度廃止）の「挫折の構造」であった。以下の叙述は，今回なぜこの構造が克服されたのかに焦点が当てられる。

なお，郵政改革，道路公団改革，三位一体改革など，その後の他の制度改革と比較した場合，2000年分権改革の政治過程にどのような特徴を見出すことができるのかも重要な論点の1つであるが，紙幅の都合で残念ながら叙述できない。これについては，市川（2005a；2006）を参照されたい。

Ⅲ．分権改革の段階区分：どの時期が重要か

2000年分権改革は，10年に及ぶ長い過程を経て実現した。分権改革の成功の理由を探る場合，その長期の過程のどの段階に焦点を当てるかによって，評価が異なってくる。2000年分権改革の実現過程は以下の4期に分けられる（先の年表参照）。

第1期は，分権改革がアジェンダとして浮上する段階である。1990年代になると，財界など，それまで分権化に関心を寄せなかった勢力が分権改革に関心を持ち始め，マス・メディアも，分権化の必要性を積極的に主張するようになっていく。

第2期は，分権改革の推進手法が決定される段階である。第3次行革審「最終答申」（93年10月）は，約1年後を目途に，政府が地方分権のための「大綱方針」を策定し，それに沿って，速やかに分権推進のための基本法を制定すべきものとした。現実のスケジュールもほぼこのとおりに進み，94年12月に「大綱方針」が閣議決定され，95年5月に地方分権推進法が制定された。この法律によって，政府に対して勧告権をもつ地方分権推進委員会が設置されることとなった。このように，表面的には円滑に進んだように見えるが，より詳細に観察すると，この過程は必ずしも順調なものではなく，後述のようなドラマが展開されている。

第3期は，地方分権推進委員会（以下「分権委」）が審議・勧告を行う段階である。95年7月に発足した分権委は，1～4次の勧告の中で，機関委任事務制度の廃止を打ち出すとともに，ポスト機関委任事務体制の制度設

計を行う。この過程で，分権委は，561項目の個々の機関委任事務をポスト機関委任事務体制の中にどのように制度化するかをめぐって，中央省庁とグループ・ヒアリングを行う。5次勧告では，公共事業の分権化を目指すが，自民党公共事業族の反対で，事実上挫折する。

第4期は第3期と部分的に重なる。分権委の改革案が政治によってオーソライズされる段階である。この段階の中心は，政権の中枢を占める自民党である。自民党は，公共事業の分権化は拒否し，それ以外については基本的に受け入れた。分権委の勧告をもとに政府の分権推進計画が閣議決定される。それをもとに分権一括法案が作成され，国会審議を経て成立する。

これまで，分権改革の成功の要因をめぐっては，さまざまな見解が示されてきた。曽我（2002）の手際よい整理を参考にすると，それらは，①財界に注目する見解，②連立政権に注目する見解，③分権委の研究者に注目する見解の3つに大別される。これに，曽我自身の見解である④自民党に注目する見解を加えた4つが存在する。これらは，要するに，上記4つの時期区分のどれに注目するかの違いであるといえる。以下，それぞれについて簡単に見ておきたい。

① 財界に注目する見解

従来の分権構想と異なり，今回の改革は社会の広範な支持を獲得したが，とりわけ，財界の支持は，分権化というアジェンダが正統性を獲得するうえできわめて重要であった。また，財界人は，後述するように，分権改革の政治過程の中で重要な役割を果たした。①の見解は，この点を重視し，財界が分権化を支持した理由の解明に努める。

② 連立政権に注目する見解

第3次行革審「最終答申」，政府による地方分権大綱方針の策定，地方分権推進法の制定，および分権委の発足が，今回の分権化の道筋を決定づけたが，これらのうち，最初のものは，細川政権，残りの3つは村山政権下の出来事であった。日本新党も社会党も分権化に熱心な政党であった。②の見解は，このことを重視し，連立政権の存在が分権化の成功の要因であったと考える。

③ 分権委の研究者に注目する見解

それまでの多くの審議会と異なり，分権委は，事務局主導ではなく委員

主導で運営され、勧告文も委員自身が執筆したと伝えられている。分権委は、機関委任事務制度の廃止を打ち出しただけではなく、さらに進んで、ポスト機関委任事務体制の詳細な制度設計をした。③の見解は、この点を重視し、委員、専門委員および参与などとして分権委に参加した研究者たちの情熱と専門知識が成功の要因であったと捉える。

④　自民党に注目する見解

いかなる政策も政治によってオーソライズされなければ実現しない。分権委の勧告もまた然りである。分権委の勧告が政治的にオーソライズされる時期は、橋本政権から小渕政権に当たる。そこで、④の見解は、政権の中枢を占め、また議会第１党であった自民党がなぜ、（公共事業の分権化以外について）拒否権を行使せずに分権化を受け入れたのかに焦点を当て、その理由を探る。

それぞれに一定の説得力をもつ見解であるが、先に指摘したように、分権改革の成功要因の探求にあたっては、何よりも、既述の「挫折の構造」が克服された理由が説明されなければならない。

これまで、地方分権は、地方自治政策コミュニティの内部の主張にすぎなかった。地方分権は、地方制度調査会という自治省系の審議会で議論され、合意され、その答申の中に盛り込まれはするが、霞ヶ関全体の同意を得られる見込みがなく、また、政治が後押しする気運も生じなかったため、いずれも棚上げにされてきた。

今回の分権改革は、この「挫折の構造」を次のように克服することによって実現した。

第１に、1990年代になり、社会の広範な勢力が分権化を主張するようになった。その中には財界も含まれていた。財界の支持により、地方分権というアジェンダは高い正統性を獲得することになった。

第２に、分権改革への社会の広範な支持を背景に、従来の地方制度調査会よりも一段階正統性の高い審議会である分権委が創設された。分権委は、地方分権推進法に基づいて設置された。委員の任命については国会の同意を必要とし、独立の事務局をもち、また、政府は、この委員会の勧告を「尊重」して地方分権推進計画を作成しなければならないものとされた。きわめて権威の高い審議会である。そして、現実に、この委員会の勧告が基

になって，地方分権一括法案が作成され，それが国会で可決され，分権改革は実現したのである。このように，権威が高く，「首相直属」（西尾 2007: 53）の審議会（分権委）が作られたことが成功のもうひとつの要因である。

　第3に，しかし，それだけではなお不十分である。地方制度調査会のような審議会であれば，委員の人選は事務局を担う自治省のほぼ思い通りになる。したがって，委員の中に「異分子」が入り込む可能性は比較的少なく，また入り込んでも少数にとどまるため，地方自治政策コミュニティは，審議内容をほぼ自らの意図どおりにコントロールすることが可能である。しかし，分権委のような正統性が一段階高い審議会の場合，委員の人選は必ずしも自治省の思いどおりになるとは限らない。正統性が高く，影響力が大きな審議会になればなるほど，委員の人選に首相官邸が実質的に関与する度合が高まるし，また多方面の利害関係者が関心を寄せるようになるからである。

　その結果，委員の中に多くの「異分子」が入り込み，地方自治政策コミュニティが審議内容をコントロールできなくなる可能性もまた大きくなる。要するに，地方分権についての権威の高い審議会が作られることは，地方自治政策コミュニティにとって「両刃の剣」なのである。しかし，後述のように，結局，地方自治政策コミュニティは，分権委の委員の過半数を占めることになり，分権委の審議内容をほぼ自らの意図どおりにコントロールすることができた。

　したがって，解明されるべき課題は，第1に，なぜ1990年代になって社会の広範な勢力が，とりわけ財界が分権化を主張するようになったかである。第2に，なぜ，権威の高い審議会である分権委が創設されたかである。第3に，なぜ，地方自治政策コミュニティのメンバーが分権委の委員の過半数を占めるに至ったかである。

　要するに，本稿は，先の段階区分の第1期と第2期に注目するものである。とはいえ，第3期の重要性を等閑視するものではない。分権委の委員の戦略・決断・英知がなければ，今回の分権改革は成功しなかったであろう。とりわけ，分権委の研究者集団が専門家として果たした役割は重要である。彼らの発案した関与法定主義，関与一般法主義，関与書面主義，第三者機関の創設などは，今回の「関与改革」（関与の縮減と透明化）を理論的にサポートし，ポスト機関委任事務体制を可能にした。その結果，分権

委の勧告は，神戸勧告や第9次と17次の地方制度調査会の答申などにくらべ，はるかに精緻で，実現可能性の高いものとなった。また，分権委の研究者集団は，理論的に貢献するだけでなく，機関委任事務制度の廃止をめぐる中央省庁とのおびただしい数のグループ・ヒアリングを行った。彼らは，理論的支柱であるのみでなく，実働部隊でもあったのである。

　このように，今回の改革で研究者集団はきわめて大きな役割を果たした。また，この過程で，地方自治研究者，自治省，地方六団体，自治労はきわめて緊密な協力関係を保ちつつ，改革案の策定へ向けて情報を提供しあいながら，戦略的に対応していった。このことの意義は決して等閑視されるべきでない。しかし，彼らが活躍したことそれ自体よりも，彼らが活躍できる制度装置が創設されたことの方がより重要である。地方自治政策コミュニティはもともと潜在力の高い共同体であったし，また地方分権の推進という共通目標をもっていた。しかし，これまで，先の「挫折の構造」に阻まれて，彼らの潜在力が発揮される機会が与えられなかった。学者が活躍し，地方自治政策コミュニティがフル稼働したことは，今回の改革実現の不可欠の要因であったが，最重要の要因ではなかった。

　第4期について，本稿は必ずしも高い重要性を見いだすことはできない。
　確かに，政権の中枢を占め，また議会第1党である自民党は，その気になれば，分権委の勧告を否認し，その法案化を拒否することができる。にもかかわらず，自民党は拒否権プレーヤーとならず，機関委任事務制度の廃止に賛成した（曽我2002）。果たして，自民党が拒否権を行使しなかったことが，分権改革の成功のカギだったのであろうか。

　既述のように，機関委任事務制度の存廃は，官僚世界内部の問題であり，自民党にとって，そもそも自らの利益とは直接の関係をもたない争点であった。確かに，自民党にとって，官僚の利益を守り官僚との良好な関係を維持することはそれ自体合理的である。しかし，霞ヶ関が機関委任事務制度の廃止をひとたび受け入れてしまえば，自らの利益に直接関係しないこの制度の存続にこだわる必要はなくなる。この段階（第4期）において，分権委とのグループ・ヒアリングなどをつうじて，官僚はすでに機関委任事務制度の廃止を受け入れており，自民党政治家が，あえて分権化に反対する理由はなくなっていたのである[2]。

IV. 第3次行革審路線と財界の協力：アイデアの政治

2000年分権改革の実現にとって，財界の果たした役割は大きい。第1に，2000年分権改革を政府の公式のアジェンダへと浮上させた第3次行革審路線の形成にとって，財界が重要な役割を果たしている。第2に，「財界と地方自治派の連携」(村松1999)が成立している。より具体的には，宇野收(関経連相談役)や諸井虔(日経連副会長)らの主要財界人が地方自治政策コミュニティに協力し，分権改革の実現にとって重要な役割を果たしている。

財界はなぜ分権改革に協力したのであろうか。効率性を重視する財界の立場からすれば，むしろ分権化に対して消極的な態度をとってもおかしくないはずである。

この点を考えるために，第3次行革審路線の形成に遡ることにしたい。第3次行革審は，1990年10月30日，首相官邸で第1回審議会が開かれたが，海部首相は次のように述べ，諮問をしている（辻山1994：36）。

> 「我が国は，既に欧米諸国と肩を並べるほどに高度に成熟した経済社会となりましたが，国民生活からみると豊かさの実感に乏しく，また，一極集中と地域間格差の拡大，高齢化社会への対応といった解決すべき重大な諸問題があります。他方，世界は今歴史的な変革期にあり，新しい国際秩序を模索しています。我が国は，国際社会における主要な一員として自らの役割と責任を自覚し，世界の平和と繁栄に向けた新しい秩序づくりのために積極的に世界に貢献していくことが重要です。…今求められている豊かさを実感できる消費者本位・国民生活重視型行政の実現，国際的責務を果たすことのできる国際化対応の行政の実現といった新たな観点に加え，今後更に具体化すべき改革課題についての掘り下げた調査審議をお願いし，御提言を賜りたいと存じます。」（行政手続法制について諮問している部分については略）

このように，第3次行革審では，冷戦後の国際貢献のあり方の模索，「豊かさを実感できる社会」の実現，行政手続法の制定の3つが課題とされ，また，これらの課題に対応して，「世界の中の日本部会」，「豊かなくらし部会」，「公正・透明な行政手続部会」の3つが設置された。

ここで当時の時代背景を簡単に述べると，1980年代後半から，欧米との深刻な貿易摩擦を背景に，外需に依存しない内需中心の経済成長が求められるとともに，日本の「排他的取引慣行」，「非関税障壁」，あるいは不明朗な行政指導のあり方などが問題視されるようになった。また，こうした「日本異質論」の高まりの中で，日本人自身も，経済指標のうえでは豊かになったはずなのに生活実感としての豊かさに乏しい社会のあり方への自己反省を迫られることになった。要するに，「外圧」による日本人の自己認識の見直しが，第3次行革審路線の基調を成していた。加茂（1993：序章）が指摘するように，この路線は，それに先行する臨調行革路線と（また後の構造改革路線とも）大きく異なるものであった3。

　第3次行革審に限らず，1990年代前半における政府の審議会答申の基調をなしたのは，対外的には国際貢献，対内的には「ゆとりと豊かさ」であった。例えば，1990年夏に産業構造審議会がまとめた「90年代の通産政策ビジョン」は，①国際社会への貢献と自己改革の推進，②ゆとりと豊かさのある生活の実現，③長期的な経済発展基盤の確保の3つを目標として掲げている。また，経済審議会（会長：平岩外四東京電力会長）の「生活大国5ヵ年計画」（1992年6月）は，効率優先の企業中心社会から生活者・消費者の視点を重視する社会への転換，住環境の整備や労働時間の短縮の必要性などを唱えている。

　加茂（1993：序章）によれば，こうした論調は，政府の審議会にとどまらず，財界にひろく共有されたものであった。例えば，経団連は，1991年5月の総会決議で，「新しい国際平和と地球の繁栄のために果敢に行動する国際国家への変貌」を提言し，翌92年の活動方針では，「会社中心社会の弊害の是正」をメイン・テーマに掲げている。また，第3次行革審会長を務めた元日経連会長の鈴木永二も，その著『私の世直し論』（1991年）の中で，労働時間と土地対策を中心に「豊かなくらし」のあり方を論じている。財界や企業人がこうした論陣を張ったのは，貿易不均衡への不満が高まる中で，「外圧」の矢面に立たされ，日本社会の見直しという課題に最も敏感に反応せざるを得なかったのが財界であったからに他ならない。

　こうした中で，地方分権は，日本が効率一辺倒の画一的な社会から脱し，地域の多様な選択肢を保障する「豊かな社会」を実現するための切り札として位置づけられるようになっていった。また，このほかに，1980年代

における東京一極集中の深刻化と，リクルート事件を契機とする政治改革への世論の盛り上がりもまた，分権改革を後押しした。地方分権は，豊かさを実感できない社会を克服し，東京一極集中を是正し，補助金分捕り型の利益誘導政治を断ち切るための万能薬であるかのような期待を集めていった。この当時，日本青年会議所（1990年10月），行革国民会議（1990年11月），民間政治臨調（1992年12月），経済同友会（1992年12月）などの諸団体が分権構想を発表していた（自治体問題研究所 1993）。これらの構想は，内容的にかなりの相違があったものの，おおむね，分権化の目的として以上の課題への対応をあげていた。

分権改革を政府の公式のアジェンダへ載せることになった「地方分権国会決議」と第3次行革審「最終答申」は，このような時代状況のもとで生みだされたものであった。それは，「外圧」をひとつの大きな契機として形成された「ゆとりと豊かさ」路線の賜物であった。こうして，地方分権というアジェンダは，地方自治政策コミュニティの利害という狭い意味づけを超えた高い正統性を獲得することになって行くのである。「ゆとりと豊かさを実感…できる社会（の）実現」は，地方分権推進法（1995年）第1条（目的）の中に盛り込まれたことからもうかがえるように，2000年分権改革の政治過程の少なくとも前半を導いた主導理念であった。

さて，財界はなぜ，2000年分権改革に協力したのであろうか。ひとつの有力な見解は，財界は分権化を財政効率化のための手段と位置づけ，これを推進したというものである。効率性イデオロギーの信奉者であるはずの財界が，地方分権の積極的推進勢力になることは理解しにくいことである。そこで，この説は，財界の進める分権化には，実は「隠れた意図」があったと考えるのである。

当時の地方自治研究者の中には，財界の求める地方分権は，要するに地方への負担転嫁による社会保障支出切り詰めのための口実にすぎず，「危険」な新自由主義路線であると考える者が少なからず存在していた（自治体問題研究所 1993）。また，このような規範的な立場からのものではないが，村松（1999：7－10）も，財界は分権化による行政減量を意図していたのであろうという見方を示している。

たしかに，「分権化」が地方自治体への事実上の負担転嫁や，行政経費の節減と結びつくことは珍しいことではない。例えば，2000年分権改革に先

行する臨調行革においても，また，後の三位一体改革においても，補助金削減という「分権化」は，自治体への負担転嫁を伴っていた。また，当時の財界の分権構想の多くは，道州制や市町村の大規模合併論など，いわゆる分権の「受け皿」論を掲げており，その意味で，行政減量と結びつく可能性があった。また，実際に，2000年分権改革は，2次勧告において「自主的（市町村）合併（の）強力（な）推進」を掲げることによって，平成の大合併へ道筋をつけている。

　このような点を考慮すれば，たしかに，一定の説得力をもつ見解であるといえよう。しかし，この見解は，以下の3つの問題を抱えている。第1に，「隠れた意図」を強調するこの見解では，1990年代になって分権化というアジェンダが正統性を獲得していったダイナミズムを必ずしも十分に捉えることができないように思われる。第2に，今のことと関連して，この説は，当時の時代風潮の中で，財界の効率性イデオロギーに揺らぎが生じたことを見落としており，財界が従来どおりの価値観と利益認知に基づいて行動していたと仮定している。先に見たように，財界自身が第3次行革審路線（「ゆとりと豊かさ」路線）の形成に深く関わっており，地方分権の主張は，そうした中から生み出されてきたものであった。第3に，実際の経緯を見ても，「行政減量」が実現するのは2000年分権改革においてではなく，平成不況が長期化した後の三位一体改革においてであるし，また，2000年分権改革で主要な役割を果たした宇野收や諸井虔などの財界人は，分権改革の審議の早い段階でいわゆる「受け皿」論の棚上げを受け入れており，「受け皿」論を嫌う地方自治政策コミュニティに同調している[4]。行政減量が財界の主目的だったとすると，この点を説明するのが困難である[5]。

　このように考えると，財界の協力と態度変化を，単純な「利益政治モデル」によって，別言すれば，既存の利益認知や諸利益の布置状況を前提にして説明することは困難であるように思われる。第3次行革審路線という「言説（アイデア）」の存在が，既存の利益認知や諸利益の布置状況に一定の変化を生じさせ，そのことが，分権改革への財界の支持と協力を可能にし，分権改革というアジェンダに正統性を付与したのである。その意味で，この政治過程は，「アイデアの政治」としての特質を備えていたというべきであろう。

より具体的には，①貿易不均衡による「外圧」が強まる中で，財界は，効率一辺倒の社会を変革する必要性を認識するようになり，財界特有の効率性イデオロギーに揺らぎが生じた，②「地方分権」がそうした社会を変革するための処方箋として広く認知されるようになり，そうした中で，「地方分権」を推進することが財界にとってのある種の「利益」として認識されるようになった，③このことが，財界と地方自治政策コミュニティの連合という従来では考えられない諸利益間の連携を可能にした，④第3次行革審路線による新たな意味付与によって，また，財界やマス・メディアの支持によって，「地方分権」は，地方自治政策コミュニティの利益という狭い意味づけを超えて，正統性の高いアジェンダへと浮上した。

「アイデア」の存在が従来の支配的イデオロギーに揺らぎを生じさせ，アクター（財界）の利益認知を変更させ，その結果，諸利益間の連携に変化が生まれ，あるアジェンダに高い正統性を付与したという意味で，この政治過程は，「アイデアの政治」[6]というべきであろう（近藤 2007）。

もちろん，財界が効率性イデオロギーから完全に宗旨替えしたわけではなく，その意味で，「ゆとりと豊かさ」路線の影響力を過度に強調すべきではないだろう。とはいえ，この時期，財界特有の効率性イデオロギーが少なくとも「相対的」に弱まっていたことは確かであり，そうした中で，地方分権が，仮に行政経費削減に結びつかないものであっても，少なくともコスト増をもたらさないものであるかぎり，積極的に支持し容認する態度が，財界の中に生まれていたのである。また，そのことが，地方自治政策コミニュニティへの財界人の譲歩や協力を可能にしたのである。

V．村山自社さ連立政権：正統性の高い審議会の獲得

分権改革の成功をもたらした第2の重要な要因は，地方自治政策コミュニティが，地方制度調査会よりも一段階正統性の高い審議会（分権委）を獲得したことである。

分権委という構想が最初に登場したのは，1994年9月の地方六団体の「意見書」においてである。地方六団体は，権威の高い審議会を作り，それを拠点に分権化を進めようと考えたわけである。そして，この構想は，当時設置されていた内閣行政改革推進本部地方分権部会の本部専門員「意見」，および第24次地方制度調査会の「答申」（ともに同年11月）の中で採択され

ることになる。

　しかし，その後の経緯は必ずしも順調ではなかった。この委員会の権限を強めようとする勢力と弱めようとする勢力とのあいだで綱引きが行われたからである（岩崎 2006）。前述の「意見」と「答申」では，政府に対する「勧告権」をもつ地方分権推進委員会を設置するものとされていた。しかし，中央省庁と自民党内での強い慎重論を受けて，12月8日に明らかになった大綱方針「素案」では，地方分権推進委員会の設置は明記されなかった。また，同25日に閣議決定された地方分権大綱方針では，委員会の設置は明記されたものの，その権限は，政府への「勧告権」ではなく「意見提出権」に格下げされていた。さらに，その後の過程では，この委員会を独立の委員会とせず，既存の行政改革委員会に属する専門小委員会にする案まで浮上したという（西尾 2001：20）。

　曲折を経たものの，結局，最終的な法案の段階では，地方分権推進委員会は，「意見」と「答申」の求めたものに近い正統性の高い機関となった。この間，村山首相と五十嵐官房長官は，地方分権のための強力な審議会の設置を強く指示したと伝えられている。例えば，大綱方針「素案」が明らかになった翌日の12月9日の閣僚懇談会で，村山首相は，地方分権推進委員会を大綱方針に盛り込む考えを表明しているし，また，五十嵐官房長官は，同じ日の記者会見で分権への積極姿勢を強調している。

　これに対して，自民党議員は，党の政務調査会で官庁利益代弁者として行動し，分権への慎重論を唱えていた。しかし，同じ自民党議員でも，閣僚は必ずしもそうではなかった。例えば，野中自治大臣は，先の閣僚懇談会において，分権推進を唱える他党の閣僚に同調するとともに，地方分権推進委員会の設置とその権限強化のために尽力し，党内の根回しなどを行っている。また，橋本通産大臣も，閣僚懇談会で分権推進論に同調したと伝えられている（『読売』94/12/09，『朝日』94/12/09（夕），12/10，12/14，12/16，『日経』94/12/23，『毎日』94/12/26，『読売』95/02/17）。連立政権を組む社会党首相への配慮が強く働いたことは想像に難くない。

　要するに，自民党は，族議員のレベルでは官僚利益の代弁者として行動し，分権委の設置に反対したが，閣僚レベルでは，自社さ連立政権を円滑に維持するという高次の政治的判断から，村山と五十嵐が熱心に推進する地方分権というアジェンダを後押ししたのである。村山自社さ政権は，非

自民・非共産の7党8会派による連立政権が社会党の離反で瓦解した後に誕生した政権であり，自民党は，社会党との連立維持に細心の注意を払っていた。中央省庁の多くが消極的であったこと，また，自民党も，政調会レベルでは多くの議員が慎重論を唱えていたことなどからして，自民党単独，あるいは，連立でも自民党首班の政権であったら，おそらく，分権委は骨抜きにされていたことであろう7。首相と官房長官が分権改革に熱心であったこと，および，自民党が閣僚レベルでこれに協力したことの2つが重要である。

話を進めることにしよう。地方自治政策コミュニティは，こうして誕生した正統性の高い審議会を手中に収めることに成功した。下表の示すように，この政策コミュニティの関係者は，委員の過半数を占めることとなり8，また，財界出身の諸井虔委員長も，審議の過程でこの政策コミュニティに同調していった。もっとも，事務局は総務庁・自治省・大蔵省などの混成部隊であったが（金井 2007b：234），分権委の委員たちは，発足後まもなく，会議の運営を事務局主導から委員主導へ転換していった。

こうして，地方自治政策コミュニティは，若干の重要な例外9を除いて，分権委をほぼ自らの意図どおりに動かすことに成功した。「委員会はあくまでも地方六団体の総意に基づいて活動した」のである（西尾 2007：55）。2000年分権改革は「地方六団体の分権改革」となった。分権委の後継機関にあたる地方分権改革推進会議（2001年7月－2004年7月）が（下表），分権派（旧自治省系）と財政派（財務省系）の委員に二分されて迷走し（岩崎 2003），ほとんど成果を上げることができなかったことと比較すると，

地方分権推進委員会名簿（発足時）			地方分権改革推進会議委員名簿（発足時）		
委員長	諸井　虔	秩父小野田会長　日経連副会長	議長	西室　泰三	東芝取締役会長
委員長代理	堀江　湛	慶應義塾大学教授	議長代理	水口　弘一	野村総合研究所顧問
委員	桑原　敬一	福岡市長　前全国市長会会長	委員	赤崎　義則	鹿児島市長
				岩崎美紀子	筑波大学教授
	長洲　一二	前神奈川県知事　元横浜国大教授		岡崎　洋	神奈川県知事
				神野　直彦	東京大学教授
	西尾　勝	東京大学教授		竹内佐和子	東京大学助教授
	樋口　恵子	評論家　東京家政大学教授		寺島　実郎	三井物産戦略研究所所長
				森田　朗	東京大学教授
				吉田　和男	京都大学教授
	山本壮一郎	元宮城県知事		吉永みち子	ノンフィクション作家

分権改革の実現にとって，分権委の委員の人選がきわめて重要な意味をもっていたことが理解できよう10。

地方自治政策コミュニティはなぜ，分権委の過半数を占めることになったのであろうか。ふたつの解釈が可能である。

ひとつは，当時首相官邸を預かっていた元旭川市長の五十嵐官房長官の影響力を重視する見解である（西尾 2001：26，市川 2006）。分権委の委員の人選は，総務庁などがリストを作成し，五十嵐に相談するかたちで進められたという（『読売』95/06/08）。自分と同じ革新首長だった長洲を推薦したのは五十嵐であった11。また，5月31日の段階では，桑原ではなく石弘光（一橋大教授），樋口ではなく高原須美子（元経企庁長官）の名前があがっていた（『朝日』95/06/01，『日経』95/06/01）。このうち，高原については，フィンランド大使に就任することになったため，代わりに樋口が選出された。石については，市町村長経験者も委員に加えてほしいとの要望が官邸から出されたため，桑原に差し替えられることになったという12。この間，石ではなく，知事経験者2名のうちの1名を差し替えるという案も浮上したようであるが（『日経』95/06/01，『読売』95/06/02,03，高木 1999：23），結局，2名とも温存され，石が差し替えられた。以上を総合すると，委員の人選に五十嵐の意向が強く働いたことは間違いないように思われる13。

別の解釈もありうる。既述のように，分権委の委員の人選は国会同意事項であった。この点が，後継の地方分権改革推進会議と異なっていた。地方分権への世論の支持が強ければ，国会同意要件の存在は，地方自治政策コミュニティにとって有利に働くはずである（金井 2007a：8）。もしそうだとすると，仮に五十嵐の強い働きかけがなかったとしても，結果に大差はなかったかもしれない。こちらの可能性も否定できないが，仮にそうだとしても，既述のように，分権委を権威の高い審議会として設置することに意を尽くしたのは村山と五十嵐であるから，いずれにしても，社会党政権の存在が重要な意味をもっていたことに間違いない。

分権改革は，財界の支持などにより政府のアジェンダへと浮上したものの，霞ヶ関と自民党は改革に消極的であった。分権委という権威の高い制度装置を創出し，また，地方自治政策コミュニティにこの審議会の過半数を占めさせたのは，当時の村山自社さ連立政権であった。

VI. むすびにかえて：不況の長期化と第3次行革審路線の終焉

　最後に，2000年分権改革後の中央−地方関係に簡単に言及しておきたい。

　1980年代前半の「臨調行革」以後の中央−地方関係改革は，基本的に3つの路線のせめぎあいのなかで展開されてきた。第1は地方六団体の路線であり，地方財源の（充実とまではいかなくとも少なくとも）現状維持を図りつつ，なおかつ国から地方への統制（関与）の減少を試みるものである。第2は，大蔵省・財務省の路線であり，国の財政負担削減のために地方財政（主に地方交付税）の圧縮を図ろうとするものであり，最近では経済財政諮問会議がこの路線をとった。第3に，ここにさらに，補助金や機関委任事務などを通じた個別機能別統制の存続を図ろうとする個別省庁（文部省・農水省・建設省など）の現状維持路線が絡まり，三つ巴の戦いとなる。財界は通常は第2の路線をとるが，本文で述べたように，2000年分権改革では地方六団体に譲歩し，第1の路線を支持した。第3次行革審の「ゆとりと豊かさ」路線という特異な言説の存在が，財界の一時的な方針転換をもたらしたのである。

　しかし，地方六団体にとっての例外的な好条件は，平成不況の長期化とともに——具体的には金融危機あたりを境に——終わりを告げた。バブル景気の余波もあり，日本の国家予算は1991−93年度の3ヵ年度にかぎり赤字国債依存から一時的に脱却していたが，94年度から再び赤字国債の発行が始まり，その後，財政収支は急速に悪化していった。その後の中央−地方関係の展開は，平成の大合併の進展，三位一体改革による地方財政規模の圧縮，道州制論の隆盛など，明らかに地方財政圧縮路線へと転換している。また，財界も，地方分権改革推進会議や経済財政諮問会議の審議過程に明らかなように，基本的に地方財政圧縮路線をとっており，90年代に見られた財界と地方自治派の幸福な（奇妙な？）連携は完全に解消している。

　さて，そうした中で，2006年12月，地方分権改革推進法が成立し，同法に基づいて，2007年4月に地方分権改革推進委員会（丹羽宇一郎委員長：伊藤忠商事会長）が発足した。地方分権改革推進法は，いくつかの重要な相違はあるものの，基本的に1995年の地方分権推進法を模しており，新分権推進法などと呼ばれることもある。また，地方分権改革推進委員会も，かつての分権委をモデルとしており，新分権委などと呼ばれている。この

委員会のもとで，現在，新たな分権改革が模索されているが，前回見られたような例外的な好条件のうちのいくつかはすでに過去のものとなっており，改革の道筋は不透明である。ただ，本稿執筆の時点で進行中の政治過程であり，詳しい分析は別稿にゆだねたい。(2008年8月脱稿)

　〔付記〕　本稿の草稿に対して，小原隆治（成蹊大学），村上祐介（愛媛大学）の両氏から貴重なコメントをいただいた。記して謝意を表したい。

（1）　本稿は主に1990年代の政治過程を扱うので，特に断らないかぎり，省庁再編（2001年1月）前の旧省庁名を用いることにする。
（2）　この点で，本稿の立場は曽我（2002）と異なる。曽我の洗練された分析は，むしろ，「5次勧告」（公共事業の分権化）に反対した議員の類型を特定するという意味において意義深いものである。
（3）　第3次行革審路線の基底を成していた歴史観は，キャッチアップ達成史観とでもいうべきものであった。官主導・中央主導の体制は，欧米へのキャッチアップを達成し終えた今となっては，不必要なばかりか，むしろ民間の創意工夫や地域の多様性などにとって桎梏となっている。したがって，「官から民へ」と「国から地方へ」，つまり，規制緩和と地方分権が求められるというものである。第3次行革審路線の中には，地方分権だけでなく，国民負担率の上昇抑制や規制緩和の推進など，先行する臨調行革路線や後続の構造改革路線などと類似する課題も盛り込まれていたが，それらが，生活者優先や多様な選択肢の保障などといった価値，あるいは「豊かさを実感できる社会」や「成長重視の社会から成熟社会へ」などのスローガンと共存していたところに，この路線の特質を見出すことができる。
（4）　宇野は，第24次地方制度調査会会長として，1994年11月，「受け皿論」を棚上げする答申をまとめている。また，分権委の委員長であった諸井も，審議の初期の段階で「受け皿論」の棚上げを受け入れている。
（5）　その後，「受け皿論」としての市町村合併論が浮上するが，これは，財界の働きかけるよるものではなく，自民党の強い意向によるものであった。これについては，註9も参照されたい。
（6）　「アイデアの政治」を自称する研究は多いが，「アイデア」が多義的な概念であることも手伝って，それらの間に明確な共通項を見出すことは困難である（近藤2007）。また，中には，因果連関の特定の不十分な研究も見受けられる。本稿では，アクターの利益認知を規定するものを「アイデア」と捉える。したがって，ここでいう「アイデアの政治」とは，アイデアの作用によってアクターの利益認知の変化や（その結果として）諸利益

間の新たな連携の形成などが起こり，既存の政治過程に一定の大きな変化がもたらされる過程を説明する理論である。2000年分権改革は，この意味で「アイデアの政治」であった。これは，本稿の時期区分の第1期に起きた現象である。これに対して，木寺（2007）などに見られるように，本稿の時期区分の第3期において，学者集団が改革案の作成に貢献したことをもって「アイデアの政治」と見る見解もある。また，村松（1999：13）も，これらとは別の視点から「アイデアの政治」に言及している。

（7）北村（2003）は，世論の支持が高く，しかし官僚が反対する地方分権というやっかいな課題に対処するため，自民党は自ら改革案を作成せず，分権委を設置し，「政治的状況を判断して，作成された原案の中から実施できるものだけを選択してい」ったと述べ，自民党の「合理的行動」を指摘する。しかし，分権委を設置するという構想は自民党のものではなく地方六団体のものであったこと，また自民党議員の多くは，政調会レベルでは中央省庁とともに分権委の設置に反対していたことからすると，分権改革が実現したのは，与党自民党の合理的行動というよりも，与党社会党のこだわりによるところが大きかったように思われる。仮に自民党に合理的行動があったとすれば，それは，本文でも述べたように，社会党との連立を維持するという高次の政治目的のために妥協をしたことであろう。

（8）7名の委員のうち，現職や前・元職の市長や知事が3人を占めたうえ，東大教授の西尾勝は，地方制度調査会の学識系委員であり，また，既述の地方六団体の「意見書」をとりまとめた委員会の委員も務めていた。

（9）「2次勧告」のなかに，「自主的市町村合併の強力な推進」や「首長の多選の見直し」などが盛り込まれたのは，「1次勧告」後に沸き起こった自民党行政改革推進本部の強い要求によるものであり，分権委や地方六団体が望んだことではなかった（西尾 2007：38-40）。

　この自民党の積極姿勢が，それまで合併に中立的であった自治省の態度を変え，「平成の大合併」をもたらすことになる。小原（2003：10-12）によれば，自治省が市町村合併の「強力推進モード」に転換するのは，1999年8月に都道府県知事に宛てて合併推進の「指針」を通知したあたりである。なお，実際に合併が進展するのは，地方交付税に対する先行き不安などから多くの市町村が合併に向けて走り出した2002〜3年頃からである。

（10）地方分権改革推進会議が「迷走」した原因としては，「人選」の問題に加え，財界の態度変化も重要である。本文（むすびにかえて）で後述するように，平成不況の長期化とともに第3次行革審路線が完全に終焉し，財界は地方六団体流の分権改革に対して好意的でなくなっていた。

（11）当時の政府関係者へのインタヴューによる（2004年5月22日，東京）。

（12）桑原の名前をあげたのは橋本通産大臣であったという（前註参照）。

(13) なお,地方分権推進法の参議院特別委員会の付帯決議(全5項目)の中に,「地方分権推進委員会の委員選出には地方公共団体の意見が十分反映されるよう配慮する」との項目が入っていた(高木1999:21)。この規定も官邸の判断を後押ししたと思われる。

参考文献
市川喜崇(2002)「中央-地方関係と分権化」福田=真渕=縣編『行政の新展開』法律文化社
市川喜崇(2005a)「三位一体改革と族議員政治」『ガバナンス』45
市川喜崇(2005b)「中央-地方関係史のなかの分権改革——福祉国家における集権と分権」『季刊 行政管理研究』112
市川喜崇(2006)「分権改革の政治過程—— 2000年分権改革と三位一体改革の検証——」『地域政策』21
岩崎美紀子(2003)「三位一体改革と地方分権改革推進会議」『地方自治』668
岩崎美紀子(2006)「地方分権改革の回顧と展望(2)」『地方自治』707
金井利之(2007a)「第3次分権改革の展望と地方分権改革推進法」『地方自治』712
金井利之(2007b)『自治制度』東京大学出版会
加茂利男(1993)『日本型政治システム』有斐閣
北村亘(2003)「行政」平野浩=河野勝編『アクセス日本政治論』日本経済評論社
木寺元(2007)「機関委任事務の『廃止』と地方六団体」日本公共政策学会編『公共政策研究 第7号』有斐閣
小原隆治編著(2003)『これでいいのか平成の大合併』コモンズ
近藤康史(2007)「比較政治学における『アイディアの政治』」日本政治学会編『政治学の新潮流』木鐸社
自治体問題研究所編(1993)『解説と資料「地方分権」』自治体研究社
曽我謙悟(2002)「行政再編」樋渡展洋=三浦まり編『流動期の日本政治』東京大学出版会
高木健二(1999)『分権改革の到達点』敬文堂
辻山幸宣(1994)『地方分権と自治体連合』敬文堂
西尾勝編著(2001)『分権型社会を創る』ぎょうせい
西尾勝(2007)『地方分権改革』東京大学出版会
村松岐夫(1999)「地方分権化改革の成立構造」日本比較政治学会編『世界の行政改革』早稲田大学出版部

医療供給をめぐるガバナンスの政策過程

宗前清貞 *

1　はじめに

　医療は国民生活に必要不可欠な基盤として成立する営みである。経済的不安のない受診には医療保険を必要とするが，1895年に内務省衛生局が後藤新平の下で最初の社会政策を提起して以後，健康保険は大きな政策課題であり続けてきた（中静 1998, 高橋 1989）。また，そもそも診療機関が実在してこそ社会保障に意味が生じるが，日本の病院機能は未熟であったため，政府関与の施設整備が必要だった（中川 1993）。

　政府が管理する「医療の問題」は，医療サービス提供の普遍化を図ることだった。社会的人権としての受診保障が政府の任務であったともいえる。1956年には国民皆保険となり，制度は一応整備されたが，費用や安全性の観点から受診の適正性が新たな課題として浮上した。多くの医師は病院で修練し，勤務するし[1]，また医療費のほとんどは病院で使われている[2]。結果として医療問題の多くは病院をめぐって顕在化する。

　本論では，政治学であまり触れられなかった医療機関の配置をめぐる政治，具体的には公立病院の経営改革に関する政策過程を描写し，地域住民の反発が必至だった病院売却という選択肢がなぜ採られたのか考察する。日本の単一制中央地方関係は，稀少な資源を最大動員して成立するシステムであり（村松 1994：160），同時に高度な統治技術を駆使して管理された機能的集権体制によるため（市川 1994）各県ごとの行政水準・手法は画一性が高い。医療機関のネットワーク形成も例外でなく，後述するように旧厚生省により県立病院を中心に設計され発展が計画された。他方，公立病

＊　琉球大学法文学部　教員　政治過程論・公共政策研究

院の再配置をめぐる対処は自治体ごとの関与度合いが相当に異なっている。そこで，本稿では県立病院を廃止した三事例に焦点を当て，公立病院改革における計画策定を支えた思考，拒否権プレーヤーたちの動向，審議会における処理案作成プロセスなどを検討する。特に，どの課題を重要視すべきかという「争点サバイバル」がこの政策過程で決定的な影響力を有していたことを明らかにする。

2　公立病院問題の特性

　公立病院の改廃をめぐっては税負担と顧客という二重の主体性を持つ県民の意向が帰結に影響するが，その際，歴史的に形成された病院像は県民意識を強く規定する。本節では，公立病院の特性について，やや長期にわたる歴史的視座の中で同定する。

2.1　アクターの概要：誰にとってのゲームなのか

　池上直己とキャンベルは，医療政策ゲームの参加者を独占的な主役（厚生省と日医）・支援者（厚生側＝大蔵省・保険者，日医側＝各種医療団体・自民党）・観客（野党，経済団体等，専門家，一般国民）に分類した（池上・キャンベル 1996：4－20）。医療団体や専門家は決定に弱い影響力しか持たず，ユーザー代表としての経済団体や野党も直接的な影響力は有しないと彼らは考えた。確かに病院や診療所など，範疇ごとに医療機関の特性は異なるため，医療供給のあり方を医療内部から統一的に策定できにくい。何よりも医療の不足や偏在こそが公的課題であり，国民やその支持を当てにする野党は供給拡大を求めていた。結果として生じる逆ザヤとしての政策医療コストは公的に負担すべきと考えられた（池上・キャンベル 前掲書：65, 68－70）。

　しかし，「政策医療」は同義反復的で，本当のコストを医療外で客観的に測定することはできない。もし医療コストがかさめば健康保険会計の負担は重くなり，公立病院に繰り出す一般会計の負担も増す。税負担者として国民や労組が発言するとき，医療の量的充足が一義的に望ましいとは限らない。特に，公的医療機関が必要とされるはずの農村部においては，保険収入の乏しい国保会計が公立病院の収入源となるから，公立病院財務の「健全化」は，国保財政の危機とトレードオフの関係となりうる。

病院設置者の立場もまた単純でない。まず，自治体内の行政側と議会側の利害対立がある。高齢化率が高い地域はしばしば公立医療への依存が高く，病院の維持は地域の死活問題である。政治側は「配慮」を求め行政側はビジネスライクな処理を望む。他方，設置主体である都道府県・市町村・事務組合にとり政策医療コストの負担が重いため[3]，いずれも自ら病院管理を引き受ける誘引がない。また公立病院事業には強い労働組合が存在するが，労務管理は病院管理当局でなく総務部的問題である。このように，県立病院の廃止や移管は非常にデリケートな取り扱いを要する争点なのである。

さらに医療従事者の意識も統一されていない。例えば医局派遣医師と病院プロパー医師では所属意識に違いがあり，また医療法上医師の監督下にある看護師は病棟管理の専門家である。医療者は各自の病院像に基づき，専門職として業務を遂行していく。

それでは歴史的には，病院の機能は何であり，また経営上の問題はいかに生じているのか。またそうした構造上の問題は，アクター間の分断をどのように規定するのだろうか。

2.2　歴史の中の病院[4]：いかなる存在だったのか

古代ギリシャのエスクラビウス神殿での患者収容を起源として，病院は帝政ローマ期の軍病院・救貧医療を通じて社会的存在として発展した。近代化以前の時代は，医療技術の低さゆえに「治す」より「癒す」ことが中心とされ，即ち病院とは福祉・看護施設であった。また中世ヨーロッパ都市に就業した公医は病院を管轄したが，その本来業務は治療でなく公衆衛生であった。病院を公的医療の一機能と位置づければ，病床はオープンな療養機能となり診療・外来機能と病床は連動しつつも基本的に分離されていた。

こうした歴史的特性は近代医療にも影響を残す。例えばアメリカの市立病院医師は19世紀になっても無報酬で勤務し，兼務の医学校教授による報酬で生計を立てた。交換条件である学生の実習先確保はこの待遇を受け入れるに値するものだった。

病院は患者の集中する場所だから，病院の普遍化により医療者による症例の観察・体験が深化し医学は進歩する。19世紀にはこうした意味で医療

の科学化が進展したが,たとえば当時の医療先進国フランスを追撃するドイツは,病院の進化を求めて解剖・病理等の基礎医学に基づく臨床診断を打ちたて,大学による医師養成を実施した。自然哲学重視の文化も手伝い専門分化したドイツ医学は,フーコーの言う「まなざしの転換」に沿った同時代的変化の先頭走者となっていった(フーコー 1969)。

換言すれば,歴史における病院とは,①病院機能の中枢は病棟であり本質的に福祉施設であること(外来診察を中心とした医師のビジネスではないこと),②都市を形成する不可欠で当然の要素であること,③医学校(大学)と病院は先後の違いはあるが必然的な組み合わせであること,④社会的共有物であること,の四点に集約できる。

一方,わが国における診療機関の近代的発展は西洋とは異なった経路を進んだ。近世の医師は士分に準じる職人として,自由に開業し診療所を経営した。診療自体は無償であり,医療の対価は薬代として受領した[5]。漢方を主体に内科中心であった医療は(小曽戸 1999：9章),江戸末期にドイツ医学の移入を経験した。ただし,当時の医療は人々の満足に沿う治療水準に達していなかったが,ほかに病院の原型がなく,また医師以外の医療機能分化も未熟であったため,明治期医療は,後発の外来医学による西洋化の過程であった。こうした過渡期に,医療の品質を管理・保障するため医籍編成が行われた。同時期に医師制度を編成したアメリカでは,既存の職業団体である個別医学学会などが自治的に認定したが,わが国の場合は当初は警察行政の一環として,後には固有の衛生行政として国家がその任を担った。

2.3 戦後日本の病院整備：誰がどのように整備したのか

前節で述べたように,わが国には病院の原型(プロトタイプ)が存在せず,公的主体によってゼロから建設される必要があった。当初は,医育機関(大学病院)や軍病院が医療機関の中心だったが,救貧医療,都市衛生や労働対策の必要上開設された都市病院,結核／らいに対応する感染症療養所など,医療機関は徐々に多様化していった。医師養成に関しても,第二次大戦下の軍医需要の高まりにより旧制大学に併置された速成ルートとしての専門学校(医専)が,戦後は新制医学部に一本化され,医師数は拡充された。

さらに,占領期の医療福祉法整備を所管したGHQ公衆衛生局長には,准

将・サムズ医師が就任，福祉国家的政策展開の基盤形成を行った[6]。すでに1942年の国民医療法により病院・診療所区分は存在したが，1948年の医療法により，病院規模の大型化が図られ，また同法に基づき医療機関と医療報酬を主管する二つの審議会が置かれるようになった。病院の整備については，「医療機関整備計画（1950）」で病床偏在を問題視し，保健所配置に準じた医療圏域を基に三レベルのネットワーク構想を示した。1959年の「医療機関整備計画案（1960-65）」は目標病床数を示し，病院群形成の主体は公立病院である一方，国立病院をブロック病院として位置づけた（倉田・林 1977：10-26）。

医療不足を整序的に解消する認識に変化が見えたのは1962年医療法一部改正である。この改正では病床偏在の解消を目指して，都道府県に公的病床規制権限を規定（医療法7条の2）し，その算出根拠と例外規定は厚生省が定めることとした（医療法施行令5条の2）。これは，従来の自由開業制を否定した病床の公的管理であるが，医療格差是正措置とも，医療経済抑制とも言いうる[7]。いずれにせよ，病床整備による急性疾病対応から，予防医療を中心とした地域的＝面的取組の重要性が増しつつあった。

こうした方針転換は，供給主体の整合性や調整が不足したままで法人病院の増加を招くことになった。笠原英彦は戦後病院増の原因として，①医療法改正（1950）による医療法人の税制優遇，②医療金融公庫（1960年開設）による資金提供，③皆保険制度実現による医療需要増大と病床拡張，④62年医療法改正による公的医療機関の病床規制と法人病床の相対的増床を挙げる（笠原 1999：126-129）。都市部を中心に医療供給が増大すれば，医療資源はさらに偏在する。採算を超越して実施すべき医療（政策医療）の貧困を克服するには，赤字部分の公的補填による医療供給に拠らざるを得なかった。

ただし，競争の過剰は都市部の病床充足と同義でない。例えば1963年消防法は救急告示病院制度を創設し交通事故の増加に対応しようとした。実際には小児や内科の救急患者も増加し，外傷のみ対応する救急病院が搬送を拒否した結果，「たらいまわし医療」が問題化した。厚生省は1977年に現行の三段階救急対応システムを構築して対応を図ったが，こうした事象からは医療問題の社会性を読み取ることができる。

対応すべき疾病，準備すべき標準的医療水準は社会が動態的に規定する。

期待と現状の乖離に対しては，社会の課題認識・要求・統治機構の受け入れが必要となる。その際，対応すべき課題は多く投入資源に制約がある（と考えられる）場合には，採られた選択肢はその本質において偶発的である。つまり，医療のように科学性の強い政策領域でさえ，着手した対応策の必然性は科学内在的に判定できないのである。

この時期，医療や受診をめぐっては，数的不足のみが真因でなくなりつつあった。さまざまな階層の人々が，別々の理由で「医療の渇望」を訴えていたといえよう。

2.4　経営体としての公立病院：カオスと赤字

日本の医療供給整備は，ある時期まで医療の偏在緩和を目標とし，政策医療機関としての公立病院を中心に解決されるはずだった。しかし1962年病床規制により，病院開設主体は公私が乱立し，病床ネットワークの計画的展開が困難となっていった。

配置に計画性がないのは，医療ピラミッドの形成が歴史的経緯に依存するからである。既存の私立病院は，府県が後に策定した医療配置を引き受ける義務がないし，府県にも統制／誘導するような手段がない。困難を承知で当事者間の同意を取り付け，県内医療資源の最適動員を図るしかない以上，計画の良否に関わらず，発展段階に入った後の医療供給配置というのは構造的に統制しがたいのである（田中・二木 2006：24-28）。

病院とは治療の場であり，また主体である（橋本・吉田 1972：222f）。「場」においては各医師が各患者に，「主体」としての病院は対象である患者総体に向き合う。つまり経営陣は患者の期待に沿うマンパワーの最適配置を目指す。この際，質量ともに安定的な人材供給と高度な修練の機会を保障する装置として医局が重要な役割を担ってきた。

臨床医学系小講座としての医局は，人事ネットワークの中心という関係概念性にその本質的特徴がある。従来はボス支配や学閥支配の源泉といった閉鎖性の否定的側面が指弾されがちであるが（保坂1988，米山2002），そもそも日本では専門医が不足し，技量を向上させる機会も少ないため，医師の人事研修機能を医局に依存する。他方，看護職を含む医療技術者は病院が自前で採用していたが，各自は病院構成員としてよりも個別専門職として自己認識し，病院メンバーとしての一体感は持ちえなかった（武2005：

8 −31)。病院はそもそも労務上の困難を抱えた経営体なのである。

　さらに公立病院は経営状態に応じた労賃コントロールができない。医師の労働流動性は高く，へき地や救急など「不人気」医療を担当する病院では，待遇を下げられない。その他職員の給与は，国家公務員を雛形に行政職に準じた俸給表を作成する。その結果，地域賃金水準と関係の薄い年功序列的な給与構造となる8。年功比例でない診療報酬体系との整合性を図れば，人件費は「下厚上薄」にせざるを得なかったはずである。病院事業会計は不断に経営改善計画を立案してきたが，人件費管理と人事権の権限が病院経営者にない以上，単体病院としても病院事業全体としても経営改善の実効性は上がらない。破綻に瀕して初めて管理の不在が顕在化するような構造だったのである。

　一方，公立病院は地方公営企業法に基づき，経済性と公益性を目的に企業活動を行う。発生主義経理を採用し，公営企業管理者が企業経営の公益性を管理する仕組みを法は想定していた（法8，9条）。そこに病院があること自体の便益は受益の特定ができないため，個別診療のコストとは別に公立病院の維持費用を自治体全体として負担する。一方，政策医療の必要から公立病院を保持する自治体の負担に選択の余地がない。だから，病院会計への一般会計繰り入れは交付税で措置し，地方財政の実質的公平を図るべきだと考える。そこで，費用平準化の明確な規定として，総務省が策定した繰り出し基準が存在する。基準は病院建設費やへき地医療確保費，附属看護学校費用，高度医療経費，不採算地区経営経費などの14項目21種類の費用について一般会計が負担し，従って交付税による補償が妥当であるとされる。

　基準を越えた繰り出しは自主財源を侵食するため，実施を避けるべきである。しかし基準がそもそも定性的なので，自治体／病院側は要した政策医療コストが全額措置されていない感覚を持ちやすい。また総務省は医療専門集団との接触を緊密に持たないため，基準は国の財政状況に偏重して設定されていると取られやすい（大坂 1990：33）。他方，知事部局や総務省は政策医療のソフトバジェット性を嫌っており，両者は目標とすべき健全な経営状況のイメージを共有していない。

　以上に見たように公立病院が経営体として不完全であることは，経営改革をめぐる議論に際して，当事者間の対立を深めこそすれ団結する要因と

はならなかった。

3 医療問題の構造：何が問題でありえたか

前章では歴史制度的文脈における病院の位置を明らかにしたが，実際の政策過程では解決の選択肢が絞り込まれる際に，偏向がいかに動員されたかが重要である（笠 1988：103-114；大嶽 1990：104-110）。我々の目前には生き残った課題とその過程が示されているが，当時病院（業界）で発生し，対処すべきだと考えられていた医療課題は多い。それらはなぜ「死に」，困難そうな病院売却案はなぜ生き残ったのか。医療上重要と考えられた複数の病院問題を紹介し，生き残りメカニズムを描写する。

3.1 医療費用の抑制

「資本主義の危機」に直面した先進諸国同様，わが国でも「福祉元年」を到達点とした福祉国家化に歳入制約から見直しが迫られた。またそもそも技術高度化や高齢化がもたらす医療需要が自然に増大することへの対応も80年代には必要となっていた。

当時保険局長で後に厚生次官を務めた吉村仁は，医療費増大への懸念を率直に表明し，医療の経済性を大胆に取り入れて検討を行った[9]。吉村論は医療関係者からの評価が今なお低く，近藤（2004），日野（2005），本田（2007），鈴木（2003）らが，受診抑制論への主たる批判である。ただし，吉村の立論を素直に読めば，83年当時の高い社会保障費伸び率の背後に医療の高額化があると推定し，政策選択肢の論点を整理したと理解するのが妥当であろう。しかし日本医師会に非妥協的な医療経済論者・吉村の発言だからこそ，現場の反発を招いたし，また実際に「過剰受診が保険財政の悪化を招く」という主張が同論に散見される。予防型医療は沢内村の実践に明らかなように[10]，当事者性の強い局地的には成立可能だが，全国レベルで吉村の期待するパフォーマンスが達成されるかは未知数である。そもそも医療需要の発生はミクロ・マクロ経済学的な実証分析が必要であり，吉村の想定は所感に過ぎないとも言える（兪 2006：23-33）[11]。

他方，社会保障の充実は国民の便益であり，勤労者・経営者の負担である。高橋（1989）は健康保険改革において，大企業労使連合が行政改革と医療費抑制を牽引したと指摘する[12]。老人医療制度創設・自己負担率アッ

プ・診療報酬抑制などは先の吉村医療観の行政的具現化であり，2002年には史上初の診療報酬ダウンに結実した。この領域では一貫して医療機能の限定と費用抑制が追求されてきたのである。

当然ながら国は，国立病院病床を大幅縮減した。国立病院は，旧軍病院系ブロック病院と結核療養所系病院から構成されたが，1986年に239施設を165施設に削減する方針を打ち出し，93年から96年で6433が減床され，32施設が譲渡・廃止，2004年の国立病院法人化後には147施設まで縮減された（日野 2005：68－71）。

病床カットに関して，国は政治的な報復（例えば落選）を予期せずに特定地域における医療供給を放棄できる。結核が一応の克服を見た以上，多くの国立病院はその時点で政策医療機関としての役割を終えた。病床の存否は地方政府が自律的に決断すべきだと国は考え，したがって国立病院の廃止・譲渡は相対的に「気楽な決断」であり得た。他方，地方自治体は国保会計や病院会計というリアルさの中で医療費問題を捉える[13]。病床減は当該地域の医療支出を抑制し，不採算の公立病院移管は望まない。したがって国立病院病床は移動でなく「消滅」することが財政上は望ましい。このように，医療費の問題が国立病院病床カットに関連する際には，国も地方も削減を食い止める積極的な動機を持たないことが理解できた。

3.2 医療リスクの回避と公立病院

人体への侵襲である医療行為は危険な行為だから，ヒポクラテスの誓いでは無害の宣誓を行う。今も発生する医療事故のパターンとして，薬剤投与ミス・手術対象／部位取り違え・輸血ミス・違法行為（安楽死・薬剤濫用・手続き無視）などに分類できる（李 2000：Ⅰ章）。これは鈴木（2003：Ⅸ章）や押田（2005）も指摘するため，文化や医療水準でなく医療の構造上の問題である。また，過誤を繰り返すリピーター医師の消滅を目指す市民の動きも近年は目立つが，過誤をリピートできること自体，免許制度や医療賠償保険制度のあり方に基づく構造的課題だとする声もあった（貞友 2005）。厚生労働省は医療法等の改正（平成18年6月）によって，①情報提供による受診選択（＝淘汰）の支援，②医師不足の解消による過誤消滅，③医療安全支援センターの制度化[14]，④行政処分後再教育の義務化を実施し，こうした世論に応えようとした。もともと国民は患者側に情報を提供

しない閉鎖的な医療界に反感を持ち，医療過誤のリスクを不公正に負わされていると感じていた15。所管官庁としては当然，ミスに対して厳罰で対処し，医療安全水準の向上を図ろうとしていたのであるが，地方レベルにおいてはこの問題が発生した場合の対処はそれほど単純でなかった。

2004年12月に福島県立大野病院産科で，帝王切開手術で発生した癒着胎盤の剥離中に出血性ショックで妊婦が死亡した。この件で福島県立医大の派遣医師が逮捕されたが，予見困難性の法的解釈に加え，医師の勤務環境を整備せずに刑事責任が追及されることの危機感から，本件に対する医療サイドの反発はきわめて大きかった。もともと産科は訴訟リスクの高い診療科だと認識されており，これを契機に産科医のモラールが低下し「立ち去り型サボタージュ」という産科医療崩壊が観察され始めた（小松 2007：188－194）。福島県は県立医大を有するが，派遣は医局を中心に行われるため，知事部局が派遣状況について直接的介入をすることはできない。また，リスク低減以前に，へき地の産科・小児科診療維持こそ，府県レベルで優先される課題であった16。

過疎地での展開を多く含む公立病院事業にとって，安全問題で医療供給サイドの反発を買い，困難地の医師確保を危機にさらすことは得策でない17。県の対処法として安全性問題を消極的に（司法・警察判断に準拠する形で）取り組むか，公立病院を廃止統合し県がその種のリスクを負わない選択肢が考えられる。いずれにせよ，県が公立病院の安全性問題について積極的に対処する動機はないことが理解できる。

3.3 モンスターペイシェントと代金の回収問題

医療は選定に失敗すると死亡も含めた危険を生じるために，選択の一回性が高い。また治療方針の策定は個別的なので，患者にとって受診選択は運命的でさえある。治療の帰結は長期にわたり，効用が即座に判断される通常取引と異なり，選択と評価が連動しにくい。そもそも医療の成否自体が，患者の価値判断に基づく主観性を有し，仮に医師が「正しい」治療を強制しても，それが社会的に望ましい医療とは限らない。

このため，近年の病院は，インフォームド・コンセントやEBM，標準的な治療プロセスを提示するクリニカルパス，セカンドオピニオンなどを導入し，患者を治療主体として尊重するようになった。他方，こうした患者

主権は消費者中心主義に置換されやすく，その結果，処理しにくい行き過ぎたクレームも散見されるようになった。荒れた治療現場を示す端的な指標として院内暴力すら発生し，増加していることが指摘されている[18]。

病院が着手しやすい具体的な課題として未収金対処がある。治療費の回収は医業収入を確実に上げる。そのため国公立病院はクレジットカード導入等の未収リスク外部化，また回収マニュアル作成・督促徹底・弁護士による委託回収など未収金対策を立てている。この背景に，①医療費の余裕がないため産前検診を充分に受けずに「飛び込み出産」に至る場合[19]，②「オカミ」の病院だから踏み倒しに罪悪感がない場合がある[20]。厚生労働省でも未収金問題検討会を平成19年に病院関係者，法曹関係者などを集めて組織し，未収金の法的位置づけや解決方法自体を検討し始めた。

ただし未収金は構造的に生じているともいえる。飛び込み出産は，本来，保健福祉的対応が求められる社会問題である。また未収金自体も，一部負担金の欠損負担責任（病院と保険者のいずれが回収すべきか），回収能力，事務職員の非プロパー性（医療事務の低効率）などに起因しており，いずれも個々の病院努力レベルに帰着可能な問題とは言えない。差し押さえのような強い手段を実務上は選択できない以上[21]，この問題は患者の道義的責任や「生ぬるい」公立病院バッシングに到達しやすい。未収金は経営の根幹を直ちに脅かす水準ではないが[22]，通常の支払者や一般納税者の不公平感情につながる象徴的な事案である。結果として，病院や県病院管理セクターレベルで対処できるのは回収員増員など姑息的対処にとどまり，抜本的見直しに際しては，公立であること自体が罪なのだという認識に到達しうる。

3.4　小括

以上，昨今の医療環境で重要と思われる三つの問題の概略を分析した。個別病院や管理部門にとって，そのいずれも単独で取り組む政策過程入力たりえない。秋吉貴雄はアイディアが利益を規定すると述べ（秋吉 2007：206f.），筆者もこれに対応して専門情報を有する改革的インサイダーの重要性を指摘した（宗前 2005a：229f.）。前節で述べたように外部医療環境が変化して病院のあり方が問題になれば，税負担や利用者視点が導入されて議論は公衆に開かれる。その際，医療政策の認識コミュニティ（改革イン

サイダー）は医療自体の生き残りを目指して既存形態に冷淡になる。認識コミュニティでさえ裏書した統合・整理は，「解決」でなく「対処」に過ぎないが，厳しい制約の中で打開策を示すならば，公立病院を「切る」判断は，決してタブーとは言えない選択肢である。

4 三つの事例：病院はなぜ売られていったのか

　医療供給網は府県立病院中心の整備に結実しなかったが，病床偏在が解消されない以上，施設維持や医師確保で府県に期待される役割は大きかった。公衆衛生イデオロギーと呼ばれる政策志向（宗前 2005a：241）の下では，長期にわたり蓄積・確保された公有財産としての病院を消失することは当然に政治的反発を招くと予想される。

　実際の政策選択は時代の雰囲気に影響される。曽我謙悟と待鳥聡史は，緻密な実証分析を用いて福祉政策が普遍化する過程を描いた。革新勢力は地方自治を政治化し，開発から福祉に重心を移した歳出の政治を実現した。他方，保守回帰期に福祉歳出は聖域を脱して総額抑制を志向する。しかし，いまや歳出は制度化された行政によって前年予算をもとに非政治的に決定されている（曽我・待鳥 2007：175f., 227）。

　そうした行政的決定過程は安定しているので，均衡を破る試みは積極的であり得ないし[23]，個別利益を代弁する県会議員を病院整理の協力に引き込むのも困難であろう。そうであるなら病院閉鎖という「火中の栗」を拾う，あるいは火それ自体を点けるような行為はどのように可能となったのかを分析する必要がある。本章では，医療環境の違う三つの事例を検討することとする。

4.1　ドラスチックな破壊者：福岡県立病院の全廃

　12年ぶりの保守県政を樹立した麻生渡知事は，二期目途中の2001年から行政改革の柱として県立病院改革に着手し，県営病院全廃を目指した。地方歳入の余力が失われるこの時期に，行革審議会の設置で全県的歳出カットを目ざすことはごく標準的な行政手法であったが，審議会構成はユニークだった。親委員会を儀礼的に二回ほど開催した後，実質審議は組織システム改革部会と県病改革部会に委任された。総論を担当する組織システム部会は12名の委員が約70％の出席率で審議し，県病改革部会は5名の委員

が90％超の出席率で審議を進めた。委員も県医師会長・元県病院長・九大医学部教授２名・経営コンサルタントによる少数で専門性の高い部会であった。

当時の福岡県立病院は精神病院，元結核療養所２院，元軍病院，戦後設立病院で合計1210床を有していた。政令市を除く福岡県域総病床約47,000に3100の公立病床があるので，県病廃止が病床状況に大きな衝撃をもたらしていないが，市町村移管が実施されると公立病床内で相対的に大きな移動が生じる。苦しい経営が強いられる医療施設引き継ぎは，市町村の歓迎する選択肢とは言えなかった。

当時，県立病院改革に採りうる選択肢は次のようなものがあった。第一に地方公営企業法全部適用である。全適は平成10年前後に八県が新規採用する「流行」の手法だった。運営の自律性や定数管理の自由度，給与水準の管理など，活動の法的自律性が増すと考えられたが，先行事例の実情は，中央病院長が管理者を兼任したり，筆頭部長の事務吏員が天下り的に着任したり，管理者がいない事例さえあった。

有能なスター院長が全適下でＶ字回復を成し遂げるといった「助っ人」イメージで語られがちな改革リーダーシップだが，病院経営に適した人材が遍く存在するか，合理化による賃金管理が人員確保に苦心する政策医療機関でそもそも可能か，という疑問は当然に生じる。いわばスター院長言説それ自体が神話である可能性，あるいは優れた経営者だからよい実績を残したと同義反復しているに過ぎない可能性もある[24]。

そこで地方独立行政法人化が第二の選択肢となりえたが，設計途中である地独法の運用は予測しにくく，また参考となる国レベル独法がそれほど魅力的な組織モデルたりえないため，審議会でこのオプションに消極的な検討をする事例が多かった。

第三の選択肢は成果主義人事システムの導入である。経営管理のビジョンを末端まで浸透させる仕組みを，全庁的な人事改革に連動して設計すれば，相対的に安いコストで導入できる。実際に岡山市は赤字圧縮一定割合の出来高契約を新管理者に提示し，2002年は8300万円の業績賞与を本俸と別に提供した[25]。だが，金額の巨額さ，医療現場に金銭インセンティブを導入する抵抗感，根拠条例の不備などに起因する批判が相次いだこの制度は，それほど気楽に導入できるものではなかった。

福岡県の病院改革審議を概観すると，①医療界で然るべき人物が明瞭な基準を作り，②看護職等の人件費を管理対象にした点が特徴的だった。部会長の信友浩一・九大教授は公立病院思考の革新性で知られ，公的医療は政府立施設に限定せず，地域全体で医療機能の充足を図る面的公衆衛生理念を持っていた（宗前 2005b：95f.）。具体的な審議では，公費介入が許される基準を争点とし，基幹性・地域中核性・へき地性・特殊医療・研修・救急の六条件が公的関与基準であることを合意し，不適合である一般四病院廃止を結論付けた（宗前 2005a：224）。この際，基準自体への反論はない[26]。政策医療機関である県立病院が赤字である以上，ユーザーとしての県民は他の病院を利用し，県立病院を本当は「アテにして」いないのかもしれないのだ。

　また，既存五病院が経営危機に瀕していることを全委員が体感したのは人件費問題の浮上以後である。病院事業の給与比率は85％に上り，高止まりで知られた公立病院の全国平均を15ポイント上回る事実は，審議に強烈なインパクトを与えた。装置や材料費に15％弱しか残されていない事実は経営破綻を直ちに意味する。同業種比較に耐えないデータ（例えば過半数職員が課長補佐級）がある以上，県に説得力はない。加えて，全適や成果主義などの改革手段が前提とする賃下げ（独自給与表作り）は実務的に困難と考えられた。こうした事情を勘案すれば売却以外の選択肢はなかったのである。

　福岡県が下した全廃方針は，一見すれば過激だが，「できないこと」を排除していった結果最後に残った妙手である。そこに専門家の「保証」と県民の「納得・諦念」があるならば，それほど政治的な困難なしに下せた結論であったと考えられる。

4.2　離島県での病院廃止論議：沖縄県立南部病院の売却

　戦後沖縄医療は，離島県・風土病（感染症，ハブ咬症）等の自然条件に加え，貧困（結核）・戦禍による医療崩壊という社会条件を克服する過程と言える。敗戦後沖縄には60万県民に対して1950年時点で131名の医師しかおらず，年齢的にも医師養成中断による若手医師の激減が生じ，高齢化を考えればいずれ医療供給の麻痺が予測されていた。施設面では病床の質量が不足し，1961年には登録患者23,000人に対して600の政府ベッドしか用

意がなかった（照屋 1987: Ⅰ章および118f.）。

　待遇も劣悪だったため，薄給に見切りをつけ退職開業する公務員医師が後を絶たず，契約医学生制度の新設も，補充に奏功しない状況だった。また研修制度の不備は新人医師の定着を見ず，重責に耐えかね本土にＮターンする例すらあった[27]。総じて軍政下の沖縄では「野戦病院」と称される医療の貧困が強調されてきたといえる。

　しかし医療システムとして考えれば，医療環境が壊滅状態だからこそ再建は政府中心に構築・提供され，開業医の診療はその同心円内に存在したので当初から病診連携が形成されていた。また，信友の言う地域完結型医療も，離島県であるがゆえに当然に発達せざるを得なかった。沖縄の医療において問題だったのは，ネットワーク機能の充実や医療の開放性でなく，量的充足だった。医師，病床，施設，機材は足りないから必要とされ，それゆえ沖縄医療における施設建設は公衆衛生モデルの前進を意味した。

　沖縄のような「医療開発途上」エリアで供給の減少をもたらすことはイデオロギーを越えた反発を生みかねない。むしろ地域格差の再配分機能を担う保守主義なら，そうした「後退」には強い反対を見せるだろう。にもかかわらず，2004年2月に審議会は一県立病院の廃止を答申し，06年4月に移譲されている。なぜ沖縄で病院譲渡という「ウシロムキ」な政策提案が，さしたる反発もなしに実現したのだろうか。福岡県同様に，審議会の意思形成過程を通じてどのように当該病院を切り離していったかを検討してみよう。

　沖縄の県立病院構成は若干複雑である。旗艦病院は那覇市でなく，米・琉球軍司令部のあった中部地区に置かれた。その他，5保健所管轄に中核病院が，くわえて財団法人立の精神病院が復帰後に県立移管され全県精神医療を担当した。またへき地に32の附属診療所が置かれ，全県医療は一元的管理に近い形で形成された[28]。

　廃止された南部病院は，復帰後の1982年に開院した。糸満市を中心とした県南地区は，開院当時の交通利便性が悪く，また近隣地区を含めて大規模病院がなかった。そのため，県内医療格差を是正する観点から"病院欠落地区"に公立病院を設置すること自体は自然な決定であった。ところが，隣接する那覇都市圏は拡大し，それに連れていくつかの大規模病院が開院，当該地区の医療環境は急速に改善された。南部医療圏は那覇地区を含むた

め，発展地域の病床増によって当該地区は厚生省から病床過剰地域に指定され，新規開院が困難な状況となっていた。

　県は病院事業の赤字を縮小するため経営健全化計画を複数回策定したが29，病院の根幹的なあり方（機能や存否，管理形態等）を根底的に論じないと累積赤字の正当性を主張し得ないという危機感があった。そこで，先例である福岡県に倣い，実際に深い議論を行う幹事会と，親委員会の二部で構成される「病院ありかた検討委員会」を設置した。幹事会は医療関係者，特に現場の意向を組み入れるべく県立病院長や福祉保健部長（医師）がメンバーとなった。中立性に固執するなら選択しなかったであろうこうした構成は，立案に説得力を持たせるためのものだと考えられる。実際に議論は主として医療機能や病院ネットワークの観点で進んでおり，その過程で（意外ではあるが）ダウンサイジングの必要性が県の医師側から打ち出された。病院事業に条例定数の枠がある以上，各病院はその多機能性ゆえ慢性の人員飢餓状態に陥る。病院構成の抜本的再構築を実施しなければ病院は共倒れするという現場感覚が存在しており，加えて当時は，那覇地区病院の高度多機能化改築を控えていた。県病院当局の関心は，どの病院を「ツブ」して，厚い人員配置による新設病院の高度化を達成するかにあった。

　こうしたことを背景に，現地視察や経営データ分析が実施された。離島医療の維持は，当然の前提とされており，むしろ離島診療所を支えるために旗艦病院を厚くして派遣スタッフを手当てする必要性が強調された。また離島に準じる農村部の北部病院や精神病院の設置形態についても，医療上の必要性や経営上の問題はないとされ，廃止対象からは外された。結果として，受診者の地元化が極端に進み，高度医療特性もない南部病院の廃止が提案され，審議会内で特段の異論なく受け入れられた。病床規制地域病院の売却だから，病床権利の受け皿に見通しを持っての決定でもあった。

　この過程は，他の六病院が売られなかった過程と考えられる。南部病院にあった「売られてしかるべき事情」は，他の病院には存在しない論点ばかりだった。信友が福岡で主張した公共医療六条件は残存病院全てに備わっていた。医業収支の低い県立精神病院の設置形態は議論の余地があったが，経営と施療の一体運営が必要であり30，売却されて採算性を意識すれば，提供中の精神医療機能が失われると判断された。

この過程を通じて見えたのは，医療主体を有することへの県の執着（あるいはリストラへの淡白さ）であった[31]。NPM的な計画と執行の分離は，補助金つき民営化や地独法など先行きの不安定な手段に拠るが，当局はそれを嫌い，水道事業などで親近性のある全適に好意的だった。さらに，県立病院中心の医療システムにおいて，新設の病院管理者は，旗艦病院長職イメージで議論されていた。その意味で，病院事業がほぼ一体的に全適移行するのは，制度変化に伴う不確実性が一番少ない手段だった。南部病院売却に伴うインパクトは，実は小さいものだったのである。

4.3 普通に廃止する：福島県立病院事業の再編

福島県は平成18年度当初に9病院1診療所と総務部所管の県立医大病院（778床）を有していた。総じて，個々の県立病院規模は小さく，また豪雪地帯の南会津地域を除いてへき地医療に特化した存在でもなかった。もともと福島県の公的病床依存は東北各県より低く，全県26,000床に対して県は1474床を有するに過ぎない。福島県の7医療圏で，県立病院が中心的に機能するのは南会津と福島（県立医大病院）のみであり，その他の地域は医療法人や市・事務組合が「公的」医療をすでに担っていた。

福島県で公立病院改革に着手した事情は判然としない[32]。直接の契機は包括外部監査が病院事業の検討必要性を指摘（2003年3月）したことに遡り，その後病院改革委員会を発足させ翌年4月に提言を発表した。ただしこの提言は全適移行の正当化を主目的としており，個別病院の存否に一応の判断を下していくことが目的であったと思われる。提言に続いて県立病院改革審議会で統廃合の方針作りが議論され，翌05年3月に答申が出た。県側は改革の基本方針を策定し，審議会答申を尊重して統廃合を進めることが公表された。さらに合併新病院を含めた県営廃止病院の移行・閉鎖に関する段取りが「実行基本方針」として打ち出され（05年7月），現在は種々の改革を具体的に着手している段階であるとされる[33]。

福島県の審議は，前二例と違って非常に手際よく，行政事務的に問題を「処理」していることが特徴である。審議の議長役は経済学者や元副知事などが指定され，県立医大や医師会長，県病院協会長など専門家委員の活発な発言あるいは現場の強い意向が時としていなされる場合もあった。また，適度のあるべき論に基づいてリストラを構想するというより，病院閉鎖は

既定方針であり，審議は箇所付けの議論であるという雰囲気もあった。特に改革議論の「地図」作りの役割を担った「病院事業改革委員会」は，03年5月から翌3月まで八回の会議を経て，患者主権と医療リスク低減を基本理念とした組織改革と経営形態変化を答申しているが，実際の議事で経営改善の方策（顧客満足やナレッジ・マネジメント，キャッシュフロー経営など）が十分に議論され，答申に盛り込まれた形跡は見えない。むしろ事務局側の意向が強く影響して策定されたことが推測される。

ただし議論自体は地域医療の理念に従っており，例えば県立病院の有無と当該地域の厚生低下可能性を論じている。実際，移管・廃止対象機関は受診者が所在自治体住民に限られており，県営の意義が薄かった。また委譲後の病院運営は指定管理者制度によっており，反対の論拠とされた政策医療性はもともと高くなかった。

福島のケースは，高い理念を掲げた中心的アクターにフォロワー的な専門家が支持を与えていった福岡などの事例とは異なっている。伊藤修一郎の相互参照モデル（伊藤 2006：30-32）で言う，改革に着手する内生条件は薄かった。他方，個々の病院は廃止が止むを得ない理由付けが可能だった。議事録からは福岡の六項目に基づく個別病院採点を実施するなど，先行事例の参照は明らかであり，この点で，伊藤の言う相互参照の政策導入コスト低廉化が図られていた（伊藤 2006：259f.）。「あの県のあの病院が廃止されるなら我が県でも止むを得ない」という諦めの基準が成立しつつあり，その結果，特段のリーダーシップを発揮せずとも普通に病院を廃止している。病院廃止はもはや切れないカードではないことが福島の決断からは明らかになったと言える。

4.4 小括

強い信念に裏打ちされた改革的内部者にリードされた福岡，遺制が選択肢を絞った沖縄，相互参照により自然体で思い切った福島は，それぞれ「取りにくい手段が採れた」事例であった。加えて，90年代には政府規模選択に関心のある有権者が増え（曽我・待鳥 2007：273），彼らは病院を既得権の象徴と見た。福島を含めた多くの府県で食糧費問題が生じた結果，閉鎖的政策領域に対する懐疑心（従ってアマチュア的「暴挙」への支持）が高まった。少なくとも，公正明瞭な基準で庁内の「自由」度を制約する政治

手法に慣れつつあった（宗前 2003：79-82）。病院改革の過程で透明性を高める手法は，他県・他分野の経験から学習したことで，標準的な行政手段になっていったのである。

5 結びに代えて：
ガバナンスは政策コンテンツを向上させるのか

　医療供給のネットワークやコミュニティが形成される過程はきわめて歴史的なものであり，個別性が高いものである。下表に明らかなように，ランダムに抽出した各県の病床状況（特に国公立比）はそれぞれ隔たりが大きい。その結果，府県の行政において当然配慮されるべき監督官庁の意向が病院改革ではあまり重視されない。

　公立病院改革は，公営企業を所管する総務省が強い関心を持つが，厚生労働省のように医系技官の専門性に依拠した医療内在的な関与ができない。同省にとって病院改革は，公営企業としての経営健全性確保に向けた財務的関心に限定される[34]。他方，その厚生労働省は，脆弱化する産科や小児（救急）科の維持に腐心している。医療ハード面や提供医療のソフト面に求められる期待度が上がり，標準医療が複雑化する中で，マンパワーの余裕を生み出し患者対応のレベル向上を実現しようと試みる。こうした理由で同省は病院集約モデル事業やドクターバンク事業，女性医師産後復帰支援，臨床研修支援など医療を直接改革する事業・政策群に関心を持ち着手する。しかし同省は自治体病院を直接統御する手段を持たないし，経営のありようをめぐって各病院と直接接触する公式回路がない。その点で，病院再編に際しての厚労省は公立病院側にとって非権威的なアドバイザーに過ぎない。

　かくして医療供給における政府間ガバナンスは機能していないことが理解できた。争点サバイバルの結果，自治体病院の再編が府県に

県別病床配置状況一覧

	総数	公立		国公立計	
		実数	比率	実数	比率
北海道	103,712	18,301	17.65%	24,049	23.19%
山形県	15,328	6,276	40.94%	7,408	48.33%
埼玉県	62,751	4,523	7.21%	6,825	10.88%
富山県	18,255	4,493	24.61%	6,029	33.03%
岐阜県	20,892	5,682	27.20%	6,888	32.97%
京都府	36,624	4,734	12.93%	8,096	22.11%
鳥取県	9,396	1,705	18.15%	3,726	39.66%
徳島県	15,506	1,813	11.69%	3,234	20.86%
佐賀県	15,534	1,403	9.03%	3,810	24.53%
沖縄県	19,689	2,869	14.57%	5,186	26.34%

『平成19年度公営企業年鑑』より筆者作成。

とって着手可能な選択肢となるが，再編は一回性・地域性が強く，したがって府県の決定自律性は相対的に高い。長期に構築されたネットワークを「誤った劇薬」で破壊する恐怖を回避するために，自治体は監督官庁の策定するガイドラインよりも他府県の事例を参照する。相互参照は本来反復性のある事例に適合的だが，危機回避という点で本事例での参照には意味がある[35]。そもそも，改革過程では，影響力の源泉たる専門知を有する認識コミュニティの有力メンバーが主役を演じている。認識コミュニティの発言は多分に場当たり的だが，それはメンバー，特に医師が院長・管理者へのキャリア途上でマネジャーとしての体系的教育や知識を受けないためである。しかし現場で得た知識と感覚を専門的知見に転換する能力のあるコミュニティ構成員は，厚生と負担のバランスを見極めようとしている。この点で，統治の透明性を高めはするが統治パフォーマンス自体の成否という本来的視座を欠いた外部者によるNPM的改革志向とは明確に異なっている。

本稿は，社会保険政策などメゾレベル政治，あるいは社会政策や福祉レジームなどマクロレベル政治などと充分に関連づけた分析ではない。そうした視野でもなお専門家の知見は強力な影響力を持つのか。それは他日の課題として本稿を閉じることとする。

（1）厚生労働省の「平成18年医師・歯科医師・薬剤師調査の概況（2007年12月21日発表）」によると，2006年末時点で，日本の医師277,927人の60.6％（168,327人）が「病院」に勤務し，うち四分の一強の44,688人は大学病院等で勤務・研究に当たっている。経時的にも昭和61年，病院勤務医が診療所医を抜き，医育機関勤務医の比率はこの間一貫して高まっている。

（2）同省保険局調査課の「医療機関メディアス　平成18年3月号」が医療費消費状況の最新データであり，18年3月分医療費2.8兆円の85％が診療で，その90％が医科で消費された。また1.5兆円（医科消費の68％）が病院で費やされている。診療所数は多いので，当月医療費の施設あたり平均は，病院の1億6,807万円に対して診療所は834万円に過ぎない。

（3）総務省「公立病院に関する財政措置のあり方等検討会」で発表された月間収支サンプルデータは100床あたり医業収支は私立が243万円の黒字，公立が2020万円の赤字であった。
http://www.soumu.go.jp/menu_03/shingi_kenkyu/kenkyu/hospital/pdf/080701_1.pdf（2008/8/14）

（4） 医学では個別分野の学術的到達点を示すため「大系」と呼ばれる学術書群が編纂される。本節の執筆では，こうした事情を酌んで特記なき限り橋本・吉田（1972）に全面的に依拠した。

（5） このため，医者は「薬師（くすし）」とも呼ばれた。医師の養成は技芸の伝承として徒弟的に行われたので，のちの医局講座制におけるパーソナルな師弟関係とは親和的であった。

（6） ワシントン大学医学校・口述史プロジェクトに，健在だったサムズ准将へのインタビュー（1979年）の transcripts が掲載されている。DDT散布で有名だったサムズは，専門家養成と医療の専門性向上に強い関心を有する。最低病床の引き上げ（20床）で病院機能を高め，医学教育を単線化し，医薬分業による医師の医療への集中など一連の改革に強い主導権を発した。URL=http://beckerexhibits.wustl.edu/oral/transcripts/sams.html（2008/5/20）

（7） 倉田・林（1977）はこうした一連の流れを地域医療計画への胎動とみなす一方，笠原（1999：125）は規制が医師会の牽制に力点を置き過ぎ偏在が解消されず，結核療養所系国立病院の地方移管が失敗したことと併せて，当時の厚生省による医療供給の体系性欠如を指弾している。

（8） 賃金策定メカニズムについては稲継（2005：158－164），西村（1999：2章3節）を参照。1960年から始まった新給与決定方法ではラスパイレス方式によって適切な水準を目指した給与策定を実施したが，初年度でさえ医療看護職給与で民間と20％以上の乖離がみられた。

（9） 吉村仁「医療費をめぐる情勢と対応に関する私の考え方」，『社会保険旬報』1424（1983年3月11日）号，社会保険研究所，12－14頁。「医療費亡国論」は過重な国民負担問題を，「効率逓減論」は医療効果の増分を得るに必要な追加投入が高齢化によって高騰している問題を，「需給過剰論」は非市場的要因によって医療費が高止まりしている問題を意味している。

（10） 沢内村政に関し，予防との観点では増田（1983）を参照。

（11） 吉村批判のうち，弱者側の権利保護を訴える日野や，医療現場の第一線アクターによるルポ的批判である本田や鈴木らの立論は当然想定される。一方，二木や兪，権丈（2001）など医療事情に明るく体系的に経済学を学んだ論者ほど，吉村論を強く否定する傾向があるのは興味深い。

（12） ただし健保再編においては，「連合」が総論として行革を推進したために健保の局地戦においては国保との統合を拒否するロジックが封じられたねじれを描写している（高橋1989：87－89）。

（13） 平成17年の市町村国保会計は総収入1兆720億円に対し都道府県支出金が672億円（6.27％），一般会計繰入金が792億（7.39％），赤字保険者は1169組合（63.7％）を占め，地方財政にとっての歳出抑制が十分に働く状況にある。厚生労働省「平成18年度国民健康保険（市町村）の財政状況に

ついて」http://www.mhlw.go.jp/topics/2008/01/tp0115-1.html（2008/8/1）

(14) 厚生労働省課長級医官インタビュー（平成20年2月）。当該委員会は「失敗」の本質を専門的に解明し、類似事件を防止することが目標であると述べた。しかし世論の納得を視野に入れて実施されやすい事故調査は、事件を発生させた医師の責任をどうしても問いがちである。

(15) 近年、患者側の権利意識の高まりや支援機関（NPO等）の充実もあって医事紛争件数は増加している。そのため裁判所では2001年に東京、大阪、その後、千葉、名古屋、福岡、さいたま、横浜の各地裁に医療集中部が設けられ、審理期間の短縮化を図っている。

(16) 兵庫県立柏原病院では母親達を中心に「小児科を守る会」を結成して受診抑制を啓蒙している。これはコンビニ受診（軽症の救急受診で救急機能の麻痺をもたらす）を抑制することで医師の負担を軽減し、中長期的視点の安全性を確保することを目的としている。

(17) 勤務医の賃金は相対的に安くなりつつある。厚生労働省の医療経済実態調査（平成19年10月）では公立病院医師の賞与込み平均月収は119万円で、医療法人の134万円や開業医（無床診療所院長）の211万とは相当な開きを見せ、また一部上場企業会社員の給与とほとんど変わらない。他方、三重県尾鷲市立総合病院が年俸5,000万円で産科医を、また泉佐野市立病院が同3,500万で麻酔医を募集したが尾鷲は一年で退職、泉佐野は現在も募集を続けている。伊勢新聞、2006/9/1、朝日新聞（大阪版）、2008/2/20、りんくう総合医療センターHP「麻酔科医師募集報道に対して」。URL=http://www.rgmc.izumisano.osaka.jp/osirase/080320aneDr_comment.html（08/5/20）

(18) 「医の現場／疲弊する勤務医(2)患者の『院内暴力』急増」、読売新聞、2007年5月1日。また日本看護協会2004年調査では看護師の30％前後が性的・言語的ハラスメントを受けている。

(19) 読売新聞、2007/11/19。妊婦健診の全国平均は2.8回。秋田県の平均値は10.0回に対し大阪府は1.3回。回数は13－14回が望ましいとされているため、結果として、①妊娠生活に不案内な若年未婚女性、②低所得の経産婦、③不法滞在外国人女性による飛び込み出産が目立つという。

(20) 毎日新聞、2007/10/11。静岡県の県西部浜松医療センターでは、「手持ちゼロで受診可能」という噂が広まり、04年度の3200万円から06年度には5770万まで未収金が増えた。医療法は医師の対診拒否を禁じており、特に自己負担が一時的に高額となる産科に不払い事例が多い。

(21) 読売新聞、2006/12/26ではデポジット制導入が、また同紙中部版、2007/3/8では差し押さえが、それぞれに対する住民感情の面から導入困難であるとされている。

(22) 例えば国立病院機構全体の財務諸表によると、医業収益は約7000億円

であり，窓口で支払われなかった医業未収金残高の年間増額は29億円だからチャージロスは0.3%程度である。
(23) 例えば秋吉は航空政策の場が移動しなかったことで，革新的な認識コミュニティ形成が阻害されたことを指摘している（秋吉2007：4章）。
(24) こうしたスターシステム論は日本経済新聞，2003年8月5日社説に典型的である。社説は「……改善への処方せんを見つけるのはそれほど難しいことではなさそうだ」と述べ，有能な経営人材は存在するから，妥当な処遇・権限を与えれば経営再建は可能であると含意されている。
(25) なおこの契約に対し市民オンブズマンが2002年4月に提訴，06年6月一審，07年2月控訴審とも市・管理者側敗訴となった。
(26) 県職員組合は県病闘争委員会を結成，「いのちと健康を守る」抗議活動を展開している。しかし，審議会・部会が打ち出した方針では「命と健康を守れない」とする反論構築に成功していない。この点で，科学性と基準の公正性を最初に打ち立てた信友らのアジェンダ設定は成功している。
(27) 復帰後に至っても医師の充足は依然として問題であった。沖縄タイムス，2003年8月22日，「長寿の島の岐路　第5部・ゼロからの復興／眠らない病院(2)」を参照。
(28) 平成19年版沖縄県立病院年報「第1章県立病院の概況」より。
(29) 県は1982年から07年まで四次にわたって計画策定を行った。しかし収支計画値は全て未達で，三次計画終了時の2001年度は単年度損金が25億円，累積欠損金が328億円に達していた。
(30) たとえば政策医療部分を抜き出して，補助金などによって民間移管した新・精神病院で実施してもらうという考え方はNPM的にはありうる。また幹事会でも非医療系委員が発言しているが委員も県側もほとんど興味を示していない。
(31) 傍証として県立中部病院の研修事業が挙げられる。ユニークな英米式スーパーローテート法研修は，04年から厚生労働省による政策採択で全国標準化したが，義務化以前から相応の給与支給を行っており，取り組みを充実させるための組織全体のコストが必要な大掛かりなものだった。仮に財政事情のタイトさが審議の「裏テーマ」であるならばこの問題について圧力が存在してもおかしくないが，審議会を通じて病院局はもちろん総務部サイドでさえ，それを議論する姿勢はなかった。「医療の渇望」はほとんど遺制的要素に近かったといえよう。
(32) 福島県病院局は，調整の困難性などがあり現在進行中の改革について取材協力できない旨応じた。そのため本項目は病院局のホームページ情報などの公開データのみに依拠している。
(33) 福島県病院局「県立病院改革の取組み」より。URL=http://www.pref.

fukushima.jp/kenbyou/koremadenotorikumi.html（2008/5/20）
(34) 総務省は平成19年7月から，公立病院改革懇談会を開催し，同年11月に「公立病院改革ガイドライン」を取りまとめた。ガイドラインは地域ごとの病床状況の違いや地域医療ニーズの把握方法を考慮に入れた立論はなく，あくまで病院事業会計の改革に力点が置かれている。
(35) この点に関し中静未知の知見に強く影響された。彼女は，社会保険制度が寄木細工として構築され，相互に影響を与えながら一つの制度から次の制度へと着地していく，ただし特定のエポックがその後の制度史を貫くような経路依存性を生じさせると述べている（中静1998：337-341）。

参考文献
秋吉貴雄（2007）『公共政策の変容と政策科学』，有斐閣
池上直己・J.C. キャンベル（1996）『日本の医療』，中公新書
市川喜崇（1994）「占領改革における集権と分権」，『行政社会論集』第6巻第3号
伊藤修一郎（2006）『自治体発の政策革新』，木鐸社
稲継裕昭（2005）『公務員給与序説』，有斐閣
大坂健（1990）『地方公営企業の財政改革』，東京市政調査会
大嶽秀夫（1990）『政策過程』，東京大学出版会
押田茂實（2005）『医療事故』，祥伝社新書
笠原英彦（1999）『日本の医療行政』，慶應義塾大学出版会
倉田正一・林喜男（1977）『地域医療計画』，篠原出版
権丈善一（2001）『再分配政策の政治経済学Ⅰ』，慶應義塾大学出版会
小曽戸洋（1999）『漢方の歴史』，大修館書店
小松秀樹（2007）『医療の限界』，新潮新書
近藤克典（1994）『「医療費抑制の時代」を超えて』，医学書院
貞友義典（2005）『リピーター医師』，光文社新書
鈴木厚（2003）『日本の医療に未来はあるか』，ちくま新書
宗前清貞（2003）「行政評価導入の政治過程」，『政策科学・国際関係論集』6号
── （2005a）「政策過程における専門情報の強度」，『政策科学・国際関係論集』7号
── （2005b）「公立病院再編とアイディアの政治」，『都市問題研究』57巻8号
曽我謙悟・待鳥聡史（2007）『日本の地方政治』，名古屋大学出版会
高橋秀行（1989）「医療保険―政策変容と政治過程―」，行政管理研究センター調査研究部『日本の公共政策―その基準と実際―』，財団法人行政管理研

究センター
武弘道（2005）『こうしたら病院はよくなった！』，中央経済社
田中滋・二木立（2006）『講座医療経済学・政策学③保健・医療提供制度』，勁草書房
照屋寛善（1987）『戦後沖縄の医療』，メヂカルフレンド社
中川米造（1993）『素顔の医者』，講談社新書
中静未知（1998）『医療保険の行政と政治―1895〜1954―』，吉川弘文館
西村美香（1999）『日本の公務員給与政策』，東京大学出版会
橋本寛敏・吉田幸雄（1972）『病院管理大系第一巻』，医学書院
日野秀逸（2005）『市場化の中の「医療改革」』，新日本出版社
M.フーコー（神谷美恵子訳）（1969）『臨床医学の誕生』，みすず書房
保坂正康（1988）『新・大学医学部』，講談社文庫
本田宏（2007）『誰が日本の医療を殺すのか』，洋泉社新書
村松岐夫（1994）『日本の行政』，中公新書
兪炳匡（2006）『「改革」のための医療経済学』，メディカ出版
米山公啓（2002）『学閥支配の医学』，集英社新書
李啓充（2000）『アメリカ医療の光と影』，医学書院
笠京子（1988）「政策決定過程における『前決定』過程」，『法学論叢』123(4)，124(1)

分権改革のインパクト

――教育政策にみる自治体政治行政の変容――

青木栄一*

1 課題設定:教育の分権によって変化したものは何か

　本稿の目的は従来中央政府の制約下にあったとされる教育政策の領域で,分権改革以降は地方政府が多様な独自施策を展開していることを析出するとともに,地方政府における政治行政の変化の態様を明らかにすることである。

　政策領域一般についていえば,地方政府の自律的な政策選択が分権改革で初めて可能となったわけではない。最近では情報公開条例,景観保護といった領域で中央政府に先駆けて先進的な施策が展開された(伊藤修一郎 2006;2002)。過去には革新自治体が福祉,環境,保育の領域で中央政府が取り組まない課題に取り組み,中央政府の政策転換を促した(北山 2006)。いずれも地方政府が政策課題を発見した点で共通しており,中央政府が当初取り組まなかった政策領域を開拓したものである。概括例示方式に象徴されるとおり,日本の地方政府の活動量は元来大きい(村松 1988)。上で述べた先進施策の実施はまさに地方政府の活動量の大きさを示すものである。

　地方分権一括法(第一次分権改革)は新たな事務を中央政府から地方政府へ移譲したのではなく,むしろすでに地方政府が行っていた事務に対する中央政府の関与を縮減するものであった。さらに第二次分権改革(三位一体の改革)の帰結として,地方政府の財政面での自律性も強化された(が,自立性は弱まった(金井 2007:46))。一連の分権改革は提供する公共サービスの水準を地方政府の政治行政過程において決定する契機となった。すなわち上乗せ・横出しの可否や程度が地方の政治行政の文脈で決まること

---

*　国立教育政策研究所教育政策・評価研究部　教官　教育行政学

となる。

　ところで，分権改革は地方政府における政治行政変容の遠因であることは容易に推測できる。しかし，あらゆる政策領域や全ての地方政府で均質な変容が観察されるわけではない。個別政策領域や個々の地方政府に注目する必要がここにある[1]。本稿は中央政府からの制約が特に強いとされる領域で分権改革のインパクトを検証する。

　地方政府の独自の政策選択に関する先行研究から次の点が指摘できる。第1に政策出力（予算額や新規施策の実施）を従属変数として，独立変数に社会経済変数，政治行政変数を採用する確度の高い研究が近年行われている。たとえば曽我・待鳥（2007）は1960年代以降の都道府県について計量分析と事例分析を組み合わせた検証を行っているが，特に知事と議会の政策選好の一致・相違という政治変数に着目するものである。

　第2に前者の分析枠組みを前提としつつも，サーベイ調査で得られるような変数，すなわち地方政府のアクターの行動を考慮する研究もある。たとえば村松岐夫・伊藤光利（1986），小林良彰ほか（1987）は地方の政策エリート（首長，議員等）の行動をサーベイ調査で明らかにし，地方政府内部の政治行政過程を析出した。

　ところで両者に共通するのは独立変数としての社会経済変数，政治行政変数から従属変数としての政策出力（程度や採否）の差異を説明する点である。両者の相違は用いるデータの性質である。前者は社会経済指標（予算データ等）や政治変数（首長の党派性等）等の確度の高いデータを用いた研究が行われている。後者の研究にはサーベイデータを得る必要があるが，次の点を考慮する必要がある。第1に全ての地方政府からデータを得ることが困難である。回収率が100％を期待できない以上，欠損値が生じてしまう。第2に操作化の点で留意する必要がある。たとえ認識ではなく行為に関する質問をしたとしても，過去を想起する形式である以上，回答にゆらぎが生じる余地は否定できない。しかし，これらの問題をふまえてもなお第2のタイプの研究に取り組む必要がある。これは第1のタイプの研究を補完する意味を持つ。各アクターの実際の行動と政策出力との関係をミクロの視点から明らかにできるからである。

　さて，本稿は教育（特に初等中等教育）を事例として取り上げる。一般に教育は文部科学省のコントロールが強い政策領域という理解があるが，

分権改革によって首長や議会のプレゼンスが教育領域でも高まるかどうかを検証する必要がある。従来の教育政策の特質を想起すると，一見，政治学では当然のことと思われるこの推論を適用する理由が明確になる。政治学の理解によると，教育分野は自律性の高い政策領域でもあった。首長が教育政策に影響力を行使することは他の政策領域よりも困難であると指摘されてきた[2]。首長とは異なる意思決定が行政委員会である教育委員会によって行われる余地が制度上はある[3]。第一次分権改革の最大の成果は機関委任事務の廃止（法制的改革）であるとされ，同様の文脈において教育長の任命承認制度も廃止されたが，従来指導・助言で支えられてきた教育行政全般については，分権改革のインパクトは及びにくいと想定されていた（荻原 2000：138；金井 2007：58-59）。しかし，現実には教育領域で独自施策を展開する地方政府が登場した（青木 2005）。教育領域でなぜ分権改革のインパクトが及ぶようになったのかを明らかにする必要がある。

さて，政策共同体論（Rhodes 1997: 36-39; Marsh(eds.): 13-16；牧原 1991：70-75）によれば，共通の属性を持つアクターの集合体が政策共同体であり，この中では共通の言語体系，価値観を有する（同質性）。さらに外部から自律的に意思決定をする（自律性）。地方政府についていえば，教育行政関係者の多くが教員経験者により占められ[4]，首長や議会の影響力から遮断される[5]。本稿では以下，地方政府のアクターを教育アクターと政治アクターに区分する。前者は教育委員，教育長，教育委員会事務局であり，後者は首長と議会である。本稿は分権改革[6]以降の教育政策立案において後者の影響力が行使されていることを示し，教育政策においても分権改革のインパクトが作用した要因が何であり，どのように作用していったかを地方政府のアクター間の関係に焦点を当てて明らかにする。

本稿が取り組む第1の課題は政策共同体の同質性を明らかにすることである。これを操作化するために，作業課題として教育委員と教育長の属性に着目し，教員（未）経験者の比率を時系列に分析する。従来，教育委員や教育長は教員経験者率が高いと指摘されていたが，これが分権改革期以降を含めて一貫した傾向だとすると政策共同体の要件の一つである同質性が析出できる。

さて，1990年代以降，教育の領域でも地方政府の上乗せ・横出し施策（以下，独自施策）が観察されるようになった。犬山市や志木市に代表され

るように市町村でも首長が教育政策の前面に登場することも目立つ。たしかに分権改革期以前も首長が教育委員会に影響力を行使することは可能であった（伊藤正次1998）が，それは文部科学省の制約がそれほど強くない高等学校教育の領域であった。高等学校の教員給与や学校建設は都道府県の負担であった。これに対して，小中学校の教育については従来から文部科学省の制約が強かった。本稿は小中学校教育を担当する市町村に焦点を当て，90年代後半にこれらが緩和されたことに注目する。

すなわち第2の課題はこれまで制約されてきた施策の導入を行う市町村の存在を明らかにし，当該市町村における政治行政の変化を指摘することである。後者については，具体的には政治アクターの影響力行使が教育アクターに対して行われるようになったことを示す。まず第2の課題に取り組む前提として，制度とその運用で市町村の自律性が高まったことを明らかにする。そしてそれらの施策の中には教育アクターの政策選好とは必ずしも一致しないものがあることを指摘する。

次に，第2の課題を操作化すると次のようになる。(1)各施策を導入した市町村数を明らかにする。(2)さらに独自施策のデータをもとに，それらを導入した市町村では，政治アクターの教育アクターに対する接触頻度が高まっていることを示す。さらに関連する指標として議会における一般質問の頻度も用いる。

さて，本稿の仮説をまとめる。教育アクターの同質性に関する第1の課題については，市町村でも教員経験者の比率が分権改革以降，低下していると考えられる。教育の政策共同体の同質性が低下しているからこそ，次に検討するような政治アクターの影響力行使が可能となっているのではないか。これは先行研究においても指摘されているとおり，首長は政治的な意図をもてば教育委員の任命を通じて自らの政策意思を実現することができるということからも妥当な推論であろう（伊藤正次1998）[7]。

第2の課題であるが，政治アクターによる教育アクターへの影響力の行使の頻度が増加したと考えられる。教育委員の任命という非ルーティン的局面を除けば，政治アクターが教育アクターに影響を及ぼすことができるのはルーティン的局面すなわち日常的接触の局面だからである。

2 教育の分権と独自施策の増加

2−1 教育委員・教育長の属性

　教育の政策共同体を析出するために，同質性の観点から検討する。本稿で用いるデータのソースは文部科学省「教育行政調査」である[8]。全ての都道府県と市町村の教育委員と教育長の属性（教員未経験者[9]）情報が得られる（ただし，集計データである)[10]。市町村の教育委員は5名である（うち1名が教育長を兼ねる)。都道府県と政令市の場合，分権一括法後に制度が変更された。かつては5名の教育委員とは別に教育長1名が議会の同意なしに任命されたが現行制度では教育長は教育委員の兼任である[11]。

　第1に，市町村の教育委員の教員未経験者の割合は対象期間を通じ70％から65％の間で推移する（図1）。このデータは教育長を除いたものであり4名の教育委員についてのデータである。つまり教員未経験者の割合が75％を下回るということは，平均して少なくとも1人は教育委員の中に教員経験者が存在することになる。

　第2に，教育長の教員未経験者の割合は1986年以降4割を上回ることなく推移する（図1）。特に1990年代後半には30％近くまで減少した。教育長の多くが教員経験者である。教育委員の数値を勘案すれば5名の教育委員では約2名が教員経験者であり，しかもそのうち1名は教育委員会に強い影響力を行使できる教育長である。

　参考のために都道府県についても検討する。教育委員であるが，1990年代は60％台前半から増加傾向であり，分権一括法以降は明らかに増加し80％台目前となった。平均すると教育委員の中に教員経験者が

図1　教育委員・教育長の教員未経験者構成比

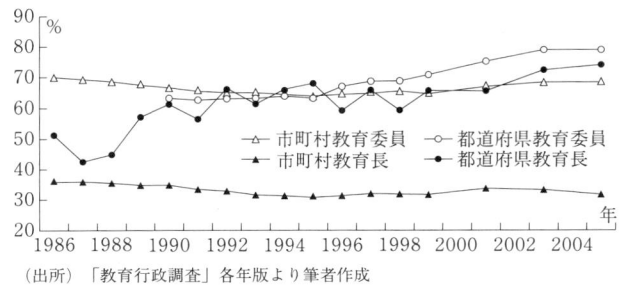

（出所）「教育行政調査」各年版より筆者作成

1名も存在しない場合があることを意味する。次に教育長であるが，1980年代から90年代にかけて40％台から60％台へと増加し分権一括法以降は70％台へ増加した。都道府県では教員未経験者が教育委員，教育長に任命される傾向が強まったと指摘できる。

都道府県については教育委員と教育長の属性からは分権一括法以降，教員未経験者の割合が増加し教育委員会の同質性が低下したといえる。これに対して市町村では2000年代においても教員未経験者の割合が上昇せず，依然として同質性が存在する。このことをふまえると市町村では政治アクターの教育アクターに対する影響力行使も限定的と考えるのが妥当のように思われるし，そもそも独自施策がどの程度なされているのかも明らかにしなければならない。

2-2 施策の特性と分権化の概要

本稿で分析する施策は市町村費雇用教員，通学区域弾力化，二学期制，小中一貫教育，独自教材である。いずれも市町村の施策としては任意であり，法令により実施が強制されない。かつてこれらの施策は導入されなかった。文部科学省あるいは都道府県教育委員会が制度上あるいは運用上，市町村の行動を制約していたからである。

第1に，市町村費雇用教員である。日本の公立小中学校のほとんどの教員は県費負担教職員制度により都道府県が雇用する。制度上市町村には服務監督権はあるものの独自に雇用する必要はない。県費負担教職員が市町村立学校に配置されているからである。特に，市町村が独自雇用した教員を学級担任として発令し，一学級の収容人数を縮小させることは禁じられてきた（田島 1998）。従来は県費単独で教員を雇用すること自体は許容されていたが，学級編制を国の標準より下回る人数で設定することは許容されなかった。これが2001年以降可能となり独自にフルタイムの教員を雇用し，学級担任にすることが可能となった（青木 2005）。

市町村については，まず教育特区制度の枠内で2003年度以降市町村費負担教職員任用事業として認められ，2005年7月19日現在200人が任用された。2006年4月1日より市町村立学校職員給与負担法の一部が改正され，市町村費教職員任用制度が全国化された[12]。政治アクターは教育アクターに施策の具体案や導入後の教員の管理方策，資質の向上策といったテクニ

カルな面の情報を依存する。自主財源の投入が前提の施策であるから首長は議会での予算審議で説得力のある施策案を作る必要がある。これらに関して両アクターは接触するものと考えられる。この施策は教育の政策共同体の政策選好と合致する。教員が増員されることで教員個々人の負担が軽減されるとともに，児童生徒へのきめ細かい指導が可能となる点でも賛同しうる。政治アクターが導入を決断するなら教育アクターも協力するだろう。

　第2に学校選択制である。通学区域弾力化について文部科学省は外部からの規制改革の文脈による要望に徐々に対応していった経緯がある。たとえば「臨時教育審議会「教育改革に関する第三次答申」について（通知）」では「（通学区域指定に関して：引用者）多様な方法を工夫することが提言されていることにかんがみ（第2章第6節），この際，各市町村教育委員会においては（中略：引用者），地域の実情に即してこの制度の運用について検討する必要がある」というように消極的な表現である[13]。この施策は教育の政策共同体にとっては賛同しがたい。なぜならば教育活動の提供に当たっては平等原理を前提としており，建前としては各校には差違がないため学校選択をする必然性はないからである。実際には学校間の教員の力量や児童生徒の家庭環境に格差が存在しているかもしれないが，それを顕在化させる通学区域の弾力化は教育の政策共同体にとっては許容困難である。

　学校教育法施行令第5条に，児童生徒は教育委員会が指定した学校に通学することが定められているが，この規定が後述する1997年度の文部省通知により弾力化されたことで，いわゆる学校選択制が導入可能となった。全国で初めて導入したのは三重県紀宝町（1998年）であるが2000年度に品川区の導入後，全国に波及した。

　1990年代後半以降，規制改革の文脈から学校選択制が検討された。1996年12月の行政改革委員会の答申（「規制緩和の推進に関する意見（第2次）―創意で造る新たな日本―」）を嚆矢とする。以降，学校選択制の導入の推進と導入時の市町村の役割明確化（手続きの整備）を求める政府文書が出された。2000年12月の「教育改革国民会議報告―教育を変える17の提案―」，2001年12月総合規制改革会議「規制改革の推進に関する第1次答申」，2005年6月の「経済財政運営と構造改革に関する基本方針2005」，2005年12月の規制改革・民間開放推進会議「規制改革・民間開放の推進に関する第2次

答申」である。特に本稿の観点からは総合規制改革会議が学校選択制の導入を各市町村教育委員会の判断でできることを明確にするよう関係法令の見直しを提言したことに注目したい。つまり，学校選択制は法制度上就学校指定制度の例外的位置づけとされ，市町村教育委員会が導入を判断する主体である。学校選択制を導入する自治体は就学校指定の自由度を高めるという意味で上乗せ施策を行っていることになる。一方，文部科学省は1997年度に通知（「通学区域制度の弾力的運用について」）を発出したほか，事例集（文部省1997, 2000）を作成し市町村教育委員会に配布した。2002年度に学校教育法施行規則の一部を改正し，就学校指定や変更の際の手続きの明確化を規定した。2005年度に規制改革・民間開放推進会議の答申を受けた閣議決定をふまえて事例集を作成し，保護者が指定された就学校の変更申立ができることを省令で明示した[14]。

第3に独自教材である。文部省の運用上，学習指導要領がカリキュラムの最低基準かつ最高基準であったため，論理的には独自教材の必要性はなかった。学習指導要領とそれに基づき作成される教科書[15]に則した教育を行えばよかったため，教育の政策共同体にとっても特段積極的な関心を持つ施策ではなかった。仮に作成を求められても作成コストの面で消極的となるのが一般的反応である。

ところで現行学習指導要領の運用に当たり，最低基準であるという解釈が採用された[16]。従来は学習指導要領の記載内容を反映した教科書の記載事項をいわば忠実に教授することが求められたが，現行学習指導要領の運用変更に伴い，結果的に市町村による教材作成の余地が生じた。副教本，副教材と称する独自教材はこうして作成されるようになった。特に学力低下論争以降は削減された教授内容を補填するという目的が明瞭となった。犬山市の副教本，品川区の市民科は独自教材の代表的事例である（犬山市教育委員会 2003，品川区教育委員会市民科カリキュラム作成部会 2006）。これは教授内容の独自化，高度化を意味し，上乗せ施策ということができる。

第4に二学期制であるが，2002年度から仙台市が全公立小中学校で導入したのが代表的事例である[17]。分権一括法以前は学校教育法施行令第29条で，公立学校の学期設定は都道府県教育委員会の権限であった。分権一括法により市町村の権限となった。かつて公立学校において定着していた三

学期制を改め二学期制を全県で導入するのは，制度上は可能であったが現実的ではなかった。分権一括法以降学期設定権が市町村教育委員会に移譲されたため，市町村の判断で二学期制の導入が可能となった。

二学期制は授業時数を増やすための方策としても見なされるため，文部科学省は学習指導要領の改訂過程でこの政策課題に直面した。2003年度に学習指導要領の一部改訂が行われたが，学習指導要領自体には二学期制への言及はない。ただし，この改訂の下敷きとなった中教審答申では二学期制について「長期休業日の増減や二学期制等の学期区分の工夫等については，全国一律に実施する性格のものではなく，各教育委員会等の取組に委ねるべき事柄である」と言及された。ここでも，三学期制を原則とした上で二学期制の導入の判断を自治体に委ねている[18]。一般には三学期制が採用されているので二学期制は授業日数を増やすという意味での上乗せ施策である。教育の政策共同体にとっては従来とは異なる労働環境となるため，とくに教員に対する説得が必要となる。

第5に小中一貫教育である。学習指導要領が小学校と中学校それぞれで教授内容が区分されていることを踏まえると，文部科学省はこの施策を制約する態度であったと考えられる。さらにいえば，いわゆる46答申で提言された学制改革（633制の改変）への消極的態度（渡部 2006：46-48）をみれば，小中一貫教育は文部科学省にとっては従来想定の範囲外の施策であった。教育の政策共同体も積極的に関わろうとしない。カリキュラムや教職員をめぐり小中学校間の調整が必要となるからである。

小学校と中学校のカリキュラムは学習指導要領により定められる。学習指導要領とは学校教育法施行規則（昭和22年文部省令第11号）第25条の規定にもとづき小学校学習指導要領，中学校学習指導要領として告示されるものである[19]。小学校と中学校のカリキュラムは独立している。つまり小学校学習指導要領で定められた教育内容は中学校で教授することはできない。中学校学習指導要領についても同様のことが指摘できる。たとえば，小学校学習指導要領の内容を小学校5年生までに教授し終えて，中学校1年生の内容を小学校6年生時に教授することは，現行制度の下では不可能である[20]。

小中一貫教育を実現するには，このような現行制度の制約から離脱し，小中学校9年間を一つの単位とした自由度の高いカリキュラム設定が可能

でなければならない。そこで一部の自治体は構造改革特区（教育特区）の申請を行い小中一貫校が開校された。たとえば品川区は小中一貫教育に対応した区独自のカリキュラムを作成した（品川区教育委員会 2005）。小中一貫教育は各校種間の垣根を取り払うという意味で横出し施策である。

各施策が制度上導入可能となった経緯は以上の通りである。しかし，強調したいのはあくまで制度上可能となっただけであり，導入するのは各市町村の任意という点である。これら各施策はいわゆる上乗せ・横出しである。ただし，導入に際して財政上のコストが必要となるのは市町村費雇用教員のみであり，その他の施策は多額のコストは不要である。つまり，いずれも政治アクターにとっては財政コストが小さく，教育アクターが消極的であっても導入を決意する可能性が高い。通学区域の弾力化は住民の選択の自由度を高めるという点で，二学期制は授業時数の増加策として住民に対するアピール材料である。独自教材もカリキュラムの削減への対応策として住民が期待する施策である。小中一貫教育は多様化する教育課題への対応策として期待され，統廃合問題を一気に決着させるための方策としても活用しやすい。市町村費雇用教員については，少人数学級の導入が都道府県レベルで知事選挙の公約となるなどしていることからみて（八幡 2007:68-70），政治アクターも財政コストをかけても導入することを決断する施策である。ただし，市町村費教員を除き政治アクターが教育アクター（特に学校）を説得する必要がある[21]。市町村費教員は教育の政策共同体からの賛同を得やすいが，この施策とて首長と教育アクターの間に指示や折衝の関係がなければ実現しない。その意味でいずれの施策も政治アクターと教育アクターの間に接触頻度を高めるものであると考えられる。

3　首長・議会の関与増加と視察による政策情報の水平伝播

本節では教育の政策共同体の自律性が現時点でどの程度変容しているかを検証する。用いるのは筆者の実施した市区調査データである[22]。各施策の実施状況については，質問紙で実施，試行，未実施に区分してたずね，分析に際して実施と試行・未実施・無回答の2カテゴリーにした[23]。各施策の実施数（率）は小中一貫教育が30（35.3%），二学期制が34（40.0%），学校選択制が40（47.1%），市区費教員が47（55.3%），独自教材が62（72.9%）である。実施施策数を0から5のカテゴリーとした分布は表1の通りであ

る。

次に検討するのは市区の政治アクター，教育アクターの行動である。具体的には，首長，議員と教育委員会事務局職員の接触の増減，議会における新規施策提案の動向と首長提案への質問である[24]。

第1に首長と教委幹部の接触頻度を分析する（表2左端）。週1日以上首長と接触するのは実施施策数が4や5の市区で目立つ[25]。5施策の多くが教育の政策共同体にとって好ましいものであるとは限らないことはすでに述べた。首長が導入を決断した場合，事務局幹部をはじめとする教育委員会職員に指示を発することが多くなる。また，施策の実施が本格化した後は，住民の反応を含む実施状況を首長に報告したり，実施後の動向についての議会対応のために首長と連絡を密にしたりする必要も高まると思われる。

第2に議員と教委幹部との接触頻度について会期中とそうでない時期に区分した。会期中でない時期（表2中央）ではそれほど議員との接触があるとは想定できないが，5施策実施している自治体のすべてで週に1日以上接触しているのに対して全く実施していない自治体すべてで週に1日未満しか接触していない。1ないし4施策を導入している自治体では週に1日以上接触している自治体はそれぞれの施策数でおおむね半数を超えている。このことから独自施策を少なくとも1つ実施する半数以上の自治体では毎週何らかの理由で教委幹部は議員と接触していることになり，特に5施策実施する自治体のすべてでは毎週教委幹部と議員の接触が行われてい

表1　独自施策実施自治体数

施策数	自治体数	比率
0	3	3.5%
1	21	24.7%
2	19	22.4%
3	18	21.2%
4	20	23.5%
5	4	4.7%
	85	

表2　教委幹部調査(1)

施策数	教委幹部と首長の接触頻度						教委幹部と議員の接触頻度（会期以外）						教委幹部と議員の接触頻度（会期中）					
	週1日未満		週1日以上		計		週1日未満		週1日以上		計		週2日以下		週3日以上		計	
0	1	50%	1	50%	2		3	100%	0	0%	3		2	67%	1	33%	3	
1	13	68%	6	32%	19		7	44%	9	56%	16		5	26%	14	74%	19	
2	10	56%	8	44%	18		2	13%	14	88%	16		3	18%	14	82%	17	
3	12	71%	5	29%	17		8	53%	7	47%	15		8	50%	8	50%	16	
4	8	44%	10	56%	18		7	41%	10	59%	17		5	28%	13	72%	18	
5	1	25%	3	75%	4		0	0%	4	100%	4		1	25%	3	75%	4	
計	45		33		78		27		44		71		24		53		77	

ることが指摘できる。

　これに対して会期中はどうだろうか(表2右端)。会期中は議員の一般質問に関する調整等で接触頻度が高まるようであり，実施施策数に関わらず，接触頻度の高い自治体が多い。会期中の接触の要因が新規施策以外にもあるのだろう。いじめや不登校など全国的に関心が高まる教育問題に関する質問があれば接触頻度は高まるからである。

　5施策を実施する自治体では会期中に接触頻度が高いのはもちろん，日常的にも議員と接触していることが指摘できる。その一方，全く実施していない自治体では会期中でさえもあまり接触していない。それでは議員はどのような理由で教委幹部と接触するのだろうか。会期中は一般質問に関する内容が多いことは容易に推測できるが，会期以外には5施策を実施する自治体での接触頻度が特に高く全く実施していない自治体での接触頻度が低いことから考えて，施策導入後の情報提供を教委幹部に求めていると思われる。

　ところで，議員はどの位施策の提案をするのか(表3左端)。実施施策数の多い自治体で政策論議が活性化すると予想されるものの，議員の提案は多くない。むしろ4あるいは5施策実施している自治体で議会の提案が比較的少なく，実施数の少ない自治体で比較的多い[26]。ただ，実施施策数の多い自治体で教育政策に関する一般質問の増加傾向を指摘できるので（表3中央），議会は自ら政策提案するよりは，一般質問を通じて実施された施策に関するチェック機能を果たしていると思われる。

　首長の提案に対する質問はどの程度行われているのか(表3右端)。実施施策数の多い自治体で多いと思われるが，実際には5施策を実施している

表3　教委幹部調査(2)

施策数	議会での提案の数						一般質問の増減							首長提案への質問					
	多い		少ない		計		増えた		変わらない		減った		計		多い		少ない		計
0	3	100%	0	0%	3		2	100%	0	0%	0	0%	2		2	67%	1	33%	3
1	10	50%	10	50%	20		5	28%	13	72%	0	0%	18		9	43%	12	57%	21
2	14	74%	5	26%	19		6	38%	10	63%	0	0%	16		9	50%	9	50%	18
3	13	72%	5	28%	18		8	53%	7	47%	0	0%	15		8	44%	10	56%	18
4	11	55%	9	45%	20		12	67%	5	28%	1	6%	18		10	50%	10	50%	20
5	1	25%	3	75%	4		2	50%	2	50%	0	0%	4		0	0%	4	100%	4
計	52		32		84		35		37		1		73		38		46		84

4自治体すべてで少ないという結果が出た。これは首長提案自体が少ないことも考えられるが，導入された後ある程度経過している場合，首長の提案内容への質問というよりも実施後のモニタリングのための質問が増えるのだろう。

以上，首長に対する教委幹部からの情報提供（あるいは首長から教委幹部への指示），議員による日常的なモニタリングが観察される。なおデータの制約により接触の方向は判別できない。教委幹部の認識では，議員と教委幹部の接触頻度は実施施策数を問わず増加し，実施施策数の少ない自治体でその傾向が強い（表4左端）。

一方，議会事務局の回答でも実施施策数の多い自治体ほど議員と教委事務局の接触が増加するわけではない（表4中央）。むしろ実施施策数の少ない自治体で増加傾向が強い。施策数が少ない自治体ではこれから施策の導入を検討する段階である。その段階では他の自治体の動向や実施に際しての課題などの情報を教委幹部から得るのだろう。

最後に教委の情報収集活動に触れておきたい。先行研究の指摘通り（伊藤修一郎 2006；2002），独自施策を展開する際には先進自治体の情報を得る。教育の独自施策についても教委の活発な情報収集活動が観察できる。本稿で取り上げる施策もいずれも中央政府（文部科学省）の制約が解除されたものであり，自治体には実施のためのノウハウの蓄積がないし，文部科学省にも存在しない。教委同士の視察や照会については，実施施策数が多い自治体でより増加しているという結果が得られた（表4右端）。

ここから敷衍すると，このようにして実務的な知識を蓄積した教委事務局から議会や首長は施策実施上の情報を得ることが推測できる。

表4　教委幹部調査(3)・議会事務局調査

施策数	教委幹部と議員の接触						議員と教委事務局の接触						視察の増減							
	増えた		変わらない		計		増えた		変わらない		計		増えた		変わらない		減った		計	
0	2	67%	1	33%	3		1	50%	1	50%	2		1	33%	2	67%	0	0%	3	
1	14	67%	7	33%	21		7	54%	6	46%	13		8	38%	12	57%	1	5%	21	
2	13	68%	6	32%	19		4	33%	8	67%	12		6	33%	12	67%	0	0%	18	
3	14	78%	4	22%	18		1	8%	12	92%	13		9	53%	4	24%	4	24%	17	
4	12	60%	8	40%	20		7	44%	9	56%	16		10	53%	7	37%	2	11%	19	
5	2	50%	2	50%	4		0	0%	3	100%	3		2	50%	2	50%	0	0%	4	
計	57		28		85		20		39		59		36		39		7		82	

4　考察：首長・議会と教育アクターとの関係性の変化

　本稿が明らかにしたことは次のとおりである。

　第1に，独自施策の実施が制度上可能となった経緯である。一般に第1次分権改革は分権一括法に象徴されるが，個別領域では90年代後半以降から断続的にすすめられていることが明らかとなった。

　第2に，市町村全体でみると教育アクターの属性は依然として分権改革前後で大きく変容していないことである（第2節）。かりに教育アクター（教育委員，教育長）が独自施策に消極的である場合，首長には教育委員の再任拒否という選択肢がある。しかし，近年首長と教育委員が対立した事例や本稿のデータ分析からは，全国的に再任拒否というような傾向は看取できないし，まして教員経験者の割合を急減させるような任命傾向は析出できなかった。

　大都市に限定したデータを得ることはできないが，教育委員と教育長の属性もほぼ同様の傾向を示すものと考える。なぜならば教育委員の任命に関しては4年任期であるから急激には教員経験者の割合が減少することはないからである。市の教育長についても教育委員を兼務しているため，教員経験者が急減するとも思えない[27]。

　第3に，大都市へのサーベイデータから独自施策を実施する自治体では政治アクターによる教育アクターへの影響力行使が特に実施後に見受けられることが明らかとなった（第3節）。それを裏付けるのが両者の接触の増加である。本稿で用いたデータは施策の実施後の状況であるから，接触情報も実施後の状況を反映する。実施後も政治アクターが関与するのは，モニタリングの必要性を認識しているからである。財政面からいえば，たとえ少額でも自主財源を投入するからである。より一般的には政治家にとっては，教育施策が住民にとって身近であるとともに関心の高い領域だからである。特に導入が自治体の判断に左右される独自施策は住民からみれば自治体の教育政策への努力，関心の度合いを示すものとなる。

　分権改革以降，教育領域でも独自施策の実施が可能となったため，首長をはじめとする政治アクターが政治的意思決定を行う余地とインセンティブが増した。一方で教育アクターにとって5つの独自施策は必ずしも好ましいものではない。特にサーベイを行った大都市であれば所管する学校数

も多く，市全体で本格実施するためには学校への説得コストが大きくなる。このような状況では政治アクターは教育アクターへの日常的，継続的な接触を図るようになる。

　また接触が以前よりも増加しているという結果を踏まえれば，独自施策の立案段階や導入論議においても政治アクターによって教育アクターに対する影響力が行使されるようになったと推測できる。つまり，教育領域において独自施策を導入する自治体で生起したのは，政策立案段階から実施段階に至る政策過程全体における政治アクターによる教育アクターへの影響力行使であり，特に実施後もその関係が継続するようになったといえる。

　このことが意味するのは，従来中央政府と地方政府の間で成立していた教育の政策共同体の紐帯が緩やかになったことで，地方政府における政治アクターの影響力が行使されるようになったということである。教育政策は政治アクターにとって魅力的である。それはかつて中央政府からの制約が強かった領域であるがゆえに，上乗せ・横出し施策が直ちに有権者にとって強いアピール材料となるからである。その際，それらは教育アクターが必ずしも導入に積極的でない場合が多い。あるいは導入時の制度設計や導入後の施策評価には教育アクターの協力を得る必要もある。このような局面で政治アクターが教育アクターに影響力を行使する。分権改革のインパクトとして，地方政府の独自施策が急速に展開していることが析出できた。従来は各地方政府の個別領域を担当するアクターは中央政府と強く結びついていたため，領域によって程度の差はあれ政治アクターの影響力から遮断されていた。分権改革によって各政策領域における政府間を通じた結びつきが弛緩したことで，地方政府内部において政治アクターが従来中央政府からの制約が強かった政策領域へも影響力を行使する余地が拡大したというのが本稿の結論である。

　〔付記〕　本稿の記述のうち，意見にわたる部分は筆者の個人的見解を記したものであり，筆者の所属機関ならびに文部科学省の公式見解ではない。本稿のサーベイ調査に関する記述は科学研究費補助金（研究代表者青木栄一，若手研究（B）「地方分権改革による自治体教育行政の変容に関する実証的研究」課題番号16730401）の研究成果の一部である。

（1）　待鳥（2003）や徳久（2008）のマクロ・トレンドモデルは中央政府の

変化を分析するための重要な観点を提供する。
（2） 伊藤正次（1998）は首長が教育委員の任命権限を活用して，教育委員会の政策選好を徐々に自らの政策選好と一致させる過程を描いている。
（3） 第一次分権改革以降では愛知県犬山市の事例がある。2008年5月現在，前市長が推進してきた教育改革を支えた教育委員会が，文部科学省の実施する全国学力・学習状況調査をめぐって，参加を求める現市長と対立構造にある。
（4） 当然であるが当該地方政府内の教員もその構成要素である。
（5） ただし教育の政策共同体は中央地方政府間で成立している。本稿の関心が地方政府の政治行政にあるため，地方政府内部の構成要素に焦点を当てる。また，特に教育長を除く教育委員についていえば，4名全員あるいは3名が教員経験者という事態は想定しにくい。本稿が強調するのは教育委員同士の同質性が高いということでなく，教員経験者が教育委員に任命される点である。
（6） 本稿における分権改革の定義については後述。
（7） 教育委員の任命についてはさらに制度面と実践面での変化を指摘できる。前者については教育委員の任命に当たり保護者や女性を登用することを求める2001年の制度改正を指摘したい。後者については教育委員，教育長の公募が一部の自治体で行われている。ただし，これらの変化は最近のことであり，特に公募はごく一部の自治体であることから本稿の分析に与える影響は小さいと思われる。
（8） この調査は文部科学省の実施する「地方教育費調査」と同時に行われるものであり，『地方教育費調査報告書』に掲載される。
（9） 1年以上教員を経験した者が経験者と認識される。
（10） なお1999年以降，調査が隔年実施となった。
（11） 都道府県と市では条例により6名以上の教育委員を任命することが可能である。ただし，本稿では全国の状況を把握することに主眼を置くため制度の変更や自治体規模毎の制度の相違を捨象する。
（12） 参照URL（最終閲覧日2008年5月19日）http://www.mext.go.jp/b_menu/shingi/chukyo/chukyo6/gijiroku/001/05090201/003/009_1.htm
（13） なお，通学区域の弾力化を容易にした社会経済要因も考慮する必要はある。つまり，少子化の進展により各学校の収容人員に余裕ができたことである。その結果として通学区域の弾力化により児童生徒の移動がある程度は許容しうる状況となった。それ以前，児童生徒数の急増期にはプレハブ校舎が問題となったように，各学校の収容力は限界を超えていた。
（14） 「学校教育法施行規則の一部を改正する省令」（2006年文部科学省令第5号）。

(15) 義務教育諸学校教科用図書検定基準（1999年1月25日文部省告示第15号）。なお，学習指導要領にはいわゆる「歯止め規定」が存在し，ある事項について取り扱わないといった記述がある。
(16) この間の経緯については次の中央教育審議会初等中等教育分科会教育課程部会総則等作業部会（第4回）（2003年7月11日）を参照。http://www.mext.go.jp/b_menu/shingi/chukyo/chukyo3/gijiroku/005/03071801.htm（最終アクセス日2008年5月29日）
(17) 札幌市では一部の学校でそれ以前に導入されていた。
(18) 2003年10月7日中央教育審議会「初等中等教育における当面の教育課程及び指導の充実・改善方策について」。
(19) 現行：文部省告示第175号（小学校）・176号（中学校），平成10年12月14日告示，平成14年4月1日施行，平成15年文部科学省告示第173号・一部改正。
(20) 現行学習指導要領では小学校，中学校それぞれの教育内容を教えるべき学年が定められる部分が従来の学習指導要領よりも減少した。
(21) 市町村費教育についても，県費負担教職員が圧倒的に多い職場環境で雇用形態の異なる教員を雇用することについての合意形成の必要がある。
(22) 調査期間：2007年1月12日から2月13日（1回督促を実施），調査対象：政令指定都市，中核市，特例市，その他県庁所在市，特別区計121市（悉皆）の教育委員会事務局（学校教育担当職員のうち，教育長を除く最も高位の職位の職員に回答を依頼）と議会事務局（市議会事務局において文教委員会や教育関係の議事について詳しい職員）。回収数・率：教育委員会事務局（85通・70.2％），議会事務局（107通・88.4％）。
(23) 試行を未実施と同一カテゴリーにする理由は，一般に試行の場合一部の学校で実施する形態であり，全校で実施する場合と異なり，実施コスト（学校に対する説得コストや財政上のコスト）が相対的に小さいからである。
(24) 接触は影響力行使の手段として政治学でも認識されている（村松・久米 2006）。また議会における一般質問は議会の影響力行使の手段であるという指摘がある（佐藤 1978：137，黒田 1984：134－136，山崎 2003：50）。
(25) ただし，実施施策数と人口規模の相関係数が－0.231であることに留意したい（有意確率.034）。というのも，接触頻度を規定するのが首長の影響力に限らない可能性があるからである。人口規模が大きければ領域別の分業も進んでおり，個別分野のたとえ幹部職員であっても首長と直接接触するということは一般的ではないかもしれない。ただ，今回のサンプルがおおよそ人口20万人以上の市区を対象としており，実施施策数と人口規模が弱い相関にとどまることからも，実施施策数と首長・教委幹部の接触頻度が一定の因果関係にあると考える。

(26) 未実施の市では議員が実施を求めると思われる。
(27) なお，本稿で使用するサーベイ調査は行政実務に関する質問を多く含んでいるため，教育長や教育委員ではなく，教委幹部を回答者に指定した。

引用文献

青木栄一（2005）「地方分権改革と政府間関係の変化―少人数学級導入の要因分析―」『官邸と官房（年報行政研究40）』109-127頁

伊藤修一郎（2006）『自治体発の政策革新―景観条例から景観法へ―』木鐸社

――（2002）『自治体政策過程の動態―政策イノベーションと波及―』慶應義塾大学出版会

伊藤正次（1998）『公立高等学校入学者選抜政策の比較分析―高度成長期・革新自治体期の京都府と東京都を対象として―』東京大学都市行政研究会研究叢書16

犬山市教育委員会（2003）『犬山発21世紀日本の教育改革』黎明書房

荻原克男（2000）「国と地方の教育行政関係」堀内孜編著『地方分権と教育委員会制度』（地方分権と教育委員会1）ぎょうせい，111-140頁

金井利之（2007）『自治制度』東京大学出版会

北山俊哉（2006）「日本の地方自治の発展」『テキストブック　地方自治』（村松岐夫編著）東洋経済新報社，11-44頁

黒田展之（1984）『現代日本の地方政治家』法律文化社

小林良彰・新川達郎・佐々木信夫・桑原英明（1987）『アンケート調査にみる地方政府の現実―政策決定の主役たち―』学陽書房

佐藤竺（1978）『条例の制定過程』学陽書房

品川区教育委員会（2005）『品川区小中一貫教育要領』講談社

品川区教育委員会市民科カリキュラム作成部会（2006）『小中一貫教育　市民科セット』教育出版

曽我謙悟・待鳥聡史（2007）『日本の地方政治―二元代表制政府の政策選択―』名古屋大学出版会

田島義介（1998）『あなたのまちの学級編成と地方分権』自治体研究社

辻中豊（2002）『現代日本の市民社会・利益団体』木鐸社

德久恭子（2008）『日本型教育システムの誕生』木鐸社

牧原出（1991）「政治・ネットワーク・管理―R.A.W. ローズの政府間関係論と80年代イギリス行政学―」東京大学都市行政研究会研究叢書2

待鳥聡史（2003）『財政再建と民主主義―アメリカ連邦議会の予算編成改革分析―』有斐閣

村松岐夫（1988）『地方自治』東京大学出版会

村松岐夫・久米郁男（2006）『日本政治変動の30年—政治家・官僚・団体調査に見る構造変容—』東洋経済新報社
文部省（2000）『公立小学校・中学校における通学区域制度の運用に関する事例集第2集』東洋館出版社
――（1997）『公立小学校・中学校における通学区域制度の運用に関する事例集』東洋館出版社
八幡和郎（2007）『歴代知事三〇〇人―日本全国「現代の殿様」列伝―』光文社新書
山崎正（2003）『地方議員の政治意識』日本評論社
渡部蓊（2006）『臨時教育審議会—その提言と教育改革の展開—』学術出版会
Marsh, D. (eds.)(1998) *Comparing Policy Networks* (Buckingham: Open University Press)
Rhodes, R.A.W. (1997) *Understanding Governance: Policy Networks, Governance, Reflexivity and Accountability* (Maidenhead: Open University Press)

政府間ガバナンスに関する最近の研究動向

曽我謙悟 *

1 本稿のねらい

　本稿は，政府間ガバナンスにおける中心的テーマである中央・地方関係についてのレビュー論文である。先行する研究成果を集約し，その到達点を明瞭に確認することは学問の必須の作業である。レビュー論文は，その作業を集中的に実施することで，様々な研究の広がりの把握と，各々の相対的な位置関係の整序を行う。

　中央・地方関係は，日本の政治学・行政学が大きな関心を払ってきた領域であり，1990年代までは，政府間関係論や相互依存論など海外での研究動向の紹介も積極的に行われてきた（たとえば，笠 1990；曽我 1998）。しかしそれ以降，新しい理論動向や実証研究の成果が紹介されることは減っている（例外は，北村 2007）。このため，多くの研究が生み出されているにもかかわらず，目前の事象の分析に焦点が絞られがちであり，知見の一般化や理論と個々の研究の接合が不十分であるように思える。

　本稿では，様々な分野，たとえば歴史研究や議会研究などにも視野を広げ，数理モデルや計量分析など多様な手法を用いた研究を扱いつつ，単純な図式の中に種々の研究を位置づけていく。そのことにより，今後のこの領域の研究を有機的に連結していく基盤を与えることを試みる。そのため，少数の研究の深い検討や，特定の論点に関する網羅的な研究の紹介ではなく，多様な対象に関する代表的研究を取り上げていく。

　以下，2では，独立変数としての中央・地方関係を扱った研究，つまり，中央・地方関係の帰結を考える研究の紹介を行う。換言すれば，中央・地

---

* 神戸大学大学院法学研究科　教員　行政学

方関係という制度の下で，種々の政治アクターがいかなる行動をとり，それが何を生み出すかを見る。制度論でいうところの「制度の下での均衡（制度均衡）」の解明がこれらの研究の主題である。3では，これとは逆に，従属変数としての中央・地方関係を論じる研究，つまり，中央・地方関係を規定する要因を明らかにしようとする研究を紹介する。制度設計者としての政治家がいかなる制度選択のゲームを行い，どのような中央・地方関係が成立するのかを考えるのである。制度論でいうところの「均衡としての制度（均衡制度）」の分析である。4においてこれらの研究に対する検討を加える。最後に5では，日本における関連する研究を比較対照し，今後の日本における研究について，展望を提示する。

2　独立変数としての中央・地方関係

中央・地方関係のあり方，特に分権的なそれや連邦制がもたらす効果については，長く議論が行われてきた。しかし，第二次大戦後の学問分野の細分化および政治学の科学化が進む時期において，中央・地方関係の効果を論じる政治学の研究は総じて発展に乏しかった。中央・地方関係の帰結は，経済学者により論じられることが多くなった。そこで扱われるのは，当然，経済的な帰結，すなわち経済発展の程度，政府財政の効率性，あるいは財政赤字の程度といったものであった。

政治学が中央・地方関係の帰結について再び正面から取り組むようになったのが，この10年間ほどの新しい動きである。以下，まず，従来主張されてきた政治的帰結としての民主制の質について，近年の実証研究の進展を見る。つぎに，政治的帰結，経済的帰結についての従来の主張を対象として，演繹モデルによる検討を行った研究を紹介する。最後に新しい二つの方向として，経済的帰結の独立変数として中央・地方関係の政治的側面に注目する研究と，中央・地方関係の政治的帰結として新たに政党制に焦点を当てる研究を取り上げる。

2.1　民主制の質と腐敗

中央・地方関係の政治的帰結として，ミルやトクヴィルに代表される論者が古くから論じてきたのは，民主制の質であった。この主題について，とりわけ政治腐敗について，近年では実証研究が進展している。

まず，分権的な体制あるいは連邦制が，民主制を維持することに有益である，あるいは民主制の質を高めるという主張についての実証研究を見ていこう。第一に，分権的な体制は，民族間紛争を抑制しうるだろうか。この点については，肯定的な結果を得ているものもあれば（Cohen 1997），分権的な方が紛争を惹起しやすいという結果を示すものもある（Saideman et al. 2002）。第二に，連邦制であることが民主制を安定させるという分析結果を得ているものが，Adsera and Boix 2008 である。しかし，両者の間は無関係であることを示す研究も多い（e.g. Lane and Errson 2005）。第三に，民主制の質との関係を考えよう。一方では，アメリカやスイスに見られるように連邦制では地方政府の規模が小さく，直接民主制と親和的だと主張される（Mueller 2006）。しかし他方では，民主制の質は連邦制の方が低いという主張（Foweraker and Landman 2002）もある[1]。

民主制の質のうち最も重要なのは政府の腐敗（汚職）である。この点についても，分権的な中央・地方関係の効果として，住民の政治家，官僚に対する監視が容易になり，アカウンタビリティが向上するため，政府の腐敗（汚職）の程度が低下するという主張がある。この主張について，近年，実証が進められてきた。発展途上国を含めた各国政府の腐敗の程度についていくつかの指標[2]が生み出されるようになってきたためである。分権的な国ほど，腐敗の程度が低いという結果を得ている研究としては，Fisman and Gatti 2002 などをあげることができる。

ところがこれに対して，分権と腐敗の程度の関係はそれほど頑健であるとはいえないという批判もある。トライスマン（Treisman 2000）は，従属変数と独立変数の双方に影響を与えるであろう，各国の宗教および民主制の継続年数という変数を入れると，分権と腐敗の低さという関係が消えてしまい，むしろ連邦制の国の方が汚職は多いことを示した。あるいは，分権化されているが腐敗の程度が高い，中国，インド，アルゼンチン，ロシアなどをデータセットから落とすだけでも，分権と汚職の少なさという関係を見いだしやすくなるという危険も指摘される。これらの諸国を入れて，経済規模を制御すると，分権的な方がむしろ腐敗の程度は高いという関係が見られるという研究もある（Enikolopov and Zhuravskaya 2007）。

2.2 政治的帰結と経済的帰結の理論的検討

分権の政治的帰結を実証的に検討する議論を上ではみた。これに対して，数理モデルを用いることで，分権の効果に関する従来の主張は論理整合的な主張ではないことを示したのが，トライスマン（Treisman 2007）である[3]。検討の対象は，大きく分けると，市民の自由など分権の政治的帰結と，分権の経済的な帰結，すなわちサービス提供の効率性などについての議論の二つである。

　ゲームは，市民による政治家の選出，政治家による政策の選択，市民の経済活動という三段階からなる。政策は課税額と公共財の供給量で捉えられる。市民の利益は公共財と私的財から得る便益から税負担を除いたものである。政治家は，自己利益と市民の効用の双方を考慮する。どのような（どの程度自己利益を重視する）政治家が，どのように公共財を供給するのか，市民はどのように投票や経済活動を行うのかが分析の焦点となる。

　まず，分権の政治的帰結に関する議論を見よう。第一に，地方政府を民主主義の学校として捉える見方がある。しかし，有権者が投票に参加するインセンティブは，有権者にとって重要な政策を管轄する政府の方が高くなる。また，政府業績についての正確な情報収集，他の投票者との投票行動の調整といったアカウンタビリティ確保のための条件を，中央よりも地方の方が満たしやすいという根拠もないという。第二に，分権は権力抑制の装置であり人々の自由を保障するという議論に対しては，アメリカの人種差別の歴史が雄弁な反証であるとする。州の自治こそが南部の州が人種差別を続けることを正当化してきた。第三に，民族間の共生が可能であるという主張に対しては，各地域内で新たな少数派を生み出すだけか，単に紛争の焦点が政府レベル間に移るだけだと批判する。

　つぎに経済的帰結については，第一に，住民への近接さ故に行政サービスの需要捕捉の精度が向上すると説く財政連邦主義に対しては，住民の需要が同質的になる地理的範囲とサービス生産についての規模の経済を生かせる地理的範囲が一致する保証はないという。第二に，「足による投票」を通じた地域間競争による効率化の議論があるが，福祉に関する「底辺への競争」の発生や，他の地域への負の外部性の流出を容認するなど地域間競争の帰結は望ましいものとは限らない。そもそも第一，第二の主張とも，仮に望ましい効果が得られるとしても，それは行政分権（出先による執行）でも同様に得られることを無視している[4]。

第三に，地方政府の歳入が中央からの補助に依存している場合，効率性の低下や財政赤字の拡大が生じると主張するソフトバジェット論がある。しかし，中央の戦略的対応の可能性などをモデルに組み込めば，事後的救済は必ずしも不可避ではないという。また，仮に事後的救済が行われても，地方政府はそれを歳出拡大ではなく減税に用いうるので，財政赤字が必ず生じるわけでもない。第四に，政策実験が可能となるという議論があるが，ソ連や中国が実際に行ったように集権的な国でも地域ごとに違う政策を割り当てるという実験は可能である。むしろ，実験を試みるインセンティブは，リスクをヘッジできる中央政府の方が高いのである。

2.3 政治アクターのミクロレベル分析

ここまで見てきたように，分権という制度要因が直接的に一定の効果を生み出すとはいいがたい。そこで，制度的特徴がある効果を生み出す条件を明確化していく研究が進められてきている。代表例として，中央と地方の政治家のリンケージに注目することで，分権や連邦制の効果は条件づけられることを明らかにする二つの研究を紹介しよう[5]。

ウィブルス（Wibbels 2005）は，連邦制が経済発展に寄与するか否かは，次の四つの要因に依存すると主張する。地方政治家間での競争性，政府間財政の融合度，地方政府の代表が国政で代表されている程度，そして，中央政府の指導者が地方政治家に対して持つ統制力である。地方レベルでの政治的競争性が激しく，財政が分離されており，地方代表が国政に存在せず，中央政治家が統制を行っている方が，市場志向の経済改革が成功しやすいという。

実証は，計量分析による多国間比較とアルゼンチンを題材とした事例研究の組み合わせである。まず，連邦制と単一制の比較を行う。連邦制の方がマクロ経済業績（財政赤字，インフレ率，負債残高の三つが具体的な指標）が悪く，頻繁に危機に陥ると予測する。1978年から2000年の83の発展途上国を対象としたパネルデータの分析は，財政赤字とインフレ率については，確かに連邦制の方が，パフォーマンスの平均も悪く，変動も大きいことを示す。これら二つに加え負債残高についても，より頻繁な危機に陥ることが確かめられている（cf. Wibbels 2000）。

つぎに連邦制内部での違いを九つの連邦制をとる途上国を対象とする計

量分析で解明しようとする。従属変数は上の三つのマクロ経済政策指標である。独立変数は，四つの要因のうちの三つ，地方政府の国政参加の程度，地方政府の財政能力（分権性×融合性を具体的な指標とする），中央政治家の地方政治統制の程度（連邦大統領の所属政党による州政府の執政長官の獲得比率が具体的な指標）を用いている[6]。分析結果は予測通りであり，中央と地方政治の連動性が高い方が，三つの指標がいずれも改善する。債務を多く抱える州の国政での発言権が強い場合や，財政が分権・融合的である場合，マクロ経済指標はいずれも悪化する。

ロッデン（Rodden 2006a）の研究も，同じ関心にたちつつ，分析の対象が先進国であること，従属変数はマクロ経済指標全体ではなく，財政赤字に絞られている点が異なる。彼の主張は概略次のようになる。財政赤字の原因は，中央政府による事後的救済をあてにして，地方政治家が自分の地域の財政支出を拡大するところにある。これを防ぐには，分権・分離型の財政制度を設けるか，地方政治家に対して，中央レベルの財政赤字を防ぐことへの誘因を与えるかどちらかが必要である。

この主張が，ゲーム理論や計量分析，事例研究といった多様な手法で解き明かされる。具体的には，事後救済をめぐるゲームは，地方政府が財政規律を守るか否か，中央政府は救済をするか否かという選択を二回ずつ繰り返すというものである。中央政府が強気に最後まで救済を拒否すると地方政府が考えない限り，結局，地方政府は中央政府の救済をあてにして財政規律を緩めることがここでは描かれる。そして，43カ国を対象としたパネルデータ分析では，財政依存度が低いか，地方政府の借り入れに中央政府が統制をかけている場合は，地方政府の赤字は少ないことが示される。14の連邦制を対象とした計量分析では，中央の政治家と地方の政治家が同一政党に所属しているほど，財政状況が良好なものになることが示される。

さらにドイツとブラジルの比較事例研究では，地方政治家の命運が中央のそれに連動するメカニズムが明らかにされていく。地方選挙でも有権者が国政の経済運営などに基づき投票を行う傾向が強いほど，地方政治家も，自分の地域でポークをばらまくことが集票上有効ではなくなる。政党志向の投票を強める選挙制度のもとで国政政党が地方にも進出しているドイツは，このような条件が成立しているが，ブラジルではそうではない。このため，ドイツでは経済的に重要な州の地方政治家が経済全体を考慮した財

政運営を行うのに対し,ブラジルではそのような州ほど,中央が見捨てにくいことにつけ込んで,拡張的な財政政策をとる傾向が見られる。

2.4 政党システムと政党組織

最後に,中央・地方関係の政治的帰結として新たに論じられるようになったものとして,政党制の研究を取り上げよう。その第一の側面は,政党システムのあり方である。チッバーとコールマン(Chhibber and Kollman 2004)は,行財政制度の集権性・分権性が,全国政党の成立を促進するか否かに影響を与え,さらには,国政レベルでの政党の数をも規定すると主張する。具体的な分析の対象は,英米加印といった小選挙区制の四カ国である。ここでデュベルジェの法則が成立するならば,いずれにおいても二大政党制が成立するはずである。しかし,1970年代以降のアメリカ以外は二大政党制とはいいがたい[7]。なぜデュベルジェの法則は成立しないのだろうか。

彼らは19世紀以降の選挙区レベルの選挙結果を丹念に集積し,そこから,選挙区単位ではいずれの国においても,二人の候補者への票の集中がほぼ成立していることを確認する。したがって,二大政党の成立を阻止している要因は,政党の全国化が進まないことにある。ここで,政党の全国化をもたらす要因として注目されるのが,中央政府と地方政府の間の権限や財源の配分である。権限や財源を持つ政府レベルに有権者の関心は集まる。このため集権化が進むほど,地域政党への投票は回避される。それを予期する政治家の側も全国政党の形成を進める。

この仮説が,四カ国の集権化と分権化の時期区分を行い[8],政党の全国化の程度と対照することで検証される。イギリス(1970年以降)やカナダ(1960年以降)では分権化が進むにつれ,有効政党数の増大,国政の有効政党数と州単位のそれの乖離が見られた。インドでは一時的に集権化が進んだ1970年代後半のみ,野党の集約が進んだ。アメリカでは19世紀後半からの集権化の時期に,州単位の有効政党数が低下し,全国的な有効政党数も2に近づいた。そして,これらの集権・分権の時期が,有効政党数の変化に先行していることから,政党制のあり方が集権や分権の程度を決めるという逆方向の因果関係は否定されている。

中央・地方関係が政党制度に対して与えるもう一つの側面は,政党組織

のあり方である。サミュエルズ（Samuels 2003）のブラジルの国会議員の分析は，分権的な中央・地方関係が，分権的な政党組織をもたらすことを明らかにした。これまで，ブラジルの政党の弱い政党規律は，非拘束名簿式比例代表制という選挙制度により説明されてきた。この選挙制度のもとで当選するためには個人票を集めることが要請されるため，政治家たちはポークバレルの配分に腐心してきたとされる。

しかしサミュエルズによれば，そもそも，ブラジルの国会議員は国会議員として再選されることを目標としていない。政治家たちにとって重要な役職は，むしろ州レベルの知事や議員である。分権的な連邦制の下で，予算の配分など重要な政治的資源の多くが州レベルに存在しているからである。ポークバレルは再選のためではなく，次の地方レベルでの役職獲得のために用いられている。また，国会議員としての当選は大統領に対する支持関係ではなく，州知事との支持関係により規定されている。このため，州知事が大統領に対抗して，国会議員を動員することが多い。さらに，国会議員が再選を目標としていないため，議会の意思決定やあるいは議会内の役職配分の制度化は進んでいない。このように議員の行動や政党のあり方，議会における制度化の程度など非常に幅広い領域に，中央・地方関係の影響が及びうることを彼は示したのである。

3　従属変数としての中央・地方関係

本節では，ある中央・地方関係がなぜ成立したのかを解明しようとする研究を見ていく。まず，制度を創設する局面に注目する。具体的には，新しい国家創設時における連邦制と単一制の選択の問題を考える。この問題はより抽象的には，ある地域が他の地域と同一国家になるか，別個の国家になるかという国家規模の問題であるともいえる。

つづいて，制度の維持を扱う。制度が維持されているとき，その存在は自明視されがちである。しかし安定的な制度には，その制度を維持するという政治家たちの選択が背景にある。制度の維持と変革の間には断絶があるのではなく，制度設計を担う政治家たちの選択の産物であるという点で，両者は1枚のコインの表裏なのである。中央・地方関係制度のうち，制度の維持の困難性が顕著な連邦制と，その逆に，制度変化がむしろ必然かのように思われてきた財政集権化をここでは取り上げる。

3.1 連邦制と単一制の選択

　国民国家建設時に連邦制と単一制のどちらがどのような理由で選ばれるのか，という問いに対して，政治家に与えられる機会構造の違いを強調するのが，ジブラット（Ziblatt 2006）である。国家統合を進めるにあたって，その主導者たちにとっては，新たな政府が十分に社会に対する統治を行えること，つまり徴税能力を備え，秩序を維持し，規制などを実施できるだけの統治機構を整えることが課題であった。ここで，統一以前の邦や王国がそれぞれの社会を統治するだけの基盤を持っている場合，連邦制をとり得るが，そうでなければ単一制がとられると彼は主張する。

　具体的な検証の対象は，19世紀のドイツとイタリアである。後発的近代化と国家統合を進めるという類似の状況にあった両国だが，ドイツは連邦制，イタリアは単一制をとった。この違いはなぜ生まれたのか。建国者の理念は近い。ビスマルクもカブールも消極的ながら連邦制を受け入れていた。地域間の文化的多様性の程度も同様であった。周辺に対する中央の力の大きさが単一制を可能とするという見方からすれば，むしろピエモンテよりもプロイセンの方が軍事的優越性は高かったのであり，帰結は逆になるはずだった。

　両国の違いを説明するのは，ドイツの各地域は，既に議会などを備え，社会に対する統治能力を持っていたのに対し，イタリアではそのような地域が存在していなかったことだという。前者の場合，国家統一のプロセスはそのような地域との交渉の形態をとったため，統一後に集権化を図ることは難しくなった。これに対し後者の場合，国家統一は軍事的な併合の形態をとることとなり，統一後に連邦制をとることは難しくなったのでる。

3.2 政治家の選択の産物としての国家規模

　ジブラットの研究が歴史的制度論の視点に立って，制度設計者としての政治家に対する過去の遺産の影響を強調するのに対し，対照的な演繹モデルによる議論を展開するのが，アレシナとスポラオーレである（Alesina and Spolaore 2003）。彼らが主たる説明の対象としているのは，国家の規模であるが，派生的に中央・地方関係を扱っており，中央・地方関係の分析にも示唆するものは大きい[9]。

国家の境界線は自然の産物ではなく人為的なものであり，政治的な決定として説明できるというのが彼らの主張の根幹である。公共財への住民の選好は多様だが，同時に，複数の公共財をまとめて一つの政府が供給する方が費用を低下させる，つまり範囲の経済が働く状況を想定するところからモデルは出発する。その上で，いかなる規模で公共財を供給するかの決定が国家の規模の選択となる。この決定は，民主制であれば住民自身，権威主義体制であれば独裁者が行う。

 帰結としては，民主制の場合，周辺部の住民の離脱要求が受け容れられやすく，国の規模は小さくなるのに対し，権威主義体制における独裁者は中心部の住民以外の不満を無視するため，国家規模が大きくなる傾向があることが示される。また，分権的な制度とは国家の分割と完全な統合の中間的形態，すなわち，複数の公共財のうち一部を国家内部の地方政府により供給することと捉えられる。すると，上の議論の援用により，民主制の方が権威主義体制よりも分権化が進むと予測される。

 演繹モデルによる制度選択分析のもう一つの代表例は，フィゲイレドとワインガスト（de Figueiredo and Weingast 2005）である。彼らのモデルは，連邦制を成立させるか否かという制度選択のゲームと，連邦制が成立した場合に州政府が連邦制への参加を続けるか否か，連邦政府は州政府にどのようにレントを分配するかを選択する制度下での分配ゲームの二段階からなる。ここでは制度選択を行うのは州政府であると想定される。州政府の合意が連邦政府を形成するボトムアップの連邦制を想定するのである。

 ゲームの帰結は次の通りである。連邦制が成立し，維持されるのは，州政府が協調して連邦制を形成することの利益が大きい場合である。この時，連邦政府は州政府間の協調を成立させる第三者，つまり協調の成果にただ乗りしようとする州を監視し罰する役割を与えられる。とはいえ，連邦政府が中立的な第三者の役割を誠実に果たす保証はないので，制度設計の段階において，連邦政府が連邦制を維持することに十分な誘因を与えつつ，州政府にも果実を十分に配分するように権限配分を行う。この時，連邦制は自己拘束的な制度となるのである。

3.3 連邦制が維持される条件

 ある中央・地方関係がいかにして維持されるのかという問題，特に，連

邦制が維持されるのはいかなる条件が必要なのかを問う研究も盛んである。イラクとヨルダン，マリとセネガル，東西パキスタン，マレーシアとシンガポール，ソ連，ユーゴなど多くの連邦制がこれまでに崩壊を経験してきた。この理由は何なのか。

　ベドナーら（Bednar et al. 2001）によれば，連邦制を維持するためには二つの力，すなわち，中央が地域を抑圧することによる単一制への移行という求心化と地域の離脱という遠心化，の双方を制御する必要がある。連邦政府と州政府のどちらもが連邦制を維持することにコミットするためには，中央政府内の権力抑制機構と自律的な司法の存在という二つの条件が必要である。

　事例として，彼女らは英米加という三国をとりあげる。イギリスは集権化により連邦制が崩壊した事例と捉えられる。名誉革命後のイギリスは実質的に連邦制度であった（North and Weingast 1989）。これは，王政を牽制するために，中央レベルの権力が分散的であることを基盤としていた。しかし，19世紀に入り，中央で組織的な政党が成立すると，政治権力の議会への集中が進む。司法も議会からの自律性を低下させた。これに対してカナダは，遠心化により連邦制の危機が生じているケースと位置付けられる。カナダでは1949年まで終審は英国枢密院に委ねられており，司法の独立性が高く，それが連邦と州の調停を担っていた。しかし終審権限のカナダ最高裁への移管後，連邦・州関係は不安定化した。最後にアメリカは連邦政府内での権力の分散の程度の高さと司法の独立性の高さから，連邦制が維持されているケースの代表とされる。

　これに対して，フィリポフら（Filippov et al. 2004）は，実際に連邦制が崩壊した事例の大半は，特定の地域が強大化することに対し，周辺が反発し離脱することによって引き起こされていることに注目する。アメリカの建国者をはじめとして，求心化による単一制への移行の危険が強調されてきたが，むしろ実際に問題となるのは，州の離脱という遠心化要因なのだと彼らはいう。

　離脱を防ぐためには，州政府の政治家に，連邦の枠内にとどまる十分な誘因を与える必要がある。それには主に三つの方法がある。第一に，政党が地方から中央へのキャリアパスを確立することである。第二に，政党が州レベルの公認権を集権化し政党規律を高めることである。第三に，国政

と地方選挙の同日選挙や，中央と地方で統合された政党ラベルを通じ，有権者の側が国政を強く意識しながら，地方選挙での投票を行うことである。

　カナダの遠心化の傾向も，司法の自律性の変化よりも，むしろ政党の連結性から説明が可能であると主張される。19世紀までは二大政党が州レベルでも支配的であったが，戦後になり二大政党内部でも各州支部の財政的自律性が強化されていき，両者の分断が進んだ。地域政党が伸長したのも戦後である。現在，カナダの政治家には地方と中央を連結するキャリアパスは存在しない。連邦議会議員のうち，州議会経験者は1割程度にとどまる。また，アメリカやドイツなどと異なり，カナダの首相には地方政治の経験者はほとんどいないのである。

3.4　中央，地方政治家の交渉ゲームの帰結としての集権化

　さらに近年では，中央・地方関係の変化を政治家たちの選択の変更の結果として説明する研究も見られるようになってきた。ここでもやはり政治家の選択を左右する要因として政党のあり方に注目するものが多い。たとえば，拘束名簿式比例代表制など政党志向の投票を促進する選挙制度が採用されており，かつ党の中央執行部が公認権を握っている集権的な政党は，集権化を図ろうとするだろう。このことを南米五カ国の事例研究から明らかにしたのが，ガーマンたち（Garman et al. 2001）である。エスコバ・レモン（Escobar-Lemmon 2003）は，コロンビアとベネズエラの議員データについての計量分析から，国政野党だが地方には勢力を持つ政党や公認権などが地方に降ろされている政党の議員，そして国政への政治不信が強い地域から選出されている議員の方が分権化に賛成する傾向にあることを明らかにした。

　ディアズ・カエロス（Diaz-Cayeros 2006）の研究もこの系譜の上で，財政集権化を中央政治家と地方政治家の交渉ゲームの帰結として捉える。財政集権化が進展した理由はこれまであまり問われてこなかった。経済活動の全国化などに伴い課税を集権化した上で地方に配分する方が，税収の増大，徴税費用の低下などのメリットがあることは明らかだからである。しかし実際にはすべての国が財政集権化するわけでも，一直線に集権化が進むわけでもない。

　財政集権化が進展するのは，地方政治家が税源を手放す見返りに，中央

からの財政移転を確実に保証された時であると，彼は主張する。ブラジルのように信頼性のある約束を中央と地方の政治家が結べない場合，地方政治家は財政集権化に抵抗する。このような約束を成立させる方法には，メキシコのように支配政党による利益配分システムの制度化という方法もあれば，アルゼンチンのように財政制度の設計権を中央，地方政治家以外の第三者，具体的には官僚制や中央銀行に委譲する方法もある。

彼は，この主張を，ゲーム理論，計量分析，比較事例研究を組み合わせることで展開していく。ゲーム理論においては，中央政治家と地方政治家の二者による簡潔なゲームから，財政集権化が生じる条件を明らかにしている。さらに，制度改革の成立後の制度の維持可能性，制度改革により生まれる地域間分配についても分析を行っている。

メキシコ一国を題材とした分析[10]では，支配政党であった制度革命党が，いかにして地方政治家に財政集権化を受け入れさせるインセンティブを与えたかが解明されていく。たとえば，制度改革が受け入れられなかった時期に，どのような地域の政治家が反対をしたのかを，点呼投票から議員のポジション推定を行う手法を応用することで明らかにしている。あるいは，制度革命党による支配の確立後も，知事の任命などは地方政治家の意向に沿ったものであり，大統領による恣意的な支配ではなかったことを，知事の選好のコーディングデータから明らかにしている。

4　まとめと検討

ここまで，独立変数としての中央・地方関係と従属変数としてのそれといった二つに分けながら，近年の代表的な研究を紹介してきた。ここでは，これら全体を通観するために，別の視点を設定してみよう。具体的には方法論の観点から，ここまで見てきた研究を計量分析，数理モデル，両者の組み合わせの三つに分け，その特徴と限界を指摘しておこう。

第一に，計量分析による検証は，一般的な命題の現実との適合性を確認する上で大きな役割を果たしている。分権と政治腐敗とのむしろ負の関係の発見（Treisman 2000），連邦制と経済発展のやはり負の関係の発見（Wibbels 2005），選挙区レベルでのデュベルジェの法則の成立と全国レベルでの不成立の発見（Chhibber and Kollman 2004），国会議員の非再選志向の発見（Samuels 2003）などがその例である。

このような事実の解明を可能にした最大の要因は、計量分析に集中することで、包括的な、また工夫のなされたデータセットを作成したところにある。チッバーとコールマンの19世紀以来の選挙区レベルの候補者得票数の収集などは圧巻である。この長期の時系列データこそが、集権・分権と政党システムの因果の方向を示すのである。また、政治制度は時期的な変化に乏しく、時系列データの特質を生かせないことが多いが、ウィブルスのパネルデータはたとえば、連邦制を憲法上の表記ではなく、州議会の公選の程度、州政府の国会への代表の程度により捉えることで、時系列的に変化する指標とする工夫がなされている。

　しかし他面で、これらの研究は全体として、因果関係のロジックの展開に弱点を抱えている。たとえば、分権と腐敗の関係でいえば、分権により地方政府が独占的にレント追求を行うならば、中央と競争する場合に比べ、収賄のための価格は上昇するが需要＝供給量は減少するはずである。しかし、汚職の価格と量を区分けした議論がそもそもないのである。あるいは、ウィブルスは、経済改革の条件として四つの要素を提示しているが、四つの要素のすべてが必要な条件なのか、その一部が存在すれば十分なのかが不明確である。政党制を対象とするサミュエルズとチッバーたちの研究はどちらも、有権者と政党内の政治家たちの相互作用についてのモデルがないため、集権・分権が政党制に影響する論理にギャップが残っている。

　このような論理のギャップを検討する上で最も有効な手法が数理モデルによる検討である (Treisman 2007)。もっとも、このような既存の議論の論理の検討に数理モデルを用いるというのは、政治学の他の分野ではあまり見られない。それだけ、中央・地方関係とは数々の「神話」に彩られた領域であるということでもある。

　ただし、彼の研究は、数理モデルにより厳密に論理を検討するという課題を完遂できていない。同書のモデルは、基本的には市民の経済活動を念頭に置いたものであり、政治的な効果をうまく扱えていない。そのため、それを扱う部分では自然言語による推論で議論を進めることが多い。従来の議論の内実をもう少し深く検討し、それに合わせた形で政治的な効果を扱えるモデルを考えることが必要だろう。また、そこでの議論は従来の主張の矛盾を指摘するにとどまる。分権がいかなる効果を持つのかについて、具体的な予測を少しでも示す必要があるだろう。

数理モデルのもう一つの使い方は，そのような具体的な予測を行うものである。中央・地方関係の制度形成に関する二つの議論はその代表例である（Alesina and Spolaore 2003; de Figueiredo and Weingast 2005）。権威主義体制国家は民主制国家よりも規模を大にするといった明快で大胆な結論を論理的に導出できるのは，やはり演繹モデルならではの強みである。

　しかしそれは，あくまで仮定を認めれば，の話である。アレシナたちのモデルについていえば，そもそも国家規模を縮小する方向での決定が国内で可能としても，拡大する方向での決定とは，近隣諸国との関係を抜きにして論じることはできないだろう。国家規模を国内的決定の産物として捉えるという仮定の狭さは否めない。フィゲイレドたちのモデルでは，州政府は制度設計を一手に担うと同時に，制度設計後も常に退出のオプションを維持し続けると仮定されている。このような州が連邦制を選択するのはあまりに当然である。そもそもなぜそのような制度選択ゲームのルールが与えられるかが，連邦制の発生を解く鍵であろう。これらの仮定の現実的な妥当性の低さは，これらの研究が演繹モデルの構築にとどまっており，経験データによる検証を受けていないことに起因している。

　そこで，数理モデルと実証を統合した研究が求められる。ロッデン（Rodden 2006a）とディアズ・カエロス（Diaz-Cayeros 2006）の研究は，それぞれ制度の下での均衡と，均衡としての制度を対象とする点では異なるが，両者とも，数理モデルと計量分析および事例研究を組み合わせているという点で共通している。これは近年のアメリカ政治学の標準的スタイルともいえるが，中央・地方関係の比較政治学という分野では，最近ようやくこのスタイルの研究が見られるようになってきた。

　ただし，どちらの研究も理論モデルと実証の接合は十分ではない。ロッデンの場合，主たる主張となる地方政治家の中央政治家との連携は，事後救済のゲームでは正面から扱われていない。経済学者が主に論じてきた財政赤字という帰結に対して，政治的な要因の効果を主張するという議論の根幹部分を，モデルに取りこめていないのである。ディアズ・カエロスの場合，モデルで強調されるのは，中央の政治家が行う約束の信用性である。しかしメキシコの事例を通じて描かれるのは，地方政治家の利害計算が支配政党の確立に伴い変化したことである。これもやはり理論と実証面で解明されたポイントが整合していない。

ここまで見てきたように，それぞれに問題は多い。しかし，データの丹念な収集，厳密な論理の展開，理論と実証の統合といった科学における必須の作業が，近年の中央・地方関係研究では着実に進められてきたことは評価されるべきである。今後は第三のタイプ，すなわち演繹モデルと実証を組み合わせた研究がますます増え，理論家と実証研究者の共同研究も盛んになるだろう。

　そしてこれにより，方法論上のみならず，実質的議論の統合，すなわち制度の下での均衡と均衡にある制度の二つの議論の統合も進んでいくだろう。前者の研究が実証研究を中心とし，後者が数理モデルを中心としているのは偶然ではなく，前者の方が古くから論じられてきた主題であることに起因している。しかしこの偏りが上述した各々の議論の弱みを生んでいる。前者については，政治アクターたちの選択を説明するミクロ基盤の理論の欠如，後者については，経験的検証の不足に起因する仮定の妥当性への考慮の欠如である。方法論的な統合により，それぞれがこの偏りを是正していくことは，制度均衡と均衡制度の二つの議論に共通のミクロ基盤の理論を与え，両者の連結をもたらすだろう (cf. Rodden 2006b)。制度の下での均衡を予測しながら制度選択が行われ，さらにその制度の下での均衡が再び新たな制度選択ゲームの前提を形成するといった二段階のゲームの連結により，中央・地方関係制度についての議論が内生化する範囲を広げていくこと，これが今後のこの領域の研究の方向性であろう。

5　日本の中央・地方関係研究への示唆

　最後に，ここまで紹介，検討をしてきた海外の研究動向を踏まえながら，日本における中央・地方関係研究の今後の課題と思われるものを提示する。その前提として，これまでの日本の研究状況を示すが，あくまで大きな傾向を捉えることに目的があり，網羅的な文献の紹介や検討は行わない。

5.1　独立変数としての中央・地方関係

　日本における中央・地方関係研究の一つの特徴は，制度そのものを重視するところにある。法制度の説明に力が注がれるだけでなく，その類型化にも関心が強い。これは，制度記述に力点を置く行政学がこの領域の中心であったことに起因するのであろう。1990年代以降の制度改革の本質の捉

え方をめぐっても，この傾向は継続している（たとえば，金井 2007）。

　同時に，法制度や財政面以外に人的資源の観点（稲継 2000），情報資源の観点（伊藤 2002；2006）などにも目が向けられている。あるいは，政党内の中央・地方関係は相互依存的であるため地方政治家の影響力が大きいことも指摘されてきた（村松 1988）。これらの研究が，日本の中央・地方関係の実態を理解することに大きく寄与したことは間違いない。しかし，やはりこれらの研究においても，主たる関心は，日本の中央・地方関係は集権的なのか否かという問いである。

　このことの裏返しに，日本の中央・地方関係の研究において手薄な点が二点ある。第一は，中央・地方関係のあり方がいかなる帰結をもたらすのか，つまり制度の効果を論じることである。融合的な財政制度と財政赤字の関係など経済的帰結の研究は多い。しかし，政治的な帰結が論じられることは少ない。政党制のあり方，さらには執政権力のあり方，あるいは政権構成のあり方（たとえば，自民党の長期政権）などと中央・地方関係を結びつけることはほとんど行われてきていない。日本が集権的であるか否かに議論が集中したため，集権的（分権的）であることが日本政治のいかなる側面をどのように形作ったのかという問題は依然として本格的には解明されていないように思われる。

　第二に，制度がどのように政治アクターに影響を与えるかを論じることは少ない。その意味で，日本の中央・地方関係論の多くはミクロレベルの基盤を欠いた構造的制度論である。地方と中央それぞれの政治アクターがいかなる行動原理をもっているのか，それぞれの行動の結果がどのような帰結に結びついていくのかを明らかにした研究は，ほとんど見られない。

5.2　従属変数としての中央・地方関係

　独立変数としての中央・地方関係を論じることが少ないことの裏返しに，従属変数としてのそれを論じることが近年多かったことは，他国の研究動向と比較しても，また，日本の以前の研究状況と比べても，特徴的な点としてあげられるだろう。実際に分権改革が行われる中で，それがどのような要因により促進されたのかを考察する多くの研究が生み出されてきた（たとえば，北村 2006，曽我 2002）。

　制度改革を受け止めて，その要因を探る分析が多く生み出されているこ

と自体は，積極的に評価されるべき点であろう。しかし，中央政府による地方制度改革にばかり注目するために，大きく二つの点が日本の中央・地方関係を従属変数とする研究では見逃されているように思う。

第一に，地方政治家は中央・地方関係を構成する主要なアクターである。しかし，1990年代半ば以降の分権改革において地方政治家がいかなる行動を見せたのかにはあまり注目が集まっていない。三位一体改革における知事会の登場以前，さらには1990年代以前と比べたときに，地方政治家の行動を一貫して説明するような包括的な研究は生まれていない。

第二に，日本における中央・地方関係論は，集権化の起源を過去に求めるため，集権化をもたらす要因を問い直さない傾向がある。「なぜ集権的なのか」という問いは，日本の中央・地方関係の集権性を強調する論者，それへの批判を試みる論者のどちらからもあまり問われない。それが問われた場合でも，答えは過去の負の遺産に求められる（辻 1969）。しかし，政治制度はあくまで可塑的であり，過去の制度が維持されているのは，関係する政治アクターの選択の結果である。したがって集権化とは，中央と地方の政治家間の交渉・取引の帰結として捉えられるべきものである。たとえば，地方交付税制度などが整備されていく1950年代に政党政治の枠組みも確立されていくこと，その後1990年代まで財政制度と政党政治の双方が基本的には安定していたことは，偶然の一致ではないのかもしれない。

5.3 結び

総じて，この10年間ほどの日本における中央・地方関係の研究に対して，制度改革が与えたインパクトは大きい。それは自然なことであろう。しかし，そこへの議論の偏重により，見逃される部分も大きい。たとえば，時系列的変化に関心が集中したため，他国との比較の中で日本の中央・地方関係を位置づける観点は弱いように思える。

また，集権と分権という視点が重要であることを否定はしないが，それがすべてではない。地方と中央のそれぞれの政治アクターは，政治制度のもとでいかなる行動をとるのか，それがいかなる政策的な特徴を生み出していくのかを見ていくこと，このようなミクロ基盤のアプローチで中央・地方関係を捉え直していくことが，集権と分権という呪縛から政府間ガバナンス研究を解放するために必要なのではないだろうか。

[謝辞] 執筆に際し有益な助言を与えてくれた城戸英樹氏，砂原庸介氏，年報委員会委員各位に対し，記して謝意を表したい。

（1）　この他，分権が足による投票を促進することで住民の同質化を進めれば，それは民主制のあり方を変化させるという議論もある。しかし，アメリカの時系列データを用いた検証結果は否定的である（Rhode and Strumpf 2003）。
（2）　代表的なものとして，Transparency International, World Bank, International Country Risk Guide が公表しているものがあげられる。ただし，それぞれにより各国の位置づけが異なるなど測定精度は高くない。複数指標をクロスチェックして用いている Treisman 2000 はその点で信頼性が高い。
（3）　にもかかわらず，分権が主張され続けるのは，集権が独裁者など「悪」と結びつけられがちであること，分権が農村共同体への郷愁，自由市場などさまざまな正の価値と結合しやすいこと，ミル，トクヴィルなど古典の存在などが原因であるという。
（4）　これらの主張を進めると，分権は政府部門の効率性を向上させ，ひいては経済発展をもたらすという市場保全的連邦制論（Montinola et al. 1995; Qian and Roland 1998）になる。しかし，計量分析による各国比較の結果は，必ずしもその主張を支持しない（e.g. O'Dwyer and Ziblatt 2006）。
（5）　この他，経済改革が成果を生むか否かは，集権・分権に加えて，文化的，社会的な地域の分断性という条件により異なることを，中央政治家と地方政治家のゲーム理論モデルによって示したのが，トライスマン（Treisman 1999）である。地域的な分断性が大きい場合に，分権改革とマクロ経済安定化のために補助金のカットを行えば，政治的な不安定が生じることが示される。
（6）　残る地方レヴェルでの競争性の効果は，計量分析では扱えないので，アルゼンチンを対象とした事例研究で明らかにしている。
（7）　イギリスは第3党が一定の議席を持ち，カナダは地域政党が強い。インドには強大な政権党と多数の野党が存在する。アメリカも19世紀までは二党以外が議席を獲得することも多く，また1970年代までの南部では一党支配が成立していた。
（8）　法制度，戦争（集権化をもたらす要因），経済規制や開発の権限，中央と地方それぞれの政府規模といった四つの側面について，質的データと量的データを収集し，それに基づき分類を行っている。
（9）　この他，政治家による中央・地方関係の制度選択についての演繹モデルとしては，融合・分離を対象としたヴォールデン（Volden 2005）の研究

がある。中央の政治家，地方の政治家それぞれが有権者に対して，政策供給を通じ自らの業績を訴える帰結として，融合化が進むことがモデル化されている。
(10) 加えて，他の三国についての簡易な事例研究が対照されている。取り上げられるのは，第三者を利用したアルゼンチン，財政集権化が成立しなかったブラジル，権威主義体制下で強権的に地方に集権化を受け入れさせたベネズエラである。

参考文献
伊藤修一郎（2002）『自治体政策過程の動態』慶應義塾大学出版会。
―（2006）『自治体発の政策革新』木鐸社。
稲継裕昭（2000）『人事・給与と地方自治』東洋経済新報社。
金井利之（2007）『自治制度』東京大学出版会。
北村亘（2006）「三位一体改革による中央地方関係の変容」東京大学社会科学研究所編『「失われた10年」を超えて［Ⅱ］』東京大学出版会。
―（2007）「中央地方関係の理論的分析へのいざない」『レヴァイアサン』40。
曽我謙悟（1998）「地方政府の政治学・行政学」『自治研究』74(6)-74(12)。
―（2002）「行政再編」樋渡展洋・三浦まり編『流動期の日本政治』東京大学出版会。
辻清明（1969）『新版日本官僚制の研究』東京大学出版会。
村松岐夫（1988）『地方自治』東京大学出版会。
笠京子（1990）「中央地方関係の分析枠組」『香川法学』10(1)。

Adserà, A., and C. Boix (2008) Constitutions and Democratic Breakdowns. In J. M. Maravall and I. Sanchez-Cuenca (eds.), *Controlling Governments: Voters, Institutions, and Accountability*. Cambridge U. P.
Alesina, A., and E. Spolaore (2003) *The Size of Nations*. MIT P.
Bednar, J., W. Eskridge, and J. Ferejohn (2001) A Political Theory of Federalism. In J. Ferejohn et al. (eds.), *Constitutional Culture and Democratic Rule*. Cambridge U. P.
Chhibber, P., and K. Kollman (2004) *The Formation of National Party System*. Princeton U. P.
Cohen, F (1997) Proportional Versus Majoritarian Ethnic Conflict Management in Democracies. *Comparative Political Studies* 30: 607-30.
de Figueiredo, R., and B. Weingast. (2005) Self-Enforcing Federalism. *Journal of Law, Economics and Organization* 21: 103-35.

Diaz-Cayeros, A. (2006) *Federalism, Fiscal Authority, and Centralization in Latin America*. Cambridge U. P.

Enikolopov, R., and E. Zhuravskaya (2007) Decentralization and Political Institutions. *Journal of Public Economics* 91: 2261-90.

Escobar-Lemmon, M. (2003) Political Support for Decentralization. *American Journal of Political Science* 47: 683-697.

Filippov, M., P. Ordeshook, and O. Shvetsova (2004) *Designing Federalism: A Theory of Self-Sustainable Federal Institutions*. Cambridge U. P.

Fisman, R., and R. Gatti (2002) Decentralization and Corruption. *Journal of Public Economics* 83: 325-45.

Foweraker, J., and T. Landman (2002) Constitutional Design and Democratic Performance. *Democratization* 9(2): 43-66.

Garman, C., S. Haggard, and E. Willis (2001) Fiscal Decentralization. *World Politics* 53: 205-36.

Lane, J., and S. Errson (2005) The Riddle of Federalism. *Democratization* 12(2): 163-82.

Mueller, D (2006) Federalism. In R. Congleton and B. Swedenborg (eds.), *Democratic Constitutional Design and Public Policy*. MIT P.

Montinola, G., Y. Qian, and B. Weingast (1995) Federalism, Chinese Style. *World Politics* 48: 50-81.

North, D., and B. Weingast (1989) Constitutions and Commitment. *Journal of Economic History* 44: 803-32.

O'Dwyer, C., and D. Ziblatt (2006) Does Decentralisation Make Government More Efficient and Effective? *Commonwealth & Comparative Politics* 44: 1-18.

Qian, Y., and G. Roland (1998) Federalism and the Soft Budget Constraint. *American Economic Review* 88: 1143-62.

Rhode, P., and K. Strumpf (2003) Assessing the Importance of Tiebout Sorting. *American Economic Review* 93: 1648-77.

Rodden, J. (2006a) *Hamilton's Paradox*. Cambridge U. P.

—— (2006b) Federalism. In B. Weingast and D. Wittman (eds.), *The Oxford Handbook of Political Economy*. Oxford U. P.

Saideman, S., D. Lanoue, M. Campenni, and S. Stanton (2002) Democratization, Political Institutions, and Ethnic Conflict. *Comparative Political Studies* 35(1): 103-29.

Samuels, D. (2003) *Ambition, Federalism, and Legislative Politics in Brazil*. Cambridge U. P.

Treisman, D. (1999) Political Decentralization and Economic Reform. *American*

Journal of Political Science 43: 488-517.
―― (2000) The Causes of Corruption. *Journal of Public Economics* 76: 399-458.
―― (2007) *The Architecture of Government*. Cambridge U. P.
Volden, C. (2005) Intergovernmental Political Competition in American Federalism. *American Journal of Political Science* 49: 327-42.
Wibbels, E. (2000) Federalism and the Politics of Macroeconomic Policy and Performance. *American Journal of Political Science* 44: 687-702.
―― (2005) *Federalism and the Market*. Cambridge U. P.
Ziblatt, D. (2006) *Structuring the State*. Princeton U. P.

法と暴力

――境界画定／非正規性をめぐって――

杉田　敦*

　カール・シュミットは1920年代の政治的危機のなかで，法秩序が政治に翻弄されるのを見ながら，それにもかかわらず，いやむしろそれゆえに法的文脈に固執し，秩序の内と外とを画定する特異な作用点を維持しようとした。同じ時期にヴァルター・ベンヤミンは，暴力と結びついた法そのものの批判に向かい，法の外に出るための回路を希求した。

　二人は何をめぐって争ったのか。ジョルジョ・アガンベンらの議論を手がかりに，シュミットとベンヤミンとの間の議論の交錯を明らかにしたい。さらに，秩序と暴力の関係について考え続け，暴力と切り離されたところに政治的なものの領域を見出そうとしたもう一人の思想家，ハンナ・アーレントをも呼び出すことで，三人のおよそ対照的に見える人々が，別々の方角から接近した地点について探ってみたい。

1　ベンヤミンと法

法という暴力

　ベンヤミンは彼の暴力 Gewalt 論（「暴力批判論」）を説き起こすにあたって，暴力とは手段なので暴力が正しいか正しくないかは目的に照らして判定できるという「皮相な考えかた」（ベンヤミン1921＝1994:29）を攻撃する。後で見るように，これは暴力と見なされうるすべてが一律に拒否されるべきだということを意味しない。

　ベンヤミンが目的との関係で暴力を論じないのは，法秩序が正義のためにあるという信憑を，根底から批判しようとしているからである。法や国

---

*　法政大学法学部　教員　政治理論

家は，人々にとって有益な何らかの目的を実現するものとして正当化されるのが通例である。これに対して，「幼稚なアナーキズム」のように，法は強制だと主張しても論駁したことにはならない（ベンヤミン1921＝1994：41）。

しかし，法が自ら標榜する目的など重視していないことは，ベンヤミンによれば，法のふるまい方の中に露呈している。もしも法が目的の実現を目指しているのなら，法は「暴力全般をではなくて，違法の目的のために用いられる暴力だけを，非難すれば済むだろう」（ベンヤミン1921＝1994：34）。ところが実際には，目的の如何にかかわらず，「法は個人の手にある暴力を，法秩序をくつがえしかねない危険と見なしている」。そこに見てとれるのは，「法の目的をまもろうとする意図」ではなく，「むしろ，法そのものをまもろうとする意図」（ベンヤミン1921＝1994：35）である。

法が「法の枠外に存在する」暴力を嫌うのは，暴力によって秩序が根底から覆されうるからである。戦争などの結果として全く新しい国家が誕生し，新たな法秩序が生まれるのはその例である。周知の通り，ベンヤミンはここで，法秩序をつくり出す際に用いられる「法措定的暴力」と，一旦できた法秩序を守るために警察などによって行使される「法維持的暴力」という二つの類型に言及している。

このように秩序の形成・維持にかかわる暴力に注目することで，法と暴力との関係が浮き彫りにされたと言えよう。法は暴力の中で倒れるが，暴力の中から別の法が生まれてくる。そうであるとすれば，個別の法秩序がいかに暴力をおそれ，忌避しようとも，法が存続するかぎり，法が暴力と密接な関係にあることは否定できない。

神話的なものと神的なもの

ベンヤミンは，法措定的暴力をギリシア神話における「境界画定」の暴力に結びつけた。「運命を挑発する」不遜なニオベに対して神々が暴力を行使する。そこでは「運命は是が非でも勝ち，勝って初めてひとつの法を出現させる」。「不確定で曖昧な運命の領域から」暴力がニオベへとふりかかり，彼女を「人間と神々とのあいだの境界標として，あとに残してゆくのだ」。こうした神話の構造と，法措定の構造とは対応している，とベンヤミンは主張するのである。

> 神話的な暴力は，その原型的な形態においては，神々のたんなる宣言である。その目的の手段でもなく，その意志の表明でもほとんどなくて，まず第一に，その存在の宣言である。(ベンヤミン1921＝1994：55)

ここでギリシアの神々の暴力は，「人間と神々とのあいだの」境界線を画定することで，秩序を形成・維持することを自己目的とするものとされている。これが，法的暴力の自己目的性に対応しているというのである。

他方で，ベンヤミンが目的としての正義と関係づけるのは神であり，法的暴力を乗り越えるための「神的暴力」なるものについて彼は述べる。

> いっさいの領域で神話に神が対立するように，神話的な暴力には神的な暴力が対立する。しかもあらゆる点で対立する。神話的暴力が法を措定すれば，神的暴力は法を破壊する。(ベンヤミン1921＝1994：59)

この神話的なものと神的なものとの対比が，ギリシア的なものとユダヤ・キリスト教的なものの相克という，広く受け入れられた二分法と関係していることは確実であろう。神話的暴力についてのニオベ伝説に対応して，神的暴力に関しては旧約の「コラーの徒党にたいする神の裁き」(『民数記』16章)が参照される。ベンヤミンは，モーセのリーダーシップに挑戦した人物とその一党が，残らず地割れに呑み込まれたという説話について，そこにあらわれた神の暴力を「無血的」と表現している。神話的暴力には「血の匂いが」するが，神的暴力には「血の匂いがなく，しかも致命的である」。

「かれらを滅ぼしつくすまで停止しない」とされる神的暴力は，人間の身体を破壊するにもかかわらず，無血的とされるのである。それなら「殺してもいいのか？」という予想される問いに対して，彼は，動物や植物と同様に単に生息しているということを絶対化するのは，「生命ノトウトサ」(ベンヤミン1921＝1994：63)というドグマにすぎないと言う。しかも「このドグマの日づけは新しい」のであって，「単なる生」以上のものとしての正義の存在が完全に見失われた後に出現したものにすぎないのである。

ここに，例えばハンナ・アーレントが「ゾーエー $\zeta\omega\eta$」と「ビオス $\beta\iota o\sigma$」

の対比を強調した時に通じる関心が見てとれる。ギリシア人たちは，単なる生物的な生としてのゾーエーと，ポリスにおける生活としてのビオスとを峻別し，後者を重視した。こうした区分がその後，両者の領域に渉るあいまいな「社会」概念の成立と共に忘れられ，ビオスにかかわる公共的な政治の領域が，本来私的な領域にとどまるはずのゾーエーへの配慮によって侵蝕され続けたとアーレントは指摘した。

法の外へ

　ベンヤミンによれば，私人間の「話し合い」は，「嘘が罰せられない」ように非暴力的なものであるが，そこに法が介入して，詐欺を処罰することになった時点で，関係は暴力的になるという（ベンヤミン1921＝1994：47-48）。彼は死刑制度との関連では，次のように述べる。

> 死刑批判者たちは，死刑への論難が刑罰の量や個々の法規をではなく，法そのものを根源から攻撃するものだということを，おそらく証明はできずに，どころか，たぶん感じる気さえもなしに，感じていた（ベンヤミン1921＝1994：42）。

死刑は法の暴力性が最も鮮明な形で現われる刑罰だが，それは死刑だけが暴力的である，ということを意味しない。現代に至るまで，死刑廃止論者たちは，死刑の残虐さを言い，宗教的・倫理的な指導によって死刑囚が改心しうることを強調して来たが，そうした論点を推し進めて行けば，監禁などを含む暴力的な強制によって人を動かそうとすることへの，すなわち法自体への批判にまで行き着くであろう。
　裏返せば，法の暴力性を批判するベンヤミンのような議論の背後には，暴力による威嚇や，暴力による身体の廃棄というやり方をしなくても，いや，むしろしないことによってこそ，人々は本来の形で秩序を形成することができる，という前提があるように思われる。秩序維持を標榜する法的暴力が荒れ狂い，社会が引き裂かれる，という同時代の経験が，ベンヤミンの議論に影を落としていることは想像される。
　ベンヤミンは，法的暴力への批判にあたり，一斉ストライキ（ゼネスト）による革命という「神話」の役割を強調したジョルジュ・ソレル（ソレル

1908＝2007）を引用しつつ，政権奪取を目指す法措定的な「政治的ゼネスト」と，「国家暴力の絶滅」すなわち法の否定をもたらす「プロレタリア・ゼネスト」とを対置した（ベンヤミン1921＝1994：51-52）。ソレルは，「強制力 force」と「暴力 violence」とを区別し，前者が「少数派によって統治される，ある社会秩序の組織を強制することを目的とする」のに対し，後者は「この秩序の破壊をめざすものだ」（ソレル1908＝2007：（下）53）とした。ベンヤミンにおいては，前述の通り法的暴力と神的暴力とが対比され，神的暴力は「純粋暴力 reine Gewalt」（ベンヤミン1921＝1994：60）とも呼ばれる。

　この神的暴力＝純粋暴力なるものが何を指しているのか，さまざまな解釈が可能であろう。一般にはソレル主義の延長でとらえられることが多いが，市野川容孝はこれを批判し，神話という言葉に肯定的に言及していたソレルと，神話的なものを批判したベンヤミンとが同じではありえないという点に注意を促す（市野川2006：74-75）。彼によれば，ローザ・ルクセンブルクと同様に，ソレル主義的な革命ではなく，ヴァイマール共和国において衰弱した議会制民主主義を「救出」するという文脈で，ベンヤミンは神的暴力を考えていたのである（市野川2006：78）。

　たしかに，ベンヤミンが神話的なものを批判したことは真剣に受け止めなければならないだろう。しかし，それは神的なものとの対比という文脈であり，彼が解放の物語としての神話そのものと無縁であったかは別の問題である。彼は純粋暴力について，それは「互いに依拠しあっている法と暴力を，つまり究極的には国家暴力を廃止する」ものであるとし，それは「法のかなたに」存在するものであるとも述べている（ベンヤミン1921＝1994：64）。ここには，暴力の領域と非暴力の領域とを明確に分けたいという，不連続性への意志が存在している。このことを見失ってはならないだろう。ベンヤミンにとっては，法の外部が存在することは絶対に譲れない一線であった。

2　ベンヤミンとシュミット

　こうしてベンヤミンが開こうとした純粋暴力への回路を見て，その封印に努めたのがカール・シュミットであった。1920年代初めにシュミットが書いた「独裁」・「例外状態」・「主権」をめぐる一連の著作は，法のかなた

を指し示すベンヤミンの議論を打ち砕き，アノミー的な暴力を「法的コンテキストのうちに引き戻す」試みであると，ジョルジョ・アガンベンは言う（アガンベン2003＝2007：109）。

独裁と主権

シュミットは，国家の緊急事態に際して，「憲法を具体的に停止することによって，憲法の存立を防衛しようとする」こと，すなわち現行憲法の枠内で期限付きで行われるものとしての「委任独裁」と，現行憲法の枠を超えて，新たな秩序の成立に向かう独裁としての「主権独裁」という二分法を示したことで知られる（シュミット1921＝91）。制度内での「構成された権力 pouvoir constitué」と区別される，「構成する権力＝憲法制定権力 pouvoir constituant」にかかわる後者が，ベンヤミンのいわゆる法措定的暴力に近いことは一見して明らかであろう。

ただし，構成する権力／構成された権力というシュミットの二分法と，ベンヤミンの法措定的暴力／法維持的暴力という二分法とでは，法との関係で価値評価が全く逆であることは，注意を要する。シュミットにとっては，構成する権力は法の根拠として重視されるが，ベンヤミンにとっては，法措定的暴力が法を生み出すことこそが，まさに致命的な問題点とされるのである。

しかも，アガンベンによれば，二人の間の「論争」はそこで終わらなかった。シュミットが独裁論から離れ，代わって主権概念を軸とするようになったのは（シュミット1922＝71），「ベンヤミンの暴力批判への反論」であった（アガンベン2003＝2007：110）。

ベンヤミンが上記の二分法的な構図を超越するために純粋暴力を想定したのに対して，シュミットの議論では，主権こそが彼の二分法を超越するものとなる。ここでも，純粋暴力と主権との位相は同じであるが，両者の指し示すものは全く対照的である。ベンヤミンにおいて，純粋暴力が機能する領域が「被造物の領域と法秩序とが同じひとつの破滅のなかに巻き込まれるような，アノミーとも法とも絶対的に決定しがたいひとつの地帯」であるとすれば，シュミットの主権は例外状態において，「内部と外部，アノミーと法的コンテキスト」とを明確に区分することが期待されているからである（アガンベン2003＝2007：115）。

主権者を「例外状態に関して決定をくだす者」と定義するシュミットは，国家の緊急事態が生じた場合，主権者がその事態を「法秩序に繫留」（アガンベン2003＝2007：71）しながら，何とか処理するものとした。そこでは主権の領域は何事をも決定できる「極限的な決定の場」（アガンベン2003＝2007：110）とされ，これは「いっさいの法的問題の最終的な決定の不可能性」というベンヤミンの議論に対する正面からの反駁となりうる。二人のテキスト間の影響関係に関するアガンベンの分析が十分であるかとは別に，ここにきわめて先鋭な対立軸があらわれていることには疑いがない。

例外状態における主権者の位置について，シュミットは，次のように述べた。

> 主権者は，通常の状態において効力を発揮している法秩序の外にあるが，しかしまた，憲法が全体として停止されうるかいなかの決定に責任を負っているために，その秩序に属しているのである。（アガンベン2003＝2007：70）

法と現実との間に矛盾が生じた時に，主権者が登場して，法の停止による法の維持という離れ業を行う。しかし，こうした主権者の役割は，まさに法の構造によってそう規定されているのではないか。

> 本当を言えば，論理的にみて，自らの存在においてこの構造によって定義されているからこそ，主権者自身もまた，脱却―所属 *ecstasy-belonging* という撞着語法によって定義されうるのである（アガンベン2003＝2007：70）。

主権者とホモ・サケル

興味深いことに，アガンベンが別の著書で指摘しているように，こうした主権者の位置づけは，古代ローマでの「ホモ・サケル」の位置づけと，その位相が類似している。ホモ・サケルとは，生贄とはならないが，殺害可とされた人物である（アガンベン1995＝2003：103）。彼は法の保護の対象外とされるが，その排除自体は法によって決定されている。その意味で彼は法によって法から排除されつつ，法によってとらえられている。

こうしたホモ・サケルの姿が，ナチスによって強制収容所に収容された
ユダヤ人たちの運命や，いわゆる「テロとの戦争」の中で，アメリカ軍の
グアンタナモ基地に収容されている人々（彼らは刑法上の被疑者としての
資格も，戦争法上の捕虜としての資格ももたないとされている）の境遇に
重ね合わされるのも当然であろう。ホモ・サケルはまさに人間が生物学的
な「単なる生」として純化した時の境遇を示している。

しかし，主権者とホモ・サケルとの位置づけの類似性は，正確には何を
意味しているのだろうか。シュミットが定義する主権者は，ホモ・サケル
と同様の存在なのか。そうではなく，むしろ両者の立場は両極を示してい
るとアガンベンは言う。

> 法的秩序の一方の極にある主権者とは，彼に対してはすべての人間が
> 潜勢的にはホモ・サケルであるような者であり，他方の極にあるホモ
> ・サケルは，彼に対してはすべての人間が主権者として振る舞うよう
> な者である。（アガンベン1995＝2003：121－122）。

主権者が例外状態に関して決定をくだすのに対し，ホモ・サケルはもっぱ
らその決定の結果として困難な境遇の中に突き落とされる。こうした対比
は，それ自体としては成立している。

しかしながら，主権者も所詮は「自らの存在において」例外状態の「構
造によって定義されている」のであるとすれば，主権者とホモ・サケルは，
法という罠にかかっている点では同じではないのか。アガンベンの議論を
一歩進めれば，主権者もまた「潜勢的にはホモ・サケル」であると言える
のではないか。

この論点は，人民そのものが主権者であると法的に規定されている，人
民主権体制においてとりわけ重大である。そこでは，誰かを境界線の外に
追いやる主権者としてふるまう者が，次の瞬間にホモ・サケルとなりうる
からである。ミシェル・フーコーが強調したように，人民主権体制の下で，
人は「臣下 sujet」であると同時に「主体 sujet」であるという二重性を帯
びているのである（フーコー 1975＝1977）。

例外状態の常態化

シュミット的な例外状態論の起源を探って，アガンベンは，ヨーロッパ法思想における「権威 auctoritas」と「権限 potestas」という二元論の歴史にも言及する。古代ローマでは，コンスルや人民がそれぞれの権限を有したのに対し，元老たちは平時においては彼らの決定を覆す何らの権限ももってはいなかった。しかし，元老院は権威をもっており，この権威は例外状態に際して，「権限が生じているところではそれを停止させ，権限がもはや効力をもたなくなってしまったところではそれを復活させる力として作用」（アガンベン2003＝2007：160）した。

権限の体系である法と，法を存立させる「メタ法的」な権威の体系とが支え合う「二重構造」（アガンベン2003＝2007：173）がそこにはあった。権威は通常は潜勢的なものとしてあり，例外的に顕在化することになっていた。ところがこうした二重構造が，シュミット的な主権理論においては主権者の人格において合体させられてしまう。法が機能する常態と，法が宙吊りにされる例外状態とが，主権者という単一の蝶番によってつなげられたこと。ベンヤミンやシュミットが目撃していたヴァイマール共和国の20年代に象徴される，20世紀の悲劇の根源を，アガンベンはここに見出すのである。

アガンベンはこうした二重構造の喪失を「例外状態の常態化」と表現するが，それはベンヤミンが「歴史の概念について」で示した以下の認識を継承するものとされる。

> 被抑圧者の伝統は，ぼくらがそのなかに生きている「非常事態」が，非常ならぬ通常の状態であることを教える。ぼくらはこれに応じた歴史概念を形成せねばならない。この場合，真の wirklich 非常事態を招き寄せることが，ぼくらの目前の課題となる（ベンヤミン1940＝1994：334）。

アウシュヴィッツやグアンタナモに限らず，今日において，日常がますます例外状態の様相を帯びつつあると言うことはできるだろう。しかし，そのように日常／例外状態という境界線の存在を否定するためには，非常事態／真の非常事態といった，別の境界線の導入が必要になることに注意すべきである。法と暴力を癒着したものと見なすためには，その癒着した結

合体（法＝暴力）と対立する第三の要素（神的暴力＝純粋暴力）が想定されなければならなかったように。こうした境界線の政治にアガンベンがどこまで自覚的なのか，必ずしも明らかではない。彼は言う。

> わたしたちがそのなかに生きている事実上の例外状態から法治国家に回帰することは不可能である（アガンベン2003＝2007：176）。

こうして彼は，ベンヤミンのいわゆる「真の非常事態」を待望することになる。すなわち法＝暴力の向こう側に出るための，本来の（「無血的」な）革命とも言うべきものを考えることになるのである。

この文脈でアガンベンは，ベンヤミンがフランツ・カフカを論じる中で示した，「もはや実地には用いられず，もっぱら勉学するだけの法こそは，正義の門である」という言葉にふれる（アガンベン2003＝2007：126-7）。暴力と結びついた法秩序が失われた時，法は規範性を失い，人々が単に「勉学」し，それを用いて「戯れ」るような「がらくた」と化す。アガンベンはこうしたベンヤミンの議論と，メシアが到来した後に法がどうなるか，という原始キリスト教的な問いや，階級社会の消滅が法に何をもたらすか，というマルクス主義的な問いとの関係に言及している。

3　正規性と非正規性

パルチザンと法

以上のように再構成されたベンヤミンとシュミットとの「論争」では，法の外に出よとするベンヤミンに対し，シュミットはあくまでも法的なものへの回収を目指したという対比が強調されている。

しかしながら，ここで思い起こすべきことがある。それは，法の外に出る試みについて具体的に紹介し，正規regulär／非正規irregulärといった境界線が失われた世界の有様について，きわめて鋭い洞察を示したのもまた，実はシュミットであったという事実である。1963年の『パルチザンの理論』で，法が急速に「がらくた」にされかねない状況を，この法学者は正面から見据えているのである（シュミット1963＝1972）。

シュミットはかねてから，主権国家が相互に境界線を認め合い，戦争す

る場合でも共通の法の下にそれを行うような，近代のヨーロッパ公法秩序の意義を高く評価していた。この体制においては，戦争の相手は「正しい敵」として扱われ，殲滅すべき対象とは見なされない。そこでは，戦争は「正規性」の概念によって管理されていた。正規性は，戦争／平和，戦闘員／非戦闘員，敵／犯罪者といった一連の区分を行い，それによって，戦争の範囲を限定することが可能になっていた。

ところが，こうした正規性は，20世紀の総力戦においては維持することができなくなる。戦争が例外状態ではなくなり，まさに「例外状態の常態化」としか言いようのない事態に移行することを，シュミットは公法秩序の喪失という観点からとらえている。そして，それを象徴するのが，19世紀初めの抵抗戦争に端を発する「パルチザン」たちの登場であると言うのである。

パルチザンは「あらゆる枠づけの外にあるということがその本質」（シュミット1963＝1972：23）であり，彼らは非正規性・遊撃性・政治関与の苛烈さによって特徴づけられる（シュミット1963＝1972：38）。制服を着けずに，あらゆる武器を用いて，神出鬼没で攻撃を加えるパルチザンたちは，正規軍のように法的な保護の対象ではないが，そのことを意に介しはしない。しかも彼らは，敵をもはや「正しい敵」とは見なさない。自らの信じる「正しい原因」（シュミット1963＝1972：24）に照らして，敵を犯罪者と見なし，自らの命を賭けてそれを攻撃するのである。

それでも63年のシュミットは，パルチザンをなお旧来の秩序との関係でとらえようと試みた。多くのパルチザンは「土地的」であり，父祖の土地の維持・回復に関心をもっている点で，領土とのつながりのない海賊のような「海洋的」なものとは区別されるとした（シュミット1963＝1972：40f.）。主権国家の論理と同様に，パルチザンたちは「領土」に規定されているとシュミットは見なそうとしたのであり，その文脈で，レーニンや，それ以上に「土地的」とされる毛沢東を，典型的なパルチザンの例に挙げるのである。

しかし，こういった留保にもかかわらず，非正規的なものの噴出がもたらす事態の深刻さを，シュミットの議論が指し示していることは疑いない。

非正規性の空間

市村弘正は,『パルチザンの理論』が「政治的なるものの概念についての中間所見」という副題をもつ事情について,次のように述べている。ヨーロッパが世俗化の結果として,ただ「安全性」だけを求める「真剣さなき世界」(レオ・シュトラウス)となることをシュミットはおそれた(市村2007:56)。20年代のシュミットは,国家を軸に,敵と友とが闘争し合うという意味での「政治的なもの」に期待したが,「世界の戦争化,あるいは戦争的日常性の現出」(市村2007:59)ともいうべき展開を受けて,彼は「政治的なもの」のとらえ方について再考を迫られた。新たな戦争概念を前提に,シュミットは「もう一つの『政治的なもの』の概念の物語を生みだす」(市村2007:63)。

　　パルチザンは非正規的に行動する。(シュミット1963=1972:45)

　このシュミットの言葉を引きつつ,市村は,パルチザンが「自分が「法の外」にあることを知っている」ことに注目する。シュミットは「世界を「法を失っているもの」の側から捉え返すのである」(市村2007:62-63)。
　しかもパルチザンは,単に「法を失っている」だけではなく,自らが闘う「非正規性の空間」を通じて,「新しい空間」を現出させる。

　　パルチザンはむしろ,自己の敵を強制して,別の空間へと連れこむ。このようにして,パルチザンは正規の伝来の交戦区域に別種のいっそう暗黒な次元を,すなわち深層の次元を付け加える(市村2007:65,シュミット1963=1972:133-134)。

このようにパルチザンが公然たる場を去り,「深層」や「地下」に潜行することは,市村によれば,社会の世俗化の結果として「尺度なき世界」が生まれたというシュミットの認識と関係している(市村2007:68)。「絶滅」戦争後,もはやたとえばマックス・ヴェーバーのように素朴に「神々の闘争」について語ることはできない。同時代においては,価値をめぐる闘争は,非正規的なものとしてしか続けられないのである。

アーレントと非正規性

重要なのは，パルチザンの非正規的な活動に「新たな政治的なものを見出そうとする」シュミットの議論が，「現われの空間」としての政治空間というアーレントの議論を，「いわば逆説的に」「語りついでいるように見える」という市村の論点である（市村2007:69）。アーレントは，人がその属する集団や肩書きによって表象される「表象の空間」に対して，人がそれ自身として現われ，語ることができる空間を，本来の意味で公的な空間として重視した。しかし彼女が同時に，

> 現われの空間は潜在的に存在する。しかし潜在的にであって，必然的にでも永遠にでもない。

と述べたことを市村はとらえる。現われの空間なるものは，せいぜい刹那的に明滅するものにすぎず，確固として制度化されるようなものではありえないことをアーレントも認めていた。市村は，アーレントの想定する政治の領域が，シュミットが見出したパルチザンの「非正規性の空間」と，その潜在性において，そして正規性への対抗という点で，意外にも近いところにあると見ているのである。

> 公共性へ向かう潜在空間の思考と，虚偽的な公然性の世界に対立する非正規性の思考とが，反対側から近似するという事態のうちに，二十世紀における公的領域の狭小化と，それに向かう思考空間の一層の狭さとが表われているだろう（市村2007：70）。

それにしても，アーレントは複数の主体間の言語を介した相互的な関係としての「権力 power」と，ある主体による別の主体への一方的な支配関係である「暴力 violence」とを峻別し，前者こそを政治の領域と見なした人物である。

> 政治的に言えば，権力と暴力は同一でないというだけでは不十分である。権力と暴力は対立するのである。（アーレント1972＝73：138）

こうしたアーレントの暴力観と，躊躇なく暴力を行使するパルチザンとの

関係をどう考えればよいのだろうか。

市村は，そのパルチザン論において，ベンヤミンの暴力批判論に明示的には言及していない。1930年のシュミット宛ベンヤミンの手紙を引き，「正規的なものが崩壊した『世界』に尺度と境界と形成とをもたらそうとする」シュミットの作業が，「私の芸術哲学上の研究方法の有効性を確証した」とベンヤミンが述べていることにふれるのみである（市村2007：67）。しかし，「パルチザンの闘争は，たんに既存の政治体の破壊のみに向かうのではない」（同：71）という市村の言葉に，ベンヤミンの純粋暴力論に通じるものを見てとるのは容易であろう。

ベンヤミンの暴力論という補助線を引けば，アーレントとシュミットが「反対側から近似」して行ったという市村の主張は，次のように翻訳できよう。アーレントは暴力を忌避し，暴力からの脱出を図ることで，ベンヤミン的に言えば純粋暴力の領域に入って行く。ベンヤミンが私人間の「話し合い」を純粋暴力に近いものと考えていたことも，ここで思い起こされる。他方，正規性の外に出ようとするパルチザンたちの行動は，「たんに既存の政治体の破壊のみに向かう」のでなく，法＝暴力の解体を究極的には目指すものであるなら，それを純粋暴力に近いものと見なすことができるだろう。

4 境界画定の批判へ

このようにシュミット，ベンヤミン，アーレントの間の「論争」を再構成してみると，相互の深刻な対立にもかかわらず，そこに，境界線画定への強い意志ともいうべきものが共有されていることが見てとれる。

政治体の内部／外部，法的秩序／アノミーの境界について決断する主権という概念に執着し，正規性／非正規性の対立を重視したシュミットについては言うに及ばず，そうしたシュミット的な主権の暴力性を強く批判しようとしたベンヤミンもまた，まさにその批判のために，神話的暴力／神的暴力，法的なもの／法の外，という二分法を新たに導入することになった。そしてアーレントもまた，公的なもの／私的なものを峻別する立場の延長上に，権力／暴力という境界線を導入している。「単なる生」の維持を自己目的化してはならないと述べたベンヤミンと同様に，アーレントは，生物学的な生（ゾーエー）とは区別されるものとして政治的な生（ビオス）

を重視していた。

　ジャック・デリダは『法の力』で，神的暴力論を展開したベンヤミンが，もしも「最終的解決」と呼ばれたナチスのユダヤ人虐殺を目撃したら，それにどう反応しただろうか，という問いを立てている。その上で，ホロコーストを神的暴力に重ね合わせること，すなわち「無血的であるがゆえに罪を浄めるというような一つの絶滅化作用」をもつとされるものの「解釈不可能な顕現として考えたいという誘惑」を，ベンヤミンのテキストは封印していない，と述べるのである（デリダ1994＝1999：192f.）。

　このデリダの指摘を，アガンベンは「奇妙な曲解」（アガンベン1995＝2003：96）と一蹴する。たしかに，ホロコースト以後の人々がベンヤミンのテキストから何を連想するかまでが，彼の責任であるはずはなかろう。しかしデリダは，単に神的暴力という言葉の表層に惑わされたといったことではなくて，それが「最終的」なものとされていることに戦慄したのではないか。すなわち，ベンヤミンの議論にデリダは，境界画定の暴力を見出したのではなかろうか（杉田2000：72f.）。

　われわれは，法＝暴力の彼岸を想定しなければ，秩序に抵抗することはできないのだろうか。法のなかにとらえられているということは，正規性への全面的な屈服を意味するのか。暴力が排除されたところで行われる，自己目的としての「話し合い」という形でしか，政治のあるべき姿を考えることはできないのか。そうではなかろう。解放という「出口」を前提としなければ，権力への抵抗を続けられないわけではない。潜勢的にホモ・サケルであると同時に潜勢的に主権者でもあるという，両義的な地位にわれわれはあるからである。

　政治というものを，法の内部に巣食い，法と共に生き，法の暴力を見つめながら，しかも法を相対化して行く，そうした内在的な実践のプロセスとして再定義することはできないか。境界線の暴力が亢進する中，暴力とその外部とを画定する境界線よりも，境界画定そのものの限界づけ＝批判が求められているのである（杉田2005）。

　　文献：（年代の記述は，原著＝邦訳の順）
　　アガンベン，ジョルジョ　1995＝2003　Giorgio Agamben, *Homo sacer. il potere sovrano e la nuda vita*, 高桑和巳訳『ホモ・サケル』（以文社）

アガンベン, ジョルジョ 2003＝2007　Giorgio Agamben, *Stato di eccezione*, 上村忠男・中村勝己訳『例外状態』(未来社)

アーレント, ハンナ1972＝73　Hannah Arendt, "On Violence" 高野フミ訳『暴力について』(みすず書房)

市野川容孝2006　『社会』(岩波書店)

市村弘正2007　『増補・敗北の二十世紀』(ちくま学芸文庫)

シュミット, カール1921＝1991　Carl Schimitt, *Die Diktatur: von den Anfangen des modernen Souveranitätsgedankens bis zum proletarischen Klassenkampf*, 田中浩・原田武雄訳『独裁―近代主権論の起源からプロレタリア階級闘争まで』(未來社)(1964年版の邦訳)

シュミット, カール1922＝71　Carl Schmitt, *Politische Theologie*, 田中浩・原田武雄訳『政治神学』(1934年版の邦訳)

シュミット, カール1963＝72　Carl Schmitt, *Theorie des Partisanen: Zwischenbemerkung zum Begriff des Politischen*, 新田邦夫訳『パルチザンの理論』(福村出版)

杉田敦2000『権力』(岩波書店)

杉田敦2005『境界線の政治学』(岩波書店)

ソレル, ジョルジュ 1908＝2007　George Sorel, *Reflexions sur la violence*, 今村仁司・塚原史訳『暴力論』(上)・(下)(岩波文庫)

デリダ, ジャック1994＝1999　Jacques Derrida, *Force de loi*, 堅田研一訳『法の力』(法政大学出版局)

フーコー, ミシェル1975＝1977　Michel Foucault, *Surveiller et punir*, 田村俶訳『監獄の誕生』(新潮社)

ベンヤミン, ヴァルター 1921＝1994　Walter Benjamin, *Zur Kritik der Gewalt*, 「暴力批判論」, 野村修編訳『暴力批判論　他十篇』(岩波文庫) 所収

ベンヤミン, ヴァルター 1940＝1994　Walter Benjamin, *Über den Begriff der Geschichte*, 「歴史の概念について」, 野村修編訳『ボードレール　他五篇』(岩波文庫) 所収

アメリカ対外政策の継続と民主制度

樋渡展洋＊

一．問題関心と分析枠組

1．問題関心

　最近の国際政治研究では，民主国は，民主国同士で協力するが，非民主国とは協力が困難であるとし，貿易関係や同盟・経済協定の締結に関して，民主国の対外政策が，相手国の政治体制によって異なることを検証している（Gaubatz 1996, Leeds 1999, Mansfield et al. 2000, Mansfield et al. 2002, Mansfield et al. 2008）[1]。しかし，そのような差異が継続する理由については，未だ解明途上にある。本稿の目的は，特に対中国政策の分析を通して，アメリカの冷戦後の対外政策の継続要因を探究することにある。

　ところで，民主国が，民主国と非民主国に対して一貫して異なる政策を実施する理由として挙げられるのが，政府の制度的特徴である。つまり，民主国では，法的・制度的手続を公開，尊重し，他国との経済関係の拡大や国際協定の締結に対する賛否の双方の意見が議会において代表・論議されて政策が決定されるため，政策の継続や合意の遵守に対する信頼性が高い。これに対して，非民主国では，法的・制度的手続が閉鎖的で確立されておらず，政治的利害の代表も限定されているため，政治指導者は国内の反対勢力を抑圧・排除でき，そのため，政策を恣意的に転換し，国家間の合意を軽視する傾向にある。この結果，民主国は，政策や合意の継続・遵守が保障されない非民主国との貿易・投資の拡大や軍事・経済協定の締結を躊躇する。

　＊　東京大学社会科学研究所　教員　政治経済・国際政治経済

政府の政策継続を高めるこの要因を一般化，定式化したのが，ツェベリス（Tsebelis 1995, 2000）の拒否権者理論（veto player theory）である。この理論では，政策の転換には対立する政治主体（＝党派的拒否権者，partisan veto players）が，複数の政策決定の段階（＝制度的拒否点，institutional veto points）で合意に達する必要がある。民主国と非民主国を比較すると，前者では議会手続に従って，多様な政治的利害が政策決定に参加するため，制度的拒否点と党派的拒否権者を合わせた拒否権者の数が多く，その分，民主国では政策変化は起こりにくく，政策の継続がもたらされる。

　このことを前提に本稿の目的を敷衍すると，アメリカの対外政策の継続に寄与する制度的条件（制度的拒否点）と党派的条件（党派的拒否権者）を解明することである。しかし，拒否権者理論をそのままアメリカ外交の立法過程に適用するには二つの問題がある。第一に，アメリカ政治分析においては，政策の継続に寄与するとされる制度的条件と党派的条件は相容れないものと理解されており，両者を接合した枠組が存在しない。端的に，アメリカ立法過程の最も洗練された理論として名高いクレビルのPivotal Politics モデルは，制度的拒否点を中心に組み立てられている（Krehbiel 1998）。そこでは，党派的政策連合は理論的に不要であり，実証も不可能であると主張されるため，多数党の議事設定に基づく党派的な政策連合や，大統領の議事設定に基づく大統領中心の政策連合に基づいて立法過程を理論化し，検証した諸分析と鋭く対立している。即ち，制度的条件と党派的条件は相容れないものと理解されている。但し，次節で述べる通り，政策継続に寄与する政策連合の規模，提案者，変動要因などに関して，これらの理論はそれぞれ異なる予想を立てている。従って，ツェベリスの理論における制度的条件と党派的条件の双方がアメリカの対外政策の継続に及ぼす影響を解明するには，制度的条件のみで説明するクレビルの議論の枠内で，党派的条件である多数党による議事設定と大統領による議事設定とが競合する枠組を構築し，その枠組が制度的条件，党派的条件の一方のみに注目する上記の各理論とは異なる政策連合を形成することを示した上で，この予想を検証する必要がある。

　立法過程の分析枠組を外交政策に適用する際に生じる第二の問題は実証的制約である。冷戦後のアメリカは，市場経済改革を実施した国に対する経済関係を促進する一方で，政治的・軍事的には民主化国と非民主国で異

なる対応をした。即ち，民主化した国々の西側の同盟・経済関係への加盟を支援する一方，非民主国に対しては軍事的優位の維持を追求した。アメリカが民主国と非民主国に対して異なる外交政策を採用したことは，冷戦後の旧共産圏諸国への政策が，東欧諸国・モンゴルと，旧ソ連諸国・中国・ベトナムとでは異なり，アメリカの想定紛争地域や武器禁輸国，軍民併用技術の輸出規制国が，アメリカとその同盟国の安全を脅かす可能性のある中東地域と東アジアの非民主国に集中していることから理解できよう 2。但し，アメリカ議会では，民主化の進展や市場改革を理由とした特定国，特に旧共産国への経済支援や貿易正常化（恒久最恵国待遇付与）議決や，非民主国の人権弾圧や兵器拡散に対する非難決議，非民主・非市場経済国への制裁継続決議（制裁緩和決議の否決）は，議案が本会議採決にまで至った場合でも，概ね全会一致で採択されている。市場経済化している非民主国への（最恵国待遇継続の否認を含めた）経済制裁に限って，非民主国への制裁と市場経済との関係構築の葛藤のため，賛否が分かれる。このことは，アメリカの外交政策が相手国の政治および経済の特質により異なることを示す一方で，どのような議員が相手国の政治体制より経済体制を重視するのか，どのような議員がその逆なのかを詳細に分析することが可能な議案の数が限定されていることを意味する。その場合，政治的，経済的状況の変化にも拘わらずアメリカ外交政策の継続性を担保した政策連合の存在とその特質を解明することが分析の目的であるなら，即ち，政策選好が継続的な議員達と状況により変化する議員達を分別することが目的なら，分析対象は，議会で反復的に討議・採決された法案・決議案とする必要がある。

　この条件を充たす議案は，全て，何らかの意味で中国に関係している。即ち，貿易政策では，対中最恵国待遇の継続撤回議案は1990年から2001年までの全ての年に採決された 3。更に，中国政府は市場改革を推進する一方で民主化を拒否し，人権侵害，武器技術の拡散，スパイ疑惑などでアメリカと衝突したため，それを制裁，非難する議案も毎年のように提出され，多くは単独法案でなく予算案の修正決議の形式で，全会一致で成立した。しかも，この間のアメリカは，統一政府・分割政府の全ての組み合わせを経験する一方で，1990年代初頭の深刻な景気後退と財政赤字から1990年代半ばに脱出するなどの変動を見た。従って，対中議案は，国内の政治的，

経済的変動にも拘わらず継続する,異なる政治体制に対するアメリカの政策を検討するのに格好の素材を提供する。

以上の問題関心のもと,次節以降ではアメリカ立法過程の代表的な理論を概観し,そこで予想される政策連合の特徴を比較した上で,それらの知見を包摂した本稿の枠組を提示し,それに基づいた仮説を明示する。仮説の検証を踏まえた本稿の結論は,アメリカ外交政策の継続要因が,大統領の政策提案に基づいて,それを支持する中道で経済界に近い超党派の議員に求められるというものであるが,その含意は結論で述べられる。

2. 分析枠組

アメリカ立法過程の分析においては,政策継続の規定要因としての制度的拒否点の影響を強調するクレビルの議論と,党派的拒否権者の議事設定力を強調する諸議論とが対立している。後者は更に,議事設定者として議会多数党のみを念頭に置く「多数党議事設定論」と(Rohde 1991, Cox and McCubbins 1993, 2005),大統領も念頭に置いた「大統領議事設定論」(Edwards III 1989, Bond and Fleisher 1990)に二分される。制度的拒否点論者と党派的拒否権者の間の論争は,対外政策に限らず,立法過程の分析での制度的拒否点の枠内における党派的拒否権者の行動の影響に関する統一的な理解を妨げている。そこで本稿は,これらの先行研究を前提に,制度的拒否点の枠内で,大統領と議会多数党が議事設定をめぐり対立,競合する可能性のある枠組を提示する。以下,まず,先行研究が予想する政策連合の違いを概観し,次いで本稿の(「大統領議事設定・党派的反応」)枠組を提示する。

対立する上記の先行研究が異なる政策継続連合の規模と形態を予想しているということは,とりも直さず,これらの先行研究の全てが共通して一次元の政策空間を前提に議論を組み立てていることに由来する。左右のイデオロギー政策空間の前提なくしては,先行研究はその対立点は明確にならず,それぞれの立場の実証が不可能であることは容易に理解できよう[4]。このことを前提に,まず,表1のように,クレビルのモデルでは,政策の継続と変動の規定要因は制度的拒否点に限定されている(Krehbiel 1998)。このモデルによれば,政策継続の原因は,大統領の拒否権や上院における議事妨害(filibuster)を乗り越えるために必要な議院の2/3または6割

表1　アメリカ立法過程の諸理論と本稿の枠組の比較

	政策提案者	政策連合の規模と内容		政策連合の党派性と形態		連合の変動要因
		政策変革	現状維持	政党間イデオロギー重複	両端対中道投票の可能性	
Pivotal Politics ・Krehbiel (1998)	特定されず (議会中位議員)	議院の一端から2/3または6割以上	各議院の一端から1/3または4割以上	無	無	選挙による議会中位議員の位置変動
多数党議事設定 ・Cox and McCubbins (1993, 2005)	多数党中位	多数党中心・過半数以上	多数党中心・過半数以上	無	無	選挙による議会多数党中位議員の位置変動
大統領議事設定 ・Edwards and Barrett (2000) ・Bond and Freisher (1990, 2000)	大統領/多数党中位	大統領超党派/議会多数党・過半数以上	大統領与党・1/3または4割以上/議会超党派・過半数以上	有	無	大統領/分割・統一政府
大統領議事設定 ・党派的反応 (本稿の枠組)	大統領	大統領超党派/議会多数党(議院の2/3または6割以上)	大統領超党派/議会多数党(議院の1/3または4割以上)	有	有	(1)大統領/分割・統一政府 (2)選挙による議会中位議員の位置変動 (3)経済・世論変動による現状変動

以上の特別多数（supermajority）である。つまり，議院の1/3または4割以上の賛成が得られれば，政策の変更が否決されて現状が維持される以上，政策の継続連合の規模は，政策空間軸のいずれかの端から議院の1/3または4割の議員が政策変更に反対するか，大統領拒否権に賛同することである。注目すべきことに，この条件は議会における民主，共和両党の勢力分布に関係なく，分割政府，統一政府のいずれでも成立する。従って，政策変更の条件は，選挙の結果，議会中位議員（median legislator）の政策次元上の位置が移動し，現状を支持する議員が，議院の1/3または4割未満にまで減少することである。クレビルは議会通過法案のほとんどが2/3または6割以上の多数で可決されていることをもってその理論の妥当性を主張し，立法過程における多数党の影響力は検証できないとする。しかし，この理論の問題は，政策提案者が明確に特定されておらず，中位

議員から議院の4/15の範囲内では，現状が変動しても不作為で政策が継続されることである。

これに対して，多数党議事設定論によれば，議事設定権（agenda setting powers）を有するのは議長職および重要委員長職であり，議会多数党はそれらのポストを独占することで，選挙で有利な党派的政策を成立させる（Cox and McCubbins 1993, Cox and McCubbins 2005, Smith 2007）。この場合，表1のように，政策の継続，変更はいずれも議会多数党の中位議員の現状に対する評価に依存し，多数党中位議員が現状の変化を望めば政策が変更される。その際，多数党所属議員は指導部の指示に従い投票すると想定されている。党議拘束が弱いアメリカ議会で，所属議員が指導部の指示に従って投票するかは所属議員団のイデオロギー的均質性に依存するとされるが（Rohde 1991, Aldrich and Rohde 2000），党指導部や委員長は所属議員の大多数が賛成する議案のみを提案するため，結果的に多数党の影響力は確保されるとされ，その検証もなされている（Binder et al. 1999, Lawrence et al. 2006）。この理論での政策＝現状変更の条件は，議会の多数党の変動・交代により新しい多数党中位議員の現状に対する評価が変化することである。この議論の問題は，その理論と実証がいずれも連邦下院のみを念頭に置き，大統領が除外されていることである。

この問題を是正するのが，大統領議事設定に関する諸研究である。そこでは，大統領の所属政党が議会の多数党と異なる分割政府と，両者が一致する統一政府では，立法過程の様相が異なる（Edwards 1989, Bond and Fleisher 1990, Fleisher and Bond 2000, Prins and Marshall 2001, Beckmann and McGann 2008）。まず，分割政府では大統領と議会多数党が互いに対抗・競合して議事設定をする一方，統一政府では大統領が多数党を代表して議事設定を行う。また，分割政府では，大統領が多数党指導部や自分と政策が近い多数党議員の支持を得ない限り法案は議会を通過しないが，他方で，大統領は多数党の提案した法案に対して拒否権を発動することで政策変更を阻止できる（Edwards et al. 1997, Edwards and Barrett 2000）。従って，この議論では，政策変更と政策継続では必要な政策連合の規模が異なっていて，分割政府が政策変更を行うには，大統領を中心とする超党派の議員で過半数以上の賛成が，統一政府の場合は多数党中心の過半数以上の賛成が必要である。政策の継続に関しては，分割政府の場合には少数党で議院の

1／3以上,統一政府の場合は超党派の過半数の支持が必要となる(表1参照)。

　大統領議事設定論で注目すべきは,大統領を中心とした超党派の政策連合が想定され,実証されていることである。その際,いわゆる「二つの大統領制(two presidencies)」論(Shull 1991)も検討され,大統領が立場を表明した議案の議院通過率(＝大統領成功率)は,分割政府では,外交が内政よりも高いとされている。ただ,その要因として,対外政策では大統領と行政府に専門知識が集中するため,大統領が議案提案を率先して行い,議員(特に下院議員)が大統領に政策判断を委任しやすく,大統領が地元の特殊利益よりも広い利益に対応して政策立案を行うことなどが,列挙されているものの(Bond and Fleisher 1990, Steger 1997, Peake 2001, Eshbaugh-Soha 2005, Jacobs and Page 2005, Barrett and Eshbaugh-Soha 2007, Canes-Wrone et al. 2008),外交,貿易などの政策分野の実証分析で蓄積された知見,特に大統領の議事設定への経済要因や世論動向の具体的影響は摂取されておらず(3節参照),従って,政策継続,変更の要因は分割政府と統一政府の交代に限定されることになる。

　以上を前提に,制度的拒否点の枠内で大統領と多数党が議事設定で対抗,競合する状況を定式化するには,以下の前提を有する枠組が適当であると考えられる。第一に,大統領の議事設定・政策提案は党派に制約されないものとする。これまで紹介した通説では,大統領は所属政党の党派性に沿った提案をすると想定されたが(Edwards 1989, Bond and Fleisher 1990),それは,大統領が選挙で勝利するために全国レベルの中位投票者(従って議会の中位議員)に近い政策を指向することや,大統領の政策提案に経済状況や有力団体,世論が影響を及ぼしているという事実と矛盾する。このため,大統領がその所属政党の中位議員よりも議会の中位議員に近い提案をする余地や,大統領の政策提案に経済の変化,有力な利益団体の要請,および世論の支持などが影響を与える余地を残すには,大統領が党派的な議事設定をするという前提を緩和する必要である。第二に,両党議員の間でイデオロギーの重複が存在すると想定する。その理由は,議員のイデオロギー分布に関するプールとローゼンタール(Poole and Rosenthal 1997)の画期的実証的研究で導出された,二大政党所属議員がイデオロギー的に乖離しているという結果を敢えて採用せず,前述の大統領議事設定論

(Bond and Fleisher 1990, Fleisher and Bond 2000, Fleisher et al. 2000) で検証されている自分の所属政党よりも反対党にイデオロギーの近い議員が存在すること，即ち政党間のイデオロギー重複を前提にした方が，大統領の議事設定を枠組に組込むことが可能になるからである。

　そこで，枠組の説明であるが，まず，大統領が政策提案を行う。提案は議会の中位議員に近い，両党が重複する範囲でなされる。次いで，多数党指導部は，本会議に先立ち，独自の提案を大統領案に対する代替案として提案するか，大統領案を支持するかを選択し，少数党指導部は多数党の決定にかかわらず大統領提案を支持する。少数党指導部が大統領提案を是認するのは，少数党代替案は成立の見込みがなく，政党間の重複の範囲内での大統領提案は，少数党の政策により近いからである。続いて，両党指導部の決定が各党内で審議され，両党の各議員が賛否を決定する。この際，本稿では，両党指導部が大統領案を是認する場合，多数党のイデオロギー急進派議員は多数党代替案が提出されないことに抗議して，少数党の急進派議員も多数党との相乗りに抗議して，それぞれ党イデオロギーへの忠誠を訴え，それを根拠に指導部方針に反する投票を党内に呼びかけると想定する。図1は，各党での党内審議後の本会議の投票分布を示している。

　注意すべきは，多数党の指導部が代替案を提示する場合，その提案点が大統領提案と党中位議員の中点付近となることである。それは，党指導部が，多数党が分裂して党の多数派の立場が本会議で否決されるという，俗にいう「のされる」("rolled") 事態を回避するために，党中位議員の意見を考慮するためである。コックスとマッカビンスに依るまでもなく，多数党の多数派が敗北することは，党執行部が最も恐れる事態である (Cox and McCubbins 2005)。従って，多数党指導部は，多数党代替案が本会議を通過する目処のある時は代替案を提案するが，議院における多数党と少数党の議席差が小さく，政党間の重複が小さい場合には，代替案の成立の目途が立たないため，大統領提案を支持する。

　ここで，大統領提案と多数党代替案の中点が少数党と重複しない場合，分裂した多数党と一致して反対する少数党の間で代替案の採決が行われる。もし大統領案と代替案の中点が少数党と重複する場合，代替案は両党の議員を分裂させ，投票行動は図1 (a) のようになり，二大政党のイデオロギーを共有する議員が連合する「超党派イデオロギー」投票が見られる。そ

図1　分析枠組

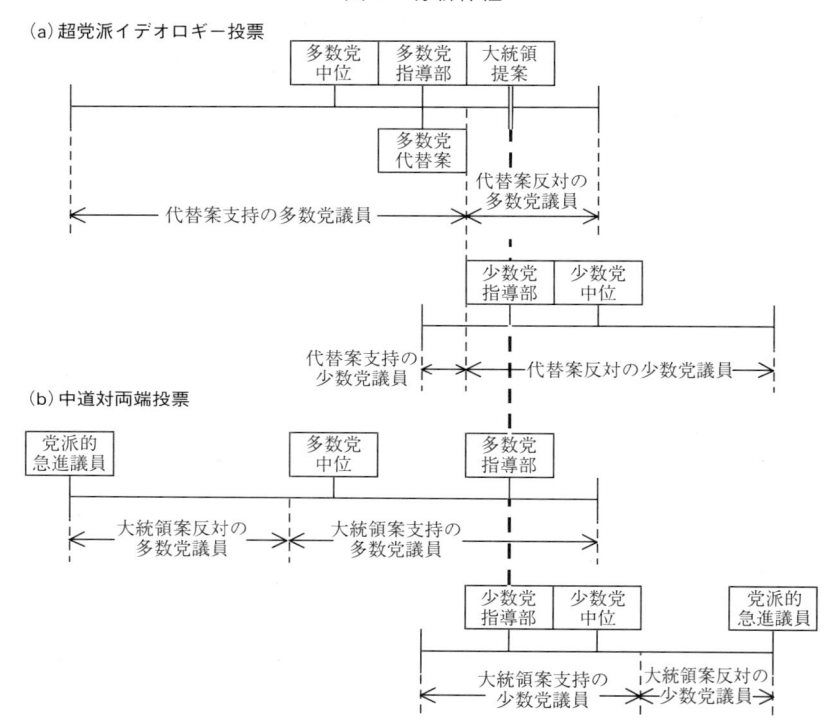

(a) 超党派イデオロギー投票

多数党中位　多数党指導部　大統領提案

多数党代替案

代替案支持の多数党議員　代替案反対の多数党議員

少数党指導部　少数党中位

代替案支持の少数党議員　代替案反対の少数党議員

(b) 中道対両端投票

党派的急進議員　多数党中位　多数党指導部

大統領案反対の多数党議員　大統領案支持の多数党議員

少数党指導部　少数党中位　党派的急進議員

大統領案支持の少数党議員　大統領案反対の少数党議員

して，重複部分が拡大するほど，代替案は超党派イデオロギー投票で本会議を通過しやすくなる。これに対し，重複部分が縮小すると，代替案は成立しない。

　多数党代替案が成立しない場合，多数党指導部は大統領提案を是認する。この場合，両党の急進議員の党指導部に対する挑戦は，両党間にある程度のイデオロギー的な重複がある限り大統領案の成立には影響を及ぼさず，政党間の重複がない場合にのみ法案が否決される。イデオロギー的に両端に位置する議員から挑戦が生じる投票形態は，通常「中道対両端投票」（"center-meets-the-ends"）と呼ばれ，図1(b)では，その結果として大統領案が通過する場合を図示している。一般的には，代替案が可決されない場合，大統領提案は両端対中道投票で可決される[5]。

以上で説明した枠組は，従来の制度的拒否点論の枠内で多数党議事設定論と大統領議事設定論の理論的・実証的知見を包摂・統合し，大統領による政策提案に経済状況や利益団体，世論が影響する余地を残しつつ，政策継続の制度的要因と党派的要因を検討することを可能にする。その要点は，大統領提案が政党間のイデオロギー重複の範囲内で提案される限り，大統領を中心とした超党派議員による中道対両端投票で議案が通過するのに対し，多数党が代替案を提案して挑戦する場合は，超党派イデオロギー投票が見られ，多数党代替案が成立しやすいが，この場合は，大統領の拒否権発動により多数党代替案が成立しない可能性があることである。超党派イデオロギー投票は一般的に想定される党派的投票行動とあまり変わらないが，中道対両端投票は従来の理論が予想しない投票形態である。以下では，この枠組から導出され，アメリカ外交で検証可能な仮説を明示する。

3．仮説

対外政策の継続の分析を目的とした本稿の枠組の特徴は，大統領提案が中道対両端投票または超党派イデオロギー投票で議決されると予想することに加え，大統領提案に多数党執行部が賛成した場合，両党の急進派が異議を唱えると想定することである。後者の主張は法案に対する修正決議で検証可能である。つまり，分割政府で議会多数党の執行部・委員長が議事設定権を持つ場合，執行部は急進派が党を分裂させるのを極力阻止するため，党内急進派の提案を修正決議として採決することに同意し，急進派に不満表明の機会を与えた上で，多数党を含めた超党派でその議案を否決できるからである。このように考えると，分割政府での修正案の大多数が多数党議員提案で，その多くが否決される事実が説明できる。

　　仮説1：政策継続のため大統領が提示する議案は，多数党の代替案による挑戦を受けない場合には中道対両端投票で，受ける場合は超党派イデオロギー投票で議決される。分割政府の下では，前者の場合，多数党は党内急進派を融和するために修正決議を採決し，それを否決する可能性が高いのに対し，後者の場合は大統領が拒否権を発動する可能性が高い。

ところで，本稿の枠組では，大統領が自らの所属政党の中位議員の政策を代表するとは限らず，むしろ両党の政策イデオロギーが重なる領域で政策提案をすると想定した。これは，大統領が穏健な議事設定によって立法的成功を収めるとする最近の議論と軌を一にする（Covington et al. 1995, Steger 1997, Peake 2001, Eshbaugh-Soha 2005, Marhsall and Prins 2007）。大統領が穏健な議事設定をする理由として通説は，大統領は全国区の選挙で選ばれ支持率に配慮するため有権者や議会の中位に近い政策を，あるいは経済界のロビイング活動や世論動員での強い影響力に配慮して経済界に近い政策を提案すると想定する（Jacobs and Page 2005）。実際，大統領による世論動員に関する研究は，大統領と世論の政策が近い場合，前者は世論に訴えて議会の立法に影響を与えうるとする（Canes-Wrone 2006）。また，貿易政策に関する研究も，大統領は所属政党に関係なく国益を代表して自由貿易指向で，その所属政党が保護的選挙区を基盤に議会多数派を占める場合でも，大統領は，自由貿易の少数党に近い議案を提案し，少数党の協力を得て，自分の政策を実現できるとする（Destler 1995, Keech and Pak 1995, Karol 2001, Sherman 2002）。更に，下院委員会の政策イデオロギーの推定は（Krehbiel 1991, Cox and McCubbins 1993, Maltzman 1997, Young and Heitshusen 2002），分析時期や推定手法，議会多数党の交代を問わず，大統領の軍事政策を査定する下院軍事委員会が例外的に常に保守的な値を示し，その点で主要経済団体である全国商業会議所（Chamber of Commerce）とイデオロギー指向が極似していることを示している（Poole and Rothental 1997）。

そこで，もし大統領提案を支持する議員連合が，大統領提案に影響を与える世論や経済界の意向に共鳴する超党派の中道，経済界系の議員で占められているとすると，大統領提案に対するその賛否は，政治変動よりは，経済界の支持や経済状況に影響されるはずである。実際，外交政策の投票への経済状況の影響は，広く検証されている（Bohara and Kaempfer 1991, Gartzke and Wrighton 1998, Baldwin and Magee 2000, Bailey 2001, Prins and Marshall 2001, Marshall and Prins 2002, Eshbaugh-Soha 2005, Peake et al. 2007 参照）。

仮説 2 ：大統領案に対する中道と経済界系の議員の支持は，政府の党

派的変動の影響をあまり受けないのに対し，イデオロギー的両端に位置する議員の支持は党派的変動により敏感である。また，経済状況の変動は，議会での議員連合の規模に対照的な影響を及ぼす。

最後に，これまでの議論を議会の点呼投票の分析によって更に検証する。通説では，議員の投票の規定要因とされるのは，そのイデオロギーと政党所属である（McCormick and Wittkopf 1990, 1992, McCormick et al. 1997, Wittkopf and McCormick 1998）。しかし，本稿が主張したように，政策継続の中核が大統領支持の中道議員や中道保守の経済界系議員である場合，法案通過の採決では，中道議員からのイデオロギー的距離と大統領支持の大小の方が説明力は高いと予想できる一方，分割政府での大統領・議会多数党案に対する修正決議案は，超党派イデオロギー投票で否決されることも多いため，その採決では，議員のイデオロギーと政党所属も説明力を持つ。ただ，修正決議の中には多数党指導部の意向を受けた実質的修正も含まれている可能性が高いためイデオロギーと政党所属の方が説明力はあると断言はできない。また，大統領の政策選好が中道または中道保守であれば，大統領提案への支持は民主党議会よりも共和党議会で，分割政府よりも統一政府で強く（cf. Meernik 1993, Steger 1997），大統領を支持する議員連合の規模は経済状況に影響を受けるはずである。以上の点を列挙すると，

　仮説3：大統領案に対する支持議員連合の中核が超党派の中道，経済系議員であるとすると各議員の点呼投票は以下の特徴を持つはずである。(a) 各議員の投票規定要因として，法案通過採決では，中道議員からのイデオロギー距離，大統領支持，および経済界への親密度が有意に相関し，前二者は議員のイデオロギーと政党所属よりも説明力がある。但し，修正決議案ではイデオロギーと政党所属も説明力を有する。(b) 大統領提案に対する支持は，共和党大統領と共和党議会の組み合わせが成立している時に最も強く，共和党大統領と民主党議会の時に最も弱い。(c) 大統領案への支持は，貿易や投資関係が深化，景気や財政状況が改善されると共に拡大する。

二 検証結果

1. 大統領による議事設定と政策連合の形態

　まず，仮説1を検証するため，1990年から2001年までの対中貿易問題と軍事予算案，および軍事予算案に対するミサイル防衛費修正決議の採決結果を確認する。本稿末尾に示した採決結果（付表2，3）から分かることは，対中貿易と軍事予算の採決の大多数が中道対両端投票で，超党派イデオロギー投票が見られたのは，前者では1990から94年の間，後者では多数党になった共和党がクリントン大統領の予算要求に対する保守的代替案を提示した1995年から97年の間である。更に，ミサイル防衛が1980年代後半から1990年代を通じて軍事予算の最大の争点であったにもかかわらず，ミサイル防衛費の削減修正決議は民主党議会でのみ見られ（付表1），ほとんどが超党派イデオロギー投票により否決された。

　軍事予算案およびミサイル防衛費削減決議の投票結果が仮説1を支持することは明らかであるが，対中貿易問題に関しては若干の説明が必要である。1989年の天安門事件直後の第101，102議会では，中国の最恵国待遇を延長するというブッシュ大統領の決定に民主党議会が挑戦し，延長の条件として中国の人権抑圧・兵器拡散問題の改善を求める「中国法案」を提出した（1990 101-H.R.4939, 1991 102-H.R.2212, 1992 102-H.R.5518）。しかし，90年法案は上院を通過せず，91，92年法案にはブッシュ大統領が拒否権を発動した。中国法案の立法過程で特徴的だったのは，ブッシュ大統領と議会多数党である民主党指導部が，貿易促進派の議員や軍事支出推進派の議員を奪い合ったことである。この攻防では，大統領は議会の機先を制して，高性能コンピューターと人工衛星の対中輸出一時停止や，強制労働による製品の輸入禁止強化，および台湾のGATT加盟支援など，対中制裁を実施する大統領令を発した。他方，民主党指導部は，貿易制裁を国有企業産品に限定するなどして，対中貿易推進ながら兵器技術流出を懸念する中道保守議員の支持を得ようとした（CQ Almanac 1991: 121-125, CQ Almanac 1992: 157-161）。最終的には，大統領による拒否権の発動とそれを支持する少数の両党保守議員に救われる形で，ブッシュ政権は政策継続を実現した。

その後，クリントン大統領と民主党による統一政府（1993-1994年）の下では，大統領に挑戦したのは議会少数党の共和党であった。通常，統一政府においては，少数党が大統領提案に挑戦する議案を採決に持ち込むことは稀である。しかし，大統領による共産主義国への最恵国待遇を1年まで認めた1974年貿易法のジャクソン＝ヴァニック（Jackson-Vanik）条項は，大統領決定を覆す決議案が提出された場合，それを本会議に上程することを委員会に義務付けた。このため，少数党である共和党の挑戦が採決に付され，超党派イデオロギー投票で否決されたのである。その後，1994年選挙で共和党が勝利を収め，多数党が交代すると，共和党指導部がクリントン大統領の最恵国待遇決定を支持したため，それに反発する両党のイデオロギー急進派が反対するという，本稿の予想する中道対両端投票が繰り返され，2000年の対中恒久最恵国待遇法案（106-H.R.4444）も中道対両端投票で可決された（2000 CQ Almanac, 20.3-20.24）。

以上検討してきた採決結果は仮説1を支持する。即ち，大統領提案は，それが挑戦を受けない場合は中道対両端投票，挑戦を受ける場合は超党派イデオロギー投票で議決され，後者の場合に限り，大統領拒否権が発動された。また，分割政府下では，議会多数党が党内急進派による修正決議を採決に付し，否決した。

2. 大統領支持の議員連合の特性

仮説2は，大統領の政策提案を支持する議員連合の中核が超党派の中道および中道保守の経済界系の議員であると予想する。その検証のため，下院議員を四つの集団に分けて，各集団を分析単位とする回帰分析を行った。具体的には，中道議員の影響を検証するために中道議員とイデオロギー両端議員を分け（「中道対両端モデル」）[6]，次に経済利益団体の影響を確認するために経済界系議員と反経済界議員を抽出した（「経済利益モデル」）[7]。

この分析における従属変数は，期間中に実施された16回の中国最恵国待遇法案の採決と，39回の軍事予算法案の採決に際して，それぞれの議員集団が投じた賛成票と反対票の差分である。政治的独立変数としては，**大統領所属政党**（民主党＝1，共和党＝2），**分割政府**（ダミー変数），**大統領政党×分割政府**の交差項，および**法案類型**を用いた。**法案類型**の分類は次の通りである。まず，最恵国待遇法案については，最恵国待遇付与の条件

として人権抑圧改善や兵器拡散防止を挙げている法案を1，最恵国待遇を撤回するための決議案を0とした。次に，軍事予算法案については，軍事支出権限法案の採決を0，同法案の両院協議報告採決を1，軍事予算法案採決を2とした。更に，経済的独立変数としては，最恵国待遇法案の分析ではアメリカの**対中投資**額と前年度の**対中国貿易**額および**貿易収支**額を用い，軍事予算法案の分析では前年度の**財政収支**と**失業率**を投入した[8]。

表2の分析結果は，仮説2をおおむね支持している。即ち，最恵国待遇法案では，経済界系議員が，政治変数に影響されずに安定的に大統領を支持している。これらの議員も，共和党の大統領と民主党の議会によって構成される分割政府の下では最恵国待遇に反対し，最恵国待遇に条件を付ける法案類型に賛成していることは，天安門事件の効果であると考えられる。実際，この解釈は，**大統領政党×分割政府変数**の交差項の回帰係数が有意でなく，モデルの説明力を向上させなかったことからも裏付けられる（結果は省略）。これに対し，**対中投資**，**対中貿易**，**対中貿易収支**の係数はそれぞれのモデルで議員集団ごとに符号が逆転しており，両端対中道モデルでは統計的に有意である。つまり，対中投資と貿易が増大するほど，中道議員は対中最恵国待遇に賛成する傾向が強くなる。

軍事予算法案の分析結果は，経済変数を制御すると，中道・経済界系議員と両端・反経済界議員の投票行動が，政府と議会の党派構成の変動に応じて，逆方向に反応しているが，議会の党派性の違いによる中道議員の賛否の変動は統計的に有意でない。従って，軍事予算に関しては，中道議員が政治変動の影響を受けにくい支持層であると言えよう。更に，どの議員集団も，景気回復期における財政収支の改善や失業率の低下とともに軍事予算への支持を拡大させている。

以上，貿易正常化や軍事支出に関する大統領提案の安定的支持層が，中道議員および中道保守の経済界系議員から構成され，その議員連合の規模が対中経済関係の深化や経済状況の好転により拡大することを明らかにして，仮説2の検証とした。そこで最後に，この支持集団の特徴を個々の議員の投票行動から確認する。

3．外交政策の投票規定要因

仮説3は，仮説2の議員集団別投票の特徴が議員個人の投票に基づいて

いることを想定している。この仮説を検証するため，対中**最恵国待遇**法案，**軍事予算**諸法案，および**ミサイル防衛費**修正の決議案に対する各議員の投票をプールしたロジット分析を行った。

まず，仮説3(a)の検証結果は表3に示されている。これまでの通説では議員のイデオロギーと政党所属が投票行動を最も良く説明するとされたのに対し，本稿では，法案通過採決では，議会の中道からのイデオロギー的距離と各議員の大統領への支持の方が，修正決議採決ではイデオロギーと政党所属も説明力を持つと予想した。モデルの比較検証をするため，本稿モデルの独立変数にはCongressional Quarterly社の**大統領支持**スコアと，多数党の平均からの各議員の**イデオロギー距離**（DW-NOMINATE値より計算）を用いた。これに対し，通説を検証するための独立変数には，**所属政党**と**イデオロギー位置**（DW-NOMINATE値）を用いた。分析の結果，仮説3(a)の予想通り，対中貿易法案と軍事予算法案の法案通過では**大統領支持**と**イデオロギー距離**がより高い説明力を示し，**ミサイル防衛**では両モデルの説明力は拮抗した。特に，イデオロギー距離の符号が（予算減額反対を意味する）正符号であることは，民主党議員平均からイデオロギー距離が離れた民主党保守派議員と共和党議員が軍事委員会予算を支持したことを意味し，事実上の超党派イデオロギー投票に近似する。加えて，**ミサイル防衛**の両モデルの高い説明力は，修正決議の中に，多数党指導部の意向を受けた実質的修正も含まれていることを示唆するとともに，本稿の予想する多数党急進派提案も含まれていることを意味する。

次に，議員の**最恵国待遇**法案と**軍事予算**諸法案に対する投票行動の規定要因をより詳細に検討する。ここでは，独立変数として，**イデオロギー距離**と**大統領支持**スコアに加え，**米国商業会議所**スコアを利用した。この三つの変数は，中道または中道保守の経済界系議員が大統領と政策選好を共有し，その中心的な支持者であることを明らかにする。更に，大統領が中道保守的であるか否かを見るため，**大統領政策位置**を，共和党による統一政府をベースに，大統領と議会の党派性の組み合わせごとにダミー変数として投入した。仮説3(b)によれば，最恵国待遇法案や軍事予算法案への支持は，中道保守的な大統領と多数党の中位点の間の距離が最小の共和党の統一政府の時に最も高くなる一方，そのような大統領と多数党の距離が最大の共和党大統領と民主党議会による分割政府の時に最も低くなる。この

表2 対中最恵国待遇反対と軍事歳出案の議員集団別投票規定要因 (1990-2001)

モデル	両端対中道					
最恵国待遇	中道議員			両端議員		
大統領政党	129.363***	129.537***	132.087***	64.967**	66.057**	63.693**
(民主党=1,	19.461	20.240	19.549	14.137	13.773	13.989
共和党=2)	6.65	6.40	6.76	4.60	4.80	4.55
分割政府	71.439**	67.540**	67.674**	78.081***	80.074***	80.044***
	19.852	20.515	20.159	14.421	13.959	14.425
	3.60	3.29	3.36	5.41	5.70	5.55
法案類型	107.488***	102.937***	104.093***	48.721**	50.954**	49.926**
	18.633	19.498	19.096	13.734	13.268	13.665
	5.77	5.28	5.45	3.55	3.84	3.65
対中投資	−0.0083**			0.0043*		
	0.0003			0.0016		
	−3.67			2.71		
対中国貿易		−0.0011**			0.0006*	
(t−1)		0.0003			0.0002	
		−3.52			2.91	
対中貿易収支			0.0013**			−0.0007*
(t−1)			0.0004			0.0003
			3.64			−2.69
定数項	−232.431***	−242.326***	−257.151***	−170.303***	−187.841***	−176.551***
	41.52	40.795	36.972	24.890	27.759	26.457
	−5.60	−5.94	−6.96	−6.84	−6.77	−6.67
観察数	16	16	16	16	16	16
Adjusted R-squared	0.927	0.924	0.927	0.846	0.855	0.846
軍事予算	中道議員			両端議員		
大統領政党	92.667**	−48.318	−35.665	118.500***	11.412	29.373
(民主党=1,	27.846	33.518	36.924	24.900	33.393	36.630
共和党=2)	3.33	−1.44	−0.97	4.76	0.34	0.80
分割政府	142.333**	−104.727#	−95.673	233.333***	45.674	68.037
	44.996	57.037	65.353	40.237	56.823	64.833
	3.16	−1.84	−1.46	5.80	0.80	1.05
大統領政党	−113.50**	68.182	41.684	−184.1667***	−46.167	−76.391#
*分割政府	31.477	41.253	43.594	28.147	41.098	43.247
	−3.61	1.65	0.96	−6.54	−1.12	−1.77
法案類型	10.385	10.385#	10.385	21.615**	21.615**	21.615**
	7.723	5.738	6.234	6.906	5.717	6.184
	1.34	1.81	1.67	3.13	3.78	3.50
財政収支		0.00035***			0.00026***	
(t−1)		0.00006			0.00006	
		5.35			4.08	
失業率			−39.979***			−27.765**
(t−1)			9.126			9.054
			−4.38			−3.07
定数項	48.615	300.636***	464.793***	−133.282**	58.145	155.756
	40.130	55.778	100.376	35.885	55.569	99.576
	1.21	5.39	4.63	−3.71	1.05	1.56
観察数	39	39	39	39	39	39
Adjusted R-squared	0.230	0.575	0.499	0.592	0.720	0.673

*** p < 0.001, ** p < 0.01, * p < 0.05, # p < 0.1
第2行は標準誤差，第3行はt値
法案類型：対中最恵国待遇に関しては，継続反対決議案=0,「中国法案」=1,軍事予算に関しては，歳出権限法案=0,歳出権限両院協議会報告=1,歳出予算案=2

経済界利益団体モデル					
経済界系議員			反経済界議員		
82.402*	84.41*	85.419*	111.810***	111.142***	110.320***
31.001	32.03	31.102	10.883	11.237	11.077
2.66	2.64	2.75	10.27	9.89	9.96
47.834	44.821	44.951	101.147***	102.2149***	102.191***
31.624	32.468	32.071	11.101	11.389	11.423
1.51	1.38	1.40	9.11	8.97	8.95
48.047	45.391	45.883	107.0082***	107.970***	107.607***
29.682	30.859	30.380	10.420	10.825	10.820
1.62	1.47	1.51	10.27	9.97	9.94
−0.0062			0.0022		
0.0035			0.0012		
−1.78			1.80		
	−0.0007			0.0003	
	0.0005			0.0002	
	−1.54			1.57	
		0.0009			−0.0003
		0.0006			0.0002
		1.64			−1.54
−200.841**	−187.771**	−195.613**	−236.266***	−241.063***	−236.791***
54.582	64.564	58.820	19.160	22.648	20.950
−3.68	−2.91	−3.33	−12.33	−10.64	−11.30
16	16	16	16	16	16
0.637	0.637	0.625	0.966	0.964	0.964
経済界系議員			反経済界議員		
226.667***	185.913***	206.530***	−15.833	−222.870***	−212.931***
31.933	51.728	53.066	38.557	43.830	47.580
7.10	3.59	3.89	−0.41	−5.08	−4.48
603.194***	531.778***	565.848***	−227.556***	−590.364***	−593.098***
51.600	88.025	93.923	62.303	74.585	84.212
11.69	6.04	6.02	−3.65	−7.92	−7.04
−398.31***	−345.788***	−373.96***	100.778*	367.577***	339.12***
36.096	63.665	62.65	43.584	53.944	56.17
−11.03	−5.43	−5.97	2.31	6.81	6.04
28.385**	28.385**	28.385**	3.577	3.577	3.577
8.857	8.856	8.959	10.694	7.504	8.032
3.20	3.21	3.17	0.33	0.48	0.45
	0.00010			0.0005***	
	0.00010			0.0001	
	1.00			6.00	
		−6.273			−61.401***
		13.116			11.760
		−0.48			−5.22
−257.051***	−184.201*	−191.747**	172.756**	542.849***	811.944***
46.020	86.081	144.256	55.566	72.938	129.342
−5.59	−2.14	−1.33	3.11	7.44	6.28
39	39	39	39	39	39
0.820	0.820	0.816	0.454	0.731	0.692

表3　モデル比較

	最恵国待遇　法案・決議案		軍事予算　諸法案	
大統領支持	0.027***		0.005***	
	0.001		0.001	
	−19.86		5.43	
イデオロギー距離	1.393***		−3.069***	
	0.098		0.065	
	14.23		−47.46	
所属政党		−0.002**		−0.019***
		0.001		0.001
		−2.02		−21.45
イデオロギー位置 (DW-NOMINATE)		−0.715***		2.578***
		0.140		0.105
		−5.11		24.46
定数項	0.708***	0.276	2.524***	4.054***
	0.056	0.168	0.049	0.134
	12.67	1.64	51.25	30.26
観察数	6914	6940	20287	20313
Log likelihood	−4558.09	−4672.09	−9212.13	−10527.73
LR χ^2 [no. of variables]	464.48 [2]	272.35 [2]	3261.2 [2]	648.24 [2]
擬似決定係数 R^2	0.0485	0.0283	0.1504	0.0299

*** $p < 0.001$，** $p < 0.01$，* $p < 0.05$
第2行は標準誤差，第3行はz値

他に，制御変数として**法案類型**と**軍事支出**の変化を用いる。**法案類型**はダミー変数であり，**最恵国待遇**の分析においては，前節と同様に人権抑圧改善などを条件とする場合に1を与える。軍事予算の分析については，支出権限法の下院通過採決をベースに，**両院協議報告**と**支出予算案**採決を1で表す。ここでは，下院の党派的意思表明の性格が強い支出権限法に比べ，予算過程の終着に近い両院協議報告と支出予算案では賛成が増え，支持が超党派的になると想定される。**軍事支出**の変化は，**軍事予算**への支持が軍事費増大への支持であることを確認するために，支出（百万ドル単位）とGDP比を軍事予算法案の分析にのみ投入した。以上に加えて，経済状況の影響を確認するため，前節同様に，最恵国待遇法案の分析には**対中貿易**収支と**対中投資**を，軍事予算法案の分析には**財政収支**と**失業率**を独立変数として含めた。更に，以上の経済変数とイデオロギー距離の交差項も加えることによって，イデオロギー的に両端に位置する議員に対する経済変化の影響を確認した。

ミサイル防衛 修正決議案
0.014***
0.001
10.92
4.238***
0.127
33.48
−0.007***
0.001
−5.19
5.051***
0.195
25.91
−2.029***　　1.381***
0.073　　　　0.185
−27.78　　　　7.46
6447　　　　6463
−3397.10　　−3155.29
2126.45 [2]　2631.45 [2]
0.2384　　　0.2943

最恵国待遇法案(表4a)と軍事予算法案(表4b)の分析結果は，仮説3を支持している。**大統領支持，イデオロギー距離，商業会議所**の係数は全て予想通りの符号であり，どのモデルにおいても頑健に有意である。これにより，イデオロギー的に中道の，経済界に立場が近く，大統領を支持する議員が中国への最恵国待遇や軍事予算を支持する傾向にあることが確認された。また，仮説の予想通り，**最恵国待遇法案**と**軍事予算法案**への賛成票が投じられる確率は，共和党大統領・民主党議会の分割政府の時に最も低い。最恵国待遇法案への支持が，共和党による統一政府の時に最も高くなっていない理由は，その下で行われた唯一の採決が，中国への恒久的最恵国待遇法が議会通過した翌年（2001年）に行われたため，この投票が中道保守的な大統領決定に対する反応というよりは，事後的な反中国示威行動となったためである。また，**法案類型**については，最恵国待遇に人権抑圧改善などの条件を付した法案（いわゆる「中国法案」）採決と，軍事予算法案の中で党派的意思表明の場である支出権限法案の下院通過採決に，賛成投票の確率が減少するのも仮説の予想通りである。更に，**軍事支出**変化が統計的に有意な影響を及ぼしていることは，軍事予算案への支持が軍事増強への支持であることを示している。最後に，経済状況も議員の行動に影響を与えている。**対中貿易**と**対中投資**は議員にさほどの影響を与えていないが，それぞれの変数とイデオロギー距離との交差項を投入すると，経済関係拡大による最恵国待遇への反対が，中道議員の外延の拡大によって相殺されることが示される。これに比べて，**軍事予算法案**に対する投票行動への経済変数の影響は明白で，**財政収支**や**失業率**の改善が軍事支出への支持を拡大させる。

以上により，本稿のモデルの中核である仮説3が検証された。この分析からは，大統領の政策提案に賛同する議員は超党派の中道または中道保守

表4a　対中貿易反対投票の規定要因

	対中最恵国待遇法案・決議案		
大統領支持	−0.028***	−0.029***	−0.030***
	0.002	0.002	0.002
	−17.07	−17.55	−18.27
イデオロギー距離	1.301***	1.866***	1.782***
	0.112	0.207	0.167
	11.59	9.01	10.65
商業会議所	−0.024***	−0.027***	−0.027***
	0.001	0.001	0.001
	−22.55	−19.42	−20.14
大統領政策位置			
共和党大統領・民主党議会	0.811***	0.613*	0.828**
	0.152	0.269	0.240
	5.34	2.28	3.45
民主党大統領・民主党議会	−0.604***	−0.788**	−0.414#
	0.165	0.244	0.242
	−3.65	−3.23	−1.71
民主党大統領・共和党議会	−0.275#	−0.415**	−0.165
	0.146	0.174	0.172
	−1.89	−2.39	−0.96
法案類型	1.010***	1.031***	1.482***
	0.073	0.079	0.104
	13.78	13.11	14.18
対中貿易収支 (t−1)		−4.80E−06	
		3.36E−06	
		−1.43	
イデオロギー距離*貿易収支 (t−1)		0.0000137**	
		4.20E−06	
		3.27	
対中投資 (t−1)			0.00012***
			0.00002
			5.08
イデオロギー距離*対中投資 (t−1)			−0.00018***
			0.00003
			−5.69
定数項	1.879***	2.062***	1.767***
	0.170	0.293	0.261
	11.03	7.05	6.78
観察数	6909	6909	6476
Log likelihood	−3737.92	−3732.28	−3450.24
LR χ^2 [no. of variables]	2097.84 [7]	2109.12 [9]	2074.48 [9]
擬似決定係数 R^2	0.219	0.220	0.231

*** $p < 0.001$, ** $p < 0.01$, * $p < 0.05$
表4a, 表4bとも第2行は標準誤差, 第3行はz値

表4b 軍事歳出投票の規定要因

	軍事予算諸法案			
大統領支持	0.018*** 0.001 14.39	0.016*** 0.001 12.39	0.018*** 0.001 15.06	0.018*** 0.001 14.93
イデオロギー距離	−4.232*** 0.182 −23.27	−2.385*** 0.502 −4.75	−4.620*** 0.091 −50.49	−4.613*** 0.091 −50.44
商業会議所	0.006*** 0.001 7.62	0.007*** 0.001 8.36	0.006*** 0.001 7.85	0.006*** 0.001 8.20
大統領政策位置				
共和党大統領・民主党議会	−2.147*** 0.176 −12.23	−2.765*** 0.165 −16.73	−2.134*** 0.172 −12.43	−2.531*** 0.162 −15.65
民主党大統領・民主党議会	−1.694*** 0.189 −8.99	−1.923*** 0.190 −10.13	−1.889*** 0.186 −10.14	−1.897*** 0.186 −10.19
民主党大統領・共和党議会	−1.587*** 0.163 −9.73	−1.987*** 0.157 −12.70	−1.628*** 0.156 −10.46	−1.903*** 0.150 −12.68
法案類型				
支出予算案	0.533*** 0.042 12.77	0.525*** 0.042 12.63	0.548*** 0.042 13.10	0.553*** 0.042 13.24
両院協議報告	0.264*** 0.041 6.42	0.257*** 0.041 6.28	0.279*** 0.041 6.76	0.284*** 0.041 6.90
財政収支 (t−1)	0.0043*** 0.0006 7.78		0.0054*** 0.0003 19.24	
イデオロギー距離 *財政収支 (t−1)	0.0017* 0.0007 2.33			
失業率 (t−1)		−0.360*** 0.060 −6.05		−0.692*** 0.036 −19.22
イデオロギー距離 *失業率 (t−1)		−0.366*** 0.084 −4.38		
軍事支出変化 (10億ドル)			0.023*** 0.003 7.11	0.043*** 0.003 12.85
定数項	4.459*** 0.222 20.08	6.081*** 0.398 15.29	4.728*** 0.144 32.72	7.824*** 0.205 38.12
観察数	20269	20269	20269	20269
Log likelihood	−8004.12	−8057.74	−7981.40	−7983.61
LR χ^2 [no. of variables]	5653.23[10]	5545.99[10]	5698.67[10]	5694.24[10]
擬似決定係数 R^2	0.261	0.256	0.263	0.263

の経済界系であり，この議員連合の増減には，大統領と議会の党派性や経済状況が影響を及ぼしていることが判明した。つまり，貿易への支持は相手国の人権抑圧によって，軍事力の増強への支持は深刻な景気後退によって顕著に弱まるのである。

三　知見と含意

国際政治学では，透明性の高い民主政体の下で，制度化された拒否点・拒否権者に基づく政策継続は，一種の美徳とされている。これに対して，アメリカ政治分析では，同じ政策継続は政策の停滞（gridlock, stalemate）として悪徳と見なされ，それが議会の党派的分極化と権力分立によって増幅されているとされる。本稿では，冷戦終結後のアメリカが，市場経済化を実施した国々との貿易関係を強化する一方で，民主化の進まない軍事大国に対して軍事的優位を維持する政策を継続してきたことに着目し，その要因を検証した。

アメリカにおける政策継続の説明は，ツェベリスの拒否権者理論と親和性を持ち，合理的制度論，とりわけ政策空間論（spatial theory）を共有してきたにもかかわらず，制度的拒否点理論は政党や大統領の党派性を軽視し，党派的拒否権者の理論は制度的拒否点での権限行使者としての大統領を捨象してきた。本稿では，このアメリカ政治分析の問題点を是正するため，これら先行研究の知見を生かす形で，制度的拒否点論の枠内での大統領による議事設定と，それに対する多数党の反応，および両党間の政策イデオロギー重複を取入れ，大統領の政策提案への世論や経済団体の影響の余地も含めた枠組を提示した。加えて，この枠組は，多数党執行部が党内を分裂させた上での本会議敗北の危険を冒してまで大統領提案を修正する代替案を提案することはないと仮定した。これが，分割政府において多数党執行部が大統領の政策提案を支持する理由であり，党内の急進派の提出する修正案の採決を容認する理由なのである。

本稿では，対中貿易法案，軍事予算法案，およびミサイル防衛費削減決議案の検討を通して，政策継続を支持する政策連合の形態が，従来の議論による予想と異なり，次のような特徴を持つことを実証した。つまり，第一に，大統領による政策提案が支持される場合は中道対両端投票が行われ，多数党代替案が支持される場合は超党派イデオロギー投票が行われること。

第二に，大統領の政策提案を支持するのは，その政策選好を共有する超党派の中道議員や中道保守の経済界系議員であること。第三に，大統領による政策提案が中道・中道保守や議会多数党の選好から外れる場合，多数党の挑戦に過半数以上の議員が賛同するが，それでも大統領は拒否権を発動することで現状を維持できること。そして，最後に，政策継続を支持する議員連合の規模は，経済状況の好転により増大することである。つまり，外交政策に関し，大統領が中道議員や中道保守の経済界系議員に近い政策提案をする場合，現状維持の政策は継続され，大統領がこのような立場を大きく外れた極端な政策提案をした場合でも，その政策が議会の１／３の議員の支持が得られれば現状は維持される。

　このことは，外交政策が議会多数党の交代や統一・分割政府の交代，大統領の交代だけでは変更されるとは限らず，むしろ，現状維持が大多数の議員にとって堪え難いものにならないと，大統領の現状維持指向を超えた政策変更はなされないことを意味する。この点では，政策変更の条件に関する本稿の結論は，多数党議事設定論や大統領議事設定論よりもクレビィルの拒否点理論に近い。しかし，クレビィルと本稿の違いは，前者が政策提案者に議会中位議員を暗黙の前提しているのに対し，本稿は，外交政策では，議会の中位議員や経済界に近い議員の選好は，それが大統領によって体現されて初めて立法過程に影響を持つと主張した点である。この点では，本稿は，議事設定を重視する諸議論に与し，それを捨象するクレビィルと意見を異にする。

　以上の知見は，政策の継続を民主国の長所として捉える最近の国際政治の議論にも含意を持つ。国際政治の通説は，民主国間では，より貿易や投資が拡大し，より多くの貿易協定が締結され，より長く同盟関係が継続すると主張する[9]。その理由として，条約を批准する立法府の透明性が，政策選好の開示機能を持つこと（Mansfield et al. 2000）や政府に関する各種利害の監視が行き届いているために政策転換に伴う観衆費用（Audience Cost）が生じること（Mansfield et al. 2002, McGillivray and Smith 2004）などが挙げられている。これらの立論は基本的には拒否権者理論の枠組で説明できるが，より重要な問題は，自由民主国に特徴的な政策選好の内容についての言及がないことである。このため，通説的理解に基づけば，アメリカが中国と軍事同盟や経済協定を結びたがらない理由を説明できても，

それと同じ時期に中国との貿易関係の拡大に積極的であった理由を説明できない。これに対して本稿は，アメリカの政治指導者と経済界の利益に合致する形で，市場経済圏への貿易拡大と，非民主大国への軍事的優位の維持がともに選好されたことを明らかにした。共産圏崩壊後の世界は，市場経済を重視する民主国と，同じく市場経済を重視する非民主国によって構成されている。従って，相手国の政治体制によって貿易政策と安全保障政策を区別するアメリカの政策選好の国内的基盤を明らかにしたことは意義があろう。

> [謝辞] 本稿は2005−2006年の海外研修，およびアメリカ政治，国際政治専攻の多くの院生の研究補助，助言なくして完成さえ覚束なかった。海外研修を可能にしたフルブライト奨学金（日米教育委員会），受入先のハーバード大学日米関係プログラム（Susan Pharr教授・所長），および門外漢の「熟年初心者」の演習や研究会参加を許容されたハーバード大学およびMIT政治学部のアメリカ政治担当教授および院生，特にMIT政治学部長で議会研究者のCharles Stewart III教授にお礼を申し上げる。本稿作成のあらゆる局面で支援されたCarlos E. Diaz Rosillo（ハーバード大学院），前田健太郎（MIT大学院），飯田連太郎（ジョージタウン大学院），平松彩子，白糸裕輝（以上，東大大学院）各氏には感謝のことばもない。心からお礼を申し上げる。

（1）　これらの研究での民主・非民主の区別は，国際政治で国内体制を変数化したほぼ全ての研究が共通に依拠しているPolityもしくはFreedom House指標に依拠している。本稿の民主・非民主の区別もそれを踏襲する。因みに，Polity指標ではアメリカは最も民主的な10で，中国は最も権威主義的な−10に近い−8である。また後者の指標ではアメリカは最も自由が保障されている1で，中国は最低の7，もしくは6である。民主・非民主区別の根拠と中国を非民主国と断定する根拠が不明とした両査読者の指摘に感謝する。

（2）　経済的にはアメリカは早くに東欧やモンゴルに恒久的最恵国待遇を与え，ココムなどの輸出規制を撤廃し，民主化を援助し，東欧のEU, NATO加盟を促進したが，中国，ベトナム，旧ソ連諸国へのそのような支援は遅れた。更に，市場経済改革も実施していないキューバ，北朝鮮，ミャンマーに対しては禁輸・制裁政策を継続したままである。また，アメリカの軍事力増強は90年代以降，中東や北朝鮮を念頭に，二地域での軍事作戦展開

を目標とし,そのため,中国,北朝鮮,イラク,イラン,シリアなどの非民主国への軍民併用技術の輸出規制や武器の輸出禁止を継続している。(尚,ここで問題にしているのはこれらの国々に対するアメリカの政策であって,これらの国々の対米政策が親米か否かではない。査読者に誤解を与えたとすればおわびする。)
(3) 因みに,最恵国待遇の継続撤回議案が間歇的ながら複数回議決されたのはベトナムに関するもののみである。これらの議決の賛否の分布は対中貿易政策のものと極めて類似している。但し,ベトナムの場合,中国と異なり人権問題や人口政策,軍事増強が政策議題になることはなかった。
(4) これらの先行研究はもとよりツェベリスの理論もすべて政策空間を前提にしていることの確認を蛇足と感じる読者がおられようが,そうでない読者のため「三 知見と含意」をまたず,初出の時点で確認するのが有益であろう。この点を指摘された両査読者に感謝する。
(5) 以上の指摘,および多数党が7割超以上の議席を占めた場合は大統領案が可決されないことは,例えば,議院の最左端を0,議院定数を1とした計算から導出できるが,本文の説明で十分理解されると思われる。
(6) 中道議員はDW-NOMINATEスコアが下院平均値から1標準偏差内の議員とし,それ以外の議員を両端とした。
(7) 経済界系議員・反経済界議員は商業会議所スコアの平均値を上回るか下回るかで分類した。
(8) 前年度のGDPも経済変数として有意であったが,失業率に比べて頑健ではなく,表示を省略した。
(9) ここで引用の国際政治,厳密には国際政治経済の議論はデモクラティック・ピース・セオリーではない。即ち,従属変数は国家間紛争ではない。ましてや国内体制を独立変数とする全ての議論はケネス・ウォルツに代表されるシステムレベル(第三レベル)の分析の枠外にある。この点は,査読者の方が明らかに誤解されているので付記させていただく。

引用文献

Aldrich, John H. and David W. Rohde. 2000. "The Consequences of Party Organization in the House: The Role of Majority and Minority Parties in Conditional Party Government," in Jon. R. Bond and Richard Fleisher (eds.), *Polarized Politics: Congress and the President in a partisan era* (Washington D.C.: CQ Press)

Bailey, Michael 2001. "Quiet Influence: The Representation of Diffuse Interests on Trade Policy, 1983-94," *Legislative Studies Quarterly*, 26-1

Baldwin, Robert E. and Christopher S. Magee. 2000. "Is Trade Policy for Sale?

Congressional Voting on Recent Trade Bills," *Public Choice*, 105: 79-101

Beckmann, Matthew N. and Anthony J. MacGann. 2008. "Navigating the Legislative Divide: Polarization, Presidents, and Policymaking in the United States," *Journal of Theoretical Politics*, 20-2: 201-220.

Barrett, Andrew W. and Matthew Eshbaugh-Soha. 2007. "Presidential Success on the Substance of Legislation," *Political Research Quarterly*, 60-1: 100-112

Binder, Sarah A., Eric D. Lawrence, and Forrest Maltzman. 1999. "Uncovering the Hidden Effect of Party," *Journal of Politics*, 61: 815-831

Bohara, Alok K. and William H. Kaempfer. 1991. "A Test of Tariff Endogeneity in the United States," *The American Economic Review*, 81-4: 952-960

Bond, Jon R and Richard Fleisher. 1990. *The President in the Legislative Arena* (Chicago: The University of Chicago Press)

Canes-Wrone, Brandice. 2006. *Who Leads Whom? Presidents, Policy, and the Public* (Princeton: Princeton University Press)

——, William G. Howell, and David E. Lewis. 2008. "Toward a Broader Understanding of Presidential Power: A Reevaluation of the Two Presidencies Thesis," *Journal of Politics*, 70-1: 1-16

Covington, Cary R., J. Mark Wrighton, and Ronda Kinney. 1995. "A "Presidency-Augmented" Model of Presidential Success on House Roll Call Votes," *American Journal of Political Science*, 39-4: 1001-1024

Cox, Gary W. and Mathew D. McCubbins. 1993. *Legislative Leviathan: Party Government in the House* (Berkeley and Los Angeles: University of California Press)

—— 2005. *Setting the Agenda: Responsible Party Government in the U.S. House of Representatives* (Cambridge: Cambridge University Press)

Destler, I. M. 1995. *American Trade Politics, 3rd Edition* (Washington D.C.: Institute for International Economics)

Edwards III, George C., 1989. *At the Margins: Presidential Leadership of Congress* (New Haven: Yale University Press)

—— and Andrew Barrett. 2000. "Presidential Agenda Setting in Congress," in Jon R. Bond and Richard Fleisher (eds.), *Polarized Politics: Congress and the President in a partisan era* (Washington D.C.: CQ Press)

——, Andrew Barrett, and Jeffrey Peake. 1997 "The Legislative Impact of Divided Government," *American Journal of Political Science*, 41-2: 545-563

Eshbaugh-Soha, Matthew. 2005. "The Politics of Presidential Agendas," *Political Research Quarterly*, 58-2: 257-268

Fleisher, Richard, and Jon R. Bond. 2000. "Partisanship and the President's

Quest for Votes on the Floor of Congress," in Jon R. Bond and Richard Fleisher (eds.), *Polarized Politics: Congress and the President in a Partisan Era* (Washington D.C.: CQ Press)

Fleisher, Richard, Jon R. Bond, Glen S. Krutz and Stephen Hanna 2000. "The Demise of the Two Presidencies," *American Politics Quarterly*, 28-1: 3-25

Gaubatz, Kurt Taylor. 1996. "Democratic States and Commitment in International Relations," *International Organization* 50-1: 109-39

Gartzke, Erik and J. Mark. Wrighton. 1998. "Thinking Globally or Acting Locally? Determinants of the GATT Vote in Congress," *Legislative Studies Quarterly*, 23-1: 33-55

Jacobs, Lawrence R. and Benjamin I. Page. 2005. "Who Influences U.S. Foreign Policy?" *American Political Science Review*, 99-1: 107-123

Karol, David. 2001. "Divided Government and U.S. Trade Policy: Much Ado About Nothing?" *International Organization* 54-4: 825-845

Keech, William and Kyoungsan Pak. 1995. "Partisanship, Institutions, and Change in American Trade Politics," *The Journal of Politics*, 57-4: 1130-42

Krehbiel, Keith 1991. *Information and Legislative Organization* (Ann Arbor: The University of Michigan Press)

──. 1998. *Pivotal Politics: A Theory of U.S. Lawmaking* (Chicago: The University of Chicago Press)

Lawrence, Eric D., Forrest Maltzman and Steven S. Smith. 2006. "Who Wins? Party Effects in Legislative Voting" *Legislative Studies Quarterly*, 31-1: 33-69.

Leeds, Brett Ashley. 1999. "Domestic Political Institutions, Credible Commitments, and International Cooperation," *American Journal of Political Science* 43-4: 979-1002

Maltzman, Forrest. 1997. *Competing Principals: Committees, Parties, and the Organization of Congress* (Ann Arbor: The University of Michigan Press)

Mansfield, Edward D., Helen V. Milner, and B. Peter Rosendorff. 2000. "Free to Trade: Democracies, Autocracies, and International Trade," *American Political Science Review*, 94-2: 305-321

──. 2002. "Why Democracies Cooperate More: Electoral Control and International Trade Agreements," *International Organization* 56-3: 477-513

──, Helen V. Milner, and Jon C. Pevehouse. 2008. "Democracy, Veto Players, and the Depth of Regional Integration," *World Economy*, 31-1: 67-96.

Marshall, Bryan W. and Brandon C. Prins. 2002. "The Pendulum of Congressional Power: Agenda Change, Partisanship and the Demise of the Post-World War II Foreign Policy Consensus, *Congress and the Presidency*, 29-2:195-212

―― and Brandon C. Prins. 2007. "Strategic Position Taking and Presidential Influence in Congress," *Legislative Studies Quarterly*, 32-2: 257-284

McCormick, James and Eugene R. Wittkopf. 1990. "Bipartisanship, Partisanship, and Ideology in Congressional-Executive Foreign Policy Relations, 1947-1988," *Journal of Politics*, 52-4: 1077-1100

―― 1992. "At the Water's Edge: The Effects of Party, Ideology and Issues on Congressional Foreign Policy Voting, 1947 to 1988," *American Politics Quarterly*, 20-1: 26-53

――, Eugene R. Wittkopf and David M. Danna 1997. "Politics and Bipartisanship at the Water's Edge: A note on Bush and Clinton," *Polity*, 30-1: 133-149

McGillivray, Fiona and Alastair Smith. 2004. "The Impact of Leadership Turnover on Trading Relations Between States," *International Organization*, 58-3: 567-600

Meernik, James 1993. "Presidential Support in Congress: Conflict and Consensus on Foreign and Defense Policy," *Journal of Politics*, 55-3: 569-587

Peake, Jeffrey S. 2001. "Presidential Agenda Setting in Foreign Policy," *Political Research Quarterly*, 54-1: 69-86

――, David J. Jackson, and Glen Biglaiser 2007. "'Don't Go Changing to Try and Please Me': A Preference-Consistency Analysis of Trade Policy in the U.S. House," *Congress and the Presidency*, 34-1: 79-99

Poole. Keith T. and Howard Rosenthal. 1997. *Congress: A Political-economic History of Roll Call Voting* (Oxford: Oxford University Press)

Prins, Brandon C. and Bryan W. Marshall. 2001. "Congressional Support of the President: A Comparison of Foreign, Defense, and Domestic Policy Decision Making During and After the Cold War," *Political Studies Quarterly*, 31-4: 660-67

Rohde, David W. 1991. *Parties and Leaders in the Post-Reform House of Representatives* (Chicago: The University of Chicago Press)

Shull, Steven A. (ed.) 1991. *The Two Presidencies: A Quarter Century Assessment* (Chicago: Nelson-Hall Publishers)

Sherman, Richard 2002. "Delegation, Ratification, and U.S. Trade Policy: Why Divided Government Causes Lower Tariffs," *Comparative Political Studies*, 35-10: 1171-1197

Smith, Steven S. 2007. *Party Influence in Congress* (Cambridge: Cambridge University Press)

Steger, Wayne P. 1997. "Presidential Policy Initiation and the Politics of Agenda Control," *Congress & the Presidency*, 24-1: 17-36

Tsebelis, George. 1995. "Decision-making in Political Systems: Veto Players in Presidentialism, Parliamentarism, Multicameralism and Multipartyism," *British Journal of Political Science*, 25: 289-325.

——. 2000. "Veto Players and Institutional Analysis," *Governance*, 13-4: 441-474.

Wittkopf, Eugene R., and James M. McCormick. 1998. "Congress, the President, and the End of the Cold War: Has Anything Changed?" *Journal of Conflict Resolution*, 42-4: 440-466

Young, Garry, and Valerie Heitshusen. 2002. "Party and the Dynamics of Congressional Committee Composition in the US House, 1947-96," *British Journal of Political Science*, 33: 659-679

データー典拠と使用箇所

1. DW-NOMINATE：Keith Poole ホームページ <http://polisci.ucsd.edu/faculty/poole.htm> 表3, 表4.
2. 投票結果：The Library of Congress, THOMAS <http://thomas.loc.gov> 表2, 表3, 表4, 付表1－3.
3. 大統領支持スコア, 商業会議所スコア：J. Michael Sharp, *Directory of Voting Scores and Interest Group Scores (Fourth edition)*, 2 vols. (Washington D.C.: CQ Press, 2006) 表3, 表4.
4. 対中投資：U.S. Department of Commerce, Bureau of Economic Analysis <http://www.bea.gov>
5. 対中貿易と貿易収支：IMF, *Direction of Trade Statistics* (Washington D.C.: IMF, annual)
6. 財政収支：Congressional Budget Office <http://www.cbo.gov>
7. 経済成長率, 失業率：OECD, Economic Outlook (Paris: OECD, semi-annual) 以上, 表2, 表4.

付表1　ミサイル防衛関連修正決議案に関する記述統計

議会	年	法案 (点呼番号)	
101	1989	H.R.2461 H.AMDT.165 (RC 151)	Amendment sought to authorize $3.8 billion for the SDI, which represented zero growth.
		H.R.2461 H.AMDT.166 (RC 152)	Amendment sought to reduce funding for the SDI from $3.5 billion to $1.3 billion; restrict the use of SDI funds to basic research.
		H.R.2461 H.AMDT.167 (RC 153)	Amendment authorized $3.1 billion for research and development for SDI.
	1990	H.R.4739 H.AMDT.726 (RC 336)	Amendment sought to increase funding for the SDI by $1.3 billion, from $2.9 billion to $4.2 billion.
		H.R.4739 H.AMDT.727 (RC 337)	Amendment sought to reduce funding for the SDI from $2.9 billion to $1.5 billion; restrict the use of SDI funds to basic research.
		H.R.4739 H.AMDT.728 (RC 338)	Amendment sought to increase funding for the SDI by $670 million to $3.57 billion, by transferring $520 million from the F-16 aircraft program and $150 million from others.
		H.R.4739 H.AMDT.729 (RC 339)	Amendment reduced funding for the SDI from $2.9 billion to $2.3 billion.
102	1991	H.R.2100 H.AMDT.70 (RC 97)	Amendment sought to reduce funding for the SDI from $2.565 billion to $1.1 billion; restrict the use of SDI funds to basic research.
		H.R.2100 H.AMDT.78 (RC 105)	Amendment sought to require that any system developed pursuant to the Joint Tactical Missile Defense Progam have the capability of defending against all ballistic missiles currently being deployed and developed by China and other countries.
	1992	H.R.5006 H.AMDT.595 (RC 168)	Amendment sought to: (1) repeal the Missile Defense Act of 1991; (2) terminate the SDI Organization within the DOD and reassign its functions to other depmts; and (3) limit SDI activities to basic research and fund basic research at $1.2 billion in fiscal year 1993.
		H.R.5006 H.AMDT.596 (RC 169)	An amendment to cut the authorization for SDI by $937.5 million, leaving $2.2 billion for the program.
		H.R.5504 H.AMDT.680 (RC263)	Amendment sought to reduce funding for the SDI by $700 million.
103	1993	H.R.2401 H.AMDT.282 (RC 412)	Amendment sought to limit the amount authorized for ballistic missile defense to $1.5 billion.
		H.R.2401 H.AMDT.283 (RC 413)	Amendment sought to increase the amount authorized for ballistic missile defense by $467 million.
		H.R.2401 H.AMDT.284 (RC 414)	Amendment sought to reduce the amount authorized for ballistic missile defense by $229 million, and increase the amount authorized for the technology reinvestment project by the same amount.
		H.R.3400 H.AMDT.417 (RC 610)	Amendment sought to reduce federal spending by an additional $14.4 billion over five years by canceling the space station, reducing funding for the Ballistic Missile Defense program, reducing funding for the SDI, and requiring European allies to pay more
	1994	H.R.4301 H.AMDT.555 (RC 179)	Amendment sought to reduce the amount for ballistic missile defense by $200 million.

	民主党		共和党	
	ミサイル防衛支出反対	ミサイル防衛支出賛成	ミサイル防衛支出賛成	ミサイル防衛支出反対
投票結果	237	13	104	62
NOMINATE	−0.328	−0.082	0.409	0.224
商業会議所スコア	43.246	60.462	94.592	87.565
投票結果	130	121	165	7
NOMINATE	−0.431	−0.190	0.354	0.045
商業会議所スコア	33.605	55.314	92.585	79.571
投票結果	212	39	136	36
NOMINATE	−0.353	−0.102	0.384	0.180
商業会議所スコア	40.483	64.744	93.474	86.722
投票結果	238	10	73	100
NOMINATE	−0.323	−0.043	0.440	0.266
商業会議所スコア	32.945	48.000	79.342	72.780
投票結果	130	118	168	5
NOMINATE	−0.424	−0.185	0.351	−0.049
商業会議所スコア	25.162	42.890	76.250	49.400
投票結果	225	16	125	47
NOMINATE	−0.323	−0.090	0.381	0.233
商業会議所スコア	32.240	54.125	78.496	67.830
投票結果	204	41	149	21
NOMINATE	−0.351	−0.098	0.371	0.110
商業会議所スコア	30.186	50.275	77.933	60.571
投票結果	115	117	149	2
NOMINATE	−0.435	−0.199	0.353	0.119
商業会議所スコア	22.017	42.359	82.993	70.000
投票結果	248	12	14	16
NOMINATE	−0.322	−0.170	90.370	0.204
商業会議所スコア	31.874	43.500	84.682	71.063
投票結果	114	107	14	2
NOMINATE	−0.415	−0.202	10.366	0.119
商業会議所スコア	28.781	48.822	79.809	50.500
投票結果	149	78	133	11
NOMINATE	−0.383	−0.182	0.365	0.338
商業会議所スコア	31.141	51.346	80.105	69.364
投票結果	174	82	135	26
NOMINATE	−0.372	−0.190	0.371	0.266
商業会議所スコア	32.454	50.951	80.348	71.846
投票結果	149	104	167	6
NOMINATE	−0.423	−0.218	0.382	0.309
商業会議所スコア	18.772	35.933	88.078	76.000
投票結果	246	5	113	60
NOMINATE	−0.342	−0.185	0.415	0.312
商業会議所スコア	25.797	28.600	89.770	83.683
投票結果	180	71	156	16
NOMINATE	−0.394	−0.203	0.394	0.235
商業会議所スコア	20.250	39.803	88.788	77.125
投票結果	147	108	13	3
NOMINATE	−0.369	−0.304	90.393	30.322
商業会議所スコア	22.803	29.935	88.633	82.091
投票結果	136	110	160	15
NOMINATE	−0.417	−0.242	0.387	0.300
商業会議所スコア	46.728	60.936	89.381	88.467

214

付表2 軍事支出法案に関する記述統計

議会	年	法案番号 (点呼番号)	法案		民主党		共和党	
					反対	賛成	賛成	反対
101	1989	H.R.2461 (RC 185)	Authorization Bill (House passage)	投票結果 NOMINATE 商業会議所スコア	47 −0.46 32.76	204 −0.28 46.75	57 0.22 **87.16**	115 0.40 **94.53**
		H.R.2461 (RC343)	Authorization Bill (Conference report)	投票結果 NOMINATE 商業会議所スコア	95 −0.39 36.69	146 −0.25 49.74	90 0.30 **90.83**	77 0.38 **93.61**
		H.R.3072 (RC 218)	Appropriation Bill (House passage)	投票結果 NOMINATE 商業会議所スコア	27 −0.45 30.85	217 −0.30 45.61	95 0.28 **89.98**	79 0.42 **94.72**
	1990	H.R.4739 (RC 352)	Authorization Bill (House passage)	投票結果 NOMINATE 商業会議所スコア	21 −0.56 26.48	222 −0.28 34.59	34 0.17 **61.21**	134 0.39 **79.31**
		H.R.4739 (RC 517)	Authorization Bill (Conference report)	投票結果 NOMINATE 商業会議所スコア	47 −0.45 26.91	206 −0.28 35.60	65 0.27 **70.02**	109 0.38 **78.49**
		H.R.5803 (RC 455)	Appropriation Bill (House passage)	投票結果 NOMINATE 商業会議所スコア	58 −0.48 26.62	190 −0.26 36.03	132 0.31 **74.02**	39 0.43 **79.38**
102	1991	H.R.2100 (RC 110)	Authorization Bill (House passage)	投票結果 NOMINATE 商業会議所スコア	24 −0.54 20.08	239 −0.29 33.62	29 0.21 **71.62**	136 0.38 **85.87**
		H.R.2100 (RC 400)	Authorization Bill (Conference report)	投票結果 NOMINATE 商業会議所スコア	45 −0.51 21.27	207 −0.28 34.92	122 0.34 **82.91**	36 0.41 **84.43**
		H.R.2521 (RC 145)	Appropriation Bill (House passage)	投票結果 NOMINATE 商業会議所スコア	30 −0.52 19.43	197 −0.28 34.23	76 0.28 **78.00**	74 0.43 **88.15**
	1992	H.R.5006 (RC 172)	Authorization Bill (House passage)	投票結果 NOMINATE 商業会議所スコア	56 −0.45 27.61	167 −0.27 41.49	30 0.28 **79.73**	112 0.39 **78.78**
		H.R.5006 (RC 461)	Authorization Bill (Conference report)	投票結果 NOMINATE 商業会議所スコア	59 −0.46 26.36	185 −0.28 41.10	119 0.33 **80.28**	40 0.45 **74.25**
		H.R.5504 (RC 266)	Appropriation Bill (House passage)	投票結果 NOMINATE 商業会議所スコア	52 −0.45 27.35	205 −0.28 40.94	123 0.34 **80.72**	41 0.41 **74.17**
103	1993	H.R.2401 (RC 474)	Authorization Bill (House passage)	投票結果 NOMINATE 商業会議所スコア	26 −0.43 16.73	229 −0.33 26.75	39 0.29 **85.13**	135 0.41 **88.35**
		H.R.2401 (RC 565)	Authorization Bill (Conference report)	投票結果 NOMINATE 商業会議所スコア	15 −0.48 17.47	223 −0.33 26.43	50 0.31 **84.54**	120 0.41 **88.93**
		H.R.3116 (RC 480)	Appropriation Bill (House passage)	投票結果 NOMINATE 商業会議所スコア	24 −0.47 16.92	230 −0.33 26.83	95 0.33 **86.98**	77 0.45 **88.34**
	1994	H.R.4301 (RC 226)	Authorization Bill (House passage)	投票結果 NOMINATE 商業会議所スコア	15 −0.40 47.73	228 −0.33 53.57	32 0.26 **89.69**	142 0.41 **89.08**
		H.R.4301 (RC 404)	Authorization Bill (Conference report)	投票結果 NOMINATE 商業会議所スコア	24 −0.38 50.04	222 −0.34 53.09	58 0.32 **90.05**	112 0.42 **89.02**
		H.R.4650 (RC 313)	Appropriation Bill (House passage)	投票結果 NOMINATE 商業会議所スコア	18 −0.44 47.17	229 −0.33 53.67	101 0.33 **90.06**	72 0.45 **87.86**

NOTES: 1. ゴシック体はイデオロギー的超党派投票,その他は両端対中道投票になっている.
2. 投票結果：The Library of Congress, THOMAS <http://thomas.loc.gov>
3. 大統領支持スコア,商業会議所スコア：J. Michael Sharp, Directory of Voting Scores and Interest Group Scores (Fourth edition), 2 vols. (Washington D.C.: CQ Press, 2006)
4. 対中投資：U.S. Department of Commerce, Bureau of Economic Analysis <http://www.bea.gov>
5. 対中貿易と貿易収支：IMF, Direction of Trade Statistics (Washington D.C.:IMF, annual)
6. 財政収支：Congressional Budget Office <http://www.cbo.gov>
7. 経済成長率,失業率：OECD, Economic Outlook (Paris: OECD, semi-annual)

アメリカ対外政策の継続と民主制度（2008-Ⅱ）　215

議会	年	法案番号 (点呼番号)	法案		民主党		共和党	
					反対	賛成	賛成	反対
104	1995	H.R.1530 (RC 385)	Authorization Bill (House passage)	投票結果 NOMINATE 商業会議所スコア	109 −0.46 24.12	82 −0.28 41.15	218 0.42 94.76	16 0.29 87.44
		H.R.1530 (RC 865)	Authorization Bill (Conference report)	投票結果 NOMINATE 商業会議所スコア	131 −0.42 28.18	59 −0.28 41.02	208 0.42 94.69	17 0.32 87.65
		H.R.2126 (RC 646)	Appropriation Bill (House passage)	投票結果 NOMINATE 商業会議所スコア	104 −0.45 25.32	83 −0.29 39.69	211 0.42 94.69	20 0.38 91.05
	1996	H.R.3230 (RC 174)	Authorization Bill (House passage)	投票結果 NOMINATE 商業会議所スコア	118 −0.45 24.47	75 −0.27 41.52	197 0.43 90.57	34 0.33 82.47
		H.R.3230 (RC 397)	Authorization Bill (Conference report)	投票結果 NOMINATE 商業会議所スコア	96 −0.45 24.02	91 −0.30 39.02	194 0.42 90.75	35 0.38 83.40
		H.R.3610 (RC 247)	Appropriation Bill (House passage)	投票結果 NOMINATE 商業会議所スコア	110 −0.44 25.00	88 −0.31 38.65	190 0.43 91.09	45 0.33 82.93
105	1997	H.R.1119 (RC 236)	Authorization Bill (House passage)	投票結果 NOMINATE 商業会議所スコア	105 −0.47 35.35	99 −0.29 52.95	205 0.43 88.50	14 0.37 77.64
		H.R.1119 (RC 534)	Authorization Bill (Conference report)	投票結果 NOMINATE 商業会議所スコア	100 −0.46 36.61	95 −0.31 52.55	191 0.43 88.76	22 0.45 79.41
		H.R.2266 (RC 338)	Appropriation Bill (House passage)	投票結果 NOMINATE 商業会議所スコア	82 −0.48 34.09	123 −0.32 50.21	199 0.43 88.34	22 0.41 82.14
	1998	H.R.3616 (RC 183)	Authorization Bill (House passage)	投票結果 NOMINATE 商業会議所スコア	50 −0.51 31.10	150 −0.35 42.33	207 0.43 88.59	9 0.45 73.00
		H.R.3616 (RC 458)	Authorization Bill (Conference report)	投票結果 NOMINATE 商業会議所スコア	38 −0.52 30.11	166 −0.36 41.43	207 0.43 88.74	11 0.44 73.91
		H.R.4103 (RC 266)	Appropriation Bill (House passage)	投票結果 NOMINATE 商業会議所スコア	48 −0.52 30.66	149 −0.35 42.23	209 0.43 88.91	12 0.46 75.92
106	1999	H.R.1401 (RC 191)	Authorization Bill (House passage)	投票結果 NOMINATE 商業会議所スコア	53 −0.55 18.74	151 −0.34 35.81	214 0.43 84.53	4 0.58 66.00
		H.R.1401 (RC 424)	Authorization Bill (Conference report)	投票結果 NOMINATE 商業会議所スコア	36 −0.55 17.28	168 −0.36 34.36	207 0.43 83.86	8 0.49 80.25
		H.R.2561 (RC 334)	Appropriation Bill (House passage)	投票結果 NOMINATE 商業会議所スコア	38 −0.56 18.42	168 −0.35 34.51	211 0.43 84.25	6 0.62 64.00
	2000	H.R.4205 (RC 208)	Authorization Bill (House passage)	投票結果 NOMINATE 商業会議所スコア	56 −0.54 37.13	142 −0.33 52.32	210 0.43 81.50	6 0.61 67.00
		H.R.4205 (RC 522)	Authorization Bill (Conference report)	投票結果 NOMINATE 商業会議所スコア	26 −0.62 34.04	173 −0.36 49.81	208 0.43 81.25	4 0.59 67.75
		H.R.4576 (RC 241)	Appropriation Bill (House passage)	投票結果 NOMINATE 商業会議所スコア	49 −0.54 37.24	156 −0.35 51.08	210 0.43 81.35	8 0.51 73.38
107	2001	H.R.2586 (RC 359)	Authorization Bill (House passage)	投票結果 NOMINATE 商業会議所スコア	16 −0.66 24.50	183 −0.37 42.07	213 0.44 90.96	1 1.24 62.00
		H.R.2586 (RC 496)	Authorization Bill (Conference report)	投票結果 NOMINATE 商業会議所スコア	34 −0.55 28.65	171 −0.37 42.97	209 0.44 91.28	6 0.56 78.17
		H.R.3338 (RC 458)	Appropriation Bill (House passage)	投票結果 NOMINATE 商業会議所スコア	19 −0.63 25.58	187 −0.37 42.14	216 0.44 90.99	1 1.24 62.00

付表3　対中貿易法案・決議案に関する記述統計

議会	年	法案（点呼番号）		民主党		共和党	
				反大統領・最恵国待遇反対	大統領・最恵国待遇支持	大統領・最恵国待遇支持	反大統領・最恵国待遇
101	1990	101 H.J.Res 467 (RC483)	投票結果 NOMINATE 商業会議所スコア	166 −0.333 30.11	84 −0.270 41.52	90 0.343 79.47	81 0.340 71.49
		U.S.-China bill 101 H.R.4939 (RC486)	投票結果 NOMINATE 商業会議所スコア	234 −0.304 33.97	11 −0.324 37.82	19 0.436 81.47	150 0.326 74.44
102	1991	102 H.J.Res 263 (RC203)	投票結果 NOMINATE 商業会議所スコア	171 −0.351 28.68	92 −0.257 39.30	112 0.336 85.29	51 0.388 79.18
		U.S.-China bill H.R.2212 (RC205)	投票結果 NOMINATE 商業会議所スコア	230 −0.336 30.60	31 −0.198 44.00	81 0.363 88.49	82 0.342 78.33
	1992	U.S.-China bill H.R.5318 (RC286)	投票結果 NOMINATE 商業会議所スコア	226 −0.323 37.23	15 −0.176 56.13	47 0.417 79.06	112 0.336 78.96
		102 H.J.Res. 502 (RC285)	投票結果 NOMINATE 商業会議所スコア	181 −0.339 35.45	56 −0.230 47.11	79 0.359 80.05	76 0.350 78.96
103	1993	103 H.J.Res. 208 07/21/1993 (RC347)	投票結果 NOMINATE 商業会議所スコア	41 −0.307 26.05	210 −0.348 25.80	108 0.385 88.81	63 0.361 85.32
	1994	103 H.J.Res. 373 (RC 381)	投票結果 NOMINATE 商業会議所スコア	38 −0.405 37.72	215 −0.328 55.24	141 0.381 91.15	36 0.378 82.27
104	1995	104 H.J.Res 96 (RC537)	投票結果 NOMINATE 商業会議所スコア	54 −0.439 25.64	143 −0.342 34.34	178 0.393 94.94	52 0.484 92.15
	1996	104 H.J.Res. 182 (RC284)	投票結果 NOMINATE 商業会議所スコア	75 −0.447 23.47	119 −0.329 35.85	167 0.401 91.46	65 0.442 85.19
105	1997	105 H.J.Res79 (RC231)	投票結果 NOMINATE 商業会議所スコア	93 −0.432 34.09	112 −0.347 51.71	147 0.405 91.84	79 0.466 79.76
	1998	105 H.J.Res. 121 (RC317)	投票結果 NOMINATE 商業会議所スコア	87 −0.435 30.44	115 −0.349 46.13	149 0.406 91.87	78 0.467 80.81
106	1999	106 H.J.Res. 57 (RC338)	投票結果 NOMINATE 商業会議所スコア	98 −0.445 23.54	110 −0.337 38.59	150 0.413 87.36	71 0.479 76.49
	2000	China PTNR bill H.R 4444 (RC228)	投票結果 NOMINATE 商業会議所スコア	138 −0.425 42.46	73 −0.327 57.76	164 0.416 84.52	57 0.480 71.34
		106 H.J.Res.103 07/18/2000 (RC405)	投票結果 NOMINATE 商業会議所スコア	91 −0.443 40.73	117 −0.351 52.86	164 0.418 84.16	54 0.483 71.67
107	2001	107H.J.Res.50 07/19/2001 (RC255)	投票結果 NOMINATE 商業会議所スコア	105 −0.442 35.24	102 −0.353 46.20	157 0.429 92.81	62 0.490 85.76

1. DW-NOMINATE: Keith Poole ホームページ <http://polisci.ucsd.edu/faculty/poole.htm>

「進化政治学」とは何か？

森川友義 *

1. はじめに

　本稿は，現在欧米政治学界を中心として隆盛しつつある分析アプローチの一つである「進化政治学」について，その現状を把握し政治学への貢献の可能性について言及するものである。進化政治学を一口で言えば，進化学の政治学への応用ととらえることができるが，その全体像を知る文献は少なく，何をどこまで明らかにする分野なのかも進化政治学者によって様々である。本稿は，進化政治学の誕生初期から携わってきた一人として，進化政治学が生まれた経緯から現在までの理論的支柱，アプローチの可能性と問題点について検討することを目的としている。

　戦後，政治学は，社会科学の一分野として他の学問領域から多大な影響を受けて発展してきたが，近年の進化学の政治学に対する適用も，過去の歴史的叙述的手法，行動論主義的なデータ解析方法，公共選択理論的・ゲーム理論的手法等が政治学に影響を与えたものと同程度になる可能性を秘めているアプローチかもしれない。特に，他の社会科学分野では「進化心理学」，「進化人類学」等といったように，進化学を組み込んだ分野が発展しつつあり，且つその専門領域が既存の学問に多大な影響を与えていることから，政治学の分野においても進化学を適用し，より一層の発展を遂げることも可能である。

　本稿では，まず「進化政治学とは何か？」について言及し，そのアプローチを概観する。次に，進化政治学が萌芽期を脱し拡大しつつあるにしても，政治学のどの分野にどのような形で貢献しているのかについて検討す

---

* 早稲田大学国際教養学部　教員　政治学

る。最後に現状から考えられる将来の展望および問題点についても指摘する。

2．「進化政治学」とそのアプローチ

「進化政治学」とは，1980年代に米国政治学界において萌芽し，その後，徐々に発展しつつある政治学の一分野で，英語表記では「Neuro-politics」・「Biopolitics」（『政治と生命科学の学会』），「Evolutionary approaches to political psychology」（Sidanius & Kurzban, 2003年），「Evolutionary Theory of Political Behavior」（Alford and Hibbing, 2004年），「Sociogenomics」（Carmen, 2006年）といった形で学者によってさまざまに表現されているが，進化論的な考え方をその根底に内在させているという点では一致している。それらを総合させ，かつ一部の政治学者間で用いられつつある用語として，ここでは「進化政治学」（Evolutionary Political Science）という言葉を使うことにする[1]。

この進化政治学のルーツは，アリストテレスまでさかのぼることはできるものの，理論的に体系化したという点ではダーウィンの『種の起源』（1859年）等によって明らかにされた進化過程である。この考え方の政治学への応用は，シダニウスとクズバンが指摘するように，進化人類学，進化社会学，進化心理学，進化経済学等の社会科学の分野に波及していったのと軌を一にしているが，実際には，進化政治学は，ネオダーウィニズムという形で先駆的に数多くの仮説を提出してきた進化生物学，「進化的に安定な戦略」（Evolutionarily Stable Strategy）を模索したM.スミスを先駆とする進化ゲーム理論，また1980年代からJ.トゥービー，T.コスミディス，D.バス，J.バーコウらを中心とし，個人あるいは集団内の意思決定を分析してきた進化心理学を通じて，学際的な迂回を行いながら発展してきている学問であると言えるだろう。また，進化政治学者が主に論文を発表する政治学会では，進化生物学や進化心理学のバックグランドを持つ学者も多いのではあるが，公共選択理論あるいはゲーム理論のバックグランドを持つ学者も少なくなく，これは従来の手法では収まりきれない政治現象に対して方法論を模索した結果，進化論的な考え方にたどり着いたということのようである[2]。

進化政治学のアプローチとは，政治学が扱う変数あるいはテーマに対し

て，進化論的な考え方を適用し，現在の政治的な現象のルーツ（遺伝子を含む）はどこにあるのかを究明しながら，仮説の構築・検証を行うものであるところ，このアプローチの前提となっている点は次の３つである。

① ヒトの遺伝子は突然変異を通じた進化によってもたらされたもので，かかる遺伝子は政治分野の意思決定過程において影響を与えている。
② 限られた資源である食料と異性を獲得することは人間の根源的欲求であり，その欲求にかかわる問題一つ一つを解決するために自然選択と性選択を通じて脳が進化した。
③ 現在のヒトの遺伝子は，少なくとも最後の氷河期を経験した遺伝子とほとんど変わっていないという事実に基づき，現在の政治現象は，狩猟採集時代の行動形態から説明されなければならない。

　上記については若干の説明が必要である。まず，①のヒトの進化過程と先天的変数の重要性である。人類がサルと枝分かれし直立二足歩行し始めたのが７百万年～１千万年前と言われているが，その後自然選択と性選択によって進化が繰り返され，われわれホモ・サピエンスはおおよそ20数万年前にアフリカで誕生したことが分かっている。遺伝子が突然変異を起こし，与えられた環境に最適な遺伝子が種全体に広がってゆく過程を進化と呼んでいるが，脳を含むすべての身体構造のみならず，喜怒哀楽等の情動，更に言えば，その情動と密接にかかわるホルモンや神経伝達物質も進化の過程で作り出されてきたということである。

　進化政治学者は，このような根源的な遺伝子レベルの変数が政治の分野における意思決定に影響を与えていると主張している。政治学以外の分野では先天か後天かという問題は重要な視座として研究が行われてきたが，政治学の分野でも後天的変数，たとえば教育程度，経済力，社会的地位等のみならず，後述するように遺伝子レベルの先天的要因，たとえばテストステロンといったホルモン，あるいはドーパミンなどの神経伝達物質の多寡といった内分泌学的変数が政治的意思決定に影響を与えるものと考えている。

　第二に，脳の進化には，生存をおびやかす問題解決のために進化が生じたという点，つまり「モジュール」という考え方が必要である。環境が変化して新たに引き起こされる「特定の問題」(special task)を解決するために進化が生じるが，脳の進化も，その他の身体の部分と同じように，環境

の変化によって引きおこされたものと考えている（Tooby & Cosmides, 1992年）。つまり，脳は政治問題すべてを解決できるほどには万能ではなく，個別の問題に対して試行錯誤しつつ「最大化」というより「満足化」のプロセスを踏まざるを得ないということ，また，脳の進化を知るためには，人類が直面した問題は何だったのか，その問題を解決するためには，脳のどの部分がなぜ巨大化する必要があったのか，等を考えることが必要であるとしている[3]。

「特定の問題を解決する」という点をもう少し詳しく述べると，われわれの脳は「一般的な問題」を解決するために進化したわけではないということである。遅くとも7百万年前，それまで居住していた環境の悪化により，一部の類人猿は森林からサバンナに押し出されてゆくが，そこで直面した問題は，外敵に襲われた時の逃げ場所がない，直射日光による体温の上昇，新たな食料の獲得の必要性等，多岐にわたったことが推測される。その一つ一つの問題に対応する必要性に迫られたのであって，環境の劇的変化と一括りされるような全体的な問題に対応するために進化したのではない。つまり，ヒトの脳は決して万能ではなく，特定の問題を解決するための「モジュール」を作り出しているに過ぎないのである。

たとえば心理学では広く知られているような「裏切り者検知（cheater detection）」モジュールといったように，人間が自己の存在を脅かす問題とは何か（裏切り者検知モジュールの場合は，うそをつかれて信じた場合に失う資源が多大で死活問題であるということ）という現状認識をし，それを解決するために最低限必要かつ有効な選択肢を選択する意思決定を行うように脳が進化してきた[4]。したがって，われわれの政治行動は，脳に局在している特定のモジュールに沿って反応し行動に移されるということであり，政治行動を含む人間の行動は，脳の働きを理解することが不可欠である点，更には，脳へのインプットから行動に至る，各々のホルモン・神経伝達物質，特定の情動・感情等のメカニズムについて分析する必要があることを示唆するものである[5]。

第三は，進化政治学の方法論にかかわる点である。政治学が政治科学と呼ばれてから数々の仮説を生み出してきたが，それらのほとんどは，長くても数十年単位の政治現象のデータあるいは観察に基づく仮説である。しかしながら，進化政治学者は，狩猟採集時代の行動形態とそれらの仮説の

整合性についても検証しなければならないと主張する。

　進化の速度は環境の変化の速度に比べて非常に遅く，生物学者の間では，最後の氷河期が終わった約1万年前の遺伝子と現在の遺伝子とはほぼ同じであるとのコンセンサスがある。これは狩猟採集時代に最適になるように進化してきたヒトの遺伝子が，18世紀の産業革命以降急激に且つ高度に工業化された経済や社会・政治システムとの間に，適応齟齬（mismatch）をきたしている可能性があることを意味している。

　上記を方法論的に言えば，現代に生きるわれわれの行動（政治行動を含む）に関する仮説は「至近メカニズム」（"proximate mechanism" と呼んでいる）によって生み出されるものであるが，それらは，進化過程との整合性を問う「根源的メカニズム」（"ultimate mechanism"）によって裏づけされなければならない[6]。

　この点を，しばしば引き合いに出される「囚人のディレンマ」を用いて具体的に説明する。ゲーム理論的な前提条件では，① 自己目標を設定し，② あらゆる選択肢における損得を計算し，③ その中で自己利益を最大化するものを合理的に選ぶ，ということになっている。したがって囚人のディレンマ的状況ではプレイヤーは各自の最良の選択の結果として「非協力」を選ぶため，集団としては決して望まない均衡点が生まれるとしている。その結果，グループ全体の最良の選択（公共財の創出と享受）とは乖離するため，それこそがディレンマであると教えるのが一般的である。

　しかしながら被験者が参加する囚人のディレンマの実験では，全被験者のうち20～50％が「協力」を選択している[7]。ゲーム理論的な前提条件では「協力」を選択する被験者は，非合理的な人間あるいはゲームの構造を理解することができない人間と捉え，実験のノイズとして退けられてしまうのが通常であったが，進化政治学では，このような被験者を非合理的な人間あるいはノイズとして扱うことはしない。手法としては，まず至近メカニズムとして，20～50％の被験者が協力を選択したという事実を受け入れることから始める。人間を利己的な動物として規定し，演繹的な論理に基づいた数学上の均衡点は考えられるかもしれないが，実際には均衡点が必ずしも存在しないという事実を認めなければならない。次に問わなければならない「根源的メカニズム」としての問題は，なぜ被験者が，自己犠牲を伴う「協力」という選択肢を選ぶかという事実を，狩猟採集時代にお

ける行動形態にさかのぼって分析するということである[8]。進化政治学者は,ホモ・サピエンスはゲーム理論が前提としているようなホモ・エコノミカス的な単純化した考え方は,根源的メカニズムに照らして考えると,必ずしも妥当性を得るものではないと提唱している。この点については次項において詳述する。

3．進化政治学からの問題提起と仮説

戦後の政治学を巨視的に見ると,大きなパラダイムシフトが行われる時には,必ず方法論の是非が最初に検討されてきた。仮説を提示する場合の前提条件の可否,たとえば1950年代から隆盛する行動論主義の場合は,システム分析や帰納的分析手法,50年代に萌芽し80年代後半から急激に拡大した公共選択理論では,演繹的手法とそれに伴う前提条件が最初に問われた[9]。

進化政治学の政治学における現状もその手順を踏んでいて,現在は,方法論の是非に多くの議論が集中している段階である。しかしながら,米国政治学会誌(*American Political Science Review*,以後*APSR*誌)等においては,進化政治学の領域に抵触する論文も徐々に散見され始めていて,ある一定の普遍性を持つ仮説も生まれつつあり,政治学上の仮説や前提条件に影響を与え始めている。この項では,進化政治学の実態に迫る目的で,特に重要な3つの点を検討することにする。その3つとは,(1)意思決定と利他行動,(2)政治行動と先天性,(3)紛争と根源的メカニズムである。

3−1 意思決定と利他行動

政治学では,他の社会科学の分野と同じように,意思決定は重要な独立変数であり,それと同時に重要な従属変数である。有権者による投票行動,立法府による立法,行政府による政策執行,ひいては地球環境問題等,為政者や有権者の意思決定はさまざまな政治現象として表出している。前述したように,公共選択理論が政治学の分野で浸透していく過程で「ヒトは個人の利益を追求する利己的な動物である」との前提条件を受け入れて,演繹的に仮説を立ててきた経緯がある。

進化政治学者の主張の中で,人間の意思決定過程は,利己的で効用の最大化を行う,と単純化できるのかと疑義を唱えている点が最も重要である。

この前提条件にたいする疑義を集約すると次の2点となる。

　第一に，従来の意思決定理論は人間の意思決定能力が静的且つ後天的であると捉えてきたが，進化学の立場からすれば，人間の意思決定能力も世代を通じて進化しその能力に個人差が存在すると考えることの方が自然である。人間を取り巻く資源（例えば食料，異性）が有限である以上，生存競争が行われるのが必然であり，その生存競争の結果，個体間に意思決定能力に差異が生じていると考える。この点ゲーム理論や数学的アプローチは驚くほど単純化している。多くの場合，あたかもすべての個人は，数学的素養を，数学的論文を執筆している学者と同じくらい持っているという前提で，均衡点，戦略といった用語を使って分析しているが，実際にはわれわれが物事を戦略的に考えることは稀であるし，戦略的に考えたとしても，数学者の公式に当てはまるように，完璧な計算に基づいて完璧な行動をとることはない。

　第二に，多くの進化政治学者は，公共選択理論学者の主張とは異なって，遺伝子レベルにおいて，人間は必ずしも利己的ではない，との見解を持っている。根源的メカニズムから考察すると，ホモ・サピエンスが誕生した当時の狩猟採集時代では，人間は血縁に基づいて多くても数十人程度の集団を形成することによって，限られた資源を獲得していた。ハミルトン（1964年）の血縁選択説が示すように，集団内で自分の遺伝子を共有する相手に対しては利他行動を行う可能性が高い。自己利益を追求するということは，自分の遺伝子の利益を追求することであり，その遺伝子を共有する他人に対して利他的になることも状況によっては可能なのである。「2人の兄弟か，8人の従兄弟のためなら，いつでも命を投げ出せる用意がある」という遺伝学者ホールデンの言葉が示すように，血縁関係に基づいた集団的生活パターンから，進化過程において「信頼しあう遺伝子」（最近の研究では，後述するように，セロトニン，ヴァソプレッシン，ドーパミンである可能性が高い）が組み込まれてきたとしても不思議ではあるまい。したがって，人間はこのような利他行動を要求されるような状況では，一回限りの見ず知らずの他人との「囚人のディレンマ」のような状況であっても，利他行動をうながす情動・感情・ホルモン・神経伝達物資の表出 → 利他的な行動の選択，という比較的単純なアルゴリズムが作動することになる[10]。

オーベルらのグループは*APSR*誌（Orbell et al., 2004年, Morikawa et al., 1995年）において，相手の心を読む「政治脳」あるいはバーンら（1988年，1997年）が使う「マキャベリ的知能」が，利他的な遺伝子を生じさせるのではないかという点についてコンピューター・シミュレーションを用いて検討している。「政治脳」とは，人間関係において自己利益を追求し，その結果生存競争に勝つための能力であり，たとえば自分を実力以上に見せ相手を威嚇する能力（及びその威嚇を見抜く能力），嘘をつく能力（及びその嘘を見抜く能力，更には嘘を見抜かれた後再び上手な嘘をつく能力），誰を信頼すべきかといった選択・洞察力（及びその信頼又は不信を予見し行動をとる能力）等から構成されるもの，と定義されている。本来ならば「政治脳」と利他行動とは相容れない関係にあると考えられるものであるが，シミュレーションから，両者がむしろ補完しあう関係であり，「政治脳」が発達する過程において，相手のうそを見抜く能力がうそをつく能力を上回るといった条件等が整えば，利他的な行動をとらせる遺伝子が組み込まれる可能性が高いことを確認した。また，いったんそのような遺伝子が組み込まれると，人間は血縁関係がない相手に対しても，自己犠牲が可能な動物であることも確認している[11]。

人間が必ずしも利己的ではないという点についてもう一つ例を挙げれば，近年注目をあつめている「最後通牒ゲーム」（Ultimatum game）によって得られた実験結果である[12]。このゲームは2人組の被験者によって行われる実験で，次の手順を踏む。
① 一方のAが提案者，他方のBがAの提案に対する受諾または拒否する受け手である。
② 提案者Aは，事前に与えられた金銭的元手（たとえば一万円）を，AとBの間にどのように分配するかを決定する権限を持つ。Bはその分配金額に対して受諾あるいは拒否する権限を持つ。

人間の利己性という立場に立てば，予想される実験結果は明白である。Aは9,999円を自分に，1円をBに提案するのであって，Aの提案を踏まえてBとしての選択肢は1円の受け取りを受諾するか，拒否して1円ももらえないのかの2つであるので，もしBが利己的と考えるならば，1円を受け取るのが予想される結果である。しかしながら，現在までさまざまな研究者（グースらのグループ，カメレールらのグループ等）がこの実験を

行い数々の論文が出されているが，それらを要約すると，提案者はだいたい40～50％前後の提案を行うのが通常で，受け手の方も20％以下の提案に対しては拒否している[13]。これらの実験が示唆するところは，人間は自分の利益を最大化する動物ではなく，相手の心を読みながら，両者にとってどのような形が「公正」なのかを考えることができる動物ということである。もし，上記が示すとおり，人間の意思決定が，必ずしも利己的ではなく，利他的になることもあり，お互いに公正であろうとするならば，公共選択理論やゲーム理論の前提条件は根本的に考え直さなければならないことになる。

3－2　民主主義と先天性

　進化政治学の観点から，現在最も注目されている分野の一つは，民主主義制度内における政治行動への遺伝的変数の影響である。人間の政治行動は，社会行動や経済行動と同じように，先天的影響を多分に受けている可能性がある。

　人間の政治行動，更には民主主義制度内における意思決定と先天的な遺伝子とが密接に関係している，という主張に対して，違和感を覚えるかもしれない。おそらくその違和感は，メリアム（1925年）が「本当の政治学の研究は心理学というよりも生物学や神経学に関係しているのではないのか」と述べてはいたものの，現在までに，政治学において提出された仮説のほとんどは後天的な変数を扱ったものであり，政治行動が既に遺伝的に決定されているという前提で構築された仮説はほとんどないためかもしれない。あるいは民主主義という比較的新しい政治制度と，遺伝子という生来的なものが果たして相関関係にあるのかという疑問も当然わくことだろう。根源的メカニズムと，民主主義といった至近メカニズムとの間に齟齬が存在すると思う方が自然である。

　このように違和感を覚えるアプローチではあるが，近年，データも整い，このアプローチを用いた仮説も散見され始めている。その中でも，遺伝子を共有する双子のデータを用いた研究，および人間が持つホルモンと神経伝達物質の多寡が政治行動に影響を与えているかもしれないとする研究の2つは特筆に値する。

　第一に，双子のデータを用いた研究である。先天性がどの程度政治行動

に影響を与えているのかを調べるには双子のデータは有効である。双子には100%遺伝子を共有する一卵性双生児と50%遺伝子を共有する二卵性がある一方で，それらの双子が同じ環境で育った場合と，離れ離れに異なった環境で育った場合の2つが考えられる。両者から2×2の4通り考えられるところ，従来の政治学の見地に立てば，双子といえども，異なった環境に育てば，政治行動という従属変数とは相関関係がないということになるし，他方，先天性が重要とする立場に立てば，異なった環境に育ったとしても，双子の政治行動は同じであり，更に二卵性よりも一卵性の双子の方が，同じような政治行動をとる傾向があるとの仮説を立てることができる。

双子のデータを用いた研究の中で重要なものは，ヒビングとアルフォードらを中心としたグループ（2004年，2005年）の政治行動に関する研究である。特に2005年に*APSR*誌に発表された論文は，当時の編集長シーゲルマンが「*APSR*誌がかつて出版した論文の中で最も重要なものの一つ」との評価を与えたほどである[14]。ヒビングらは被験者1,700人余りの双子に対して行った調査を用いて，政党選好，政治イデオロギー，国家政策等に関する政治態度について後天的要因かあるいは遺伝的要因のどちらがより多く影響を与えているかの分析を行った。その結果，多数の項目において後者が前者を上回るものとなったが，特に政治イデオロギーの保守かリベラルかの基軸で考えると，遺伝的要因に顕著な影響が見られたとしている。

投票参加と先天性の関連性に関する研究も行われている。従来の政治学は投票参加に影響を与える独立変数は，プルツァー（2004年）が指摘するように，収入，所属機関，宗教，政治知識，年齢，家族構成，教育程度等といった30あまりの後天的な変数であり，先天的な変数としては，せいぜい性差といったもののみであった。

ファウラーらのグループやハテミらのグループは投票参加について遺伝的要因を独立変数として仮説を立てている。ファウラーら（2007年）は，ロスアンジェルス地区の双子のデータを用いて，先天性，共有する環境，共有しない環境の3つのカテゴリーから投票参加との関連性を分析したところ，先天性が最も有力な変数であることが分かったとしている。また同じ論文において，全米規模の健康にかかわる追跡調査の中で，双子に関するデータを抽出して，同様に投票参加に関する分析を行ったところ，同じ

ように先天性との有意の関連性を認めた。ただし，ハテミら（2007年）は豪州の双子のデータを用いて同様の関連性を検討したところ，投票行動に対して先天性が単独で強い影響を与えているとは認められないとしつつ，社会階級や教会への所属といった環境的要因と関係しながら影響を与えると述べている。

　当該研究者は，先天性と政治行動との関連性について，生まれか育ちかといった伝統的論争，あるいは先天性が政治現象のすべてを決定するといった遺伝子決定主義でないことを強調している。先天性とはあくまでも，政治現象に対して脳からメッセージが伝達され，それが政治行動を引き起こす要因の一つであって，先天性にかかわる政治行動は，行動の基本的アルゴリズムに影響を与えるだけで，外的要因によっては，その行動に差異が生じるということである。たとえば，両親が，ある特定の政党の熱狂的な支持者であるからといって，子供が同じ政党を同じ熱意を持って支持することにはならない。遺伝的にホルモン，脳内神経伝達物質の多寡は決定されても，それが特定の政党支持に至るわけではなく，わが国の例で言えば，先天的に自民党や民主党の支持者になるとかあらかじめ決められているわけではない。先天性とは，ある政党を支持することによって，特定の情動を作動させるメカニズムを提供する可能性が高いということである。革新的な政党のアジェンダは，現状の政策の転換を意味する場合が多いが，その転換の可能性を予測したときに，喜・怒・哀・楽，不安，恐怖，期待感等の情動や感情のどのスイッチが入るかということであり，そのスイッチの入り方が，双子の研究によって明らかになりつつあるように，同じ遺伝子を共有している場合には，同じになる傾向が高いということである。

　このように考えてくると，遺伝子といった総合的な研究から，テストステロンやエストロゲンといった男女特有のホルモン，ドーパミンといった神経伝達物質のレベルにまでさかのぼった内分泌学的研究，更にはfMRIによって脳のどの部分が政治現象に対して反応しているのかといった認知科学の分野に立ち入った研究が必要になってくる。たとえば，前述の囚人のディレンマ・ゲームにおいては，リリングらは，脳のどの部分が協力関係を構築しようとする意思機能と連動するのかという問題に対してfMRIを用いて研究（2002年）を行い，前腹方線条体（AVS）と腹内側前頭皮質（VMPFC）と関連が深いことを突き止めた。その後（Rilling et al., 2004年,

Wood et al., 2006年), ドーパミンとセロトニンの役割に着目して, 両者がお互い協力しあった結果得られる利得と深い関係があることが分かった。他方, クナフォラのグループ (2007年) はヴァソプレッシンについて研究を行い, ヴァソプレッシンが人間同士の信頼に係わっていることを検証している。前述の最後通牒ゲームにおいてもホルモン等からの研究が進められており, バーンハム (2007年) は, 男性ホルモンのテストステロンが多い被験者は, 提案者からの提案額が低い場合には拒絶する傾向があるとしている。今後, 実験結果を踏まえて, 有権者の投票参加, 投票方向等と, 内分泌学的変数との相関関係を検証する研究が行われるものと期待される。

3-3 紛争と根源的メカニズム[15]

考古学および人類学の長足の進歩を受けて, 狩猟採集時代のホモ・サピエンスの行動形態が明確になりつつある。その中でも, 部族間の紛争についてデータも整いつつあり, それらによれば, ホッブスが『リヴァイアサン』で描いたような「万人の万人に対する闘争」によって, 人間は「孤独で, 貧しく, 危険で, 野蛮で, 短命である」とした自然状態に近いとのコンセンサスができつつある。狩猟採集時代にヒトが平和的に共存していたというイメージは明らかに間違いであり, 紛争の原因が食料あるいは異性の獲得のどちらにせよ, 部族間の武力衝突は日常的に発生していたようである。20世紀では1億人以上の人々が戦争によって生命が失われて前代未聞の出来事であるかのように捉えることもできようが, 根源的メカニズムから考察すると, 人類学者キーリー (1996年) が次のように述べているように, 狩猟採集時代では人間同士の殺戮は日常茶飯事だったようだ[16]。

> (一億人という) 戦争による死亡者は, 国家に分割されたために支払わなければならなかった代価として考えられるが, このすさまじいと思われる数字は, もし世界の人々が小集団, 部族, 首長制社会によって組織されていたならば, その結果として失われたであろう生命より20倍も少ないのである。典型的な部族社会では, 毎年, 紛争によって人口の0.5％の生命が失われている。この死亡率を20世紀の地球の人口に当てはめれば, 1900年から20億人が死亡する計算になる。(略) 原始時代の紛争は, 命がけではなかったというのはまったくの空想である。後期更新世・初期完新世において (石器という殺傷度の低い武器であっ

たが）武力衝突によって小集団が頻繁に消滅したという事実は，国際政治を専門とする政治学者に2つの重要な研究視座を提供してくれる。

まず，ヒトの進化過程において人間同士が命がけで戦う紛争が頻繁に発生していたならば，紛争における行動を織り込んだ遺伝子が組み込まれた可能性がある。紛争が頻繁であり，勝利した場合に得られる利益，負けた場合に失われるコストの両者ともに多大であれば，戦争に勝つための遺伝子が組み込まれているはずである。たとえば，ボールズ（2006年）は，自分が所属する集団が武力衝突によって消滅する確率と，自分の生命を犠牲にしてでも紛争に参加することによって自分の生殖機会を失う確率とを比較したところ，人類学者が推定するような頻度で紛争が発生していたとするならば，遺伝子レベルにおいて，紛争における利他行動，つまり自分の生命を賭してでも血縁関係の深い集団を救おうとする遺伝子が進化過程で組み込まれていったことを数学的に証明している。

問題となるのは，いつ戦闘時の利他行動モジュールが作動するかであるが，アトラン（2003年）らの自爆テロの研究，スマーノフら（2007年）の「ヒロイズム」の研究が示すように「集団の消滅の危機」にどう対処するかが分岐的な（critical）要因である。アトランは，自爆テロは所属する集団が消滅という危機に直面していると認識した構成員がとる合理的で自発的な行動であると分析している。スマーノフらは，集団存続のために自分の生命を犠牲にする行為をヒロイズムと定義して，集団の消滅の危機を前提とした上で，紛争という公共財を提供する場合に「ただ乗り」ができないような分岐点において，ヒロイズムの心理メカニズムが作動することをシミュレーションによって実証した。このアプローチをとる学者の中には（Johnson, 2006年），「過剰自信」（overconfidence）を促すとされるテストステロンと紛争との因果関係を模索するグループもいる。

第二に，現代社会では国際紛争が「比較的」少なく，紛争に伴う死亡者が圧倒的に少ないという事実を前提にすれば，現代においてどういうメカニズムが武力衝突を減少させてきたのかという因果関係を研究する必要がある，ということになる。従来の国際関係学では，どのような原因が戦争に至らしめるのかという前提で仮説が提示されているが，根源的メカニズムからすれば，むしろ逆に，どのようなメカニズムが戦争を減少させてきたのかという発想から仮説が提示されるべきである。キーリーが上記で述

べているような「国家」という統治システムなのか,それとも民主主義という政治体制なのか,グローバル化や貿易による相互依存なのか,国連や世界銀行を中心とした国際機関,さらには国際的に活動する非政府組織なのか,これらの因果関係を模索する必要性がある。平和に寄与する新しい答えを探すのではなく,既に答えは存在しているという発想の転換が必要である[17]。

4．進化政治学の可能性と限界

　公共選択理論がそれに先立つ帰納的手法のアンチテーゼとして経済学の手法を借りて発展してきたように,進化政治学も同様に,公共選択理論へのアンチテーゼとして,進化学から手法を借りて政治学に影響を与えようとしている。しかし,現在のところ,有効な仮説は政治学を席捲するほどには至っていない。たとえば米国政治学会の分科会は50近くに分かれているが,各々の分科会では分析手法も新旧交錯し,学際的なものも多く,研究とする対象も個人レベルから国際レベルまで多様であり,進化政治学はあくまでも政治学理論の中の一つのアプローチに過ぎない。

　本項では,進化政治学に係わる問題点について3点述べたい。第一に,データ不足である。後天的なデータは,実験やアンケート調査等により比較的入手が容易であるのに対して,先天性に係わるデータの入手は非常に困難である。たとえばテストステロンやエストロゲンがどのように政治行動へ影響を与えるのかという研究を行うためには,伝統的な政治学の変数に加えて,被験者からホルモン量を独立変数あるいは媒介変数として採取する必要がある。先天性と政治学の間に関係があると考えたとしても有効な仮説を提示するためには,後天的データの入手努力以上のものが求められるのに加えて,サンプル数にも限りがあることから,信頼性（reliability）と妥当性（validity）に関して疑義が呈されることになる。

　第二の問題点は,至近メカニズムと根源的メカニズムの整合性の問題である。現在の政治現象という至近メカニズムについては仮説という形でその妥当性に対して検証を行うことができる。しかし,根源的メカニズムは,化石,人骨,DNA等による考古学,人類学,遺伝学上の推測に過ぎず,政治学上の仮説が根源的メカニズムに即して整合性があるのかという検証は難しい。一例を挙げれば「人間は,合理的判断の結果として,直接的に影

響を与えない政治に関する知識に対しては，充分に持たない傾向がある」といった「合理的無知」(rational ignorance) 仮説に対して，至近メカニズムから検証を行うことはできるが，狩猟採集時代にどのような知識を持ち合わせていたのかということは遺伝子研究等からの推測に過ぎず，データを用いて検証することはできない。この点，根源的メカニズムの重要性を認識したとしても，その有効性については問題が生じることになる。

第三点目としては，利他行動と利己的行動の作動メカニズムである。進化政治学者が主張するようにわれわれの遺伝子の中に利他行動を促すシステムが存在するとしても，その利他的な遺伝子がいつ，どこで，どのような状況において作動するのかそれともしないのかについて，明確な答えを用意していない。明確な答えがない以上，人間の行動を分析する時に人間の行動はアドホックなものとして捉えることになる。進化政治学者が，利他行動をとるメカニズムを遺伝子レベルで存在するが，いつ作動するのかは分からない，というのでは，説得力のある仮説を提示することはできない。

ただし，上記の問題点は致命的欠陥というよりも，新たに提唱されたアプローチの萌芽期において必然的に生じる問題であり，有効な仮説の蓄積とともに解決される問題であると考える。データと仮説の蓄積は，進化政治学のみならず，進化心理学や進化生物学，広くは考古学，人類学，遺伝学等からの発展によっても可能であるため，相乗効果が期待できる分野ではある。

5．終わりに

進化政治学の意義を再確認したい。現時点での政治学における意思決定分析は経済学的合理性を前提として議論する観点が有力であり，個人の先天性と個人を取り巻く環境は未分化のまま（たとえば両親からの影響として）議論されているが，進化政治学は，これを分化させることによって分析していくという意義を持つ。たとえば，比較政治学の分野では，政治行動形態に差異が見られる時，伝統的には文化的・社会的慣習や規範，政治制度等の違いによってもたらされるとする立場から主に研究が行われてきたが，進化政治学者は遺伝的要因の違いによっても引き起こされるのではないかと考えている。現在までこのような差異を遺伝的要因から比較研究

したものは皆無であるところ，飛躍的に発展可能な一分野である。また，特定の政治制度内外における政治行動を遺伝的変数から検証できるという意味で，政治学のさまざまな分野のテーマを，先天的要因を基軸として，問い直すことが可能かもしれない。さらに，進化政治学は，数千年程度では変えることができないヒト特有の先天性（species typicality）と過去数千年間ヒトによって作り出されてきたさまざまな政治体制との間の整合性，つまり両者の間で適応齟齬をきたしているのかいないのか，適応齟齬をきたさない政治体制とは何か，を問うことができる，という点でも政治学的に発展性がある。

最後に政治学と根源的メカニズムとの関連について述べ，本稿を閉じる。政治学の研究対象であるホモ・サピエンスは地球の誕生から見ればほんの瞬き程度の間に誕生したという事実，またホモ・サピエンスが誕生してから1万5千世代未満，農耕社会が開始されてからは8百世代程度，産業革命以降では20世代，さらに第二次大戦後ではほんの数世代を経ているに過ぎないという事実を踏まえて，政治学者はこれから半永久的に続く進化の過程における一瞬の出来事について分析しているという自覚を再確認することが必要である。特に政治学の仮説の多くは第二次世界大戦後の数十年にかかわるデータに基づいたものがほとんどであることからして，進化過程の視座から検討し，根源的メカニズムとの整合性から裏づけをとることができるものであれば，数世代から数千世代に有効な仮説となりうる，という進化政治学者の主張を真摯に受け止める必要はあろう。

（1） Association of Politics and the Life Sciences（政治と生命科学の学会）は1980年に誕生し，1981年に米国政治学会から分派し設立されたもので，その経緯はハインズ（1982年）の論文に詳しい。
（2） 前述の二つの政治学会を念頭に置いている。
（3） Carmen（2006年）は「満足化」や「限定合理性」の概念は，進化学から再構築が可能であるとしている。
（4） 詳しくは Barkow ら（1994年）における Tooby & Cosmides の論文。
（5） 情動・感情の進化については Nesse（1990年）に詳しい。
（6） Proximate Mechanism は「直接的メカニズム」あるいは「至近メカニズム」と呼ばれ，日本語訳は一定していないが，ここでは「至近メカニズム」と訳すことにしたい。Ultimate Mechanism は「根源的メカニズム」の

他に，「根本的メカニズム」，「究極メカニズム」あるいは単に「進化メカニズム」と日本語訳される時もある。
(7) 1980年代から90年代前半のオーベルらのグループが行った被験者を使った実験で確認している。その結果の主なものには，Mulford ら（1998），Orbell ら（1991, 1984），Dawes ら（1986），van de Kragt ら（1983）等があるが，どの実験においても20%～50%の被験者が協力を選択している。この数字については，別途オーベル氏本人の確認も得ている。囚人のディレンマ，ステップレベルゲームのいずれにおいてもこの数字の範疇である。カーネマン・トゥヴェルスキーのプロスペクト理論が指摘するように，損失の枠組みでは協力を選択する被験者は少ないことも承知している。
(8) たとえばBoehm（1999年）が挙げられる。
(9) 行動論主義の場合，誕生以来いくつかの分析手法的な改善が見られて現在に至るとするBondの論文（2007年）を承知している。
(10) Alford ら（2004年）は，人間は根源的に利己的な非協力的な動物ではなく，「用心深い協力者」（wary cooperator）と呼んでいる。
(11) Orbell ら（2003年）はタカ・ハト・ゲームを用いて同様の理論を展開している。
(12) このゲームの実験はGuth ら（1982年）が先駆的役割を果たした。
(13) 数字についてはCamerer（2003年）を参照。
(14) Sigelman（2006年）173頁。
(15) 両者の関係について研究を行った初期的な試みとしてはThayer（2004年）がある。
(16) Keeley（1996年，93～94頁）。またLeBranc ら（2003年）等，狩猟採集時代の紛争を研究する人類学者はおおむね同様の立場をとっている。
(17) なお，国際政治学を研究する学者の中でボールディングやモデルスキーは「進化」という言葉を使い長期的な政治・経済体制や社会の変容を分析しているが，システム，構造，社会といった人間が作りあげたものは「進化」することはなく，「進化」という用語を不適切に使っているに過ぎない。「進化政治学」と根本的に異なるものであり，範疇には入らない。

参考文献

Alford, John R., Carolyn L. Funk, and John R. Hibbing. 2005. "Are Political Orientations Genetically Transmitted?" *American Political Science Review*. 99, 2, 153-167.

Alford, John R., and John R. Hibbing. 2004. "The Origin of Politics: An Evolutionary Theory of Behavior." *Perspectives on Politics* 2, 707-724.

Atran, Scott. 2003. "Genesis of Suicide Terrorism". *Science*. 299, 1534-1539.

Barkow, J., Leda Cosmides and John Tooby. (eds.) 1994. *Adapted Mind: Evolutionary Psychology and the Generation of Culture*. New York: Oxford University Press, 163-228.

Bond, Jon R. 2007. "The Scientification of the Study of Politics: Some Observations on the Behavioral Evolution in Political Science." *Journal of Politics*. 69, 4, 897-907.

Bowles, Samuel. 2006. "Group Competition, Reproductive Leveling, and the Evolution of Human Altruism." *Science*. 314. 1569-1572.

Burnham Terence C. 2007. "High-testosterone men reject low ultimatum game offers." *Proceedings of Biological Sciences*. 274, 2327-2330.

Byrne, Richard W., and Andrew Whiten. (eds.) 1988. *Machiavellian Intelligence; Social Expertise and the Evolution of Intellect in Monkeys, Apes, and Humans*. New York: Oxford University Press.

Carmen, Ira H. "Genetic Configuration of Political Phenomena: New Theories, New Methods." Presented at the annual meeting of the Midwest Political Science Association, Chicago, Illinois April 20, 2006.

Camerer, Colin F. 2003. *Behavioral Game Theory-Experiments in Strategic Interaction*. Princeton, NJ: Princeton Univ. Press.

Dawes, Robyn M., John M. Orbell, Randy T. Simmons, and Alphons J. C. van de Kragt. 1986. *American Political Science Review*. 80, 4, 1171-1185.

Falk, Armin and Urs Fischbacher. 2006. "A Theory of Reciprocity." *Games and Economic Behavior*. 54, 293-315.

Fowler, James H.. 2006. "Altruism and Turnout" *Journal of Politics*, 68, 3, 674-683.

Fowler, James H., Laura A. Baker, and Christopher T. Dawes. 2007. "The Genetic Basis of Political Participation." Unpublished paper. University of California, San Diego.

Guth Werner, Rolf Schmittberger and Bernd Schwarze. 1982. "An Experimental Analysis of Ultimatum Bargaining." *Journal of Economic Behavior and Organization*. 3, 4, 367-388.

Hamilton, W. D. 1964. "The Genetical Evolution of Social Behaviour. I and II." *Journal of Theoretical Biology* 7 (July):1-52.

Hatemi, Peter K., Sarah E. Medland, Katherine I. Morley, Andrew C. Heath, and Nicholas G. Martin. 2007. "The Genetics of Voting: An Australian Twin Study." *Behavior and Genetics*. 37, 435-448.

Henrik Walter, Birgit Abler, Angela Ciaramidaro and Susanne Erk. 2005. "Motivating forces of human actions: Neuroimaging reward and social interaction."

Brain Research Bulletin. 67, 368-381.

Hines, Samuel. 1982 "Politics and the Evolution of Inquiry in Political Science." *Politics and the Life Sciences* 1, 1, 5-16.

Johnson, Dominic, et al. 2006. "Overconfidence in wargames: experimental evidence on expectations, aggression, gender and testosterone." *Proceedings of Royal Society B.* 273, 2513-2520.

Keeley, Lawrence H.. 1996. *War Before Civilization.* The Myth of the peaceful Savage. New York: Oxford University Press.

A. Knafo, S. Israel, et al. 2008. "Individual differences in allocation of funds in the dictator game associated with length of the arginine vasopressin 1a receptor RS3 promoter region and correlation between RS3 length and hippocampal mRNA." *Genes, Brain and Behavior.* Forthcoming.

van de Kragt, Alphons J. C., John M. Orbell and Robyn M. Dawes. 1983. "The Minimal Contributing Set as a Solution to Public Goods Problems." *American Political Science Review.* 77, 1, 112-122.

LeBlanc, Steven, and Katherine E. Register. 2003. *Constant Battles: The Myth of the Peaceful, Noble Savage.* London: St Martin's Press.

Maynard Smith, John. 1982. *Evolution and the Theory of Games.* Cambridge University Press.

Merriam, Charles E. 1925. *New Aspects of Politics.* Chicago: University of Chicago Press.

Morikawa, Tomonori, John M. Orbell and Audun S. Runde. 1995. "The Advantage of Being Moderately Cooperative." *American Political Science Review.* 89, 3, 601-611.

Mulford, Mathew, John M. Orbell, Catherine Shatto and Jean Stockard. 1998. "Physical Attractiveness, Opportunity, and Success in Everyday Exchange." *American Journal of Sociology.* 103, 6, 1565-1592.

Nesse, Randolph M. 1990. Evolutionary explanation of emotions. *Human Nature* 1 (261-289).

Orbell, John M, and Robyn M. Dawes. 1991. "A Cognitive Miser Theory of Cooperator's Advantage." *American Political Science Review.* 85, 2, 515-528.

Orbell, John M, Peregrine Schwartz-Shea and Randy T. Simmons. 1984. "Do Cooperators Exit More Readily than Defectors?" *American Political Science Review.* 78, 1, 147-162.

Orbell, John M, Tomonori Morikawa, James Hanley, Jason Hartwig and Nicholas Allen. 2004. "Machavellian Intelligence as a Basis for Cooperative Dispositions" *American Political Science Review.* 98, 1, 1-15.

Orbell, John M., Tomonori Morikawa, and Nicholas Allen. 2003. "The Evolution of Political Intelligence: Simulation Results." *British Journal of Political Science*. 32, 613-639.

Rilling, James K., DA Gutman, TR Zeh, G. Pagnoni, GS Berns, and CD Kilts. 2002 "A Neural Basis for Social Cooperation." *Neuron*. 35, 395-405.

Rilling, James K., et al. 2004. "Opposing BOLD responses to reciprocated and unreciprocated altruism in putative reward pathways." *Neuroreport*. 15, 2539-2543.

Sanfey, Alan G. 2007. "Social Decision-Making: Insights from Game Theory and Neuroscience." *Science*. 318, 598~602.

Sidanius, Jim and Robert Kurzban. 2003. "Evolutionary Approaches to Political Psychology" in *Oxford Handbook of Political Psychology* edited by David O. Sears, Leonie Huddy, Robert Jervis New York : Oxford University Press.

Sigelman, L. 2006. "Report of the Editor of the American *Political Science Review*." *Political Science and Politics*. 40, 1. 171-173.

Smirnov, Oleg, Holly Arrow, Douglas. J. Kennett, and John Orbell. 2007. "Ancestral Warfare and the Evolutionary Origins of 'Heroism'". *Journal of Politics*. 69, 4, 927-940.

Thayer, Bradley A. 2004. *Darwin and international relations: on the evolutionary origins of war and ethnic conflict*. Lexington, KY: University Press of Kentucky.

Tooby, John, and Leda Cosmides. 1992. "The Psychological Foundations of Culture." In *The Adapted Mind: Evolutionary Psychology and the Generation of Culture*, ed. J. Barkow, L. Cosmides and J. Tooby. New York: Oxford University Press, 19-136.

Whiten, Andrew, and Richard W. Byrne. (eds.) 1997. *Machiavellian Intelligence II: Extensions and Evaluations*. New York: Cambridge University Press.

Wood, Richard M., James K. Rilling, Alan G. Sanfey, Zubin Ghagwagar and Robert D. Rogers. 2006. "Effects of Tryptophan Depletion on the Performance of an Iterated Prisoner's Dilemma Game in Healthy Adults." *Neuropsychopharmacology*. 31, 1075-1084.

事業廃止の政治学

―都道府県のダム事業を対象に―

砂原庸介＊

1．はじめに

　本論文は，特に都道府県のダム事業を対象として，地方政府における事業廃止の意思決定を分析することを目的とする。現在の日本においては，多くの「無駄な」公共事業が，非効率であるにも拘わらず，既得権益層の「抵抗」によって維持・温存されているとしてしばしば批判される。ダム事業は，その中でも「無駄な事業」の典型例として批判の槍玉に挙がるものであり，ダムに対する需要が非常に減少し，住民の意向がダム廃止に傾いているにも拘わらず，政府は数十年前の計画に固執し，不要なダム建設を続けているという批判は強い（五十嵐・小川 1997；2001）。またダム事業に対する批判は，その事業としての非効率性だけではなく，ダムを建設することによって，流域の環境が悪化し，生態系を破壊するおそれが強いことがしばしば主張される。特に，環境保護を掲げる多くのNPOや市民団体は，ダム事業の廃止を訴えて運動を起こし，行政主導のダム事業を痛烈に批判してきた（天野 2001）。

　「無駄な」公共事業に対する批判が高まる中で，特に1997年に橋本総理大臣が国・地方における公共事業についての「再評価システム」導入を決定してから現在に至るまでに，公共事業の「不倒神話」は少なくとも部分的には覆され，日本において公共事業の廃止という政治過程が出現することになった。ダム事業においても，実際に巨大な事業が廃止されることになった政治過程について，環境保護や地域住民の生活維持といった側面からダム事業の廃止を捉えた研究や，ジャーナリストによる記録などが出版さ

＊　神戸大学大学院法学研究科　日本学術振興会特別研究員（PD）　政治学・行政学

れている（徳島自治体問題研究所 2001，箕川 2001，帯谷 2004）。そこで提示される議論は，ダム事業という地域住民の生活を脅かす巨大な公共事業に対する地域住民による粘り強い抵抗運動が，事業の廃止という成果を挙げたことを示すものである。特に住民運動とダム事業の廃止の関係を分析した帯谷（2004）は，宮城県の新月ダムを対象とした事例研究において，ダム事業に関わる県当局の対応の変化や反対運動ネットワークの変化に注目して，最終的にダム事業の検討委員会（大川治水利水検討委員会）が事業の廃止という結論に至った過程を観察し，検討委員会において，委員長のイニシアティブを通じて反対派の意見を公的な意思決定に反映させる回路が開かれ，最終的に合意形成が実現されたことを主張する。帯谷（2004）の研究はあくまでもひとつの事例を扱った実証研究であるが，この主張からは，ダム事業のような巨大な公共事業を廃止するためには住民運動を公的な意思決定に反映させる回路を確保することの重要性を指摘することができる。

　一方で，これまでの研究では，実際に意思決定を行う政府の政治過程を検討し，事業の廃止を決定付ける要因を分析するものは少なかった。その中で三田（2001）は，2000年に行われた与党による公共事業の見直し（以下，与党見直し）を分析対象として，政治家・官僚・利益集団によって独占的に決定されてきたとする公共事業について，ダム事業の廃止を求める有権者の意思が反映されたことで見直しが進展したと主張する。すなわち，2000年総選挙において都市部で自民党が敗北したことが無駄な公共事業に対する有権者の批判の結果として捉えられ，批判に対する反応として公共事業の見直しが行われたという主張である。三田（2001）によると，官僚が自主的に事業の廃止を実行することが困難であるのに対して，選挙の結果を受けた政治家が，自ら事業見直しの基準を策定し，対象事業の選択までを行ったことによって数多くの事業が廃止されることになったとされる。この分析のポイントは，公共事業の廃止において，有権者の利益を政治家が考慮するという前提を加えるところにある。つまり，与党政治家が有権者の利益を考慮し，自らの再選を図るために公共事業の廃止を行うインセンティブを持ちえた，ということを明らかにしたという点が重要である。なぜなら，この指摘は，住民運動の激しさに拘わらず，政治的なインセンティブによって，政治家が事業の廃止という意思決定を行う可能性を示唆

しているからである。ただし，対象とする事例は，中央政府の一度きりの見直しであり，この単一の事例のみから議論を一般化することは，必ずしも支持されない。

このように，住民運動に注目する研究についても，政治家のインセンティブに注目する研究においても，これまでの研究は，個別のダム事業の廃止や与党見直しといったような一度きりの出来事に注目したものであり，理論的な背景を持った体系的な分析はなされてこなかったと考えられる。さらに，「ダム」といったときに，中央政府の省庁が所管するダム事業を扱う場合と，都道府県が所管するダム事業を扱う場合では，意思決定におけるアクターの比重が全く異なる。中央政府の直轄事業では都道府県の影響力は限定的なものに留まるのに対して，県営事業についてはむしろ都道府県の意思が事業の存廃について決定的な重みをもつ[1]。そのため，日本の地方政府において首長と地方議会の二元代表が互いに牽制しあう体制が採用されていることを考慮すると，県営事業の廃止については二元代表制という制度を適切に分析の中に組み込むことが要求されると考えられるが，これまでの研究ではその点にほとんど注意が払われてこなかった。

本論文では，以上のような問題意識のもとで，地方政府の二元代表制という制度を考慮して検証すべき仮説を設定する。その仮説は，都道府県における知事と地方議員という地方政治家が選挙制度から与えられると考えられるインセンティブを重視し，知事・地方議会の構成と両者の関係がダム事業の廃止という意思決定に影響を与えるという政治的な側面を強調するものとなる。その上で，対象とする期間において事業が実施された経験をもつ都道府県営の各ダムを分析単位とした離散時間ロジットモデルによるイベント・ヒストリー分析を用いて設定した仮説を検証する。実際に事業の廃止という意思決定が行われたダムだけではなく，事業が実施されていた経験をもつ全てのダムを分析対象とすることで，観察可能な限られた事例のみに注目して政治化されなかった事例を分析の視野に入れないという「観察主義の陥穽」（増山 2003）を乗り越えて，事業の廃止という意思決定を促進する政治的条件を明らかにすることができると考えられる。

論文の構成は，以下の通りである。まず次節において，事業の廃止を説明する理論的な研究を概観する。第三節では，特に政治家のインセンティブに注目し，都道府県において，地方政府を構成する二元代表制と知事－

議会関係から，特に知事の支持基盤の変化がダム事業の廃止に大きな影響を与えるという説明枠組みを展開する。第四節では個別のダム事業を分析単位として，地方政府に関するデータを組み合わせて実証分析を行い，第三節で設定した仮説を検証する。さいごに，分析結果を踏まえた結論とその含意を述べる。

2．先行研究

既に述べたように，日本において政府の政治過程を検討し，事業の廃止という意思決定を促す政治的条件を明らかにしようとする研究は少ない。その中で，特にダム事業の廃止については，建設省（現国土交通省）による公共事業の再評価システムとの関連で，理論的には政策過程における評価の問題として規範的な議論の中で取り上げられてきたと考えられる。典型的には五十嵐（2000）のように，時間や費用がかかりすぎる公共事業については，政策評価の制度を通じて廃止されるべきであるとする主張である。しかし，日本の政策評価においては事業者自らが評価する傾向が強く，必ずしもその独立性が担保されていないことから，政策評価によって技術的な観点から「無駄な」公共事業を廃止するという実践には限界があると考えられる。むしろ，五十嵐自身が付け加えて述べるように，首長や議会の構成に変化が起こることで，事業の廃止が進むという政治的な観点が重要となる。同様に岡本（2003）も，そもそも政策が必要性を失うことによって合理的に事業が廃止されることは稀であり，政権交代や議会における勢力分布の変化といった政治的要因が事業の廃止に影響を及ぼす要因として重要であることを指摘する[2]。

政治的要因に注目して事業の廃止（Termination）を説明する古典的な議論である Bardach（1976）は，事業の廃止に関する問題を次のように設定する。すなわち，ある新しい政策Aを実行するために，政策Bの縮小あるいは廃止が必要になるとき，政策Bの廃止に反対する既得権団体の扱いが問題となる，というものである。その主張においては，事業の廃止がなかなか行われない理由として，(1)事業を実施するために資源を投入しており，その資源を用いて生き残りが図られる，(2)事業存続の支持者と廃止の支持者の間で大きな対立が生じ，政治家はその対立を避ける，(3)政治家は廃止を通じて以前の決定を過ちとして認めることを好まない，(4)政治家は事業

廃止によって（特定の地域で）失業が発生し，支持を失うことを恐れる，(5)単純に事業を廃止する政治的なインセンティブが存在しない，という5つが挙げられる。そのうえで，*Policy Sciences* 誌の特集号に掲載された論文から，経験的に観察される事業が廃止される条件として，(1)執行部が変わること，(2)事業に埋め込まれたイデオロギーが正統とみなされないこと，(3)（組織の再編成の機会をもたらす）政治的な動乱期にあること，(4)（人員の配置を変えるなどの方法で）事業廃止の影響を緩和できること，(5)特定の目的を達成したとして事業を終了させること，を挙げる。事業が廃止されない理由に関する分析は，意思決定を行う政治家にとって，事業を廃止する政治的な費用が事業を廃止することによる便益を上回ることを説明するものとなっている。事業の廃止という意思決定は激しい政治的な対立を招くこととなり，再選のために支持を最大化することを狙う政治家にとって，対立が発生する危険を冒してまで事業の廃止を実行することは難しいと考えられる。一方で，事業の廃止についての経験的な分析は，ここで挙げられたような条件を満たす場合に，便益が費用を上回る可能性があることを指摘するものになる。また同様に DeLeon（1978；1987）は，事業廃止に際しての6つの障害を挙げて，事業廃止を実現することが極めて困難であることを主張する。その主張においては，事業の廃止が分析的な意思決定の問題というよりも政治的な問題であり，経済性あるいは効率性といった技術的な要因ではなく，事業の政治的な価値やイデオロギーといった要因が決定的に重要になっていることが論じられる。

次に，事業自体ではなく事業を実施する組織に注目した研究がある。事業の廃止に関する経験的な研究が，主に個別の事例分析を行っていたのに対して，組織の廃止に注目する研究は，複数の組織がどのような条件によって廃止されるかを検討することによって，より一般性の高い分析を志向しているといえる。Kaufman（1976）は，組織の「厚み」thickness が組織の廃止に対する抵抗の度合いを決定するとして，「厚み」の少ない組織が廃止される可能性が高いと論じる。彼の議論において，組織はライフサイクルを持つ有機体として認識され，「厚み」を形成し始める時期である創設された初期と，成熟期を過ぎたあとに硬直してインプットに対する柔軟性が失われるとともに組織の維持に必要なアウトプットを産出できなくなる時期に廃止される可能性が高まるとされる。「厚み」を構成する指標として考

えられたものは主に組織の専門性や知識といった技術的な要因であり，また，有機体とのアナロジーで考えることによって時間の経過が重要な要因として捉えられていると考えられる。このような議論に対してLewis (2002;2003)は，組織の廃止においても政治的な要因が重要であることを指摘する。Lewis (2002)は，連邦政府のエイジェンシーについてイベント・ヒストリー分析を行って，エイジェンシーを創設したときと異なる政党が政権に就くことで組織が廃止される確率（ハザード・レイト）が上昇することを示し，政権の交代が起こることで組織の廃止が引き起こされることを実証的に主張する。さらにLewis (2003)は，この分析を進めて，大統領と連邦議会の二元代表制によって構成されるアメリカ連邦政府において，大統領と議会の多数派が同じである統一政府と，それが異なる分割政府でどのような違いがもたらされるか検証している。その結果，エイジェンシーが創設されたときと異なる政党が政権につき，かつそのときに統一政府であるならば，（その他の条件が一定として）そのエイジェンシーが廃止される確率は相対的に大きくなることが発見されている。

　以上のように，事業や組織の廃止という意思決定に当たって政治的要因が極めて重要であることを指摘する先行研究では，特に政権交代という要因が注目されていると考えられる。政権交代が注目される理由としては，政権の支持基盤が変わらない中で政治的対立をもたらしうる「廃止」という意思決定が政治家にとって政治的な費用を伴うものであること，そして，交代した政権が以前の政権による決定を覆すことで自らに対する支持の拡大を狙うことが挙げられる。さらに，交代した政権は，以前の政権が行った政治的決定に必ずしも拘束されないことも重要である。また，アメリカ連邦政府の二元代表制が組織の廃止の意思決定に影響を与えるように（Lewis 2003)，アクターの制度的な配置が意思決定において重要な影響をもつ可能性も指摘できる。

　本論文では，日本の地方政府によるダム事業の廃止を分析することによって，次の二つの点で研究の蓄積に貢献することができると考える。まず，地方政府という複数の意思決定主体を考慮することによって，地方政府間の政治的要因の違いが，事業の廃止という結果にどのように異なる影響をもたらすかを分析することができる。これまでの研究では中央政府をはじめとして，単一の意思決定主体に注目して事業の廃止が分析されてきた。

それに対して，複数の意思決定主体についての比較を行うことによって，より一般性の高い検証が可能になる。次に，ダム事業という事業に対象を絞ることで，個別の事業に内在する性質をコントロールすることができる。例えば組織の廃止についての研究では複数の事例の比較を通じた分析が行われてきたが，一般的に組織の廃止に注目することで，その組織が行う事業に内在する性質については見過ごされてきたと考えられる。つまり，もともと廃止されやすいと考えられる組織とそうでないと考えられる組織を同時に分析することになっていたのである。そのため，分析結果には組織が行う事業が持つ性質によってバイアスが発生する可能性があった。それに対して，対象をダム事業に絞ることで，政治的要因が事業の廃止に与える影響について，よりバイアスの少ない分析が可能になると考えられる。

3．分析枠組み

分析を行うに当たり，まず対象となるダム事業における事業の廃止とは何かについて検討する。岡本（2003）が指摘するように，一般的に「事業の廃止」を定義することには，少なからぬ困難を孕んでいる。なぜなら，「廃止」といったときに，どのレベルでの廃止を扱うかによって分析の方法が異なるからである。DeLeon（1978）は，廃止の分析対象として，政府の機能，組織，政策，プログラムの四段階を提示し，機能からプログラムへと進むにつれて廃止される可能性が高まると考えた。本論文で扱うダム事業は，この中ではプログラムに当たるものと考えられる。すなわち，ダム政策全般に対する態度を扱うものではなく，個別のダムの建設を続けるかどうか，という意思決定について分析するものであると規定する。例えば，長野県の田中康夫前知事は「脱ダム宣言」によって，県のダム政策自体を廃止することを宣言したものであると考えられるが，本論文の観点からは，あくまで複数のダム事業の廃止という意思決定を行ったものであると理解される。

どのような意思決定を「廃止」と捉えるか，という点も問題である。なぜなら，廃止したはずの事業が復活することも想定されるからである。ダム事業についても，やはり田中前知事が「脱ダム宣言」を通じて全ての県営ダム事業を廃止したにもかかわらず，田中前知事が選挙に負けて村井仁知事に交代すると，廃止されたはずのダム事業が復活するという現象が起

きている。この点については，田中前知事が「廃止」を決定し，実際に少なくとも前知事の任期中に事業が止まっていたことを重視する。そして，一度廃止された事業が復活した場合には，また別の事業が始まったとしてカウントすることとする[3]。また，このような観点から，中央政府の決定にかかわらず，地方政府がダム事業の廃止を決定した時点を重視する。2000年の与党見直しでは，多くの「休止」ダムも廃止されることが決定されているが，本論文が注目するのは，地方政府の意思決定であり，各地方政府がダムの「休止」を決定した時点を事業の「廃止」としてカウントする。

次に，ダム事業の廃止という意思決定に影響を与えるアクターの特徴と制度的な配置について検討する。都道府県レベルの地方政府において意思決定に対して影響を与えるアクターとして，以下では，中央政府・知事・地方議会の三者を考慮する。まず，中央政府は地方政府の意思決定について，時期によって異なる立場から影響を与えることになると考えられる。まずひとつめの立場は，国庫補助を出して中央政府として必要性を認めている事業であるために，地方政府の独断で事業の廃止を決定することは好ましくないとする立場である。これは，長野県の「脱ダム宣言」に対する国土交通省の強硬な反対からもうかがうことが可能であり，中央政府の基本的な立場と考えられる。一方で，ダム事業については，非常時と呼べる時期があった。それは，2000年度の与党見直しによって，公共事業の大幅な廃止が実行に移されたときである。このときは，自民党の亀井静香政調会長を中心とした政治的な要請によって，「不要」とされた事業を廃止することが勧奨され，地方政府が事業の廃止という方針を決定することを促進することになったと考えられる。また，2001年以降の小泉政権においては公共事業の総量削減が進められ，公共事業全般に対する評価が厳しくなっていたと考えられる。そのため，2000年の与党見直しとそれ以後の中央政府の立場は，それ以前とは別に検討する必要がある。

さらに，二元代表制を採用する地方政府において，執行機関の長である知事と，地方議会を構成する議員が存在し，それぞれが政治的なインセンティブを持つことが注目される。両者は，地域住民の選挙を通じて選ばれるために，その支持を調達する必要がある。そのため，自らを支持する人々が望む政策を採ろうとするとともに，地域住民が反発するような行動を

極力避け,場合によっては利益誘導などの手段によって,積極的に住民の支持を調達しようとしていくと考えられる。このうち,まず知事において特徴的な点は,地方政府の全域を選挙区とする小選挙区で唯一の候補が当選する,独任制の機関であるという点にある。小選挙区制の下では,一般に,特定の地域や業種の利益を強く表出することは難しく,組織化されない利益を含めた地方政府全体の利益を代表する立場に立ち,自らへの支持を拡大する政策を選好すると考えられる。

　知事に対するもう一方の代表である地方議会は,議員が地域住民の投票によって選出され,法的には知事と対等な地位に基づいて議決権や監視的権限などを有している。その特徴として,本論文の実証分析が対象とする都道府県議会議員の多くは,知事と異なって領域を分割された中選挙区制で選出されることが挙げられる。中選挙区で選出される都道府県議会議員は知事や所属政党に対する自律性を確保し,特定の支援集団が有する組織化された個別的な利益を重視する意向を表出する可能性が高いことが予想される（曽我・待鳥 2007）。さらに,地方議会の予算に対する権限を増額修正に限る地方自治法の規定によって,議会で予算規模を削減してその削減分を利益として住民に還元することよりも,特定の集団にとって望ましい事業を確保することで利益を還元しようとするインセンティブを生み出しやすいことも指摘できる。

　以上の議論をもとに,分析の対象となるダム事業が持つ性格を考慮して,検証すべき仮説を導出する。ダム事業は,上流域にダムを作り,その地域に住む人々の負担の上で,より多くの人々が住む下流域を中心とした利益に資するような治水や利水を目指すものであったと考えられる。しかしながら1990年代に入ると,下流域の住民にとってもはやダムは必ずしも必要なものではなく,むしろ環境保護等の観点から好ましくないものとされる傾向が強まったとされる（帯谷 2004）。一方で過疎化の進行につれて,経済状態の悪い上流域を中心として,ダム事業のような大規模な公共事業は建設事業者に対する所得再分配という性格を強めていたとされる（井堀 2001）。このような先行研究の指摘からは,ダム事業は地方政府全体,特に人口の多くを占める下流域の住民の観点からはそれほど好ましいものではなくなり,逆に,事業を通じた所得再分配に関連する組織化された個別的な利益の観点から維持する必要があるものとして理解されるようになった

ことが想定される。

　このようなダム事業の性格に加えて，地方政府の二元代表を選出する選挙制度の特徴を考慮すると，相対的に人口が多い下流域の住民の意向を重視する知事はダムの廃止を選好し，組織化された個別的な利益を重視する地方議会の議員はダムの廃止に抵抗すると考えられる。しかし必ずしもすべての知事が一般にダム事業の廃止を選好するわけではない。本論文では，知事に事業を廃止するインセンティブを与える要因として政権交代に注目し，ダム事業を開始したときの政権と異なる政治勢力の支持のもとで政権が運営されているときに，事業が廃止される確率は高まるという仮説を設定する。ダム事業を開始した知事を支持する政治勢力が，自らが以前に行った決定を覆すことに積極的に賛成することは考えにくい。そのため，事業を開始したときから支持基盤を継続する知事は，そうでない知事と比べて，自らを支持する政治勢力の意向に敏感になり，必ずしもダム事業の廃止を選好するわけではないと考えられる。対照的に，政権交代によってダム事業を開始したときと異なる支持基盤を持つ知事にとっては，以前の政権が決定したダム事業を廃止することは，その政治的な費用が相対的に低いうえ，1990年代後半の政治状況においては有権者の広い支持に繋がることを期待して，ダム事業の廃止を選好することが予想される。

　一方，組織化された個別的な利益に関心を持つと考えられる地方議会の側は，知事を支持しない勢力を中心としてダム事業の存続を望み，知事がダム事業を廃止しようとすることに対して反対するという仮説が設定される。地方議会において知事を支持しない勢力が大きいほど，知事がダム事業を廃止するという意思決定を行うことが困難となり，ダム事業が存続する確率が高まると考えられる。以上の検討から，実証分析で検証する次の二つの主要な仮説が得られる。

【仮説1】ダム事業を開始したときの知事と異なる支持基盤を持つ知事は，ダム事業を廃止する確率が高くなる

【仮説2】地方議会で知事を支持しない勢力が大きいほど，ダム事業が存続する確率が高くなる

　次にダム事業の性格から，事業の廃止を困難にする政治的な費用を規定

する要因を検討する。ここで注目するのはダム事業にかかる時間と（金銭的な）費用の問題である。まず時間については，Kaufman（1976）の指摘とは異なり，事業にかかる時間が長くなればなるほど廃止が難しくなると考えられる。なぜなら，既に長い期間をかけて取り組まれた事業であるほど関係者の利害が錯綜し，それを一気に廃止することは難しいことが予想されるからである。また一方で，事業の着手からの時間が短すぎると，やはり事業の廃止は難しいと考えられる。なぜなら，始まったばかりの事業においては，事業の実施を決定したアクターの影響力が保持されており，関連するアクターが事業を廃止するインセンティブを持たないと考えられるからである。つまり，事業開始初期においては時間が経つにつれて事業が廃止される確率が高まるものの，ある時点を越えて長期にわたる事業になるほど逆に廃止が難しくなっていくことが予想される。次に（金銭的な）費用については，事業の規模が大きくなればなるほど事業の廃止は難しくなることが予想される。なぜなら，事業の規模が大きいほど関連するアクターの利益が大きくなると考えられ，事業の廃止に対する抵抗が激しくなることが予想されるからである。ここから，次の仮説を得る。

【仮説3】ダム事業の開始から時間が経つにつれて事業が廃止される確率は高まるが，ある時点を越えて存続する事業は逆に廃止される確率が低くなる
【仮説4】ダム事業の規模が大きくなればなるほど事業が廃止される確率が低くなる

地方政府の二元代表制を考慮した上でのダム事業の廃止に関する本論文の主要な仮説は，ここまでに示した通りである。次節においては，このような仮説を個別のダム事業についてのデータを用いた実証分析によって検証することを試みる。

4．実証分析

4．1　データと仮説

実証分析では，（財）日本ダム協会が発行する『ダム年鑑』に記載されて

いる個別のダム事業を分析単位として扱う。ダム事業としては、国土交通省（旧建設省），農林水産省が所管する直轄事業に加えて、都道府県が実施する県営事業，さらには電力会社による水力発電ダム事業などがあるが，以下の分析では対象を国土交通省（旧建設省）河川局が所管する，県営のダム事業に絞る。先行研究においては，ダム事業であることのみが重視され，直轄事業と補助事業の違いについては強く意識されてはこなかったが4，地方政府の意思決定が事業の廃止に大きな影響を及ぼす県営事業に注目することで，前節で挙げた政治的要因がどのような効果をもたらしているかを体系的に検証することができると考えられる。また，河川局所管の事業に絞ることで，分析対象が複数の省庁をまたぐことによって生じると考えられるバイアスを取り除くことができる。なお，河川局所管の事業とは，具体的には河川総合開発事業における県営の多目的ダム事業に加えて，県営の治水ダム事業である。これらの事業は，全て少なくとも治水に関連する事業であるという共通点を持つこととなる5。

分析の手法は，離散時間ロジットモデルによるイベント・ヒストリー分析を用いる。イベント・ヒストリー分析とは，属性や状態の変化を伴う事象をイベントとみなし，あるイベントが生起する確率が時間とともにどのように変化するのかを推定する一連の分析手法である。ここではダム事業の廃止というイベントについて，ダムの特性（時間や規模）や事業を行う地方政府の特性といった独立変数によって説明するものである。分析に当たっては，長良川河口堰の本格運用とそれに対する批判をきっかけとして建設省（当時）が主導して公共事業の「総点検」がなされ，実際にいくつかのダム事業が廃止された1996年を基点として，データが存在する2005年までの期間について観察する。従って，ダム事業の廃止が現実的な問題となった期間において事業が実施され，『ダム年鑑』に記載された最大314のダム事業について地方政府がダム事業を廃止する「危険率」を想定し，この危険率の変動に及ぼす独立変数の効果を推定することになる。この際，留意すべき点は，ダム事業の特性によって，事業が「完成」するものがあるということである。そのため，本論文のモデルでは，完成したダム事業は，事業が終了した年までは分析の対象として含まれるが，翌年からは分析に含まれずに脱落として扱われることになる。

分析の従属変数であるダム事業の廃止は，『ダム年鑑』の各年版において，

「河川総合開発事業一覧表」および「治水ダム建設事業一覧表」から除外されることをもって判別する。建設省・国土交通省が所管するダムはいずれかの一覧表に組み込まれているが,ダムが完成した場合あるいは都道府県レベルで廃止が決められた場合にはこの一覧表から除外されることとなっている。『ダム年鑑』には事業の竣工予定年も記載されており,この竣工予定年と一覧表からの除外が一致するダムについては完成とみなし,残りのダムを廃止として扱っている[6]。なお,分析対象となった最大314のダムのうち,1996年から2005年の間で60のダムが廃止されており,2005年現在で『ダム年鑑』の当該一覧表に掲載され,事業が続けられているダムは51となっている。

　【仮説1】から【仮説4】までを検証するための独立変数は以下のように設定される。まず【仮説1】の「支持基盤の変化」は,選挙ごとではなく知事ごとに観察した自民党による支持・推薦に注目して設定される。その際ポイントとなるのは,事業を始めた前任者から支持基盤を受け継いだかどうか,という点である。操作化においては,事業を始めた前任者の最後の選挙の政党支持と,後任者の最初の選挙の政党支持から,(1)自民党による支持あり→支持あり,(2)自民党による支持あり→支持なし,(3)自民党による支持なし→支持あり,(4)自民党による支持なし→支持なし,の四通りのパターンを考え,(1)については支持基盤の変化なし,(2)(3)については支持基盤の変化ありとしてダミー変数を設定する。(4)の場合は,自民党による支持を受けない知事から,別の自民党による支持を受けない知事への交代があった場合には,原則として支持基盤の変化が発生したとする。これには自民党以外の政党による支持を受ける知事から別の自民党以外の政党による支持を受ける知事への交代,あるいは自民党以外の政党による支持を受ける知事から無党派知事への交代,その逆,そして無党派知事から別の無党派知事への交代が当てはまる。ただし,社会党(社民党)のみ自民党と同様に支持基盤の継続と考えられるような事例が観察されたため,社会党(社民党)が支持を継続している場合は支持基盤の変化なしとしてダミー変数を設定する[7]。

　このように知事ごとにダミー変数を設定するため,当初自民党の支持なしで後に自民党が相乗りに加わったような知事については「自民党による支持なし」として,事業を始めた前任者が自民党の支持を受けていた場合

には，支持基盤の変化が生じたとして扱われる[8]。この操作化は，知事が支持基盤となる政治勢力の意向をどの程度重視するかに注目したものである。つまり，厳しい初めての選挙を自民党による支持なしで当選した知事は，前任者から自民党の支持を受け継いで当選した知事と比べて自民党の意向を重視する必要性が相対的に低く，下流域の住民というより一般の有権者の支持を期待できるダム事業の廃止という意思決定を行うインセンティブを持ちやすいと考えられることから，支持基盤の変化ありとして扱うものである。

【仮説2】については，各地方議会において知事に反対する勢力の議席率を独立変数として用いる。使用する変数は，選挙時に知事に対して支持を表明した政党の議席率から与党議席率を算出し，1から与党議席率を差し引いたものを反対勢力議席率として用いる[9]。この変数は，選挙に際しての知事の支持・推薦政党を基にするものであるため，相乗り候補であれば反対勢力議席率が低くなり，無党派の候補であれば反対勢力議席率が高くなるという性質を持つ。なお，基本統計量を示した表1にあるように，全ケースを通じた反対勢力議席率は約0.5となっている。

【仮説3】ではダム事業開始からの年数と，その二乗項を独立変数として設定することで検証を行う。分析対象となるダムの平均事業年数は15年程度である。最後の【仮説4】については，本来は『ダム年鑑』に記載されたダム事業に係る総事業費を事業の規模として用いたいものの，データに欠損が多いため，各ダムの有効貯水量を事業の規模を表す変数として採用する。対象となるダムが全て治水に関するダムであるために，有効貯水量で事業の規模を測るのは二次的な接近として可能であると考えられる。有効貯水量はダムによって規模に差が大きいために，分析ではその対数値を使用する[10]。さらに，当該ダム

表1 基本統計量

変数	標本数	平均	標準偏差	最小値	最大値
廃止（従属変数）	2279	0.04	0.19	0	1
支持基盤変化	2279	0.24	0.43	0	1
反対勢力議席率	2279	0.48	0.25	0.047	1
事業年数	2279	15.24	7.74	2	38
事業年数（二乗）	2279	292.21	274.90	4	1444
有効貯水量	2279	7.66	1.52	3.58	11.59
再開発ダミー	2279	0.06	0.24	0	1
建設官僚出向ダミー	2279	0.62	0.48	0	1
基本計画策定	2279	0.50	0.50	0	1
財政力指数	2279	0.406	0.135	0.197	0.978
任期	2279	2.41	1.31	1	6

事業がもともと存在したダムの再開発事業かどうかについてのダミー変数を事業の規模を表す変数として採用する。再開発事業であれば，既に地権等については調整が進んでおり，事業に係る利益の規模が相対的に少なくなるため，事業が廃止される確率が高まると考えられる。なお，これらの『ダム年鑑』から得られる変数については，次の年の事業廃止の意思決定に影響するという意味から，事業年数に関わる変数を除いて前年度の変数を用いる。

以上の主要な独立変数以外に，四つの変数を採用する。まず中央政府からの人事を通じた影響を検討するために，『日経地域情報』のデータを用いて旧建設省・国土交通省から地方政府の副知事・土木部長への出向の有無を確認し，ダミー変数として設定する[11]。出向を受け容れている地方政府では，中央政府の影響のもとでダム事業が存続しやすいことが予想される。次に，ダム事業を作る際の「ダム基本計画」が既に策定されているかどうかを変数に加える。「ダム基本計画」が作られることによって，ダム事業によって受ける利益がある程度確定するために，利益を受けるものの事業の廃止に対する抵抗が強まり，事業が廃止される確率は低くなると考えられる。さらに，財政力指数をコントロールする。財政力指数が低い地方政府にとっては，事業のための起債の後年度負担も含めた財政資源を投入する余裕が少ないと考えられるため，事業を廃止する確率が高くなると考えられる。最後に，知事の任期を変数に加える。就任して任期の浅い知事は「改革」を強調してより広範な支持を得ることを狙い，ダム事業を「無駄な」事業として廃止することを打ち出すことが予想されるからである。これらの変数の効果についての予想は次の補助仮説群としてまとめられる。

【補助仮説1】国土交通省からの出向官僚を受け容れる地方政府ではダム事業が廃止されにくい
【補助仮説2】「ダム基本計画」が既に策定されたダム事業は，廃止に対する利益集団の抵抗が激しくなることが予想されるために，廃止されにくい
【補助仮説3】財政力の弱い地方政府では，負担の大きいダム事業は廃止される確率が高い
【補助仮説4】知事が就任してから任期が浅いほうが，ダム事業が廃止

される確率が高い

4.2 離散時間ロジットモデルによる分析と推定結果の解釈

前節で説明したデータを用いて，離散時間ロジットモデルによる分析を行う。モデルにおいて独立変数に依存しないベースライン・ハザードについては，2000年の与党見直しによって，地方政府がダム事業を廃止することが促進されたことから，2000年度は他の年度と比べてダム事業が廃止される確率が高まっていると考えられる。そのため，2000年度については，全てのダム事業を対象として，2000年度のみの年度ダミーを入れてその影響をコントロールする。また，2001年以降は，公共事業の総量抑制の流れの中で中央政府からの補助金の額が減少し，それ以前と比べて事業が廃止される確率が高まったと考えられるため，2001年度以降の各年についてダミー変数を用いてコントロールする。ベースライン・ハザードについてはこのようにダミー変数を用いてコントロールしたうえで，各ダム事業や地方政府の特性の違いが事業廃止の危険率にどのような影響を与えているかを検証する。

また，分析モデルを設定するに当たっては，2003年以降の長野県における田中前知事の「脱ダム宣言」を考慮する。具体的には，基本モデル（モデル1）に加えて長野県のダムを分析から除外したモデル（モデル2）を設定し，独立変数が危険率に与える影響を確認する。「脱ダム宣言」という例外的なかたちで多くのダム事業が廃止された長野県を分析から除いたモデルを基本モデルと比較することで，長野県という例外的な事例の意味を検討することができると考えられる。

離散時間ロジットモデルによる分析結果は表2に示されている。いずれのモデルにおいてもカイ二乗検定の結果からはモデル自体について0.1%水準で有意であることが示されている。そのうえで個別の変数について確認すると，まず，最も関心のある変数である支持基盤の変化については，基本モデルでは0.1%の有意水準で，モデル2でも1%の有意水準で，その正の効果が強く示唆されている。すなわち，推定の結果は，支持基盤の変化があることで事業の廃止確率が高まるという主張を裏付けるものになっていると考えられる（【仮説1】）。

【仮説2】については，反対勢力議席率が負の効果を持つことが示唆され

る。基本モデルでは有意水準10％でその影響が示唆されるが，興味深いのは長野県を除いたモデル2でその影響が1％の有意水準で強く示唆されるところにある。つまり，田中前知事を中心に議会をほぼ

表2　離散時間ロジットモデルによる推定結果

	モデル1		モデル2	
	係数	標準偏差	係数	標準偏差
支持基盤変化	1.108***	0.289	1.038**	0.312
反対勢力議席率	−0.949+	0.528	−1.706**	0.651
事業年数	0.209*	0.088	0.188*	0.093
事業年数（二乗）	−0.005*	0.002	−0.005+	0.003
有効貯水量（対数値）	−0.170+	0.091	−0.128	0.094
再開発ダミー	−0.048	0.548	0.032	0.560
建設官僚出向ダミー	−0.307	0.259	−0.343	0.276
基本計画策定ダミー	−2.460***	0.337	−2.897***	0.421
財政力指数	−0.834	0.940	−1.309	1.023
任期	−0.044	0.098	−0.087	0.108
2000年度ダミー	2.183***	0.310	2.149***	0.315
2001年以降ダミー	0.963**	0.300	0.773*	0.320
定数項	−2.995**	0.984	−2.355**	1.069
N	2279		2158	
LR χ^2	145.37***		141.04***	
Log Likelihood	−303.168		−265.032	

有意水準については，*** (0.1％)，** (1％)，* (5％)，+ (10％) で示した。

無視してダム事業廃止を行ったとされる長野県のケースを除くと，議会における知事の反対勢力が強いほどダム事業は廃止されにくいと考えられる。この結果から，一般的には議会において知事に反対する勢力が大きければダム事業は廃止されにくい傾向を持つものの，知事が主導して事業の廃止を強く推進すれば，議会による反対の効果は弱まることが推測される。

次に，事業年数との関係を見ると，いずれのモデルにおいても事業年数の一次項（正）・二次項（負）ともに有意な効果がみられ，予想通りダム事業の開始から時間が経つにつれて事業が廃止される確率は高まるが，ある時点を越えて存続する事業は逆に廃止される確率が低くなることが確認できる（【仮説3】）[12]。事業の規模については，基本モデルにおいて有効貯水量の大きさが事業の廃止に負の効果を持っていることが確認されるが，モデル2については有意でなく，必ずしも頑健とはいえない（【仮説4】）。また，再開発ダミーについても効果が見られず，推定からは事業の規模によってダム事業の廃止が左右されるという傾向を見出すことはできなかった。

その他の補助仮説群については，まず旧建設省・国土交通省からの出向ダミーについては，予想通り負の効果が示唆されているものの有意な結果ではなく，中央省庁からの出向者が在籍していることがすぐに事業の廃止

に消極的な効果をもたらしているとは言えないと考えられる。同様に財政力指数についても負の効果が見られるものの，有意な結果ではなく，財政力の弱い地方政府がダム事業を廃止する確率が高いとは言えない。その背景としては，ダム事業に対して国庫補助が行われるために，財政力の弱い自治体でも事業を廃止する必要が小さくなるということも考えられる。また，知事の任期についても予想されたとおり負の効果が見られたものの有意な結果ではなかった。唯一予想通りの結果が観察されたのは，「ダム基本計画」の効果である。「ダム基本計画」が策定されているダム事業は有意に廃止されにくくなっており，すでに一定程度進んだダム事業は，廃止の意思決定を行う際に利益集団の抵抗が激しくなることが予想されるために，廃止されにくい傾向を持つことになると考えられる。

以上のように，本論文の中心的な主張である【仮説1】のほか，【仮説2】【仮説3】【補助仮説2】については予想通りの結果が得られた。このような仮説が支持されたことで，ダム事業の廃止という意思決定が，本論文でここまでに議論してきたような政治的な要因によって規定される可能性が高いことを示す結果であると結論付けることができると考えられる。

5．おわりに

分析から得られた重要な知見は，ダム事業の廃止という意思決定において，知事の交代，特に支持基盤の変化という要因が極めて重要であることを確認したことにある。また同時に，知事に反対する勢力の議席率で表現された，組織化された個別的な利益を尊重しやすいと考えられる地方議会の影響力がダム事業の廃止に影響をもつという結果は得られている。地方政府の二元代表の選好を考慮すると，このような分析結果からは，必ずしも組織化されない地域全体の利益に重点を置く知事と，組織化された個別的な利益に照準する地方議会のバランスのうえでダム事業の廃止という政治過程が進行することが強く示唆される。また，計量分析の結果，二元代表の特徴に関する仮説のほかにも政治的な費用に関連して提示した仮説が妥当していることは，地方政府によるダム事業の廃止という意思決定が，費用便益分析に基づいた経済的・技術的な要因のみによるだけではなく，政治的な意思決定でもあることを実証的に示したものであると評価できる。

知事や地方議会の特徴によって事業の廃止が条件付けられることは，事

業の廃止が地方政府の二元代表を選出する有権者の意思に依存することを示している。特に知事についての選択は，極めて重要である。長野県を含めたモデルと除いたモデルの比較が示すように，基本的には地方議会において知事に反対する勢力は，ダム事業の廃止における制約となりうるが，場合によっては知事が地方議会の意向をほとんど無視する形で意思決定を行うこともありうると考えられる。日本の地方政府においては，多くの事業は知事が中心となって予算化が行われ，事業の実施を決定する際に，地方議会の影響力を無視することができないとしても，最終的に予算案を作成し，議会に提出するのは知事の指揮によって行われるなど，知事が事業についての意思決定に与える影響力は大きい。これらの点を考慮すると，知事も地方議会もともに事業の廃止という政策選択に影響を及ぼすことが示されるものの，知事と地方議会のバランスは，より大きな権限を配分される知事の側に傾きやすい，不安定な性質を持っていると考えられる。

【謝辞】 本論文は2007年6月の日本公共政策学会における報告を基にしています。曽我謙悟先生（神戸大学），福元健太郎先生（学習院大学）をはじめ報告にコメントをいただいた方々，ならびに論文の改善すべき点についてご助言頂いた2名の匿名の査読者に感謝申し上げます。もちろん，論文における誤りは全て筆者の責任です。

【付記】 本論文は文部科学省科学研究費補助金（特別研究員奨励費）の交付を受けた研究成果の一部です。

（1） 例えば帯谷（2004）が扱った新月ダムは，中央政府からの補助金を受けた県営多目的ダムである。彼の分析からは，事業の廃止について決定的な影響力を持ったとされる検討委員会が宮城県によって運営されていることが明瞭に読み取れる。
（2） 岡本（2003）は，本論文で言う「事業の廃止」を「政策の終了」と呼んでいる。また，合理的終了，政治的要因からの影響による終了のほかに，政策自体が内在的に持つ性質によって政策の終了が規定される可能性を指摘している。
（3） 村井知事が当選したのは2006年8月であり，本論文の計量分析においては，実際に「復活」したダムのデータは含まれていない。
（4） 帯谷（2004）でも，事例研究の対象として，補助事業である新月ダムを中心に扱う一方で，直轄事業である細川内ダムや矢田ダムの分析が並列

的に扱われている.
(5) 『ダム年鑑』に掲載されている河川総合開発事業のうち, ごく少数の治水を扱わない灌漑事業が存在する. そのような事業については今回の分析から除外した.
(6) その他, ダムの完成については日本ダム協会のウェブサイト「ダム便覧」によって確認している (http://wwwsoc.nii.ac.jp/jdf/Dambinran/binran/Top Index.html).
(7) 社会党 (社民党) による支持基盤の継続となった事例は, 北海道 (横路孝弘→堀達也) と徳島 (三木申三→大田正) の二例のみである.
(8) このような相乗り知事は, 堀達也 (北海道), 増田寛也 (岩手), 高橋和雄 (山形), 佐藤栄佐久 (福島), 谷本正憲 (石川), 天野建 (山梨), 北川正恭 (三重) 長野士郎 (岡山), 稲嶺恵一 (沖縄) が該当する. これらの知事のうち, 退任した知事については, その最後の選挙で自民党の支持を受けていたために, 後任者が自民党の支持を受けていれば支持変化なし, 自民党の支持を受けていなければ支持変化ありとしてコーディングされる.
(9) 選挙時の知事に対する政党の支持・推薦については, 『全国首長名簿』と時事通信 iJAMP による過去記事検索を用いた. 詳細は http://www.geocities.jp/yosuke_sunahara/ で公開している.
(10) 有効貯水量についても年によって稀に欠損値が存在するが, その場合は最前年の有効貯水量の値を用いている. また対数値をとらない分析でもその他の独立変数の係数はほぼ変わらなかった.
(11) 『日経地域情報』は『日経グローカル』に引き継がれる. なお, 2004年度のみ『日経グローカル』のデータが存在しないため, 総務省が発表する「国から地方公共団体への部長級以上の出向状況」のデータを用いる. 他の年度を見る限り, この両者の違いはほとんど見られないために, データが連続しているものとして扱う.
(12) 二次関数の頂点は, 両モデルで18-20年程度となっている.

引用文献
天野礼子 (2001)『ダムと日本』岩波新書.
五十嵐敬喜 (2000)「公共事業の評価」『年報行政研究』35: 28-49.
五十嵐敬喜・小川明雄 (1997)『公共事業をどうするか』岩波新書.
五十嵐敬喜・小川明雄 (2001)『公共事業はとまるか』岩波新書.
井堀利宏 (2001)『公共事業の正しい考え方』中公新書.
岡本哲和 (2003)「政策終了論-その困難さと今後の可能性-」足立幸男・森脇俊雅編著『公共政策学』ミネルヴァ書房, pp.161-173.
帯谷博明 (2004)『ダム建設をめぐる環境運動と地域再生-対立と協働のダ

イナミズム』昭和堂.

曽我謙悟・待鳥聡史（2007）『日本の地方政治－二元代表制政府の政策選択』名古屋大学出版会

徳島自治体問題研究所（2001）『ダムを止めた人たち－細川内ダム反対運動の軌跡』自治体研究社.

増山幹高（2003）『議会制度と日本政治－議事運営の計量政治学』木鐸社

箕川恒男（2001）『村は沈まなかった－緒川ダム未完への記録』那珂書房.

三田妃路佳（2001）「公共事業中止の政治力学：自民党を中心とした公共事業見直しを事例として」『法学政治学論究』51：399－431.

Bardach, Eugene [1976] "Policy Termination as a Political Process," *Policy Sciences*, 7(2): 123-131.

DeLeon, Peter [1978] "Public Policy Termination: An End and A Beginning," *Policy Analysis*, 4: 369-392.

DeLeon, Peter [1987] "Policy Termination as a Political Phenomenon," in Dennis Palumbo ed, *The Politics of Program Evaluation*, Sage Publications, pp. 173-199.

Kaufman, Herbert [1976] *Are Government Organizations Immortal?* Brookings.

Lewis, David E. [2002] "The Politics of Agency Termination: Confronting the Myth of Agency Immortality," *Journal of Politics*, 64(1): 89-107.

Lewis, David E. [2003] *Presidents and the Politics of Agency Design: Political Institution in the United States Government Bureaucracy, 1946-1997*, Stanford University Press.

観念論としての自由主義

―― 1910年から25年におけるクローチェ思想の展開 ――

倉科岳志＊

はじめに

　ナポリの哲学者ベネデット・クローチェはファシズム期にその体制に反抗し，自由主義の擁護者として，高く評価されている。当時，自由主義諸勢力は社会主義やキリスト教という大衆的な支持を持つ政党と提携しようとするも，議会体制という枠組みの中で身動きが取れなくなり，彗星のごとく登場したファシズムが議会制を転覆し，事実上のイタリアの支配権を握った。後の歴史から見れば，クローチェは知識人ネット・ワークの中に破壊された自由主義思想を再生させ，レジスタンスのメンバーを育てることに尽力したようにみえる。だが，この軌跡は単純ではない。

　そこでクローチェに関する先行研究を眺めてみよう。かれの政治思想に焦点を当て，本論文との関連で注目すべきものはN・ボッビオの『政治と文化』である。これはクローチェの自由主義がドイツ観念論の系譜にあるとし，英仏における自然法学説や経験論の伝統を引く自由主義の潮流からは除外されるべきであると述べる1。かれによれば，クローチェは自由主義や民主主義の哲学的・理念的な考察（個人の発展，平等原理）をしたが，自由主義の機関や体制といった技術的側面（権力制限，合意の技術）についての議論に貢献することは少なかったとの結論を下す。このようにボッビオの作品はクローチェの独特な自由主義を政治思想史に位置づけるという一定の役割を果たし，かれの見解に筆者も合意する。しかしながらファシズムとの関係を論ずる場合，ボッビオの研究はクローチェ哲学における政治と道徳に関して，重大な欠陥をはらんでいるといわざるを得ない。

＊　立教大学事務員　イタリア政治思想史

ボッビオは，クローチェが第一次世界大戦期に政治の道徳への服従という観念を持たず権力国家論を唱え，ファシズム期にはその限界を悟り道徳的な理想としての「自由」概念を礼賛した，としている[2]。北原は「ファシズムの倫理的国家論が国家の中に倫理を解消させたのと対照的に，クローチェは倫理の中に政治を解消させることで理論体系の組みなおしを行った」と述べ，理論的変更がそれまで築き上げてきた精神哲学にまで及ぶものである点を示唆している[3]。

　これらの議論はファシズム期という状況を強調するあまり，かれがファシズムと対決する必要から政治と道徳の関係を逆転させたと誤解されかねない。しかし，本稿で示すとおり，実際にはクローチェはファシズム期以前の深い哲学的考察によって，政治と道徳をめぐる関係はすでに大戦期には確立し，その後も維持される。

　クローチェの政治的・哲学的立場とファシズム批判というテーマは学界を二分するほどの論争を引き起こした問題でもある。各学説を代表する著作が近年本格的なクローチェ研究書として出版されたのがM・マッジの『ベネデット・クローチェの哲学[4]』とG・ガラッソの『クローチェとその時代精神[5]』である。ガラッソはボッビオ以来の伝統的解釈をより綿密に史料によって裏づけようとしている。かれはクローチェの政治的傾向を率直に認め，その自由主義を台頭するファシズムに対してリソルジメント以降の秩序を守るべくして語られた思想と位置づける。これにたいしてマッジはクローチェがイタリア王国への保守的な傾向を持ちながらも，同時代の政治情勢を論じるさいには己の傾向を脇において哲学者としての立場から語っているとする。ガラッソは時代に応じてその哲学そのものを変容させていった日和見的なクローチェ像を描き，マッジはクローチェ哲学の根本部分を不変とし，政治・社会状況の変化がそれ以前の哲学では考えなかった領域にかれの思索を向かわせ，そのたびごとに矛盾なく哲学の射程が拡大されたと解釈することで，首尾一貫した厳格なクローチェ像を描いた。

　本稿はマッジの立場を支持する。ガラッソの立場はクローチェの書簡や日記から知りうるその高踏な性格，社会的立場から判断する限り，支持しにくいからである。マッジはあえてクローチェの保守的傾向を捨象し，開かれた政治階級論など，その思想のいくつかの特徴を明らかにしている。ただし，ファシズム期にもクローチェの哲学体系が維持され，政治と道徳

の関係も不変であるとすれば，政治，とりわけ自由主義とファシズムをめぐる問題はクローチェ哲学の中で解釈され直さねばならない。この点でマッジのクローチェ解釈は，ボッビオ以来連綿と続いてきたクローチェ解釈を革新する可能性をはらみながらも画龍点睛を欠いている。本稿はクローチェ思想への新解釈を示すことでこのマッジの重大な欠陥を補修し，クローチェの政治思想に関する研究史に一石を投じようとするものである。

その新解釈とは次の三点である。第一に，クローチェはイタリア王国の保守的な政治家としての立場からというよりも，あくまでも政治学者，観念論的哲学者の立場から自由主義を支持してファシズムには両義的な姿勢を示した。第二に，かれはファシズム期に入っても精神哲学体系における政治と道徳の関係を転覆させたわけではなく，むしろファシズム期以前に体系化した哲学との整合性を図りながらその上に「自由」とその対極にある「退廃」概念を構築した。第三に，これらの概念に照らして同時代の政治をつぶさに観察したクローチェはファシズムを「退廃」の体現されたものとし，その背後に潜む文化上の危機を指摘しようとした。

ファシズム期を境にクローチェ思想に断絶があったとする見方は，ファシズムと反ファシズムという政治的立場を強調しすぎるあまりに生じた問題である。よく「反ファシズム宣言」という文脈で引用されるクローチェのテキストは政治闘争の表明ではなかった。正式なタイトルは「ファシスト知識人宣言に対する作家，大学教授，言論人の回答」であり，かれの意図は政治結社創設の宣言ではなく「ファシスト知識人宣言」を「反証」することにあった[6]。

そもそも政治的立場によって哲学的主張を変更することはクローチェが最も戒め，非難し続けていたところでもある。『美学』初版，第二版から第三版へと展開するときにも，『論理学』第一版から第二版に移るさいにも，概念の変更をした場合には必ず説明を付しているクローチェであったが，この時期道徳の重要性を強調してはいるものの，権力国家を支持する立場を変更したとはどこにも明記してはいない。政治と道徳の関係は『実践の哲学』の一冊を使って書いているほどかれにとっては重要なテーマであるにもかかわらず，である。

クローチェはファシズムを批判したが，それは政治闘争という意味ではなかった。当時の経済・社会的問題を解決したファシズムを権力政治的な

理由で批判することはクローチェにとっては困難であったし，無意味でもあった。かれは新しい秩序形成力としてのファシズムに対しては，皮膚感覚の違いを伴いながらも評価している。クローチェは，哲学者としては自己の見解をかたくなに守りつつも，別の理由からファシズムに異を唱えた。その理由とは，第一に，ファシスト政権が出版の自由を抑圧し，文化の統制をはかったこと，第二に，ファシズムが歴史の発展の契機を国家の中にしか見なかったことである。クローチェはこれら両傾向によって，批判と精神の区分という歴史の発展に不可欠な要因が失われ，ファシズムには思想を発展させる道徳的な力がないと見た。かれにとってのファシズムとは政治秩序を形成する機能としては有能であったにしても，その代償として個々の人間が道徳活動を行う契機を制限してしまう政治体制なのであった。

　以上，クローチェは現実政治の動向によって思想を改変させることを厳しく戒めながらも，同時代政治を己の思想に照らして観察し続け，ファシズムが歴史の発展の契機という根本問題に手をかけたとき批判を展開したのである。

　ファシズムと反ファシズムの対立を強調する先行研究はクローチェ思想の解釈だけでなく，依拠する史料にも偏りを与えてしまっている。たとえば，クローチェの政治思想を論ずる場合道徳との関係が問題になるが，先行研究では道徳について触れている『ヴィーコの哲学[7]』と『歴史叙述の理論と歴史[8]』の二冊が十分に位置づけられていない。基本史料として使われる『倫理学と政治学[9]』も前半部分が『倫理学断章[10]』で，後半が『政治学綱要[11]』で構成されているが，多くの場合，後半にのみ注意が向けられている。

　この時期のクローチェの業績は多岐に亙っており，かれの思想展開を示す史料を分けることは容易ではない。本稿はクローチェの日記，書簡，諸著作，評論などを丹念に検討しながら，執筆順序を確定し，同時に膨大な過去の作品の収録版から当時執筆したものを分け，それらの読解に集中するという作業を行った。そのうえで，先行研究が依拠したものに加え，クローチェの理論展開にかかわる各著作と重要であるが言及されていない政治思想に関する史料を利用して論じていく。

倫理学と政治学

19世紀後半にマルクス主義との批判的対決を通じて，自己の哲学を創り上げていったクローチェは，20世紀のはじめの十年に精神哲学を体系化した[12]。かれはまずヘーゲルを参照点にしながら自然概念を否定し，すべての現実を精神とみなした。つぎに人間の精神には四つの契機があり，それらを区分しつつも各契機の関係を明らかにして統合的にとらえようとした。精神の四つの契機とそれらの関係は次のようにまとめられる。第一が個性的な表現としての直観，第二が普遍性を持つ表現としての概念，第三が自己にとって有用な「経済活動（ここに政治も含まれる）」，第四が有用かつ普遍的な道徳活動であり，概念は直観を，経済活動は直観と概念を，道徳活動は経済活動を前提にする。

　本稿の注目する体系化後のかれの関心はこの現実たる精神の歴史的展開であり，その哲学的探求の主要な資料となったのはマルクスやヘーゲルではなく，ヴィーコの思想であった。自然ばかりか神さえも精神の産物ととらえるクローチェは『ヴィーコの哲学』のなかで，神と人間というヴィーコの二元論を廃し，己の学問の対象を自然や神を作り出した人間性（人間精神）全体に拡大した。クローチェからすれば，ヴィーコの言う歴史の「循環」とは同じことの繰り返しという意味ではなかった。歴史を振り返って似たような時代を発見できたとしても，そこにはやはりそれ以前の歴史を前提にして構築されたその時代固有の特徴があり，時代は逆戻りしているのではなく変化し続けているのであった。そこで，クローチェはこの「循環」を「進歩」と読み替えた[13]。『ヴィーコの哲学』出版直後から執筆され，1915年にドイツ語で発表された『歴史叙述の理論と歴史』においては，「進歩」を人間の歴史における新しい経験ととらえている[14]。このように，クローチェが「進歩」という場合，一般にわれわれが思い浮かべるような進化論的な観点に立った直線的で技術的な進歩を指すのではなく，芸術，思想を含めた人間精神が対立と止揚を繰り返しながら，あらゆる意味で豊富になることを意味する。

　第一次世界大戦期になるとクローチェは「倫理学断章」と題される一連の文章を発表する[15]。この作品は『ヴィーコの哲学』と『歴史叙述の理論と歴史』で達した「進歩」に関する結論からもう一歩踏み出した。クローチェは『実践の哲学』で「普遍の活動」と定義した道徳活動の意味内容を明確化し，この「倫理学断章」においては道徳活動を人間の歴史を「進歩」

させた活動という意味で用いている。精神哲学に即して言えば，人間はたとえ聖人のように道徳活動にのみ徹しなくとも，直観，概念，経済活動のいずれかの契機に集中することで，道徳活動に達することができる。たとえば芸術家は創作に，学者は学問に，政治家や企業家は有益な活動に打ち込み，その結果，たんに自分自身や一定の集団にとって都合のよい活動だけではなく，歴史という舞台で人類全体に利することができれば，普遍的な道徳活動をしたことになる[16]。それがたとえ有益な活動を旨とする政治家であっても，その有用性を突き詰めていった場合，たんに個人，政党，国家の利益にとどまらず，長期的な平和を獲得するという人類全体にとって利となる道徳活動に達することができるのであった。

ただし，クローチェは道徳活動が政治的現実を無視して行われるべきであるとは考えなかった。かれは従来の精神の区分と各契機の関係を維持しつつ，道徳活動もかならず政治を通じて実現されると考えた。予期せず第一次世界大戦に突入し，イタリアの政治家が政治にたいして世間一般のセンチメンタルな倫理を優先させて戦争に臨み，結果的に国益を害するという「間違い」を犯してはならなかった。そこで，かれは「倫理学断章」で政治家に道徳活動を希求しながらも，『クリティカ』第二シリーズから創設された項目「後記」において[17]，政治家はあくまでも国家にとって有益な活動という権力政治を忘れてはならないと訴えた。そして，彼自身は政治家たちが政治活動に邁進することで学問を政治の道具にしないよう，「まるで戦争などないかのように」純粋な文化活動に集中した[18]。

ただし，『イタリア史』で振り返りながら述べているように[19]，クローチェの見るところ，当時のヨーロッパの道徳意識は「退廃(マラッティーア)」に陥っていた。この「退廃」が第一次世界大戦期にナショナリズムとしてリアルな力を持って現われたとき，かれは学問を守るために政治から距離を置き批判し続けたが，結果的にナショナリズムを背景とした参戦運動は功を奏する。戦後のクローチェは，敵はもはや実証主義者ではなくこの「退廃」であることを自覚するようになる[20]。

道徳意識の「退廃」論

道徳意識の「退廃」という言葉は，すでに『実践の哲学』において使われたものである。たとえば，いわゆる「蛮族の侵入」という歴史上の出来

事は，一見「退化」しているように見えるが，文明の成熟という観点からすれば「進歩」の一過程であった[21]。このように，クローチェの思想において歴史は常に「進歩」するものであり，「退廃」とは一時的な現象で，将来の歴史上の「進歩」の前提である。ここで「退廃」は「進歩」や「善」の「反対物」と位置づけられているが，「悪」とは言っていない。たしかに，クローチェ思想においては，「経済活動」が「道徳活動」の前提であり，「道徳活動」に達しない活動は，善でも悪でもない「経済活動」となる。「経済活動」で自己に害をもたらす行為は「悪」ではなく「間違い」とされる。しかし，自己には都合がいいが，結果的に自分以外の人間が「道徳活動」にいたらないようにする「経済活動」，つまり，道徳とは対照的に歴史の「進歩」を抑える方向に機能する現象は，クローチェの哲学体系において論理的に潜在していた。クローチェは当時「経済活動」の自律性に集中していたため，この現象を理論化してはいないものの，「退廃」と呼んで執拗に批判していた。

1907年にクローチェはダヌンツィオが自分に独自な感性から新表現を目指すのではなく既存の表現に依存し，しかも自覚的に「空虚な」作品を作っている態度を「不誠実」と呼んだ。これが文学界に「神経症」をもたらしたばかりか，思想界にも政界にも広がっており，いずれも現実的な基礎を欠いた精神である，と論じた[22]。1911年には，この「退廃」を検討してみる必要があると述べ[23]，問題の本質を「宗教」の欠如と指摘するにいたる[24]。ここでいう「宗教」とは既成宗教そのものではなく，何かを克服しようという情熱や意思といった人間の道徳行為の根源に他ならない。この「宗教」の欠如について敷衍するならば，たとえば芸術家が過去の文学形式や同時代のナショナリスティックな感覚や神秘主義的な哲学を利用して，他者の追随を許さない芸術作品に仕立てるということは起こりうる。これは精神哲学からすれば，たとえその芸術が事実に基づかなくとも，芸術の歴史に残るものを創造しているから「道徳活動」ともいいうる。しかし，歴史全体からすると，芸術の歴史はそれだけで完結しているわけではないから，政治や哲学の分野にとっては「進歩」どころか，それを押さえる役割を果たす場合がある。これがクローチェのいう「宗教」のない状態，歴史の「進歩」が抑えられている「退廃」の状態であった。同じ現象は，芸術ばかりか，哲学，ひいては政治の分野でも論理的には起こりえた。とり

わけ，生命や財産がかかわる政治がこの「退廃」にかかったときは深刻な事態をもたらすことになろう。この「退廃」は1922年以降に準備されたいわゆる「歴史四部作」の中で「自由」と対立する概念として理論化され，クローチェの内的世界に位置づけられる。

「自由」の成立

　当時のクローチェは政治領域においてこの「退廃」という問題が具体的にどこまで深刻化するかまで予測してはいなかった。しかし，事態の重大さは十二分に理解していたのである。戦中には各人は己の仕事に集中すべきだと主張し，哲学者本人も政治活動への参加を望んでいなかったにもかかわらず，第一次世界大戦後の1920年6月から1921年7月まで，ジョリッティ首相のもとで公教育大臣を担当したのは[25]，大戦後の復興はもとより，その背後に横たわる「退廃」という根本的問題を解決するためであった。大臣の職についてからのクローチェは戦後イタリアを担う人材育成に取り組んだ[26]。

　公教育大臣時代のクローチェの発言を追っていくと，ある変化を見ることができる。かれは戦中から歴史を「進歩」させる原理として，人間精神の克己心や向上心を指摘し，これらこそを人間の道徳活動の根源たる「摂理」・「宗教性」と呼んできたが，いまやこれを「自由」と呼ぶようになっていた。かれは自由主義思想を一定の人間の恣意，すなわち政治的・党派的な思想とはとらえずに，普遍的な道徳意識の上に構築した[27]。「自由」が「空気の中にある」との表現が端的に示しているように，人間精神の「自由」は政治体制がどうあれ，クローチェにとっては常に存在するものであった。1909年までに現実はすべて精神であるとの立場をとるようになり，実証主義が前提にする自然という観念や自然法学説を否定したクローチェには，ロックやミルらが論じたような自由を考察する可能性はなかった。かれは抽象化された個人の自由から論理を練り上げていくことも，かといって，国家を前提とした自由を論じることもしなかった。かれにできたのは精神哲学体系を歴史の相において検討する中でかいまみえてきた，「進歩」の原理たる観念論的な「自由」について考えることであった。そして，イタリア内部の分裂状況はこの「自由」を信じることができないという根本問題すなわち「退廃」にあると結論付ける。空気の中にあるというこの「自由」

を指導階級が見,道徳意識を回復するには歴史的な考察が不可欠であった[28]。

「退廃」に対処すべく,クローチェが使命感を持って入閣したジョリッティ内閣は,第一次世界大戦とロシア革命後の世界にあって,左右,とりわけ左派からの政治的圧力に耐えながらの政権運営を強いられた。ジョリッティは20年8月末には工場占拠に対応し,12月にはダヌンツィオの占領していたフィウメを解放している。しかし,もはや大衆勢力を議会に引き入れることは困難で,カトリックと社会主義勢力のまえにジョリッティは辞任せざるを得ず,クローチェもまたかれと政治的運命を共にし,その教育政策はジェンティーレに引き継がれた。そんななか,ムッソリーニは21年11月に成立させた議会内勢力としてのファシスト党と議会外での暴力によって支持を拡大していき,22年10月末,ファシスト連立政権を誕生させた。

ファシズムとの対決

政治状況を観察する側に回ったクローチェは,私的な書簡において,すでに1923年5月5日,「ファシズムは自由主義に反するもの」だが,それでも自由主義に役に立つとの見解を述べ[29],1923年10月27日のインタビューでファシズム支持の姿勢を見せた[30]。さらに,最高得票数を得た党が総議席の三分の二を獲得するというムッソリーニによる11月の選挙法改正後,1924年2月1日のインタビューでも憲政に対する反抗であるとのジャーナリストの批判を退け,見守るべきは制度ではなく,現実の政治勢力であるとして,ファシズムが秩序を回復してくれることを願いながら,支持を表明している[31]。総選挙後のファシストの勝利後,かれらの暴力を批判したマテオッティ議員がファシストに暗殺される事件が起こるが,1924年6月24日から26日の上院でも,クローチェは自由主義国家への回帰のための力としてムッソリーニ政権に期待し,支持を与える投票をしている。7月のインタヴューでは,ファシズムには政治体制を構築する力がなく一時的なものとの判断をしながらも,いまだに秩序回復力としては期待し,ファシズムが「深刻な需要への反応」であり,「国民の拍手・喝采の中で前進してきた」と説明し,「時間を与えて変容するのを待つために支持」したと述べている[32]。注目すべきは投票した当時の日記に,クローチェは「内なる闘争のすえ」と記している点である[33]。

ここから分かるように，クローチェはファシズム自体に愛着を持っていなくても，あるいはファシズムがイタリア王国の制度枠組みから逸脱した場合でも，さらには暴力的な措置に訴えた場合にも支持している。つまり，クローチェは一定の党派に与する政治家としてではなく，普遍的に政治現象を観察する政治学者，あるいは政治思想家として語っているのである。すでに戦中から一貫して述べているように，かれにとって政治実践とは原理の対決ではなく，たとえどのような名称であろうとも，権力や利害の対決以外のなにものでもなく，特定の自由主義政党もその例外ではなかった[34]。クローチェは日記や書簡から分かるように個人的，心情的にはファシズムに共感を覚えなかった。しかし，戦後の混乱を見てきたかれは，国内秩序の回復こそ火急の課題と考え，国家にとって有用な力という公的観点から，暴力によって目の前で実際に活動するファシズムに期待せざるをえなかったのである。だからといって，それは社会主義をファシズムによって粉砕するという反動的な政治思想から行き着いた結論ではまったくなかった。ただ，当時のかれは社会主義には秩序回復能力を期待することはできなかっただけであった。クローチェは，いまだ，ファシズムがイタリアの陥っていた「退廃」の表出とはとらえていなかったし，長くイタリアを支配するとも考えていなかった。事実，1925年1月3日にムッソリーニが独裁宣言をした後も反応を見せていない。かれが動いたのは，政治の側が指導者階級の育成に活用できる学問に手をかけ，これを政治化しようとしたときだった。

　クローチェは，1925年4月21日に友人ジェンティーレが「ファシスト知識人宣言」をだしたあとの[35]，5月1日になってはじめて「ファシスト知識人宣言に対する回答」を発表し，「自由」の名の下，ファシズムに反旗を翻した[36]。この両史料を注意深く読むと，かれが反対した理由について以下の点が明らかとなる。

　第一に，クローチェはイタリア王国への保守的愛着からファシズムに異議を申し立てたわけではない。そもそも，当時国王はすくなくとも公式にはファシズムを支持しているから[37]，王家に愛着を持つ保守主義者であれば自由主義国家ではなくファシズムを支持したはずである。あるいは，ファシズムに脅迫されている国王にファシズムとの訣別提言をしてもよかったであろう。クローチェは王国に愛着を持っていたが，「回答」でかれが擁

護したのは自由主義国家という政治制度であって，イタリア王国ではなかった。ここでもクローチェは従来どおり政治家であることを徹底して避け，政治学者たろうとしている。

　第二に，問題の焦点はファシズムの暴力そのものではなかった。暴力・専横を「嘆かわしい」としているものの，これまで紹介したインタビューから明らかなようにクローチェはそもそも暴力自体を否定しているわけではなく，無秩序状態を救済する点では有用な力でもあるとさえ考えている。

　第三に，クローチェのファシズム批判の論拠は政治が文化を「汚染」することであった。クローチェは政治が「自己に課された任務の境界を越え，政治と文学，政治と学問を混淆するのは誤りである。今回の場合のように，嘆かわしい暴力，専横，そして出版の自由の抑圧を弁護するためにこの過ちが犯されるならば，それは善意の過ちとすらいえない」としている。暴力というきわめて政治的な契機が文化にまで押し寄せ，文化における道徳活動を抑圧する場合，暴力は秩序形成能力としては有効ではなくなり，普遍的な価値を破壊すると主張している。この価値こそがかれのいう「自由」であった。ここで重要なのは，区分の論理が維持されつつ加えてその後に構築された「自由」概念も考慮されている点である。

　クローチェのロジックは次のとおりである。かれはリソルジメントをたんなる国家統一ではなく，その背後に，文字通り文明を「再生させる」ことをめざす理想があったととらえていた[38]。リソルジメントは国家に集約されるものではなく，その外においても，各人が道徳活動をすることを目指すべく達成されたと考えている。クローチェはリソルジメントの本質を「自由」ととらえ，その結果できた自由主義国家もまた，この「自由」を認めるという一点において正当性を認める。自由主義国家が政治分野以外での思想や芸術の多様性や発展，つまり道徳的生活を認めていたことはクローチェが政治体制を支持するうえで決定的な要素であった。

　他方，ジェンティーレもまたリソルジメントの普遍性を認める点ではクローチェと同様であった。ただしジェンティーレの場合，そもそも自由主義国家はその精神を継承した存在ではないという認識に立って[39]，真に完成された国家としてのファシズムをこの既存の国家に対置した。理論と実践を区別しないジェンティーレは，既存のシステムが国家と組合の統合されたファシズムという，より高度な政治体制へと止揚されると考えたので

ある[40]。さらに，その高度な政治体制は，政治以外の人間の文化活動をも包摂することになる。逆にクローチェにおいては，政治体制は何がより有用で，上位なのかを制度によって決めることはできず，ただただ体制内に「自由」が存するか否かによって決定されるのであった。なぜなら，「自由」を失うということは哲学者にとって，歴史を推進する原動力を失うことを意味したからである。1913年の論戦と異なり，この時期のクローチェとジェンティーレの対立は単なる理論上の問題ではなしに現実の政治体制の倫理性と歴史認識をめぐるものとなっている。1924年5月に出した『政治学綱要[41]』で述べているように，重要なのは国制ではなく，そのなかで「摂理」すなわち「自由の原理」が機能し，各人が自己の仕事に集中することによって，道徳活動に従事できる点であると論じている[42]。クローチェにとって，精神の「進歩」のためには政治実践のみならず哲学も詩も必要であり[43]，ファシズムがたとえ経済的合理性をそなえ，当時の社会的問題を解決したとしても，文化を抑圧し，あるいはその実現可能性を国家内に限定し[44]，「物質的欲求を満たしてやることで国民の大部分を不活発，無関心のままにとどめておこう[45]」とするかぎり，歴史を「進歩」させる要因にはなりえず，そのような活動は「退廃」にほかならなかった。クローチェは国内の「自由」があったからこそ自由主義国家を支持したのであって，議会制，普通選挙を持つから支持したわけではなかった。

このようなクローチェの見解を聞けば，選挙や議会といった技術的側面に関心を払わず，政治原理を提示できなかった，というボッビオやサルトーリの批判にも頷けるかもしれない[46]。たしかに経験論的な立場に立てば，自由主義とこれらの制度との一定の親和性を論ずることが可能である。しかし，一般論を廃し，普遍性を追求しようとするクローチェの観念論的立場からすれば，このような制度の存在がクローチェのいう「自由」の存在を保障してはくれない。さらに，モスカに賛同するクローチェは，必ずしも議会や選挙を否定しているわけではないが，それらが民主主義による産物ではなく，便宜的な装置，民主的傾向であり，「退廃(デカデンツァ)」であるとさえ考えていた[47]。そもそも実証主義，自然概念を否定したかれにとっては，生まれながらに自然権を持つ理性的な個人という高度な虚構を伴う啓蒙思想は受け入れることはできなかったから，かれには民主主義への信頼はなかった。マッジが指摘するように[48]，クローチェにとっては多人数が政治に

参加し，多数決のような抽象化を伴う制度を保証するよりは，どのような制度であれ存在する，マキアヴェッリの描いた政治手法を実践する少数の支配者層に多くの人間をアクセス可能にしておくことのほうが重要であった。ゆえに選挙や議会もクローチェにとっては両義的である。エゴイズムが衝突し利害を調整する衆愚政治におちいる点では「退廃」的なものではあったが，それまで社会的上昇を果たせなかった有能な人材を登用するという点では自由主義と相容れないわけではなかった。「回答」で「普通選挙制の施行のような，最も議論を呼んだ自由主義者の行為」と述べているのはこの意味である。

以上，クローチェはたとえ政治体制に愛着を持てなかったとしても，道徳活動が保障されていると確信していた時点では，ファシズムの自由主義への「変容」を信じてこれを支持し[49]，ファシズムが文化の領域に介入するにいたるや，一転して反対を表明した。その後のクローチェにできたことはファシズムに対する政治闘争ではなく，「自由」が「退廃」を克服することを信じて，『クリティカ』と出版事業を通じ文化を防衛し続けることであった。

おわりに

本稿はこれまで軽視されてきたクローチェ思想の精神哲学，歴史主義，自由主義の連続性について考察した。結論を要約すれば次のようになる。精神哲学体系化後，クローチェは1911年に『ヴィーコの哲学』で歴史を動かす原理を考察し始め，ヴィーコの「循環」を批判して「進歩」の概念を提示した。1915年の『歴史叙述の理論と歴史』では，道徳活動を判断する基準を歴史の「進歩」に置いた。そして，公教育大臣に就任したクローチェは歴史を動かす道徳意識の根源を「自由」と呼ぶようになった。

しかし，この「自由」の原理の裏側には，進歩を停滞させる「退廃」という概念も論理的に潜在していた。クローチェはこの概念を理論化していなかったが，常に批判の対象としてきた。重要なことは，ある一面から見た歴史における「進歩」がじつは他の面では深刻な問題を生じさせてしまうということを自覚し始めたことである。ゆえにクローチェは，国家の経済的な問題は解決しても，そのために国家以外での道徳的な原理の成立を許さず，出版の自由を抑圧することで思想的発展を阻害するファシズム体

制に異を唱えた。

　クローチェが問題視したのは反議会的な政治手法や暴力ではない。ファシズムが「自由」という共通基盤の重要性を認識せず，体制化後にこの人間精神の「進歩」の条件を破壊しようとしたことであった。この判断はクローチェがイタリア王国への保守的な愛着からファシズムへの反対を試みるために哲学的に変節した結果ではなく，長い哲学的考察の中で潜在していた「進歩」，「宗教」，「摂理」，「自由」，「退廃」といった諸概念がファシズムの文化政策への批判精神から顕在化したものであった。

　クローチェが無意識のうちに指摘していたのは，イタリア王国あるいは自由主義自体が持っていた不可避の脆弱性であった。というのは，王国が広範囲に思想・芸術の発展を認めたものの，「自由」という共通認識を持たない集団をもその内部に抱えざるをえず，かといってこのような集団を批判することはできても，否定することは自由主義国家の自己否定に他ならなかった。王国が抱えたいびつな経済体制から社会不安が極に達したとき，たしかにこの問題解消に集中する政治勢力ファシズムは，その暴力によって政治体制を改変するという道徳的な力に見えたが，権力を握るや，それは価値観を共有しない集団であることを露にし，王国が抱えていた「退廃」を政治的な次元で展開していくことになった。

　クローチェの自由主義は規範的な政治理論やイデオロギーではなかった。それゆえにこそ制度論的提案はほとんどしなかった。しかし，だからといって政治原理としての自由主義の歴史から排除されるべきものではない。かれのきわめて観念論的な自由主義はじつはそれまでの哲学的考察に同時代の歴史感覚を反映させ，自由主義下において指導階級に共有されるべき一定のエートスを語ったからである。

（1）　N. Bobbio, *Politica e cultura*, Einaudi, Torino 1955 e id, Benedetto Croce, in *Italia civile. Ritratti e testimonianze*, Passigli, Firenze 1986 (1964).
（2）　*Ibid*., p. 213, 227. G. Sartori, *Democratic theory*, Wayne State University Press, Detroit 1962 も同様の見解をとっている。
（3）　北原敦「クローチェの政治思想」，『思想』，1969年，1970年（現在は北原敦『イタリア現代史研究』，岩波書店，東京，2002年），987頁。中川政樹「クローチェにおける政治と道徳」，『島根大学教育学部紀要（人文・社会科学）』第20巻，昭和61年12月，67－84頁も「ファシズムの政権獲得

の直後に構想された『政治学原論』において，政治と道徳とを統一せんとする方向への転換が試みられるにいたった」。この試みは「精神哲学の体系を危機に陥れることとなり，その修正を要求することになる」と述べていることから，同様の見解を支持している。ただし，中村勝己「クローチェの自由主義とゴベッティ以降の反ファシズム―クローチェの「政治学綱要」(1924年)をめぐって―」，『中央大学大学院研究年報』第33号，法学研究科篇，2004年は本稿の立場に近い。

(4) M. Maggi, *La filosofia di Benedetto Croce*, Bibliopolis, Napoli 1998.
(5) G. Galasso, *Croce e lo spirito del suo tempo*, Laterza, Roma-Bari 2002.
(6) B. Croce, *Nuove pagine sparse*, 2 ed., vol. I, Laterza, Bari 1966, pp. 428-429, cfr. *ibid*., pp. 346-347.
(7) B. Croce, *La filosofia di G. B. Vico*, Laterza, Bari 1911. 本稿のテキストとしては B. Croce, *La filosofia di G. B. Vico*, Laterza, Bari 1953.
(8) B. Croce, *Zur Theorie und Geschichite der Historiographie*, aus dem Italienischen übersetzt von E. Pizzo, Mohr, Tübingen 1915.
(9) B. Croce, *Etica e politica*, Laterza, Bari 1931. 本稿のテキストとしては B. Croce, *Etica e politica*, Laterza, Bari 1967.
(10) B. Croce, *Frammenti di etica*, Laterza, Bari 1922. 本稿のテキストとしては B. Croce, *Frammenti di etica*, in id, *Etica e politica*, cit, pp. 6-167.
(11) B. Croce, *Elementi di politica*, Laterza, Bari 1925.
(12) クローチェとマルクス，ヘーゲルの関係は重要な問題だが本稿の視点からは割愛せざるを得なかった。なお精神哲学については拙稿「精神哲学の体系化－1902年から1909年におけるクローチェ哲学の展開」『イタリア学会誌』第58号（2008年），109－129頁参照。
(13) B. Croce, *La filosofia di G. B. Vico*, cit, pp. 136-137, 254. クローチェのヴィーコ解釈については上村忠男「B・クローチェの『ヴィーコの哲学』」『ヴィーコの懐疑』，みすず書房，1988年，277－282頁。
(14) たとえば B. Croce, *Teoria e storia della storiografia*, 2. ed., Laterza, Bari 1920 (1 ed. italiana, 1917), p. 17 を参照せよ。
(15) これらは『歴史叙述の理論と歴史』完成後の1913年に書かれ1915年から1919年まで主に『クリティカ』に連載，1922年に単著として刊行される（B. Croce, *Taccuini di lavoro*, 6 voll., Arte tipografica, Napoli 1987, nov. 1913, 31 gen. 1914）。注意したいのは『文化と道徳的生活』(B. Croce, *Cultura e vita morale*, Laterza, Bari 1914, テキストとしては B. Croce, *Cultura e vita morale*, Bibliopolis, Napoli 1993 を使用) や『1914年から1918年のイタリア－戦争論－』(B. Croce, *L'Italia dal 1914 al 1918. Pagine sulla guerra*, Riccardo Ricciardi, Napoli 1919) のように時機に応じて執筆したものを編んだものでは

なく,「倫理学断章」というタイトルのもと断続的ではあるがある程度まとめて書かれ, 分割掲載された点である。詳しくは G. Galasso, Nota del Curatore, in B. Croce, *Etica e politica*, Adelphi, Milano 1994, pp. 423-486.
(16) B. Croce, *Frammenti di etica*, cit, pp. 94, 134-136, 165-168.
(17) B. Croce, Ai lettori, «*La Critica*» (以下 *CR*), 20 set. 1914. 第二シリーズでは, アカデミズムとの議論が中心を占めていた第一シリーズと異なり政治的な論議も行った。のちにこれらは『文化と道徳的生活』や『1914年から1918年のイタリア』にまとめられた。
(18) B. Croce, *L'Italia dal 1914 al 1918*, cit, pp. 45-53.
(19) B. Croce, *Storia d'Italia dal 1871 al 1915*, Adelphi, Milano 1991 (1 ed., Laterza, Bari 1928), cap. X. また, id, *Storia d'Europa nel secolo decimonono*, Laterza, Bari 1965 (1 ed. 1932), cap. III, X. B. Croce, Il carattere di totalità della espressione artistica, *CR*, 20 mar. 1918 に見られる。
(20) B. Croce, Fede e programmi, *CR*, 20 set. 1911, in id, *Cultura e vita morale*, cit, pp. 157-166.
(21) B. Croce, *Filosofia della pratica: economia ed etica*, Laterza, Bari 1909, pp 68, 162.
(22) B. Croce, Di un carattere della più recente letteratura italiana, *CR*, 20 mag. 1907, id, L'indole immorale dell'errore e la critica scientifica e letteraria, *CR*, 20 mag. 1906, id, *Logica come scienza del concetto puro*, 2 ed. completamente rifatta, Laterza, Bari 1909, id, Il superamento, «*La Voce*», 14 lug. 1910, pp. 273-349. Cf. id, Gabriele D'Annunzio, *CR*, 20 gen.-20 mar. 1904.
(23) B. Croce- G. Prezzolini, *Carteggio*, a cura di E. Giammattei, Edizioni di storia e letteratura, Roma 1990, lett. 403.
(24) B. Croce, Fede e programmi, cit.
(25) B. Croce, *Taccuini di lavoro*, cit, 14 giu. 1920.
(26) B. Croce, *Nuove pagine sparse*, 2 ed., vol. I, cit, p. 65.
(27) B. Croce, *Discorsi parlamentari*, Mulino, Bologna 2002, pp. 71-81. また id, Sull'insegnamento religioso nella scuola elementare, *CR*, 20 mag. 1923 も。
(28) Cfr. B. Croce, *Nuove pagine sparse*, 2 ed., vol. I, cit, pp. 70-71.
(29) B. Croce, *Epistolario I scelta di lettere curata dall'autore 1914-1935*, Istituto Italiano per gli Studi Storici, Napoli 1967, lett. 91.
(30) B. Croce, [Sulla situazione politica], «*Giornale d'Italia*», 27 ott. 1923, in id, *Pagine sparse*, 3 ed., vol. II, Laterza, Bari 1960, pp. 475-478.
(31) B. Croce, [Intervista], «*Corriere italiano*», 1 feb. 1924, in id, *Pagine sparse*, 3 ed., vol. II, cit, pp. 479-482.
(32) B. Croce, [Intervista con Francesco dell'Erba], «*Giornale d'Italia*», 10 lug.

1924, in id, *Pagine sparse*, 3 ed., vol. II, cit, pp. 482-486.

(33) B. Croce, *Taccuini di lavoro*, cit, 26 giu. 1924.

(34) B. Croce, Contro la troppa filosofia politica, *CR*, 20 gen. 1923 e «*La Stampa*», 15 mar. 1923, in id, *Cultura e vita morale*, cit, pp. 236-237. Cf. id, Ancora filosofia e politica, *CR*, 20 nov. 1923 in ivi, p. 241. id, Fatti politici e interpretazioni storiche, *CR*, 20 mar. 1924, in ivi, pp. 258-259.

(35) テキストは G. Gentile, Manifesto degli intellettuali fascisti, in E. R. Papa, *Fascismo e cultura*, 2 ed., Marsilio, Venezia-Padova 1975, pp. 186-194.

(36) テキストは B. Croce, La protesta contro il «Manifesto degli intellettuali fascisti», in id, *Pagine sparse*, 3 ed., vol. II, cit, pp. 487-491. タイトルは Una risposta di scrittori, professori, pubblicisti italiani al manifesto degli intellettuali fascisti である。『モンド』紙に掲載されたさいの抄訳がファシズム研究会編『戦士の革命・生産者の国家』, 太陽出版, 1985年, 361－362頁にある。B. Croce, *Taccuini di lavoro*, cit, 21 apr. 1925.

(37) D. M. Smith, *Italy and its monarchy*, Yale University Press, New Haven and London 1989, pp. 254-267.

(38) B. Croce, La protesta contro il «Manifesto degli intellettuali fascisti», cit, pp. 490-1, id, Liberalismo, *CR*, 20 mar. 1925

(39) G. Gentile, Manifesto, cit., p. 188.

(40) *Ibid.*, p. 193.

(41) B. Croce, Politica in «nuce», *CR*, 20 mar. 1924, in id, *Etica e politica*, pp. 171-203. 上村忠男訳『クローチェ政治哲学論集』, 法政大学出版局, 1986年に日本語訳がある。

(42) B. Croce, Politica in «nuce», cit, pp. 200-201.

(43) B. Croce, Ancora filosofia e politica, cit, p. 242.

(44) B. Croce, Politica in «nuce», cit, pp. 187, 230.

(45) B. Croce, *Pagine sparse*, 3 ed., vol. II, cit, p. 491.

(46) N. Bobbio, *Politica e cultura*, cit, p. 249. G. Sartori, *Democratic theory*, cit, pp. 36-40.

(47) B. Croce, rec. a G. Mosca, Elementi di scienza politica, 2 ed., Bocca, Torino 1923, in id, *Nuove pagine sparse*, 2 ed., vol. II, Laterza, Bari 1966, pp. 220- 227.

(48) M. Maggi, *La filosofia di Benedetto Croce*, Bibliopolis, Napoli 1998, id, *La formazione della classe dirigente. Studi sulla filosofia italiana del novecento*, Edizioni di Storia e letteratura, Roma 2003, id, Croce e la politica, «*Nuova Antologia*», n. 2229, Le Monnier, Firenze gen.- mar. 2004, id, Archetipi del Novecento Filosofia della realta e filosofia della prassi, «*Nuova Antologia*», n. 2230,

Le Monnier, Firenze apr.- giu. 2004.
(49)　B. Croce, Politica in «nuce», cit, p. 179.

自己所有権と平等

——左派リバタリアニズムの意義と限界——

井 上　彰＊

1　はじめに

　リバタリアニズムが政治哲学における一つの立場としてみなされるようになったのは，ロバート・ノージックの『アナーキー・国家・ユートピア』が1974年に出版されてからである。ノージックのリバタリアニズムは，G・A・コーエンが言うように，自らの心身を所有しその行使に関する自由は保護されるべきだとする自己所有権テーゼ（the thesis of self-ownership）を基点として，正義構想を打ち立てようとする試みである（Cohen 1995, pp. 67-69 邦訳95－97頁）。しかしこの正義論としてのリバタリアニズムも，その政策的含意やネオ・リベラリズムと共振するイデオロギー性が災いしてか，現代政治哲学における有力な立場としてはみなされない向きもある。とくに日本では，そうした傾向は理論的にも実践的にも見受けられると言って良い。リバタリアニズムは所詮，市場主義や自己責任言説を援護する立場に過ぎない，といった見方がその好い例である。

　しかしそうした見方は，リバタリアニズムの哲学的評価としては一面的である。近年英米圏では，リバタリアニズムの政策的含意やイデオロギー性とは一線を画すも，ノージックの哲学的着想や概念枠組みを継承する立場，すなわち，左派リバタリアニズムが脚光を浴びている（Vallentyne and Steiner 2000a; 2000b）。バーバラ・フリードとの論争を通じて明らかになっている通り，その代表的論客とされるのは，ヒレル・スタイナー，マイケル・オーツカ，そしてピーター・ヴァレンタインの三人である（Fried 2004; 2005; Vallentyne, Steiner, and Otsuka 2005）。左派リバタリアニズムは自己

＊　東京大学大学院総合文化研究科国際社会科学専攻　助教　政治哲学

所有権と平等が調和可能であるとみる立場であり，後者を前者の行使の妨げになるとみるノージックの議論とは大きく異なっている。より精確に言えば，自己所有権をベースにしながらも，資源獲得や初期分配の局面で平等主義的正義原理の重要性を訴える立場であり，いかなる平等主義も退けるノージックの議論とは対照を成している（Vallentyne and Steiner 2000, p. 1; Vallentyne, Steiner, and Otsuka 2005, p. 201）。

　本稿で注目したいのは，左派リバタリアンがノージック以上に，正義論としてのリバタリアニズムの可能性を追究した点である。そしてその方向性が同時に，左派リバタリアニズムの限界を逆説的に示してしまう点である。以下では，この左派リバタリアンがノージックから何を継承し，またそれをどう深めていったのかについて検討し，左派リバタリアニズムの意義と限界を見極めたい。

2　左派リバタリアニズムの意義

　左派リバタリアニズムは，その名を冠している通り，リバタリアニズムの一種とされる立場である（Fried 2004, p. 67；松井 2007，23-24頁；cf. 森村 2001，30-32頁）。とくに左派リバタリアニズムが概念装置として拠り所にするのが，ノージックの議論である。先述したようにノージックは，自己所有権テーゼを基点とする正義論としてのリバタリアニズムを打ち立てようとした。彼は，「自分の人格に対する自由の権利」を疑いようのない自然権とするジョン・ロックに倣って（Locke 1960, II sec. 190），「各人は自分が何になり，何をするかを決める権利をもち，自分の行ったことで生じる利益を得る権利をもつ」と主張する（Nozick 1974, p. 171 邦訳288頁）。この権利は，何人たりとも，いかなる帰結主義的考慮や人道的配慮によっても，侵害されてはならないものである（Nozick 1974, pp. 30-33 邦訳47-52頁）。

　この不可侵の自己所有権をふまえると，ロールズ正義論に代表されるような，現時点での分配パタンにしか目を向けない正義論は受け入れられないものとなる。ノージックはこれを，ほとんどの人の直観に適っているとみる。

　　　ほとんどの人は，現時点切片原理で分配上のシェアに関する話が完

結すると認めはしない。彼らはある状況の正義を評価する場合に，そこに体現されている分配だけでなく，その分配がいかにして生起したかをも考慮するのが適切だと考える（Nozick 1974, p. 154 邦訳261頁）。

ノージックはこの点をふまえて，「人々の過去の環境や行為がモノに対する様々な権原（entitlements）……を伴いうる」とする歴史的原理こそが，正義の名に値する原理であると主張する（Nozick 1974, p. 155 邦訳262-263頁）。この権原が，まさに自己所有権の行使を通じて生じるものであることは，多言を要さない。このようにして，分配シェアの正しさは，現時点での分配パタンのみならず，当のシェアに対する権原によって決まるとする権原理論の意義が謳われる。ノージックはこれをもってして，現時点での分配パタンないし分布状態にしか焦点を当てない平等主義を，結果状態原理（end-states principles）を志向するものとして批判するのである（Nozick 1974, p. 155 邦訳263頁）。

このようにノージックは，無主物の原初的獲得の正当性および（正当に得られた）保有物の移転の正しさを主題とする歴史的権原理論のみが，正義論としての資格をもつと考える。ノージックに言わせれば，「分配的正義の完全な原理とは，単に，誰もがある分配下で所有している保有物に対し権原を有するなら，その分配は正しい，と主張するものにすぎない」（Nozick 1974, p. 151 邦訳256頁）。この権原理論において最も重要なのが，原初的取得の正当性がいかにして担保されるのか，という問題である。というのも，この正当性を支える条件についての考察なしに，所有物移転の正しさについて議論することはできないからである。言い換えれば，所有物移転の正当性は，資源の原初的専有の正当性，すなわち原初的所有権（original property rights）の確立を前提にしているのである。それゆえノージックは，現に所有していることの正当性を原理的に規定する原初的獲得の条件に，正義の問題が集中していると考えるのである（Nozick 1974, pp. 150-152 邦訳254-257頁）。

このノージックのリバタリアニズムには，二つの特徴がある。第一の特徴は，ノージックの議論が，完全義務の体系としての正義を目指すものであるということだ。これはノージックの議論が，自己所有権をベースとした権原理論であるという事実に由来する。つまり，自らの心身を基点とす

る自己所有権の不可侵性は，各人の自由を規定するのみならず，当の権利の尊重やその権利を侵したときに何らかの補償をする義務と関連づけられるものなのだ（Nozick 1974, pp. 30-33, 150-153 邦訳47−52，255−260頁；Steiner 1994, p. 226）。このように義務が，権利の尊重や権利侵害に対する補償ないし刑罰と相関的なものとして位置づけられる場合，その義務は完全義務と呼ばれる。対照的に，必ずしも権利と相関関係にない義務（たとえば，権利侵害が発生していないケースで貧者を助けるといった慈善行為の義務）は，不完全義務と呼ばれる。ノージックの権原理論は，後者を否定し前者のみを正義の義務体系に組み込むのである。このことはノージックが，たとえ困窮する人々を助けるという目的でも，「n 時間の労働収入を奪うことは，その者から n 時間奪うようなものであって，それはその者を別の者の目的のために n 時間働かせるようなものである」と述べていることからも窺える（Nozick 1974, p. 169 邦訳284頁）。いかなる「勤労収入への課税も，強制労働と同等なのだ」というかの有名な言明は，完全義務の体系としての正義を支持するノージックの揺るぎない姿勢を示すものである（Nozick 1974, p. 169 邦訳284頁）。

　第二の特徴は，ノージックの権原理論が，原初的専有の正当性を担保する条件の精査に，正義の問題を集中させている点である。ノージックにとって正義原理は，原初的所有権の確立のために不可欠なものである。その一方で，所有権の移転は，正義の派生的問題として扱われる。つまり，ノージックにとって正義の問題は，権原の変遷という歴史的経緯と，その経緯を遡及していくと辿り着く（とされる）所有権の発生条件に関わるものなのだ。その条件を規範的に構成するのが，無主物の専有を正義の名の下に許容する正義原理である。ノージックはその原理を，「充分かつ同品質の」（enough and as good）資源を他者に確保するよう要請するロックの「充分性条件」（the sufficiency condition）に求め（Locke 1960, II sec. 27），それを「ロック的但し書き」（Lockean proviso）と名付けた（Nozick 1974, pp. 175 邦訳295頁）。

　このようにノージックのリバタリアニズムは，自己所有権テーゼを基点としつつ，完全義務体系を正義とし，原初的私有を保障する条件としての正義原理を重んじる議論である。このことから，ノージックの議論が正義論としてのリバタリアニズムを目指すものであって，素朴な意味での消極

的自由擁護論ではないことがわかる。そしてこの正義論としての志向性こそ，左派リバタリアニズムがノージックから継承するものなのだ。以下，左派リバタリアニズムがこの権原理論をどのように発展させたのかについて，ノージックに突きつけられる問題点をいかに克服しようとするかに焦点を当てながら，上記二つの特徴に関連づけて検討したい。

(1) 完全義務と自己所有権の分解可能性

　左派リバタリアニズムは，ノージックの議論と同様，正義を完全義務の体系として位置づける。そうすることの理由としては，二つほどあげられている。第一の理由としてあげられているのは，正義を厳密な意味での権利と相関的な義務の体系として捉えることで，日常的な権利言説の増殖によって生じる自由の制約や敵対的状況を概念的に回避することができる，という点である。左派リバタリアンの嚆矢的存在であるスタイナーは，主としてこの理由から，厳密な意味での権利をベースにした正義構想の構築を目指す (Steiner 1994, pp. 1-2；井上 2008)。彼は，ウェスリー・ホーフェルドの有名な権利の概念分析をふまえて，厳密な意味で権利とみなせるのは，義務と相関的な権利である請求権 (claims) と，「権利と相関的な制約を放棄する側の権能やその制約を執行する権能と密接につながっている免除 (immunities)」権のみだと主張する (Steiner 1994, p. 61)。この二つの権利はともに，義務に関わるものである。なぜなら，請求権は義務との相関性を直截に謳うものであり，免除権は請求権から導かれる義務を免除できる権能に関わるものであるからだ。

　正義を完全義務の体系として捉える第二の――よりリバタリアンとしてのアイデンティティに関わる――理由としては，「勤労収入の課税は強制労働と同等だ」とするノージックの議論の直観的説得力があげられる。とくにオーツカは，このリバタリアニズムのリバタリアンたる所以に関わる部分を強調する論者である。彼は，「自分の生命や四肢の犠牲，あるいは労働という名の犠牲的行為を伴うかたちで，他者を援助することを必然的に余儀なくさせるような」事態を認めない「頑健な」(robust) 自己所有権を，擁護可能なものだと主張する (Otsuka 2003, p. 32)。それゆえオーツカもノージックと同様，苦しんでいる貧者への慈善の義務のような不完全義務を，正義の義務体系の中に組み込むことを拒否するのである。

以上から，左派リバタリアンがノージックの議論の第一の特徴，すなわち完全義務のみが正義の義務であるとする議論に与していることがわかる1。しかし左派リバタリアンは，ノージックとは異なり，自己所有権を不可侵のものとは考えない。左派リバタリアンが共同でフリードの批判に応答した論文で，その点がはっきりと述べられている（Vallentyne, Steiner, and Otsuka 2005）。まず彼らは，自己所有権をベースにした完全な私有権（full private ownership）を支持している。それは，(1) 物的対象の使用・活用をコントロールする権利，(2) 自分以外の誰かがその対象を許可なしに用いたときに補償を受ける権利，(3)（以上の権利の侵害を防いだり，過去の侵害に対する補償を引き出したりするための）執行権，(4) 以上の権利を他者に移譲する権利，(5) 以上の権利が同意なしに失われることからの免除権，この五つから成るものである。しかしながら左派リバタリアンはノージックと違って，この五つの権利要素が（自己所有権の規範性を失しない程度に）分解可能（decomposable）であると考える（Vallentyne, Steiner, and Otsuka 2005, pp. 203-5）。このことが何を意味するかについて，ノージックの議論と対比させて検証しよう。

　ノージックの自己所有権は，こうした私有権を分解可能でない権利として扱うよう要請する。なぜなら，ノージックの議論において自己所有権は，いかなる帰結主義的・人道的考慮によっても侵害されてはならない，不可侵のものであるからだ。ここに，ノージックの議論が反直観的帰結を招く要素が垣間見えると言えないだろうか。たとえば，この自己所有権の措定の仕方では，無実の人に対する意図せざる（しかし予見された）殺戮は（それにより多くの人が助かる場合でも）認められないことになるし，目の前の人が自動車に轢かれそうなところを助けるべく，同意なしにその人を突き飛ばすことも，端的に正義に反することになってしまう。左派リバタリアンはこうした自己所有権の不可侵性が招く反直観的帰結に鑑みて，私有権を分解可能なものとして扱うのである。上記の例で言うと，危害を最小限に抑えるために，上記の(5)の免除権の部分的侵害，すなわち，同意なしにその人の心身ないし保有物の部分的侵害が道徳的に容認されるケースがあることを認めるのである（Otsuka 2003, pp. 13-4; Vallentyne 2007, p. 193）。

　もっとも左派リバタリアニズムにとって，自己所有権が不可侵のもので

ないことの意味は，そうした例外的ケースを是認しうるということだけではない。この私有権の分解可能性は，無主物の専有を認可する条件，すなわち原初的所有権の成立条件——ロック的但し書き——の平等主義化に関わっている。なぜなら，「各人は自分が何になり，何をするかを決める権利をもち，自分の行ったことで生じる利益を得る権利をもつ」とする不可侵の自己所有権の観点からは，ロック的但し書きの平等主義的書き換えは容認し得ないものになるからだ。この自己所有権テーゼの緩和によるロック的但し書きの平等主義化の意義については，次節でみていくこととしよう。

(2) ロック的但し書きの平等主義化

　左派リバタリアニズムがノージックから継承している第二の特徴は，原初的所有権の確立に正義の問題が集中していると考える点である。左派リバタリアンも，正義が現時点での分配パタンだけに関与しているとは考えない。というのも左派リバタリアンも，現在の分配シェアに行き着いた歴史的経緯こそが，真っ先に問われるべき点だと考えるからである。歴史的権原理論の分節化に尽力したスタイナーに言わせれば，現時点での分配シェアの正当性は，そのシェアが正しい系譜（pedigrees）から外れたものでないか，すなわちそれが究極的に先立つ（ultimately antecedent）所有権に裏書きされたものか，ということに依存する（Steiner 1994, pp. 102-7）。スタイナーは言う。

　　　明らかに，現在のいかなる権利や義務の正当性も，その原初的条件に依存する。それゆえ同様に明らかなのは，原初的権利や義務の正当性の証明には，歴史上の記述は伴わないということだ。すなわち，権利や義務が原初的であるためには，それら権利や義務がそれらよりも先立つ権利に付随する権能や自由な行為に由来することはあり得ない，ということだ。なぜなら，それらに先立つ権利というものは存在しないからである。けれども，それらが権利や義務であるためには，何らかのルールないし原理によって構成されたものでなければならない。（Steiner 1994, p. 107）

　この原初的権利（や義務）を権利（義務）たらしめるルールないし原理

こそ，ノージックが言うところのロック的但し書きである。それゆえ，この正義の命運を握るロック的但し書きの妥当な解釈を提示することが，自ずと左派リバタリアンにとっての最大の関心事になるのだ。

では左派リバタリアンは，ロック的但し書きをどのように解釈すべきだと主張するのだろうか。後に示すように，左派リバタリアンは揃って，ロック的但し書きを平等主義的に解釈すべきだと主張するのだが，その理由を明らかにするには，ノージックのロック的但し書き解釈の問題点を見極めることが肝要だ。先述したようにノージックは，ロック的但し書きを，充分かつ同品質の資源を他者に残しておく場合，かつその場合に限って，無主物を専有して良いとする規範的条件として把捉する。問題は，この「充分かつ同品質の」とはどういう基準線（baseline）か，である。というのも，「十分かつ同品質の」という規定だけでは，基準線の具体的内容を確定することはできないからだ。

もっとも，ノージックによるより具体的な基準線の措定は，「他の人々にも，充分かつ同品質のものが同じように残されていてしかるべきだとするロックの但し書きは，他の人々の状況を悪化させないことを確保することを意図してのもの」，という記述から窺える（Nozick 1974, p. 175 邦訳295頁）。つまり彼は基準線を，当の資源が共有されている（自然）状態における，（専有者を除く）人々が享受する福利（well-being）のレベルとするのである[2]。では果たしてこの基準線が，誰にとっても理に適ったものとして受容できるような基準線だと言えるだろうか。答は否である。なぜなら，この基準線に依拠するロック的但し書きでは，資源が専有されていない自然状態と比べて，資源の原初的取得者以外の者の境遇がその状態と同じか，かろうじて改善される程度の補償さえ用意されれば，資源を現にある分だけ私有化できることになるからだ（Cohen 1995, pp. 79-83 邦訳107－111頁; Otsuka 2003, pp. 23-24）。このことの主要因は，専有が存在しないとき，端的に何が起きうるのかを，ノージックが考えなかったことに起因すると思われる（Cohen 1995, p. 83 邦訳111頁）。以上から，ノージックのロック的但し書きは，原初的所有権を確定する正義原理としては極めて不十分なものだと言わざるを得ないだろう。

コーエンはこれをもってして，自己所有権テーゼは正義論において正当化しうるものではないと結論づける（Cohen 1995, p. 105 邦訳145－146頁）。

しかしオーツカが示す通り，左派リバタリアンは，その診断を早計だと考える（Otsuka 2003, pp. 30-31）。というのも，ロック的但し書きそれ自体は，ノージックが示した解釈以外の解釈を否定するものではないからだ。では左派リバタリアニズムは，ノージックのロック的但し書き解釈をどのように修正するのか。以下示すとおり，左派リバタリアンの代表的論客三者ともに，その平等主義的改訂を主張している。スタイナーの場合，自己所有権とともに認められるべき権利というのは，資源の平等なシェアを受け取る権利である。すなわちロック的但し書きは，資源の平等なシェアを獲得する権利を保障するものに書き換えられるのである（Steiner 1994, pp. 235-6）[3]。オーツカやヴァレンタインはロック的但し書きを，資源の平等な分割にとどまらず，福利への機会の平等を勘案する条件にすべきだと考える（Otsuka 2003, pp. 24-25; Vallentyne 2007, p. 200）。スタイナーの言う平等な資源分割との違いは，資源の平等な初期分配のみならず，当の資源へのアクセスしやすさや活用可能性が，各人の福利に照らして考慮される点である。つまりオーツカとヴァレンタインは，単なる資源の平等な分割では解消しきれない不平等，とくに能力差にまつわる不平等を排除しようとするのである。この平等主義的但し書きの下では，資源の単なる平等な分割では同じような福利を得られない身体障害者には，各資源から得られる福利がどれくらいになるかに応じて，無主物が残されるべきだとされるのである[4]。

　このように左派リバタリアン三者ともに，ロック的但し書きを平等主義的に解釈ないし改訂すれば，（コーエンの診断に抗して）自己所有権テーゼを正義構想において擁護することは十分可能であると考える。スタイナーが言うように，「自己所有権は，自分の所有物のみから生み出されたモノに対しては無傷の権原を創り出す基礎となるも，無主物を含む要素を伴う生産物に対しては同様の働きをみせない」（Steiner 1994, p. 235）。またオーツカが言うように，「リバタリアンの自己所有権は，当人が他の者が交換する資格を有する財を求めて，自らの労働（もしくは当人の身体の一部）と交換することで獲得しうる現存資源を除いて，現存資源に関する権利についてはいかなる主張もしない」（Otsuka 2003, p. 30）。だからこそ，（その確立の原理は何であれ）「平等促進性」（equality-promoting）を志向せざるを得ないのである（Vallentyne 1998, pp. 620-623; 2007, pp. 201-202）。

以上の考察から，左派リバタリアニズムの意義について確認することができる。第一に左派リバタリアンは，自己所有権テーゼを緩和することで，完全義務体系としての正義観念が包含しかねない反直観性を回避することに成功したと言える。第二に左派リバタリアンが成し遂げたことは，ノージック権原理論の概念枠組みを継承しつつも，それに則ってリバタリアニズムを追究すると，ロック的但し書きを平等主義的に再解釈する必要性が出てくることを明らかにしたことである。この二つの功績ともに，左派リバタリアンが正義論としてのリバタリアニズムを分析的に追究した成果であると言える。

3　左派リバタリアニズムの限界

　左派リバタリアニズムが，正義論としてのリバタリアニズムの構築を目指したことは，以上の考察から明らかになったように思われる。しかし本節で明らかにしたいことは，その成果が同時に，左派リバタリアニズムの限界をも照射してしまう点である。ここで注目したいのは，左派リバタリアニズムのプロジェクトが結局，リバタリアニズムのリバタリアンたる部分と衝突してしまうという点である。つまり，左派リバタリアンが想定するようには，自己所有権テーゼと平等は調和し得ない，ということである。以下二点取り上げて，その点に迫りたい。

(1)　強制性と自発性

　左派リバタリアニズムのリバタリアンたる所以は，（緩和されたものであるにせよ）自己所有権テーゼをふまえて議論を進めるところにある。自己所有権テーゼに従えば，あらゆる人には自らの心身に対する所有権があり，そうした自然権を踏みにじることは原則として認められない。このことは，われわれの素朴な直観に適っているように思われる。この，直観に親和的なテーゼが有する説得力を一層高めているのが，権原理論に基づく正義の体系は完全義務の体系であるという主張に他ならない。先述したように，左派リバタリアニズムの正義論は，ノージックの権原理論とともに，権利と相関関係にない不完全義務を正義の体系に組み込まない議論である。これにより，日常的な権利言説の増殖によって生じる概念的混乱は回避されるし，権利と義務の相関関係から外れるような事態，とくに他者のため

に働くという「強制労働」が正義の名の下に課されることはなくなるわけだ。この自己所有権の頑健性は——オーツカが殊に強調した点だが——自己所有権テーゼを擁する左派リバタリアンの，リバタリアンとしてのアイデンティティに関わる部分である。この，正義から他者による強制性（coerciveness）を排除し，自己所有権テーゼに織り込まれる自発性（voluntariness）を重んじる姿勢こそ，多くの人が左派リバタリアニズムの真骨頂としてみる部分であるように思われる。

　しかし問題は，まさにそこにある。というのも，自己所有権テーゼによって排除される強制性は，自発性を排除するすべてではないからである。セレナ・オルザレッティは，この点に関して次のように述べる。

　　強制（coercion）は強いられること（forcing）の一類型であるという事実によって，それが強いられることの一類型でしかないという事実を，われわれは見過ごすべきではない。にもかかわらずリバタリアンは，強制性を伴わない強いられた交換を正義遵守的（justice-preserving）なものだとみなす一方で，強制的交換を正義攪乱的（justice-disrupting）交換として扱っているように思われる。しかし自発性は，強制性以外のことでも損なわれるのである。（Olsaretti 2004, p. 145）

　例として——やや極端ではあるが——もしお金を B に渡さなければ殺すと B に脅されている A の境遇について考えてみよう（Olsaretti 2004, pp. 144）。A は B にお金を渡すことを強いられていることは間違いないが，一方で A には B にお金を渡すかどうかの「自由」はある。このとき，他者からの強制のみを排除する頑健な自己所有権の規定からすれば，当人がいかなる選択をしようとも，自発性は損なわれていないことになる。なぜならこのとき，当の自由を阻害する強制性は介在していないからである。だがもし A が B にお金を渡したとして，果たしてその選択が真に自発的なものだと言えるだろうか。もしそれが自発的選択であるとは言えないなら，それはなぜか。オルザレッティはその理由として，当人にとって「受容可能な選択肢がないこと」をあげている（Olsaretti 2004, p. 151）。この例で言うと，A の境遇において，B にお金を渡すか B に殺されるかの二つの選択肢しかない——つまり，二つの選択肢とも A にとって受容可能なものでは

なのだ。このように自発性の有無は，選択可能な選択肢の中に，当事者が理に適ったものとして受け入れられる選択肢があるかどうかにかかっているのである[5]。

　この議論を，労働や資源分配の場面を念頭に置いて一般化すると，どういうことが言えるだろうか。当事者に理に適った選択肢として受け入れられるものは，当然，当事者が不利益（disadvantage）を被らないものでなければならない。そうした不利益には，通常望まれざるもの，たとえば身体障害や生来の能力差に由来する不利益も含まれよう。つまり，過酷な環境での低賃金の仕事しか働き口がないような場合だけでなく，身体障害のせいで資源が与えられても十全に労働に従事できない場合にも，当の選択肢は当人にとって受容可能なものではないことになる。こうした例が教えてくれるように，われわれは，自己所有権テーゼをベースに排除される強制性のみならず，自発性の条件に目を向ける必要があるのではないか。オルザレッティが言う通り，左派を含めたリバタリアンはこの点を見落としているのではないか（Olsaretti 2004: 148-152）。

　この批判に対し，左派リバタリアンから次のような反論があるかもしれない。自己所有権テーゼが概念的に自発性に反するものすべてを排除しないからといって，左派リバタリアニズムの妥当性が崩れるとみるのは早計である。というのも左派リバタリアンは，人々が無主物を取得するときに適用される正義原理，すなわちロック的但し書きを，平等主義的なものに書き換えるからである。彼らに言わせれば，原初的所有権の成立条件に平等主義的考慮が入ってくる以上，他者からの強制なき状態は，自ずと選択の自発性が確保される状態となる。他者に不利な分配シェアを押し付ける原初的資源取得は，平等主義的原理に照らすと認められないからである。しかもオーツカやヴァレンタインの場合，資源獲得の場面で不利益を反映させない平等機会原則をロック的但し書きとして謳っていることから，選択の自発性は自己所有権の頑健性をふまえたとしても，問題なく尊重されると言えないだろうか。

　確かに，左派リバタリアンが依拠する平等主義的なロック的但し書きは，強制性以外の自発性侵害を問題にする先の議論を退けることができるように見える。しかし，それは見かけだけである。というのも，平等主義的但し書きが有効な範囲は，あくまで天然資源の原初的獲得や初期分配に際し

てだけで，そこに反映されないような（たとえば生来の能力差が生み出す）不平等を完全に除去するものではないからだ。たとえば，無主物のない状況では，左派リバタリアンの平等主義的考慮が意味をもたないのは明らかである。実際オーツカは，次のような仮想的事例を用いて，そうした可能性を示している。まず，天然資源のない無人島に流された人間二人のうち，一人が毛深くその毛を使って服を編むことができるが，もう一人は完全に禿で，しかも人毛を用いて服を編む能力に恵まれていないというケースを想定しよう。もし前者が後者のために服を編まなければ，後者は凍え死んでしまうが，後者のために自分の毛で二人分の服を編んでしまうと，かろうじて雨風をしのげるだけの服しか編むことができないとしよう。これはまさに，後者に対する平等主義的考慮が，前者への純然たる強制労働を要求する事例である。興味深いのは，オーツカがこの事例を，平等主義的考慮に基づく強制労働の反直観性を示す希有な例として位置づけている点だ。オーツカはその反直観的要素こそ，課税を強制労働と同一視するノージックの議論に説得力を与えている要素だと考える（Otsuka 2003, pp. 17-19）。

　だがこの反直観性は，オーツカが考えるほど自明なものだろうか。むしろ，この仮想的事例から読み取れるのは，自己所有権テーゼの意外なまでの脆さではないだろうか。このような仮想的状況で，なおも自発性を説明する概念として自己所有権に積極的意義を与えることは，果たして多くの人の道徳的直観に適うことだろうか。少なくとも私には，無主物が皆無のときに，自己所有権テーゼを支持する直観など信頼に足るものではないように思われる。この点をはっきりさせるべく，自己所有権に積極的な役割を与えるものの，無主物獲得場面でのみ機会平等原則をロック的但し書きに組み入れるオーツカの議論と，自発性条件としていかなる選択場面でも福利への機会の平等を保障する平等主義の課税政策を比較してみよう[6]。

　まずオーツカの議論の場合，先の仮想的状況においては，自己所有権テーゼが強制労働を是認する課税政策に反対するものの，価値ある天然資源が存在する状況では，平等主義的正義原理を反映する課税政策を支持することになる。一方，資源獲得段階のみならず，いかなる段階でも選ばれざる不利益の影響を除去しようとする平等主義の場合，いかなる選択場面においても福利への機会の平等の実現が重んじられる。したがってこの立場は，生来の能力差が隠伏的に抱える不平等に対し徹底した対応をとるべく，

仮想的事例においても禿の人間に対する平等主義的考慮を優先する課税政策に賛成するだろうし，天然資源が一定量ある場合でも同様の政策を支持することになろう。ここで改めて問われるべきは，このような課税政策の一貫性と強制労働の反直観性のどちらが，われわれにとって重要な意味をもつかだ。もちろん，前者の方が重要だとは断定できないかもしれないが，単純に後者に軍配を上げることができないのも確かではないか。

このように，左派リバタリアンによる以上の反論は，左派リバタリアニズムが無主物専有や初期分配の場面での対応にとどまる中途半端な立場であることを，逆に露呈させるものではないのか。このことは左派リバタリアニズムが，強制性以外で自発性を損なう条件に目を向けない自己所有権テーゼの問題点を，そのまま引き継いでしまっていることを如実に示しているのではないのか。

(2) 事前主義と不確実性

左派リバタリアニズムの一つの理論的特徴としてあげられるのは，先立つものの継承が正しくなされているかどうかを重んじる歴史的権原理論である。このことから左派リバタリアンにとって，原初的資源獲得の正当性が正義の主たる問題となることは，これまでみてきた通りである。この究極的に先立つ権利が正義原理によって保障されることで，外的資源の私有やその移転における正当性が測られるという考え方は，なるほど一見するともっともらしい議論である。しかしこの先立つものの正しさが，事後的な正しさをも決めるという考え方――フリードに倣ってこれを事前主義 (ex ante-ism) と呼ぼう (Fried 2003)――は，現実の市場社会をふまえると，その妥当性を疑われるものとなる。というのもこの事前主義は，われわれの市場社会を特徴づける根源的な（つまりリスク計算によって算定できない）不確実性に対し，脆さを露呈してしまう立場であるからだ。

不確実性は，期待価値の計算においてどんなに洗練されたアプローチが利用可能となっても，われわれが認識的に不完全な存在である以上，逃れられないものである。たとえば，無主物の専有や保有物の交換に際して，期待価値が十分な情報を基に合理的に計算されていたとしても，期待価値通りに事が進まないことは多々ある。当初はまったく価値を見出されなかった資源が急に価値が上がり，その資源を保有する人が大金持ちになると

いうことはよくある。また，モノの交換後に人々の嗜好が変わり，所有物の市場価値が大幅に下落するというのも，よくある話である。重要なのは，こうしたことは今日の市場社会の紛れもない特徴であるという点のみならず，そうした不確実性が事後的に著しい不平等をもたらすかもしれない，という点である（Inoue 2007, pp. 579-582; 松井 2007, 35頁）。それゆえ，左派リバタリアニズムが依拠する事前主義が不確実性に脆いということになれば，われわれの現実社会に適用される正義構想として左派リバタリアニズムは使い物にならないか，せいぜい限定的な平等主義を唱道するものでしかないことになるのではないか。

　この不確実性の問題を前に，左派リバタリアンは次の二つの応答を用意するかもしれない。一つは，不確実性による影響は認めるものの，それはたとえばロック的但し書きを，資源や所有物に劇的な価値変化がみられる度に，その都度適用することで対処可能である，という応答だ。もう一つは，左派リバタリアンの諸説はすべて，不確実性の影響を免れる理想的理論（ideal theory）の次元での話であって，現実の人間社会にみられる様々な要素を勘案する非理想的理論（non-ideal theory）の次元で扱われるべき不確実性からは，直截の影響を受けない，という応答である。以下それぞれ検討しよう。

　第一の応答について。資源の価値が変化する度にロック的但し書きを適用するとなれば，モノの私有が認められる期間は自ずと短いものになるだろう。しかしそこには，少なくとも二点ほど疑念を挟む余地がある。第一に，リバタリアニズムの事前主義的特徴からして，仮に専有の期間をいくら短くしても，不確実性の影響からは免れ得ないのではないか。刻一刻と変わる現実の為替レートや株式市場をみればわかる通り，数時間数分，いやたとえ数秒であっても，根源的な意味での予測不可能性は介在している。したがって，不確実性が提起する問題は私有期間を短くしたところで，根本的に解消されるものではないように思われる。第二にあげられる──より根本的とも言える──懸念は，ロック的但し書きの適用頻度をあげることは，その分，自己所有権の効力をそぐことになるのではないか，というものだ。先述した通り，左派リバタリアニズムにおいては，自己所有権の頑健性は平等主義的正義原理下でも尊重される──まさにそこに左派リバタリアニズムの魅力的なモメントがある。しかし，平等主義的但し書きの

適用頻度をあげることは，私有に際して発揮される自己所有権の頑健性自体を掘り崩すことにつながらないだろうか。しかもこのとき，左派リバタリアニズムは結果状態での事後的再分配を中心に正義論を構想する平等主義と，ほとんど変わらない議論になってしまうのではないか（Fried 2004, pp. 23-26）。

　続いて，左派リバタリアンの理論を理想的理論に限定するという第二の応答について。この応答にも，二つほど問題点が指摘できる。第一に，理想的理論としてのある種の架空性を認めてしまうと，権原理論が重んじる所有権変遷の歴史性をかなぐり捨てることになりはしないだろうか。そもそも原初的所有権をはじめとする左派リバタリアニズムの概念装置は，実際の条件の中でその役割が与えられるものである。もし現実の条件に介在する偶然性や人間の認識的限界性が無視されるとしたら，無主物資源獲得からその権原の変遷に至る系譜に目を向ける，左派リバタリアニズムの根幹とも言うべき部分が損なわれてしまうことにならないだろうか。第二に，仮にわれわれが理想的理論としての左派リバタリアニズムという見方を受け入れたとしても，左派リバタリアンは理想的理論と非理想的理論をどう架橋するのかという課題を別途抱えることになる。となれば結局，不確実性はそのギャップを架橋することを試みる際に，左派リバタリアンが必ずや目を向けなければならない問題となる。つまり非理想的理論から理想的理論への退却は，不確実性の問題を先送りするだけではないだろうか。

　このように，左派リバタリアニズムがとりうる二つの応答とも，満足のいくものではない。不確実性の問題は，正義論としてのリバタリアニズムを追究する左派リバタリアニズムのプロジェクトにとって，大きな障碍であることは間違いないだろう。

4　結語

　本稿では，左派リバタリアニズムの意義と限界について検討した。左派リバタリアニズムの意義として本稿があげたのは，正義論としてのリバタリアニズムを極限まで突き詰めた，という点である。その点を明らかにするために，左派リバタリアニズムがノージックの議論から継承し，深めている部分に関連する特徴を二つほど取り上げた。第一の特徴（に関連する意義）は，自己所有権テーゼを弱めることで，完全義務体系としての正義

観念が，われわれにとって考慮に値するものとなったことである。第二の特徴（に関連する意義）は，無主物の専有を認可する正義の条件であるロック的但し書きの有効性を，その平等主義化によって保持しようとした点である。以上から，正義論としてのリバタリアニズムを追究する限りは，リバタリアニズムの中核的構想と言うべき自己所有権から議論を出発したとしても，（ノージックの意図に反して）平等主義的正義原理を理論的に支持することになる点が明らかになったと考える。しかし本稿は，それが同時に，左派リバタリアニズムの限界を逆説的に示すものであることに関しても明らかにした。本稿で示した左派リバタリアニズムの問題点は，第一に自己所有権自体の根拠としてあげられる非強制性が自発性と同一視されてしまうがゆえに，能力差に起因する不平等の一部（資源獲得に関わらない部分）が放置されてしまうこと，第二にリバタリアニズムの特徴である事前主義が，今日の市場社会を特徴づける不確実性に対し脆いこと，この二点である。

ではわれわれには，いかなる選択が残されているのだろうか。本稿での議論をふまえると，われわれがとりうる道は自己所有権テーゼの放棄か，平等主義の放棄か，このいずれかであろう。このどちらを選ぶかと聞かれれば，私の選択は前者である。というのも，自発性要求と不確実性の問題に対応していくためには，自己所有権を侵害する資源再分配に道を開いていかざるを得ないと考えるからだ。しかしその本格的な論証は，別の機会に譲らなければならない。

　〔付記〕　本稿は文部科学省科学研究費補助金による研究成果の一部である。既に翻訳があるものを引用する場合でも，新たに訳し直しているところがある。

　（1）　ヴァレンタインも，不完全義務（ヴァレンタインの言い回しでは，「非個人的義務」（impersonal duties）を正義論に組み込まない議論として，リバタリアニズムを捉えている（Vallentyne 2007, pp. 189-190）。ただし，ヴァレンタインは完全義務と相性の良い権利の説明様式として，（スタイナーが与する）選択説（Choice Theory）をとることはできないと考えている（Vallentyne 2007, pp. 192-193）。この点で彼は，請求権と免除権だけが権利であるとする見方をとるスタイナーとは違うスタンスをみせている。

（2） ただしジョナサン・ウルフが言うように，ノージックのロック的但し書きには異なる解釈の余地があり，その位置づけは多義的でやや混乱していることも確かである（Wolff 1991, p. 112 邦訳185頁）。
（3） ただしスタイナーは，単なる資源の平等な分割ではなく，資源の競争的価値の平等な分割を念頭に置いている（Steiner 1994, pp. 271-172）。これは資源に対するレント（権利料）をその競争的価値に基づいて算出し，レントに基づく総収支がどの世代においても等しい現在価値をもつように維持されるべきだとするジョージ主義的リバタリアニズム（Georgist libertarianism）の考え方と共振する（Vallentyne and Steiner 2000, p. 8; 松井2007，30頁）。
（4） ただヴァレンタインの場合，（仮設的オークションや市場で決まる）レント収支に条件づけられるかたちでロック的但し書きが構成されることから，レントの支払いによって成り立つ基金の規模は獲得資源の競争的価値によって決まる。しかしその基金は支出に際して，福利への機会の平等を促進するように用いられる。すなわち，正義は福利への機会の平等を推進するよう義務づけるものの，予算制約の範囲で義務づけるにとどまる。したがって平等はパレート最適性に反しないかたちで促進されるが，一方でそれは最大限，選ばれざる不利益（unchosen disadvantage）を取り除くように指令するのである（Vallentyne 1998, pp. 621-623; 2007, pp. 200-204）。このようにヴァレンタインのロック的但し書きは，基金の規模に関してはスタイナーと同様ジョージ主義的リバタリアニズムに近い立場をとるも，支出に際してオーツカと同様，福利への機会の平等を主張する折衷的なものとなっている。
（5） 理に適ったものとして受容可能な選択肢の基準が，具体的にどういう条件を満たすものとなるかが問題とされるかもしれない。オルザレッティはその条件として，選択者の基本的ニーズ（basic needs）を満たすことをあげている（Olsaretti 2004, p. 154）。
（6） 後者の立場の支持者としては，リチャード・アーネソンがあげられる（Arneson 1989; 1990）。

参考文献

Arneson, Richard J. 1989. "Equality and Equal Opportunity for Welfare." *Philosophical Studies* 56, 77-93.

Arneson, Richard J. 1990. "Liberalism, Distributive Subjectivism, and Equal Opportunity for Welfare." *Philosophy and Public Affairs* 19, 158-194.

Cohen, G. A. 1995. *Self-Ownership, Freedom, and Equality*. Cambridge: Cambridge University Press.（松井暁・中村宗之訳『自己所有権・自由・平等』

青木書店,2005年)

Fried, Barbara H. 2003. "Ex Ante/Ex Post." *Journal of Contemporary Legal Issues* 13, 123-60.

Fried, Barbara H. 2004. "Left-Libertarianism: A Review Essay." *Philosophy and Public Affairs* 32, 66-92.

Fried, Barbara H. 2005. "Left-Libertarianism, Once More: A Rejoinder to Vallentyne, Steiner, and Otsuka." *Philosophy and Public Affairs* 33, 216-222.

Inoue, Akira. 2007. "Can a Right of Self-Ownership be Robust?" *Law and Philosophy* 26, 575-587.

井上彰　2008「正義論としてのリバタリアニズム：ヒレル・スタイナーの権利論」『法哲学年報2007』, 230−240頁

Locke, John. 1960. *Two Treatises of Government*. (ed.) Peter Laslett. Cambridge: Cambridge University Press.

松井暁　2007「リバタリアニズムの左右対決：ノージックと左派リバタリアン」有賀誠・伊藤恭彦・松井暁編著『ポスト・リベラリズムの対抗軸』ナカニシヤ出版

森村進　2001『自由はどこまで可能か：リバタリアニズム入門』講談社現代新書

Nozick, Robert. 1974. *Anarchy, State, and Utopia*. Oxford: Blackwell.（嶋津格訳『アナーキー・国家・ユートピア：国家の正当性とその限界』木鐸社, 1994年)

Olsaretti, Serena. 2004. *Liberty, Desert and the Market*. Cambridge: Cambridge University Press.

Otsuka, Michael. 2003. *Libertarianism without Inequality*. Oxford: Clarendon Press.

Steiner, Hillel. 1994. *An Essay on Rights*. Oxford: Blackwell.

Vallentyne, Peter. 1998. "Critical Notice of G. A. Cohen, *Self-Ownership, Freedom, and Equality*." *Canadian Journal of Philosophy* 28, 609-26.

Vallentyne, Peter. 2007. "Libertarianism and the State." *Social Philosophy and Policy* 24, 187-205.

Vallentyne, Peter, and Hillel Steiner (eds.) 2000a. *Left-Libertarianism and Its Critics: The Contemporary Debate*. New York: Palgrave.

Vallentyne, Peter, and Hillel Steiner (eds.) 2000b. *The Origins of Left-Libertarianism: An Anthology of Historical Writings*. New York: Palgrave.

Vallentyne, Peter, Hillel Steiner, and Michael Otsuka. 2005. "Why Left-Libertarianism Is Not Incoherent, Indeterminate, or Irrelevant: A Reply to Fried." *Philosophy and Public Affairs* 33, 201-15.

Wolff, Jonathan. 1991. *Robert Nozick: Property, Justice and the Minimal State*. Oxford: Polity Press.（森村進・森村たまき訳『ノージック：所有・正義・最小国家』勁草書房，1994年）

地方制度改革と官僚制
—外部専門家のアイディアと行政官の専門性の視座から—

木寺　元*

1．はじめに

　1999年，地方分権一括法の成立により，機関委任事務制度の廃止が決定された。90年代の地方分権改革は，それまで「上下・主従」の関係であったとされる国と地方の関係を「対等・協力」の関係に改めるべく，機関委任事務という制度そのものの廃止を実現することに成功したのである（伊藤 2007：38-39）。

　一方で，財政再建に強い意欲を持っていた小泉政権もまた地方制度改革として地方財政改革に取り組んだものの，交付税制度を含む地方財政制度は基本的には既存の制度が温存され，補助事業の改革も伴わない「漸進的な改革」であった（砂原 2008：132）。

　現代日本の地方制度改革において，90年代地方分権改革では抜本的な制度改革に成功し，一方小泉政権期の地方財政改革ではそれに成功したと言えなかったのはなぜだろうか。本稿では，専門家のアイディアと官僚制の専門性に着目し，90年代地方分権改革と小泉政権期の地方財政改革の過程を分析する。

2．理論的枠組みの検討

(1)　先行研究の検討

　90年代以降の地方制度改革については，「利益」または「アイディア」を中心とした説明が行われることが多い。

＊　北海学園大学法学部　教員　政治学・行政学

機関委任事務制度の廃止過程においては，大森（1999）は「アイディア」の役割を重視し，自身も参加した地方分権推進委員会（以下，分権委員会）の委員，とくに学者集団の役割を強調する。しかし，北村（2000：481）は，「利益」との関係が明確ではなく，地方分権改革という政治過程全体を説明できないという問題を抱えると指摘する。北村（2000）と曽我（2002）は「利益」を重視する。北村は，ビジネス（財界）と地方政府が連合を組んで中央政府を突き動かし，機関委任事務を廃止させたとする。しかし，曽我（2002：180）は「財界の支持が即，立法府の支持ともなり，立法化を可能にしたとは考えられない」という問題を指摘する。また，曽我は1993年の選挙以降，有権者の改革志向を認識した自民党の政策転換により地方分権に対して拒否権を行使しなくなったことを重視する。しかし，木寺（2008：119）によれば，その要因だけでは1994年の「地方分権の推進に関する大綱方針」における閣議決定での整理合理化路線への後退やその後の廃止に対する部会の反発を説明できない。その上で，木寺（2008）は，地方六団体が，分権委員会を「アイディア」と「政治」の両面で支援し，機関委任事務制度の廃止をもたらしたとした。しかし，現場と専門家の間をつないだ自治官僚の重要性についても示唆しているが（木寺2008：129），こうした官僚の協力が地方制度改革においてどの程度重要であったのか明らかではない。

　小泉政権期の地方財政改革の過程について，木寺（2005）はアイディアを重視する。経済財政諮問会議（以下，諮問会議）に参加した専門家のアイディアが総務省に受容されたために，交付税の縮減が可能になったと指摘する。しかし，砂原（2008）が指摘するように専門家以外のアクターが持っていた利益をどのように乗り越えたのかという点が明らかでない。「利益」を重視した分析としては，北村（2006）と砂原（2008）の研究が挙げられる。北村は，財政再建を強く目指した小泉首相が，マクロな財政問題を諮問会議に委ねる一方，マイクロな財政問題である国庫補助負担金の廃止・削減については国と地方の協議の場に解決を委ねることで，自らの選好に合った改革を実現したとした。一方，砂原は，抜本的な改革である「ビッグバン・アプローチ」ではなく漸進的な「インクリメンタリズム・アプローチ」を採用せざるを得なかった点に着目して，「メンバーである総務大臣（そして総務省）が分権会議の路線（筆者註：ビッグバン・アプロー

チ）を信頼できず」に終ったことが重要な要因であると結論付ける（砂原 2008：143）。そのうえで，小泉首相のリーダーシップを重視する見方は，「諮問会議での関係者の利益を調整することができなかったという点を考慮すると，早計に過ぎる」（砂原 2008：143）と評価する。このように，砂原は関係するアクターの利益の調整を重視するが，ではなぜマクロの歳出削減には関係するアクター間の利益の「調整」が可能であり，「ビッグバン・アプローチの採用」では不可能であったのか明確でない。

こうした「調整」について，近年アクター間の利害調整において「言説」(Schmidt 2002) の重要性を指摘する研究が注目を集めている。これらの視点を踏まえ，本稿では一方では関係するアクター間の調整が行われ，一方ではそれができなかった過程について分析していきたい。

(2) 専門家の参加

Weir and Skocpol (1985) は，英国とスウェーデンにおけるケインズ主義政策の受容における差異を比較分析し，専門家が政策形成に参画する制度的なメカニズムの有無をひとつの重要な要因として取り上げた。また，Chwieroth (2007) は，1977年から1999年までの29の新興市場における資本収支の自由化において，新古典派経済学のトレーニングを受けた専門家が財務大臣または／および中央銀行の総裁の地位にいたことが影響を与えたことを計量分析で示した。これらの研究から，専門家の直接的な参加が政策に対して重要な役割を持つという示唆が与えられる。

55年体制下の日本の官僚制においては，法制度や財政など社会科学に基礎を置く分野においては，官僚自身が政策の専門家であり，政策の立案に主導的な役割を果たしてきた。たとえば，加藤 (1997) の1970年代以降の付加価値税の導入過程の分析では大蔵官僚が，内山 (1998) の1970年代の石油危機以降の産業政策が競争制限型介入から競争促進型介入に変化した過程の分析では通産官僚が，秋吉 (2007) の1980年代の日本の空港輸送産業政策における競争制限型政策パラダイムから競争促進的政策パラダイムへの転換過程の分析では運輸官僚が，それぞれ主導的な役割を果たしてきたことが明らかにされた。

しかし，1990年代には社会経済環境の変化や政権交代が見られ，従来の政官関係が当然視されなくなり，両者の間に利害の対立が発生した。連立

政権の時代に入ると，村山政権・橋本政権は分権委員会などの権威ある審議会を用いて地方分権改革・行政改革を行い，小泉首相は諮問会議など首相直属の諮問機関を重用して政策形成を首相官邸ペースで進めた（木寺 2005：69，山口 2008：22-25）。すなわち外部専門家が積極的に関与するという政策決定システムが多用されるようになってきたのである。

　こうして機関委任事務制度の廃止過程および地方財政改革それぞれにおいて，重要なアリーナとして分権委員会と諮問会議が浮かび上がってくる。両者は通常の審議会とは異なり，これら改革期には重大な政策決定の場となっていた。分権委員会は地方分権推進法を根拠とし，内閣総理大臣は同委員会の勧告又は意見を尊重しなければならない，とされた（第11条）。この尊重義務は，国家行政組織法第8条に規定される審議会に対しても同法第3条の規定する機関（公正取引委員会等）に類似した実質的政策決定権を与えるものであった（木方 2000：217）。諮問会議は，内閣府設置法（第18条）を根拠とし，発足以来特命担当大臣が置かれ，小泉政権期には「構造改革の司令塔」として，重大な政策決定を行う場であった（牧原 2005）。分権委員会には西尾勝ら行政学者・行政法学者が多数参加し，諮問会議には本間正明ら経済学者が民間議員として参加，加えて小泉政権期発足から2005年10月まで経済学者の竹中平蔵が担当大臣の座にあった。竹中はその後も小泉首相の退陣まで総務大臣の座にあり，小泉政権のすべての期間にわたって地方財政と密接に関連する閣僚の地位に就いていた。さらに，橋本首相は分権委員会に「実行可能」な勧告を求め（西尾 2007：33），小泉首相は自らは深く関与せず主要アクター間の調整を竹中に任せていたように（牧原 2005：148），時の政権は実質的な利害調整を外部専門家に深く委ねていた。それでは，外部専門家が積極的に関与した90年代地方分権改革や小泉政権期の地方財政改革において官僚制はどのような役割を果たしたのだろうか。それについて次節で検討していきたい。

(3) 外部専門家のアイディアと官僚制の専門的執務知識

　「アイディア」については，多くの論者が定義づけを行っている（Weir 1992, Goldstein and Keohane 1993, Campbell 2002 など）。これらに共通して言えることは，アクターの道徳心や倫理に訴えかける価値・規範的なレベルと，より技術的で科学的な因果関係について明示し，政策手段の採用に

大きな影響を与えるレベルがあるということである。Hall(1992:96)は，単にアイディアの存在だけでは影響力を持ち得ないとし，重要な政策決定アクターに受容される過程の重要性を指摘した。Schmidt(2002:171-172)は，政策転換の要因としてアイディアとその相互行為の組み合わせとして観念される「言説」に着目し，「コミュニケーション的言説」と「調整的言説」の2つの言説の類型を挙げる。「コミュニケーション的言説」とは政治的アクターが必要性と適切性を主張することで一般大衆を説得するアイディアおよびその過程であり，「調整的言説」とは政治的エリート間での合意構築を行うためのアイディアおよびその過程である。Schmidtは，こうした言説のいずれの要素が強くなるかはその国の政治制度の影響を受けるとする。英・仏などごく一部の政治的エリートに権力が集まる政治体制の下では「コミュニケーション言説」が重要となる一方，独・蘭など分権的な政治体制の場合には「調整的言説」が重要となる。

地方制度改革における日本の政策決定構造については，金井(2007:32)は90年代分権改革において「国の政策過程に国制的に堅固な定着を遂げた水平的コミュニケーション手続きの拘束性から，自治制度改革も省庁間協議のスタイルをとらざるを得な」かったと指摘する。また，省庁再編後の小泉政権期の地方制度改革の局面においても，先述の砂原(2008)が明らかにしたように，地方財政制度の根本的な改革には諮問会議では関係するアクターの利益の調整をしなければならず，政治的エリート間での合意構築が必要な構造が強く残されていた1。

アイディアは異なる利害を持つアクター間に「青写真」を提供し連合形成を可能にする (Blyth 2002 など)。一方で，省庁間における水平的調整活動は行政内部において相当程度に多様な制度化を遂げた領域である（牧原1994:112）。では，これまで当該政策分野の専門家であった各省官僚を説得し合意を調達しうるアイディアおよび合意形成過程の構築に，外部の専門家はどの程度寄与しうるのだろうか。

藤田（2008:278-280）は，外部から調達可能な①先端の科学的・専門的知見，を有効な形で政策に反映させるために，行政組織に求められる知識や能力として，②専門的リテラシー，③職務遂行上の管理的側面における能力，を挙げる。

②の「専門的リテラシー」とは，外部から調達してきた知見の内容を理

解する能力であり，先述の通り外部から得た知見を有効な形で反映させるために，行政的な文脈に置き換える際に必要とされるものである。

　これに関連して，科学技術社会論では，研究者が理想的条件下でのデータに基づいて知識を産出する傾向があるため，現場におけるリアリティや状況を無視し，しばしば現場に適用されたとき不適合となるとして，「現場知」の重要性が指摘されている。藤垣は，こうした「現場知」を表出し，専門家と現場をつなぐ「媒介の専門家」の必要を指摘する（藤垣 2003：131）。加えて，藤田が主に着目する科学技術の分野とは異なり，本稿が対象とする国と地方という行政間の権限・財源の在り方を問題とする地方制度改革においては「現場知」は行政の内部にあるため，先端の専門的知見に基づいたアイディアは純粋に行政の外部に独立に成立せず，かなりの程度，行政の内部の複雑な法制度体系や運用の実態に通じた形でないと外部の専門家は精緻なアイディアを形成することができない。そのために，地方制度改革における「専門的リテラシー」とは，外部の専門的知見を引き受けて，行政的な文脈に置き換えるといったアウトプットの面にとどまらず，外部の専門的知見にどういった知識や情報を組み合わせることができれば専門家による精緻なアイディアの形成に資するのか，というインプットの面にも作用する必要性が現われてくる局面が出てくるであろう。こうした行政内部の「現場知」に関するリテラシーは，「勤務上の交渉を通じて得られた・あるいは『文章に通ずる』ことによって得られる・事実についての知識」（ウェーバー 1970：29）としての執務知識に裏打ちされるものと考えられる。こうした執務知識は現代日本では，省庁別のキャリア育成の中で OJT を通じて獲得され，省庁別の人事体系を通じて組織において共有される（田丸 2000）。

　③「職務遂行上の管理的側面における能力」については，「例えば，法案や文章の作成，進行管理，組織管理，資源調達，関係部局や外部との調整や支持調達などに関わる能力」である。こうした能力もまた執務知識と密接に関係するものであり，新卒採用後の省庁別キャリア・システムの中で OJT を通じた「主に行政実務経験によって涵養される」ものである（藤田 2008：191, 280）。

　任期付き任用制度によって政策大学院大学から内閣府に入省した大田弘子（2006：260－261）は，外部から官僚制に入る際の官僚制の側の参入障

壁として,「言葉の壁」と「政治との関係」を挙げる。まず,「言葉の壁」については,「役所文章を理解しなければ,役人と渡り合うことは出来ない」と述べる。分権委員会や地方分権改革会議等に参加した森田朗は,答申案等に見られるこうした「官庁文学」について,「マックス・ウェーバーの言う官僚制の執務知識として,若き行政官が厳しく教育される」(森田 2006：113)と述べている。また,政治プロセスに関する「政治との関係」についても,大田は,「民間から入った人がすぐにこなすのは難しい」として,「若いときに役所に入って政策の現場を勉強」することの重要性を指摘している(大田 2006：261)。

このように,②と③は現在日本では官僚制内部のキャリア・システムの中において獲得される官僚制の専門性であると言えよう。田丸(2000：4)は,当該行政分野に関する専門知識や執務知識に加え,それを前提とした論理的整合性を伴った合理的思考様式およびそれに裏打ちされた交渉能力を含めて,「専門的執務知識」と呼んだが,本稿では,そこから①の先端的な知見を区別し,②や③の前提となる官僚が専門的に獲得する知識として「専門的執務知識」を定義したい。

この点,90年代地方分権改革では,自治省が主導官庁としてふるまい(金井 2007：60),分権委員会の専門家に協力していった。また,小泉政権期においても,内閣府や内閣官房に集い,省益にさほど固執せず,新しいプロジェクトに対して能動的・協力的な「内閣官僚」ともいうべき官僚の存在が指摘されている(牧原 2005,飯尾 2007)。しかし一方で,道路公団民営化法案作成の過程に見られたように,「内閣官僚」とは異なるマインドの省庁官僚の姿も指摘されている(牧原 2005：145,藤田 2008：226)。

(4) 官僚の専門性と仮説

本稿では,前節より,「外部」から調達可能な知識と「内部」でしか調達できない知識の両方がそろわないとうまく機能できないのではないか,という観点から,外部の専門家が参加する過程における官僚の持つ専門的執務知識に着目する。リサーチデザインとしては,「外部」がある条件の下で「内部」がある事例(90年代地方分権改革)と不十分であった事例(小泉地方財政改革)の比較検討を行う。すなわち,本稿では,90年代地方分権改革と小泉地方財政改革における専門家が直接参加する政策過程において,

その改革の成否には執務知識に裏打ちされた「専門的リテラシー」と「職務遂行上の管理的側面における能力」という専門性を持つ官僚の組織的な協力が重要であったことという仮説をたて，それぞれの過程を比較，分析していきたい。

3．地方分権改革

(1) 機関委任事務制度の廃止

　1995年7月3日，政府は地方分権推進法を受けて分権委員会を設置した。
　発足当時の分権委員会は「当時，分権改革の帰趨を決する機関委任事務制度どうするか（原文ママ），整理合理化に止めるのか，それとも廃止するのかは曖昧だった」（大森 1999：110）。また，各省庁からの出向者で構成される分権委員会の直属の事務局は，早々と委員会の専門家と齟齬をきたしていた。その中，自治制度改革に積極的にかかわることで存在理由を証明してきた自治省が分権改革を主導し，分権委員会の実質的な事務局としての役割を引き受けた（金井 2007：29-30，59-60）。
　機関委任事務の廃止を主張する地方六団体は，分権委員会に対応する機関として，地方自治確立対策協議会の中に「地方分権推進本部」（六団体分権本部）を設置し，機関委任事務制度の廃止を後押しする。事務局長には，三輪和夫（1980年自治省入省）が就任した。三輪は「予想される各省庁側の『理論的』主張に対して『現実』から地方側の主張の妥当性を訴えることが必要であると考えた」（三輪 2000：194）。分権委員会第12回委員会（1995年10月27日）から，地方に対するヒアリングが行われ，その場で執行三団体（全国知事会・全国市長会・全国町村会）の代表者が意見発表者として出席した。その際に，地方の代表者たちは，六団体分権本部が作成した260ページにも及ぶ膨大な事例集を持って，個別具体的な事務を一つ一つ挙げ，機関委任事務制度の廃止を訴えた。（高木 1999：34，三輪 2000：193）。また，第15回委員会（1995年11月9日）以降の中央省庁側に対するヒアリングでは，中央省庁側は機関委任事務制度の廃止に対し消極的な態度に終始したが（高木 1999：35）。六団体分権本部はそのつど中央省庁の主張に対し詳細な反論を行うよう努めた（三輪 2000：196）。
　こうして分権委員会内部では，「10月以降は，廃止論のコンセンサスが親

委員会の中で形成され」,「いろいろ検討した結果,ある程度の見通しがつきそうだという自信ができたために思い切って踏み切ることにした」(座談会 1996：12)。諸井虔委員長は成田頼明専門委員に機関委任事務制度廃止後の新たな事務処理方式についての原案作成を指示,西尾勝委員・大森彌専門委員にも原案作成作業の補佐を指示した。こうして,専門家たちはドイツの制度等を参考にしながら検討を進め（成田 1997：147),1995年12月22日,分権委員会は「機関委任事務制度を廃止した場合の従前の機関委任事務の取り扱いについて」(検討試案)を発表する。検討試案は,機関委任事務制度について「事務自体の廃止」とし,自治事務と法定受託事務制度に分類する案を提示した。委員会として廃止の姿勢を強く打ち出したのである。

検討試案は,各省庁や地方六団体との調整を全く行わなかったために,起草に関与した専門家のアイディアが強く反映されるものとなった。検討試案にある,自治事務を「必要事務」と「随意事務」に分類する考えは,成田が関わった東京都地方分権検討委員会の答申にすでに表れている（東京都地方分権検討委員会答申 1995：19)。

しかし,成田自身も認めるように,「561の事務のすべてを十分に精査していませんし,表現に不十分なところもあったので,かなり関係省庁の誤解を招いた点があ」った（座談会 1996：11)。中間報告では,検討試案に対する各省庁等のヒアリングを踏まえ,自治事務における随意事務と必要事務の分け方を変更するなど,定義の調整が図られたが,各省の反発は大きかった。加えて,検討試案・中間報告ともに起草過程で各省庁の事前了承を取り付けることを全く行わなかったことは,各省庁から「このような行動様式をとり続けるのであれば,今後は調査審議に協力できない」という強い反発を招いた（西尾 2001：52)。しかし,機関委任事務の廃止を実現可能なものにするためには,561件の法律に関わる個別行政分野の機関委任事務の新たな事務への振り分け,国の関与の在り方などについて各省庁と実務面での合意を得る必要があったのである（大森 2007：178)。ところが,分権委員会と各省庁の議論は並行線をたどり,「実現可能」であることを求められた勧告は提出予定2か月前の10月になっても合意調達の見通しが立たなかった（西尾 2001：45)。

そこで,1996年10月3日の第72回委員会で自治事務次官・官房副長官を

務めた石原信雄（1952年地方自治庁入庁）が，「役人の体質にかかわるわけですけれども，そのほうが収まりが早いのではないかと思います」と，ひざ詰め交渉方式を助言し（大森 1998：124），10月以降，検討グループが委員会側の代表者として各省庁の局長・課長級とひざ詰め交渉を行うこととなった（西尾 2000：128-129）。すなわち，各省庁において日常的に繰り返されている法令協議に類似した関係省庁の合意を調達していく「霞が関ルール」に準じた調整のプロセスに切り替えることとなったのである（西尾 2001：44）。

合意を調達するためには，彼らが日常信じている省庁独自の法律論を熟知し，その上でそれを「打破」する必要があった（成田 2007：71）。西尾はこう証言する。「私も行政学の専攻者ではありますが，行政の隅々まで知り尽くしているわけではありません。各省の一つ一つの行政について交渉していくわけでありますから，交渉していく中身について私に知識がないという問題もあります。そこで私たちを補佐する人たちがおりまして，この人たちが一生懸命ペーパーを書いてくれる。この行政，法律の仕組みはこうなっていて，このことについて各省側はこういう見解を述べてきます。それに対して私どもが反論をして変えようとすれば，こういう論理で，こういう論拠で交渉に当たるべきではないか，というペーパーを次々と作ってくれるのです。それを翌日以降の交渉に備えて一生懸命，一夜漬けで勉強しなければならない。そして頭に入れて翌日の交渉に臨むのです（略）。こういうやり方で，合意事項が一つ一つ作られていきました」（西尾 1999：125-126）。

検討グループを支えた「補佐する人」とは自治官僚であった（島田 2000：205）。成田は，「私ども専門委員や参与は各省庁とのグループヒアリングをやる前に自治省の若い連中と勉強会をやっていたのです。そこで我々の知らない実体面や実務面の情報を得たうえで，どういう方向にもって行くかについて下勉強をしていました。それは，こちら側の作戦会議のようなものでした。自治省には相当優秀な人がいますし，地方六団体の関係者も時々顔を出していましたので，大変助かりました。彼らは日ごろ各省といろいろやりあっているので，手慣れたもので，この省にはこういう方法でなどと有益なアドバイスをくれたりしました」（成田・磯部・櫻井・神橋 2007：72）と証言する。

結果，自治官僚のサポートを得た検討グループは「関係省庁との折衝の中で，定義の一部を微妙に修正したり，メルクマールを追加せざるを得なくなった」(成田・磯部・櫻井・神橋 2007：72) ものの2，各省庁との合意を取り付けることに成功した。1996年12月20日，分権委員会は機関委任事務制度廃止を明示した第一次勧告を橋本首相に提出し，機関委任事務の廃止は事実上この段階で決定したのである。

(2) 小括
分権委員会の専門家は自治官僚をトップとする六団体分権本部からの現場知を得て，機関委任事務の廃止を決断した。また，専門家が廃止に向けて各省庁から合意を調達する過程においても，自治官僚によるサポートは大きな影響を与えた。このように機関委任事務制度の廃止過程には，専門家への専門的執務知識を持つ自治官僚の協力が重要な意味を持ったと言える。

4．地方財政改革

(1) 「骨太の方針」と「竹中チーム」
2001年4月26日，小泉政権が誕生した。
小泉首相は，旧知の経済学者である竹中平蔵を諮問会議担当大臣に任命した。そして，竹中と諮問会議の民間議員は，小泉首相とも密接に連携し，小泉政権における予算編成過程に大きなインパクトを与えていったのである (飯尾 2006：38-39)。
竹中と民間議員が重用し，頼ったのは官僚であった。諮問会議は独立した事務局を持たず，当初，内閣府の3つの政策統括官部局が担当した。竹中が経済財政担当相に就任して間もない2001年5月，竹中が中心となって作成した最初の「今後の経済財政運営及び経済社会の構造改革に関する基本方針（骨太の方針）」の2001年度版が発表された。このとりまとめには，首相秘書官や経済企画庁官房長を務めた経験を有する内閣府政策統括官・坂篤郎(1970年大蔵省入省)が大きく貢献した，と言われている(清水 2005：248-250)。しかし，その後，竹中は坂と齟齬をきたし，民間議員も3つの生活統括官部局に集う各省庁からの出向者による情報流出に腐心すること

になる。

　そこで竹中と民間議員は，独自に"事務局"を内閣府内に設置し，「官庁」に準じる組織として体制を整えた。こうして，2002年5月に民間議員を直接的にサポートし，その意向を受けて機動的に動く「特命チーム」が設置された（大田 2006：251）。「特命チーム」は内閣府のごく限られたスタッフで構成され，特に最初は他省庁からの出向者ではない旧経済企画庁出身者からのみ選抜した。もっとも，従来マクロ経済分析を主たる業務としてきた旧企画庁出身者（城山 2006：68）には，政策のプロセスに関するノウハウが欠如しており，竹中は彼らに物足りなさを感じていたという（清水 2005：269）。

　そこで竹中は，旧知の官僚をチームの中にとりこんでいく。岸博幸（1986年通産省入省）や高橋洋一（1980年大蔵省入省）は，出身省庁と絶縁に近い状態で竹中の下に集まり，「特命室」などに所属しながら，竹中や民間議員の活動をサポートした。大蔵省，通産省でキャリアを積んできた彼らは，官庁文学や官僚機構内部の意思決定システムに通じており，国会や官邸の動きに対応して政策を立案するノウハウに長けていた。竹中は，「政策はどんなにがんばっても民主主義の政治プロセス以外では決められないんです。永田町や霞ヶ関で仕事をしたことがない人はそこが分かっていない。政治プロセスの知識がないと政策を追うと言っても何も分からない」といって，「竹中チーム」と呼ばれる彼らを重用したという（清水 2005：272-274）。

　このように，竹中と民間議員たちは，旧経済企画庁を足元のスタッフとしてそのまま内包し，不足していた政策プロセスについての知識は財務省や経済産業省出身の「脱藩官僚」で補った。従前，マクロ経済政策は大蔵省，通産省，経済企画庁の三省庁の合議で運営されていたが，竹中が経済財政担当相である間は，こうした省庁の出身者が組織的にあるいは個人的なつながりで竹中と民間議員を支えたのである。

　このようにして，予算編成過程も諮問会議において決定される「骨太の方針」によって大枠が定められ，財務省主計局と要求官庁との折衝もその範囲内で行われるという形に大きく変化していったのである（飯尾 2006：37-39）。

　地方財政の分野も大きな影響を被った。国民的な高い支持を背景に，首

相自身が財政再建に強い意欲を持っていた小泉政権において，本間や竹中ら諮問会議における専門家も地方財政をスリム化する必要性を従来から感じていた（木寺 2005：90-93，竹中 2006：289）。諮問会議では小泉政権発足後初の会議で早速，民間議員が「国が財源保障する地方の歳出の範囲・水準を縮小する」とし（「国と地方の在り方に関する論点整理」第7回経済財政諮問会議 2001年5月18日），それを受けた竹中による巧妙な舞台回しによって地方財政計画の歳出を徹底的に見直す方向で議論が進み，「骨太の方針2001」では，地方交付税などにより財源を手当てする歳出の範囲・水準を縮小することが打ち出された。さらに，竹中はこれまで旧企画庁と旧大蔵省でばらばらだったマクロ経済分析と財政のリンケージを行い，「改革と展望」では国・地方の支出規模の歳出上限を国内総生産比で「現行の水準（2002年度比で37.7%）を上回らない程度」に設定した。こうした展開は当時の総務省交付税課長・岡本全勝（1978年自治省入省）いわく「予想外の展開」であったという（岡本 2004：172）。この結果，地方財政計画の総額は，2002年に史上初の縮減（前年比1.9%）を経験して以降減り続け，交付税総額も減少していく。

このようにマクロな予算の方向性について主導権を握ることができた竹中と民間議員であったが，マイクロな過程や個別の制度改革にはどのように関与しえたのであろうか。

(2) 国庫補助負担金改革

「骨太2004」には，「税源移譲は概ね3兆円規模を目指す。その前提として地方公共団体に対して，国庫補助負担金改革の具体案を取りまとめるよう要請し，これを踏まえ検討する」ことが盛り込まれた。これを受けて，2004年8月，全国知事会は約3兆2000億円の改革案を取りまとめ，小泉首相に提出した。

しかし，三位一体改革のアジェンダ設定に深く関わってきた竹中と諮問会議は，この改革案の具現過程にほとんどタッチすることがなかった。なぜならば，諮問会議はそもそも予算編成の大枠の基本方針を「調査審議3」する機関であり，予算編成のマイクロな部分に関わる個別の補助金に関して，それについての知識も対立を調整する能力も外部の専門家と一握りの官僚および旧企画庁出身者は十分持ち合わせていなかったからである（清

水 2007：287)。

　代わって具体的な調整に当たったのは，政治家と省庁官僚であった。焦点であった義務教育国庫負担金問題については，文部大臣経験者である自民党政調会長・与謝野馨が文部科学省と周到な打ち合わせを行い，地方案の半分を暫定措置として削減に応じ，最終的な扱いについては中央教育審議会で検討する，という与謝野案を取り纏めた。それ以外については，財務省主計局のサポートを得ながら政調会長代理の柳澤伯夫がとりまとめを行った。結局，小泉首相は「与謝野－柳澤」案に乗り，2004年度の三位一体改革を決着させたのであった（清水 2005：291－292)。

　組織的に保有する情報やそれに関わる執務知識等に裏打ちされた専門性の優位性において，ごく少数の官僚だけでは組織的にそれを共有する各省庁に太刀打ちできない。大田は「諮問会議によって，予算に関わる政策の方針は，首相主導で作られるようになったが，概算要求基準のような予算の全体フレームや配分方針については，首相主導の編制が実現しているとは言い難い」と指摘しているが（大田 2006：110)，まさにこのようなマイクロな予算編制を行うに際して必要な組織的なサポートを諮問会議は欠いていたのである。

(3)　新型交付税

　小泉政権発足当初から，民間議員は交付税の抜本的改革を主張してきた。

　早い段階から「地方交付税制度の抜本的見直し」を論文等で唱えてきた本間は（たとえば，貝塚・本間・高林・長峰・福間 1987)，2001年5月18日の諮問会議で，牛尾とともに「国と地方の在り方に関する論点整理」と題するペーパーを提出し，「段階補正は，廃止に向けて来年から縮小していってはどうか｣，「人口とか，一人あたり税収とか，客観的かつ単純な基準で交付額を決定すべきである」と段階補正の廃止，算定方式の大幅な簡素化を提案している。諮問会議では，その後この意見を基に交付税について議論された。これに対して，総務省は「補正の廃止や極端な簡素化は困難」として反論。結果的に「骨太の方針2001」には，「（交付税の算定の）見直しを行う一方，財政力の低い自治体が自主的な歳出が行えるように交付税を交付することが必要である」との表記にとどまった（岡本 2002：86－88)。

2005年10月，小泉首相は内閣改造を行い，竹中は地方財政を所管する総務大臣に就任した。竹中もまた，従前より地方財政改革を訴え，地方交付税の大幅な削減と算定基準の透明化などの抜本改革が必要だと考えていた（清水 2007：42）。このように地方財政に厳しい目を向け続けてきた竹中と，地方行政サービスの安定した供給に必要な財源をできるだけ地方に有利な形で確保することを存在理由としてきた自治制度官庁（金井 2007：63，北村 1999：19）との間には大きな軋轢が生まれていた（清水 2007：217-218, 253）。また，大臣就任に伴って内閣府から移した「竹中チーム」には地方財政に係る専門的執務知識を持つ旧自治官僚が欠けていた。すなわち竹中は「主導官庁なき改革」を目指さざるを得なかったのである。旧自治官僚の協力が得られない竹中は，「制度や前例を知り尽くす官僚が優位に立ち，政治的にも危険な交付税の『数字』をめぐる『今，そこにある折衝』では闘わない」という戦略に出たのである（清水 2007：101）。

　「骨太の方針2006」の前段階として自民党内で取り纏められた歳出削減案における交付税をめぐる政府と与党の間の争いにも竹中はまったく動かなかった（清水 2007：305）。その代わり総務大臣の懇談会として，大田弘子を座長とし，本間正明らをメンバーとする「地方分権21世紀ビジョン懇談会」を2005年12月に発足させ，交付税の算定・配分基準の透明化など中長期的な抜本的改革案を示す方針を採った（清水 2007：101）。懇談会で，本間は交付税の配分ルールを抜本的に変えるべきだと主張し，「中間取りまとめ」にあたっては「人口と面積により配分する交付税の算定方式を開発」し，「10年後をめどに，（略）新交付税算定式への移行を完了する」ことを求めた（「本間先生配布資料」第8回懇談会　2006年4月14日）。ただし，懇談会でもこうした主張に異論が出（第8回懇談会議事録　2006年4月14日），結果的に「中間取りまとめ」（2006年4月28日）には，「現行の複雑な交付税の算定基準を抜本的に改め，だれでもわかる簡便な算定基準に変えていくべきである」，「一方で，真に配慮を要する自治体に対して対応できるような仕組みを確保すべきである」との表現にとどまり，人口と面積を基準とする算定基準の導入を具体的に盛り込むには至らなかった。しかし，竹中は，懇談会の（主に本間の）議論を受けつつ，「竹中チーム」とともに「竹中プラン」を作成し，5月10日の諮問会議において，人口と面積を基本に配分する「新型交付税」を導入し，3年間で5兆円程度の規模まで増や

す，という地方交付税改革案を発表した（高橋 2008：169）。

だが，制度改革案としても非常に抽象的なものにとどまり，また，具体的な地方財政計画の圧縮や地方交付税総額の減額の程度などを明らかにしなかったために，旧自治官僚ばかりか財務省や経済財政担当大臣の強い支持を得られなかった（清水 2007：255－258）。結果，「骨太2006」に「新型交付税」は言及されることなく，具体的な制度改革に着手する前に竹中は小泉政権の終焉とともに政界の表舞台から去る。

平成19年度から導入された新型交付税について，総務省は，「算定方法の抜本的な簡素化」であると主張する（黒田 2007：263）。しかし，当面新型交付税に移行するのは，すでに人口や面積やそれと相関の高い項目によって算定されていた投資的経費の大部分と経常経費の一部にとどまった。また，それ以外は新分権一括法による見直し等に合わせて拡大することとされた。加えて，竹中プランでは「人口と面積を基本」とすることとしながら，実際は「人口規模のコスト差を反映した人口」と「土地利用形態のコスト差を反映した面積」によって算定されることとなった。このように「新型交付税は算定面（基準財政需要額の計算）における改革であり，現行の基本的な機能である財源保障機能と財源調整機能について，直接影響を与えるものではない」，「交付税の総額に関係するものではない」上に，「地域振興費の創設により，条件不利地域等について適切な配慮を行う」など（黒田 2007：263－264），抜本的な改革であったかどうかには疑問符が付く。例えば，財政学者の佐藤主光と林宣嗣は，財務省の「地方財政のあり方等に関する研究会」で，こうした新型交付税について「財源保障に引きずられている」，「抜本改革というよりも算定の簡素化など技術的な側面に焦点を当てている」と否定的な見解を示した（産経新聞　2007年8月11日）。

(3)　小括

竹中と諮問会議における民間議員は，旧企画庁出身者と「竹中チーム」の官僚の協力を得て，マクロな予算過程を大きく変えていった。しかし，彼らはマイクロな予算過程に関与するために必要な知識やノウハウを調達することができなかった。交付税改革も竹中らは専門的執務知識において優位に立つ旧自治官僚の協力を得られず，抜本的な改革には至らなかったのである。

5. 結語

　90年代地方分権改革では，分権委員会の専門家は，自治省の協力を得ることで機関委任事務制度の廃止を実現した。一方，小泉政権や小泉政権期の諮問会議に参加した専門家は地方財政改革においては限られた官僚の協力しか得ることができず，抜本的な制度改革は実現されなかった。すなわち，行政間の権限や財源の在り方を問題とする地方制度改革においては，各省別のキャリア・システムの中で獲得される執務的専門知識を有する官僚の協力が得られてはじめて，政策決定に関与する外部の専門家の持つアイディアは活かされ，それが十分に得られなかったケースでは，専門家のアイディアは有効に反映されずに終わったのである。

　藤田（2008:301-303）は，「行政官と外部専門家との適切な関係を構築し，維持することは，非常に難しい課題である」と指摘し，「自然科学に関連する分野に限らず，経済や金融といった社会科学に基礎を置く分野を含めて」，「行政に必要とされる専門性の内容を詳細に検討する必要性」を指摘する。本稿は，近年外部専門家が積極的に関与する政策決定システムが多用される中で，アイディアが外部に独立に存在しづらい（主に社会科学が密接にかかわる）分野における行政の専門性の議論にも一定の貢献をなしえたのではないだろうか。

　　〔謝辞〕　匿名の査読者，砂原庸介氏・山本健太郎氏ほか多くの方から有意義なコメントを頂いた。記して謝意を表する。なお，本論文は2007年度科学研究費補助金（若手（スタートアップ））の交付を受けた研究成果の一部である。

（1）　内山（2007：202）の言う「政治家間や官僚との調整よりも直接国民に語りかける政治スタイルを好」んだ小泉首相の「アイディアの政治」とは，「コミュニケーション的言説」を重視したものであったと考えられる。
（2）　たとえば，法定受託事務の定義は中間報告段階では「専ら国の利害に関係ある事務」であったが，地方にも利害に関係がある事務（指定区間外の一般国道管理など）が整理できないとの建設省の反発等を踏まえ，その後変容し，最終的に「事務の性質上，実施が国の義務に属し国の行政機関が直接執行するべきではあるが，国民の利便性又は事務処理の効率性の観点から，法律又はこれに基づく政令の規定により地方公共団体が受託して

行うこととされる事務」(第一次勧告)となった。この結果,建設省が機関委任事務制度廃止後の事務区分の論議の土俵に上がり,他省庁へと波及するという効果を持った(高木 1999:77)。
(3) 諮問会議は,内閣府設置法第19条において「内閣総理大臣の諮問に応じて経済政策全般の運営の基本方針,財政運営の基本,予算編成の基本方針その他経済財政政策に関する重要事項について調査審議すること」と定められている。

参考文献

Blyth, M. (2002) *Great Transformation*, Cambridge University Press.
Campbell, J.L. (2002) "Ideas, politics and public policy," *Annual Review of Sociology* 28, 21-38.
Chwieroth, J. (2007) "Neoliberal Economists and Capital Account Liberalization in Emerging Markets," *International Organization* 61, 443-463.
Hall, P. A. (1992) "The movement from Keynesianism to monetarism: Institutional analysis and British economic policy in the 1970s," In Steven Steinmo, Kathleen Thelen and Frank Longstreth (eds.), *Structuring Politics Historical institutionalism in comparative analysis*, Cambridge University.
Goldstein, J and Keohane, R. O. (eds.) (1993) *Ideas and foreign policy*, Cornell University Press.
Krasner, S. (1993) "Westphalia and All That," In Judith Goldstein and Robert O. Keohane, (eds.), *Ideas and foreign policy*, Cornell University Press, 235-264.
Schmit, V. A. (2002) "Does Discourse Matter In The politics Of welfare State Adjustment?" *Comparative Political Studies*, vol. 35 No. 2, 168-193.
Weir, M. (1992) "Ideas and the politics of bounded innovation," In Sven Steinmo, Kathleen Thelen and Frank Longstreth (eds.), *Structuring Politics Historical institutionalism in comparative analysis*, Cambridge University.
Weir, M. and Skocpol, T. (1985) "State Structures and the Possibilities for "Keynesian" Responses to the Great Depression in Sweden, Britain, and the United States," In P. B. Evans, D. Rueschemeyer & T. Skocpol (eds.), *Bringing the State Back In*, Cambridge University Press, 107-168.

秋吉貴雄(2007)『公共政策の変容と政策科学』有斐閣.
飯尾潤(2004)「財政改革における政党と官僚制」青木昌彦・鶴光太郎編『日本の財政改革-「国のかたち」をどう変えるか』東洋経済新報社,205-238.
────(2006)「諮問会議による内閣制の変容」『公共政策研究』第6巻,32-

42.
—— (2007)『日本の統治構造』中公新書.
伊藤正次 (2007)「地方分権改革」磯崎初仁他 (編)『ホーンブック地方自治』北樹出版, 34-43.
ウェーバー, M (世良晃志郎訳) (1970)『支配の諸類型』創文社.
内山融 (1998)『現代日本の国家と市場』東京大学出版会.
—— (2007)『小泉政権』中公新書.
大田弘子 (2006)『諮問会議の戦い』東洋経済新報社.
大森彌 (1998)『地方分権改革と地方議会』ぎょうせい.
—— (1999)「日本官僚制の分権改革－機関委任事務制度の終焉－」山脇直司, 大沢真理, 大森彌, 松原隆一郎編『現代日本のパブリック・フィロソフィ』新世社, 99-142.
—— (2008)『官のシステム』東京大学出版会.
岡本全勝 (2002)『地方財政改革論議』ぎょうせい.
—— (2004)「進む三位一体改革 (1)」「地方財務」8月号, 169-197.
貝塚啓明・本間正明・高林喜久夫・長峰純一・福間潔 (1987)「地方交付税の機能とその評価　PartⅡ」『フィナンシャルレビュー』, 1-18.
加藤淳子 (1996)『税制改革と官僚制』東京大学出版会.
金井利之 (2007)『自治制度』東京大学出版会.
北村亘 (1999)「地方財政対策をめぐる政治過程」『甲南法学』第39巻1・2号, 1-48.
—— (2006)「三位一体改革による中央地方関係の変容」東京大学社会科学研究所編『「失われた10年」を超えて [Ⅱ] 小泉改革への時代』東京大学出版会, 219-250.
木方幸久 (1999)「総務庁・行革審議機関の政策形成過程」城山英明他 (編)『中央省庁の政策形成過程』中央大学出版会, 197-232.
木寺元 (2005)「地方制度改革と専門家の参加」『日本政治研究』第2巻第2号, 61-105.
—— (2008)「機関委任事務の『廃止』と地方六団体」『公共政策研究』第7号, 117-131.
近藤康史 (2008)『個人の連帯』勁草書房.
黒田武一郎 (2007)「地方交付税の改革」黒田武一郎編著『三位一体改革と将来像－地方税・地方交付税』ぎょうせい, 160-292.
座談会 (1996)「機関委任事務廃止と地方分権－分権委員会中間報告をめぐって」『ジュリスト』No.1090, 4-29.
島田恵司 (2000)「分権委員会の審議体制と事務局」松本克夫他編著『分権型社会を作る12　第三の改革を目指して～証言でたどる分権改革』ぎょう

せい，199-207．
清水真人（2005）『官邸主導 小泉純一郎の革命』日本経済新聞社．
── （2007）『経済財政戦記』日本経済新聞社．
城山英明（2006）「内閣機能の強化と政策形成過程の変容－外部者の利用と連携の確保」『年報行政研究』41, 60-87．
神一行（1986）『自治官僚』講談社．
砂原庸介（2008）「中央政府の財政再建と地方分権改革」『公共政策研究』第7号，132-144．
曽我謙悟（2002）「行政再編」樋渡展洋・三浦まり編『流動期の日本政治「失われた十年」の政治学的検証』東京大学出版会，177-198．
高木健二（1999）『分権改革の到達点』敬文堂．
高橋洋一（2008）『さらば財務省』講談社．
竹中平蔵（2006）『構造改革の真実』日本経済新聞社．
東京都地方分権検討委員会答申（1995）『地方分権検討委員会答申』東京都企画審議室．
田丸大（2000）『法案作成と省庁官僚制』信山社．
成田頼明（1997）『地方分権への道程』良書普及会．
──・磯部力・櫻井敬子・神橋一彦（2007）「新時代の地方自治」『法学教室』No.327, 56-80．
西尾勝（1999）『未完の分権改革』岩波書店．
── （2000）「グループ・ヒアリングのかたち」松本克夫編『分権型社会を作る12 第三の改革を目指して』ぎょうせい，128-136．
── （2001）「地方分権推進委員会の活動形態」西尾勝（編）『分権型社会を創る』ぎょうせい．
── （2007）『地方分権改革』東京大学出版会．
藤垣裕子（2003）『専門知と公共性』東京大学出版会．
藤田由紀子（2008）『公務員制度と専門性』専修大学出版局．
牧原出（1994）「『協議』の研究（一）」『國家學會雜誌』第107巻1・2号．
── （2005）「小泉"大統領"が作り上げた新『霞が関』」『諸君！』2005年2月号，140-149．
三輪和夫（2000）「地方六団体のアプローチ」松本克夫編『分権型社会を作る12 第三の改革を目指して』ぎょうせい，190-198．
森田朗（2006）『会議の政治学』慈学社．
山口二郎（2008）「政治家と官僚」辻康夫他（編）『政治学のエッセンシャルズ』北海道大学出版会，18-26．

2007年 学 界 展 望

日本政治学会文献委員会

政治学・政治理論　社会学者の北田暁大は，1990年代半ば以降の日本の社会学において，「規範」化と「方法」化という二つのアスペクトが重要な意味を持つと指摘している（「分野別研究動向（理論）」『社会学評論』58巻1号）。政治学・政治理論においても，これと同様の傾向を指摘できるように思われる。

　方法論に関しては，『レヴァイアサン』40号が興味深い。**村松岐夫**「研究の戦略」が方法論の重要性を総論的に再確認し，**今井耕介**「計量政治学における因果的推論」と**福元健太郎**「日本における政治学方法論へ向けて」が計量分析，**曽我謙悟**「ゲーム理論に関心のあるあなたに」がゲーム理論，**山田真裕**「政治参加研究における計量的アプローチとフィールドワーク」がフィールドワークの方法論を，それぞれ紹介・検討している。その他に，**坂本治也**「ソーシャル・キャピタルは民主主義を機能させるのか？」（『政策科学・国際関係論集』9号）も，方法論の重要性を学ぶことのできる論文である。**安武真隆** 'The Reception of the "Cambridge School" in Japan'（*International Journal of Public Affairs*, Vol. 3）は，コンテクスト主義（スキナー）の方法論が政治思想研究に及ぼした影響を論じている。

　規範的政治理論については，他分野との重複をできるだけ避けつつ，注目作に言及する。**岡野八代**「シティズンシップ論再考」（『年報政治学2007-Ⅱ』）は，フェミニズムの議論から，他者に応答するシティズンシップという観点を引き出す。**齋藤純一**「排除に抗する社会統合の構想」（『年報政治学2007-Ⅱ』）は，ロールズとハーバーマスを素材としつつ，相互承認を通じた社会統合を展望する。熟議民主主義関係では，闘技民主主義との関係を論じた**山田竜作**「包摂／排除をめぐる現代デモクラシー理論」（『年報政治学2007-Ⅰ』），ハーバーマスの協議民主制論を「主観哲学」の放棄を通じた主権の流動化として捉える**高橋良輔**「民主制のコミュニケーション的転回とその帰結」（『埼玉大学紀要（環境学部）』42巻2号）が興味深い。**木村俊道**「リップマン『世論』を読む」，**岡崎晴輝**「フロム『自由からの逃走』を読む」などを所収の**九州大学政治哲学リサーチコア編**『名著から探るグローバル化時代の市民像』（花書院）は，今日的な文脈における政治思想入門の書となっている。**菊池理夫**『日本を蘇らせる政治思想』（講談社現代新書）は，現代日本におけるコミュニタリアニズムの意義を平易に論じている。政治理論の各分野を理論的

対抗関係という観点から扱った，**有賀誠・伊藤恭彦・松井暁編『ポスト・リベラリズムの対抗軸』**（ナカニシヤ出版）は，規範理論入門書であり，そのフロンティアをも指し示す。同書には，**竹島博之**「ポストモダン的思考を超えて」，山崎望「熟議民主主義の進化」などが収められている。

もっとも，「方法論／規範論」という二分法は，政治理論の多義性を損なうことにもなりかねない。先の『レヴァイアサン』所収の諸論文も，特定の方法論・アプローチの優越性ないし排他性を主張しているわけではない。既述の山田真裕論文は，質的アプローチと計量的アプローチとの対話の不可欠性を強調する。**松浦正孝**「政治史研究と現代政治分析」は政治史研究の方法論とともに解釈学的研究の再評価を，**谷口尚子**「政治学が学際研究から得るもの」は進化ゲーム理論の学際的研究から得られた知見の意義を，**内山融**「事例分析という方法」は事例分析の独自性を，**谷口将紀**「日本政治研究におけるアプローチのアプローチ」は異なるアプローチから学びうるものの効用を，主張する。同誌とは別に，**松田憲忠**「合理的選択論・ゲーム理論」（縣公一郎・藤井浩司編『コレーク政策研究』成文堂）も，合理的選択論・ゲーム理論と他の方法・理論との関係にも言及している。また，同誌の多くの論文は，方法論のみの重要性を唱えているわけでもない。**堀内勇作**「海外における現代日本政治研究」は，方法論の「ディベロッパー」ならぬ「ユーザー」には，意味のある問題の「発見」も重要な課題となると述べている。

実際，価値と事実の不可分性を指摘する業績も存在する。**大嶽秀夫**「日本政治と政治学の転換点としての1975年」（『レヴァイアサン』40号）は，「フェミニズム論がもつ規範・価値と認識との結合がもつ…積極的な面」を強調する。同じ特集の**建林正彦**「議員研究における因果的推論をめぐって」は，理論の世界観依存性とその「価値的な選択」性を主張する。**根岸毅**「最終講義　政治学はどのような学問か？」（『法学研究』80巻3号）も，政治学においては，自然科学における工学と同様，事実分析と価値の考察とが結びついていると述べる。**升味準之輔『なぜ歴史が書けるか』**（御厨塾・日本政治史プロフェッショナルセミナー）は，歴史研究における，歴史の追体験，出来事の個性や意味の理解，判断と選択などの重要性を強調する。

このような指摘を踏まえれば，「方法論／規範論」の二分法に収まろうとしない研究の存在も不思議ではない。そのような研究は，熟議民主主義研究において，多く見られるように思われる。とりわけ，**小川有美編『ポスト代表制の比較政治』**（早稲田大学出版部）は，熟議民主主義などの非代表制的なデモクラシーについて，規範理論の動向を参照しつつ，世界各地の事例研究を行っている。「熟議」と「参加」の関係など，理論的に詰めるべき論点は残っているが，注目すべき著作と言えよう。**小川有美**「熟議＝参加デモクラシーの比較政治研究へ」のほか，「参加型予算」を扱う**横田正顕**「ローカル

・ガヴァナンスとデモクラシーの『民主化』」，尾内隆之「日本における『熟議＝参加デモクラシー』の萌芽」，山崎望「民主主義対民主主義？」などが収められている。篠原一『歴史政治学とデモクラシー』（岩波書店）は，著者の歴史政治学の構想の中に熟議民主主義を位置づける。同書から最新の研究動向を知ることができるのは，やはり驚くべきことであろう。遠藤誠治・小川有美編著『グローバル対話社会』（明石書店）も，「対話」に基づく秩序形成を主題としており，遠藤誠治「分断された世界と対話に基づく世界秩序」，宇野重規「社会的紐帯の政治哲学」などの論文がある。

　ジェンダーと環境は，とりわけ価値と事実認識の不可分性が言われる分野である。川人貞史・山元一編『ジェンダーと政治参画』（東北大学出版会）は，クォータ制についてのインフォーマティブな記述と「親国家的」フェミニズムの擁護が印象的な岩本美砂子「クォータ制が論じられない日本政治の不思議」のほか，相内眞子「アメリカにおける女性の政治参加に関する研究動向」，大海篤子「女性議員の有効性に関する一考察」などを収める。クォータ制を含むポジティブ・アクション全般については，田村哲樹・金井篤子編『ポジティブ・アクションの可能性』（ナカニシヤ出版）がある。環境に関しては，未来志向的な政治学を唱える丸山仁「持続可能な社会と政治学」（『法政論集』217号），自然・環境と政治との関係を理論的に考察する丸山正次「エコロジーとポリティクス」（『環境思想・教育研究』1号）を得た。

　民主主義，ジェンダー，環境以外に，またはそれらと関連して，国家も，異なる理論・立場からの共通の関心となり得る。岩崎正洋・坪内淳編『国家の現在』（芦書房）は，様々なトピックとの関連で国家を論じている。太田義器「戦争と政治理論」や川原彰「書かれざる『戦争の政治学』」（いずれも『年報政治学2007-Ⅰ』）など，規範的政治理論における戦争への関心も，国家の再考と直接的・間接的に関わる。杉田敦編『岩波講座憲法3　ネーションと市民』（岩波書店）にも，岩崎美紀子「連邦制と主権国家」，田村哲樹「シティズンシップ論の現在」などが所収されている。その他に，桐谷仁「政策レジームと所得格差（上）」（『法政研究』12巻1号）もある。

　その他の価値と事実との交錯領域にある注目すべき研究として，近年のダールの「ミニポピュラス」論を彼の経験的理論を踏まえて理解すべきと主張する上田耕介「ダールの多元的民主主義理論における公衆の政治理解」（『社会学研究』（東北社会学研究会）81号），ソーシャル・キャピタルの実証研究である上野眞也「農村集落のソーシャル・キャピタル」（山中進編『山間地集落の維持と再生』成文堂），マンハイムとウェーバーを導きの糸として現在の〈保守〉を分析する野口雅弘「信条倫理化する〈保守〉」（『現代思想』35巻15号），「紛争処理」を政治の原理に遡って考察する小野耕二「法律学と政治学との交錯領域へ向けて」（『法政論集』216号），「政治的ダイナミクス」

の説明という観点から「アイディアの政治」論の体系化を目指す**近藤康史**「比較政治学における『アイディアの政治』」(『年報政治学2006-Ⅱ』)、ハーシュマン、マクファーソン、ローマーなどから市民政治を論じる**高橋肇**「成熟社会における市民政治」(碓井敏正・大西広編『格差社会から成熟社会へ』大月書店)、集合住宅(分譲マンション)に「コミュニティ」とは異なる「政治的共同性」と「ガバナンス」の可能性を見出そうとする**竹井隆人**「都市(集合住宅)における包摂と排除」(『年報政治学2007-Ⅱ』)を挙げておきたい。

教科書については、スタンダードな教科書として定評のある**加茂利男・大西仁・石田徹・伊藤恭彦**『現代政治学 第3版』(有斐閣)のほか、**畑山敏夫・平井一臣編**『新・実践の政治学』(法律文化社)、**西川伸一**『楽々政治学のススメ』(五月書房)などが刊行された。

その他の業績に、**市川太一・梅垣理郎・柴田平三郎・中道寿一編**『現場としての政治学』(日本経済評論社)、**大塚桂**『大東亜戦争期の政治学』(成文堂)、**櫻井陽二**『ビュルドーの政治学原論』(芦書房)、**G. John Ikenberry, 猪口孝 eds., *The Uses of Institutions*** (Palgrave Macmillan)などがある。

最後に、翻訳書として、B．バーバー(山口晃訳)『〈私たち〉の場所』(慶應義塾大学出版会)、C．クラウチ(山口二郎監訳)『ポスト・デモクラシー』(青灯社)、J．S．ドライゼク(丸山正次訳)『地球の政治学』(風行社)、B．G．ピータース(土原光芳訳)『新制度論』(芦書房)、D．ミラー(富沢克・長谷川一年・施光恒・竹島博之訳)『ナショナリティについて』(風行社)、S．ムルホール／A．スウィフト(谷澤正嗣・飯島昇蔵訳者代表)『リベラル・コミュニタリアン論争』(勁草書房)、T．スコチポル(河田潤一訳)『失われた民主主義』(慶應義塾大学出版会)などが刊行された。いずれも重要な著作であり、学界への大きな貢献と言えよう。

(文責　田村哲樹)

日本政治・政治過程論　現代日本政治の分野に関しては、小泉政権が2006年に終わったことをうけて、小泉政権とその選挙が中心的テーマとなった。**井田正道**『日本政治の潮流:大統領制化・二大政党制・脱政党』(北樹出版)は、小泉政権下の国政選挙での投票行動を分析している。小泉政権が有権者に及ぼした影響をJES Ⅲデータの自由回答から分析したのが、**稲増一憲・池田謙一**「JES Ⅲ自由回答(2001-2005年)を用いた小泉政治の検証」(『選挙学会紀要』第9号)である。同データで、有権者のリアリティという枠組から投票行動を分析したのが、**池田謙一**『政治のリアリティと社会心理──平成小泉政治のダイナミックス』(木鐸社)、また同データで有権者の投票行動を日本社会の変化から捉えたのが、**平野浩**『変容する日本の社会と

投票行動』(木鐸社)である。本書の分析では過去の選挙調査データも併用し，1970年からの有権者の変化を経時的に捉えている。2003年衆議院選挙で公約が政党にいかに集約されたのかを分析したのが，**堤英敬・上神貴佳**「2003年総選挙における候補者レベル公約と政党の利益集約機能」(『社会科学研究』第58巻第5・6号)。また**岡本哲和**「候補者ウェブサイトについての数量分析——2005年衆院選データを用いて」(関西大学総合情報学部紀要『情報研究』第26号)は，候補者のホームページの内容を分析している。

2006年衆議院選挙に至る過程から現行の選挙制度の問題点を論じたのが，**木下真志**「[時事問題]解散・選挙制度を考える——小泉内閣小論」(『社会科学論集』第90号)であり，**木下真志**「[時事問題]小泉内閣小論(2・了)——大嶽秀夫著『小泉純一郎 ポピュリズムの研究——その戦略と手法』東洋経済新報社，2006年から考える」(『社会科学論集』第92号)は小泉政権のポピュリズムを論じている。**内山融**『小泉政権』(中央公論新社)は，小泉政権の全体像を捉えた力作である。小泉内閣から安倍内閣への変化をみて「同床異夢」と表現したのが，**Stockwin, J.A.A.**, 'From Koizumi to Abe: Same Bed, Different Dreams?' (*Japanese Studies*, Vol.27, No.3)であり，**ストックウィン**「政治指導者としての小泉とブレア——イギリスからの所見」(国際文化会館会報18-9)もある。**上ノ原秀晃・大川千寿・谷口将紀**「安倍政権の死角，新政権の課題」(『論座』11月号)は，2007年参議院選挙の詳細な分析から，新(福田)政権の課題を析出している。

小泉政権はマスメディアとの関係も注目された。小泉内閣の人気(=支持率)とマスメディアの影響を検証したのが，**福元健太郎・水吉麻美**「小泉内閣の支持率とメディアの両義性」(『法学会雑誌』43巻1号)であり，ポピュリズムの点からスポーツ紙も分析対象としている。また，テレビのニュース番組の変容が，及ぼす影響を検証したのが，**谷口将紀** 'Changing Media, Changing Politics in Japan' (*Japanese Journal of Political Science*, Vol.8, No.1)である。

政策に関しては，近年重要性を増しつつある課題への論考が目立つ。市場原理主義拡大のなかで福祉多元主義の可能性を論じたのが，**坪郷實**「福祉多元主義の時代：新しい公共空間を求めて」(岡沢憲芙・連合総合生活開発研究所編『福祉ガバナンス宣言』日本経済評論社)である。知的財産権に関わる政策形成過程については，**京俊介**「著作権政策形成過程の分析——利益団体，審議会，官庁の行動による法改正メカニズムの説明(1), (2・完)」(阪大法学，第57巻第2号，第3号)がある。外交・防衛政策及び憲法改正に焦点を当てたのが，**大矢吉之**「テロ特措法と小沢憲法・安保論——テロとの戦いと国際安全保障」(『憲法論叢』第14号)である。**服部龍二**「村山談話と外務省——終戦50周年の外交」(田中努編『日本論——グローバル化する日本

中央大学出版部）は，談話作成における首相官邸と外務省の駆け引きが論じられている。地方分権に関しては，**岩崎美紀子**「地方分権改革と政官関係」（『年報行政研究』42）が第1次分権改革を政と官の対立関係から検証している。

　近年，政策決定過程の変化が論じられるが，それを自民党議員の政策選好から分析したのが**濱本真輔**「選挙制度改革と自民党議員の政策選好――政策決定過程変容の背景」（『レヴァイアサン』第41号）である。2005年総選挙後に，日本の政策決定過程が如何に変容したのかを，構造改革を中心に論じたのが**上川龍之進**「2005年総選挙後における政策決定過程の変容」（『選挙研究』第22号）である。1990年代の日本政治を通して，選挙制度改革の意味を論じたのが**岩本美砂子** "Electral Reform in Mid-1990s Japan," (Melissa Haussman and Birgit Sauer ed., *Gendering the State in the Age of Globalization*, Rowman & Littlefield) である**福元健太郎**『立法の制度と過程』（木鐸社）は，立法過程を生存分析から検証し，二院制の在り方についても論じている。

　ジェンダーに関する業績も多い。女性に係わる政策の問題点を克明に論じたのが，**岩本美砂子**「日本における政治とリプロダクティブ・ライツ」（『アジア女性研究』第16号）である。東北大学21世紀COEプログラムからは，**相内眞子**「女性政治家に対する有権者の態度――誰が女性政治家を支持するのか」，**岩本美砂子**「誰がどのような政策を支持しているのか――『選択制夫婦別姓制度』を中心に」，**川人貞史**「日本における女性の政治進出」，**山田真裕**「日本人の政治参画におけるジェンダー・ギャップ」，**平野浩**「男女共同参画に関する政策選好の規定要因――価値観および不平等意識の効果を中心に」，**増山幹高**「女性の政界進出――国際比較と意識調査」（川人貞史・山元一編『政治参画とジェンダー』東北大学出版会）がある。他に，東京都政を分析した**光延忠彦**「安定的統治の政治的条件――80年代の東京都政」（『年報行政研究』41），**秋吉貴雄**『公共政策の変容と政策科学』（有斐閣）の力作もある。

　政治文化に関しては，**中谷美穂** 'New Political Culture in Japan' (*Journal of Political Science and Sociology*, No. 7) が，現代日本市民レベルにおけるニューポリティカル・カルチャーの現出を検証している。**小林良彰・中谷美穂**「トランスナショナル・アイデンティティの国際比較」（小林良彰・富田広士・粕谷祐子編『市民社会の比較政治学』慶應義塾大学出版会）は，11カ国の比較分析がなされている。**市川太一**「信頼喪失の時代と国民意識の変化」（市川太一・梅垣理郎・柴田平三郎・中道寿一編『現場としての政治学』）は，1990年代以降の市民意識，特に若年層の変化を論じている。日本における市民社会構造変化を社会団体の変化から分析したのが，**辻中豊・崔宰栄・山本英弘・三輪博樹・大友貴史**「日本の市民社会構造と政治参加――自治会，社会団

体，NPOの全体像とその政治関与」（『レヴァイアサン』第41号），辻中豊，**Jae-Young Choe**，大友貴史，'Exploring the Realities of Japanese Civil Society through Comparision'（*ASIEN* 105）である．辻中豊，**Robert Pekkanen**, 'Civil Society and Interest Groups in Contemporary Japan'（*Pacific Affairs*, Vol. 80, No.3）は利益団体の活動を分析している．

数理モデルでは，上神貴佳・清水大昌「不均一な選挙制度における空間競争モデル」（『レヴァイアサン』第40号）が，小選挙区制では候補者の政策位置が中位投票者の位置に収斂しない原因を，空間投票理論から分析している．松田憲忠 'Citizens' "Governability and Policy Analysts" Roles in the Policy Process : A Theoretical Examination'（*Interdisciplinary Information Science*, Vol. 13, No.1）は，政策過程をゲーム理論から分析している．

方法論に関しては，テキスト分析の新たな手法を用いて，鈴木崇史，影浦峡，'Exploring the Microscopic Textual Characteristics of Japanese Prime Ministers' Diet Addresses by Measuring the Quantity and Diversity of Nouns'（*Proceedings of PACLIC21*, the 21th Pacific Asia Conference on Language, Information and Computation）が，首相の発言を対象に分析している．

投票行動，政治参加に関しても興味深い論考が提出された．日本の選挙では，有権者は所属政党よりも候補者個人を重視して投票するとされてきた．しかし，1990年選挙から候補者重視が低下していることを検証したのが，濱本真輔「個人投票の低下」（『選挙学会紀要』第9号）である．政党の変質と有権者の党派性が希薄化しつつある先進民主主義国で，有権者を分析したのが井田正道「先進民主主義国における『政党──有権者』関係の変容」（『政經論叢』第75巻第5・6号）である．投票参加では，ダウンズモデルを実験的手法から検証したのが堀内勇作，今井耕介，谷口尚子 'Designing and Analyzing Randomized Experiments: Application to a Japanese Election Survey Experiment'（*American Journal of Political Science*, Vol.51, No.3）．また，三船毅「投票参加理論におけるコスト──ダウンズモデルにおける投票コストと組織・動員」（『選挙学会紀要』第8号）は，ダウンズモデルにおけるパラドックスを解決する演繹モデルとその検証を行っている．岡田陽介「投票参加と社会関係資本──日本における社会関係資本の二面性」（『日本政治研究』第4巻第1号）は，ソーシャル・キャピタルの側面から分析している．遠藤奈加「選挙運動と投票参加──選挙運動媒体が投票率と地域の得票構造に及ぼす影響」（『レヴァイアサン』第41号）は，選挙運動が有権者の投票参加に及ぼす影響を検証している．阿部博人『はじめての政治──政治に関心を持とう社会参加しよう』（栄光）もある．

55年体制・自民党についても大きな業績がある．山田真裕「保守支配と議員間関係──町内2派対立の事例研究」（『社会科学研究』第58巻第5・6号）が，

議員系列化を茨城県の一地域を対象として1955年から2005年までを時系列的に分析している。90年代以降の政党再編の要因を生存分析から検証したのが**増山幹高・建林正彦**「自民党分裂の生存分析」(『法学研究』第80巻第8号)である。また,2007年の参議院選挙に関しても同様の生存分析の手法を用いた,**増山幹高** 'The Survival of Prime Ministers and the House of Councilors' (*Social Science Japan Journal*, Vol.10, No.1) がある。55年体制をこれまで精緻に研究してきた**升味準之輔**は,「1955年体制,再考」(『聖学院大学総合研究所紀要』第39巻)において結党時から小泉内閣までの日本政治を通観し,その変容を論じている。55年体制から小泉政権における総選挙をアグリゲートデータから緻密に分析したのが**水崎節文・森裕城**『総選挙の得票分析1958-2005』(木鐸社)である。自民党政治による1980年代後半からのグローバライゼーションへの対応とその限界を論じたのが,**猪口孝** 'Can the LDP Survive Globalization?' (*Education About Asia*, Vol.12, No2) である。また,戦後政治を通して現在の政治を論じたのが,**山口二郎**「戦後政治における平等の終焉と今後の対立軸」(『年報政治学2006-Ⅱ』)である。**森正**「制度改革の政治学」(同)は,90年代の制度改革分析の視座を提供している。**飯尾潤**『日本の統治構造——官僚内閣制から議院内閣制へ』(中央公論新社)は,日本の議会制度,官僚制,政党政治に関する問題点を明確に論じている。また,現代日本政治を包括的に論じたのは,**浅野一弘**『現代日本の現状と課題』(同文館出版),**上野利三**『日本の政治と国家』(北樹出版),**丸山仁**「政治不信の時代の政党政治」(畑山敏夫・平井一臣編『新・実践の政治学』,法律文化社)である。

歴史的観点からは,戦後日本の政治を1人の政治家の生涯をから分析した**西住徹**『北村徳太郎[論文編]』(マイブック社),**山田公平**「自由な地方新聞人にして政党政治家 小山松寿：その人物素描」(『メディア史研究』第22号)がある。選挙に関しては,**上野利三**「第1回総選挙における静岡県第3区の情勢について」(三重中京大学研究フォーラム第3号),**奥健太郎**「第2回参議院選挙と自由党」(『年報政治学2006-Ⅱ』)がある。**茨木正治**『メディアのなかのマンガ』(臨川書店)は,日本の新聞1コマ漫画の変化を比較政治の枠から論じている。

(文責　三船　毅)

行政学・地方自治　日本行政学と行政理論の領域では,今後の学問発達の確かな道標となってくれる**森田朗**『制度設計の行政学』(慈学社)と**佐藤竺**『日本の自治と行政——私の研究遍歴(上・下)』(敬文堂)の刊行があった。また期待の集まる行政学叢書(東京大学出版会)は,**金井利之**『自治制度』,**西尾勝**『地方分権改革』,**山口二郎**『内閣制度』,**城山英明**『国際援助行政』の刊行で一層充実したものとなった。これらには当然のことながら,

飯尾潤『日本の統治構造――官僚内閣制から議院内閣制へ』（中公新書）や加茂利男「平成の地方自治改革――これまでとこれから」『日本型地方自治改革と道州制』（自治体研究社）・島田恵司『分権改革の地平』（コモンズ）等が絡んでくる。

小泉政権に対する本格的な分析が生まれた。日本行政学会編『年報行政研究42　行政改革と政官関係』（ぎょうせい）は，村松岐夫「転換期における官僚集団のパースペクティブ」，伊藤光利「官僚主導型政策決定システムにおける政官関係：情報非対称性縮減の政治」，岩崎美紀子「地方分権改革と政官関係」，飯尾潤「小泉内閣における官僚制の動揺」，三浦まり「小泉政権と労働政治の変容――『多数派支配型』の政策過程の出現」の各特集論文によって，小泉政権の特徴を深く解明した。

この間の道州制論議の高まりのなかで，重要な論点を解明する著作がいくつか刊行された。野田遊『都道府県改革論：政府規模の実証研究』（晃洋書房），小原隆治・長野県地方自治研究センター編『平成大合併と広域連合――長野県広域行政の実証分析』（公人社），小森治夫『府県制と道州制』（高菅出版），上野眞也編『政令指定都市をめざす地方都市』（成文堂）である。

最近の理論動向と実態把握に努めたテキストが刊行された。藤井浩司・縣公一郎編『コレーク行政学』，同『コレーク政策研究』（成文堂）をはじめ，今川晃・牛山久仁彦・村上順編『分権時代の地方自治』（三省堂），風間規男編『行政学の基礎』（一藝社），青山侑『自治体の政策創造』（三省堂），礒崎初仁・金井利之・伊藤正次『ホーンブック　地方自治』（北樹出版）である。

次に論考に目を転じてみると，政府への信頼性問題が引き続き論じられた。菊地端夫「行政の信頼性に関する研究の論点と意義：既存研究・調査を中心に」（『季刊行政管理研究』118号），野田遊「行政経営と満足度」（同120号），大山耕輔「政府への信頼低下の要因とガバナンス」（同118号）。ガバナンス論への関心も続いている。大山耕介「ガバナンスの概念と課題について――ボバードの議論を中心に」（『法学研究』80巻1号），外山伸一「ガバナンスにおける政府の役割の考察――試論」（『法学論集』58号），堀田学「福祉ミックス論の理論的系譜と日本の福祉政策への影響――ソーシャル・ガバナンスへの展開」（『早稲田政治公法研究』84号），堀雅晴「ガバナンス論の現在」（『公的ガバナンスの動態に関する研究』同志社大学人文科学研究所，人文研ブックレット No.26）。

その他のテーマでは，次の論考がある。工藤裕子「CIO 誕生の経緯と背景」『CIO 学：IT 経営戦略の未来』（東大出版会），同 'Public Sector Reform in Japan: Policy and Experiments after 90's', Bogomil Ferfila et al., *Ekonomiski vidiki javnega sektorja [Economic Aspects of the Public Sector]*(Ljubljana: FDV), 小原隆治 'The Great Heisei Consolidation: A Critical Review' (*Social Science Japan*, No.37),

広本政幸「児童虐待を抑制するのは社会的ネットワークか専門職か」(『季刊行政管理研究』119号),水谷利亮「府県の出先機関機能と『自治の総量』」(『大阪市立大学法学雑誌』54巻2号),長野基「分析——地域自治区・合併特例区の現状」(『月刊自治研』8月号),蓮池穣「政治と行政」(『北広島市史 下巻』北広島市史編さん委員会),小池治・椛島洋美・堀雅晴 'The Japanese Government Reform of 2001 and Policy Evaluation System: Efforts, Results and limitations' (*Ritsumeikan Law Review International Edition*, No.24)。

公共政策の領域では,佐々木寿美『**福祉政策論——高齢者施策の現状分析と問題解決**』(学陽書房)と秋吉貴雄『**公共政策の変容と政策科学——日米航空輸送産業における2つの規制改革**』(有斐閣)が,日米の先行研究を踏まえながら体系的な議論を展開している。岩渕公二『**外部評価の機能とその展開**』(第一法規)は,政策推進を目的とした外部評価を初めて論じた。次に当該分野の論考では,次のものがある。浅野一弘「離島における高齢者のための危機管理体制の構築」(『高齢者問題研究』23号),賀来健輔「農と食をめぐる政策展開と内発的発展——(旧江差市)えさし地産地消条例を事例として」(『日本地域政策研究』5号),同「地産地消に関する政策展開と内発的発展」(『えんとろぴい』61号),中静未知「長野県における防疫行政の展開と町村組合の広がり——明治末期の隔離厳行措置とその影響」(『政経研究』44巻1号),上川龍之進「不良債権処理の加速策の政策評価:有効性の観点と経済性・効率性観点から」(『阪大法学』57巻3号)。

住民自治の領域では,光本伸江『**自由と依存:湯布院町と田川市の自治運営レジーム**』(敬文堂)が独自の分析手法を使って,新鮮な研究成果を示している。論考では次のものがある。山田公平「自治体議会改革と市民参加」自治体問題研究所『これから始める地方議会改革』(自治体研究社),楢原真二「福岡県宗像市の市民政策提案手続き」(『都市問題』98巻3号),長野基・饗庭伸「東京都市区自治体における都市計画審議会を媒介にした法定都市計画過程と議会との関係性の分析」(『都市計画論文集』42巻3号),西東克介「旧教育基本法の個人尊重と日本社会の指向・行動パターンの可能性と限界」(『地域学』5巻),樋口直人ほか「ポピュリズムと底辺民主主義の隘路——2006年長野県知事選挙での田中康夫の敗北をめぐる投票行動」(『茨城大学地域総合研究所年報』40号)。

都市行政の領域では,村上弘・田尾雅夫・佐藤満編『**京都市政 公共経営と政策研究**』(法律文化社)と水口憲人『**都市という主題——再定位に向けて**』(法律文化社)が注目される。論考では,光延忠彦「政治的リーダーシップ——90年代の東京都政」(『人文社会科学研究』14号)がある。

諸外国の行政と地方自治の領域では下條美智彦編『**イギリスの行政とガバナンス**』(成文堂)のほかに,小池治「英国における行政能率改善と政府の

モダニゼーション」(『横浜国際社会科学研究』12巻3号), **千草孝雄**「カウンティ政府論に関する一考察」(『駿河台法学』20巻2号), **同**「アメリカにおける地方自治研究の動向」(同21巻1号), **久邇良子**「フランスの大都市における準自治体：パリ市の地域自治組織」(『月刊自治研』8月号) がある。

　最後に述べておきたいことは, 今年度も当該学問分野においては引き続き, いわゆる参与（体験）観察型研究に基づく重要な成果がまとめられている点が大きな特徴である。もちろんこのことは, 学問の性格からいって当然のことである。それと同時に, こうした研究が研究対象に近接することで得られる新たな事実と明らかになる学問的課題の追究であることを考えれば, それとは対極の立場から見えてくる事実と課題のそれもあるわけで, この点は暗黙の了解になっていると思われるけれども, ここで確認しておきたい。要するに, いずれのポジションも, 今後の当該学問の健康的な発展には不可欠の研究アプローチであることを強調しておきたい。

（文責　堀　雅晴）

　政治思想（日本・アジア）　「戦後レジームからの脱却」「憲法改正」を正面から掲げた安倍晋三内閣の登場（と退場）という現実政治の展開は, 日本の政治思想という研究領域にも, 少なからぬ影響を及ぼしたといえよう。2007年のこの領域の研究動向としては,「平和憲法」「十五年戦争」「靖国」といった主題をめぐる研究業績が目についた。「平和憲法」という主題については, **千葉眞・小林正弥編**『平和憲法と公共哲学』（晃洋書房）があり, **千葉眞**「公共哲学として視た平和憲法」などが収められている。またこの他に**同** 'The Peace Constitution in Postwar Japan: A Hermeneutics of Public Philosophy'（『社会科学ジャーナル』60, COE特別号）もある。

　「靖国」をめぐる主題は, 近代国家と戦争, 戦死者の追悼（記憶／忘却）, 近代国家と宗教といった問題領域と関連する。「靖国」という主題に直接かかわっては, **小畑隆資**「『靖国』と『9・11』─高橋哲哉氏の『ただの人間論』」（岡山十五年戦争資料センター編『岡山の記憶』9号）, **田中悟**「戦死者の記憶／忘却─近代会津と靖国神社の関係を手がかりに」（韓日次世代学術FORUM『次世代人文社会研究』3号）および**同**「死者の記憶と『非業さ』─白虎隊・佐川官兵衛をめぐって」（『政治経済史学』490号）があるが, より広く, 「十五年戦争期」における国家と宗教という問題についても, **伊藤彌彦**「政治宗教の国・日本」（富坂キリスト教センター編『十五年戦争期の天皇制とキリスト教』新教出版社）, **千葉眞**「十五年戦争期の無教会─非戦論と天皇制問題を中心に」（富坂キリスト教センター編『十五年戦争期の天皇制とキリスト教』(新教出版社）, **出原政雄**「平和思想の暗転─十五年戦争期の安部磯雄」（『同志社法学』59巻2号）が書かれた。さらにこの主題に関連しては,

吉馴明子「国王の神聖とその世俗化をめぐって――イギリスと日本の立憲君主制についての比較研究の試み」（日本カルヴィニスト協会『カルヴィニズム』24・25号）をあげることもできよう。

　これらの研究成果は，冒頭に触れた現実政治の動向に少なからず触発されたものであることは否定できないように思われるとしても，そうした表層的な政治の動向に解消されえない，「日本（とアジア）」における「近代国家」そのもの，さらにそこにおける「近代」なるものに対するより根源的な思想的「問い」に深く結びついていよう。2007年もまた，こうした「問い」にもとづく研究業績が生み出された。

　米原謙『日本政治思想』（ミネルヴァ書房）は，幕末・維新から冷戦終焉までの近現代の日本政治思想についての通史の試みであり，氏のこれまでの研究の集大成として位置づけられるとともに，日本における「近代国家」の歴史を思想的に問いなおす試みとなっている。

　石牟礼道子というグローカルな思想家の中に，近代主義・市民主義など一切の「近代」を超える新しい存在論・人間主義・共同性論の誕生と復権を見ようとする岩岡中正『ロマン主義から石牟礼道子へ――近代批判と共同性の回復』（木鐸社）も，氏のこの間の思索の集大成ともいえるものであるが，それは「近代日本国家」への最も根源的な思想的「問い」を投げかけたものであるともいえよう。さらに，関口すみ子『国民道徳とジェンダー――福沢諭吉・井上哲次郎・和辻哲郎』（東京大学出版会）は，日本における「国民道徳」という思想の形成過程とその後の経緯を，家族と国家，そこにおけるジェンダーの機能の仕方に着目し，福沢・井上・和辻といった思想家を軸に追究したものであり，ジェンダーという視角による「近代日本国家」とそれを支えた「国民道徳」への新たな「問い」を提示するものである。

　他方，嘉戸一将『西田幾多郎と国家への問い』（以文社）および「〈世界〉そのものの底――西田幾多郎と主権論」（『神奈川大学評論』57号）は，1940年代という「近代日本国家」の「危機」の時代に，天皇や国体というイデオロギーをめぐる議論や事件の傍らで，「主権」という概念に根本的な「問い」を立てていたとされる西田幾多郎の主権論を取りあげる。「近代」への「問い」は，いわゆる「京都学派」への再審という課題をも浮上させているのである。

　日本における「近代」と「近代国家」への「問い」は，従来の西欧近代との比較対照という方法を超えて，アジア，とりわけ東アジアの「近代」との比較を通じて，いっそう豊かなものとなるであろう。高晃公『魯迅の政治思想――西洋政治哲学の東漸と中国知識人』（日本経済評論社）は，政治と文学をめぐる丸山眞男や竹内好の思想との比較を念頭に置きつつ，政治思想家としての魯迅を描き上げている。他方で，野村浩一『近代中国の政治文化――民権・立憲・皇権』（岩波書店）は，胡適を中心とする近代中国における「自

由主義」の思想潮流についての研究である。こうした領域での研究のさらなる発展が期待される。

　さて，こうした日本とアジアにおける「近代」と「近代国家」への「問い」において，多くの論者が丸山眞男に対する批判的言及におよんでいることにも，また注目しなければなるまい。日本とアジアの政治思想をめぐる研究領域において，丸山眞男がいまだ「問題」としてあることを確認しておきたい。

　個別の思想家についての研究としては，**野田裕久**「長谷川如是閑の文芸作品における『ひとりもの』の問題」（関静雄編著『「大正」再考―希望と不安の時代』ミネルヴァ書房），**小南浩一**「賀川経済論の思想史的背景―ラスキンとプルードンを中心に」（『賀川豊彦学会論叢』15号）および同「労働をめぐる諸問題―市場主義批判 賀川豊彦の労働運動論の視点から」（『人権教育研究』7巻），**小畑隆資**「植木枝盛著『民権自由論』（明治12年）考―『天賦自由』と『民権自由』」（『岡山大学法学会雑誌』56巻3・4号），**山本隆基**「陸羯南における国民主義の制度構想（7）」（『福岡大学法学論叢』52巻1号），**森田吉彦**「津田真道と国際政治」（『社会システム研究』10号）がある。また，東京大学社会科学研究所に即した日本の社会科学の回顧として，**石田雄**「社会科学研究所の60年と日本の社会科学」（『社会科学研究』59巻1号）がある。

　　　　　　　　　　　　　　　　　　　　　　　　　　（文責　冨田宏治）

政治思想（欧米）　近年，ナショナリズム，戦争，共和主義，公共性の研究が大きな潮流となっているが，今回は，とりわけナショナリズムと戦争をめぐる研究が多く生み出され，特にドイツの論考が目立った。**マウリツィオ・ヴィローリ**（佐藤瑠威・佐藤真喜子訳）**『パトリオティズムとナショナリズム』**（日本経済評論社）の刊行や**『年報政治学2007-Ⅰ』**における**『戦争と政治学』**特集もその流れを示している。ヴィローリは，古代から近現代に至るパトリオティズムの思想を分析し，ルソーとマキアヴェッリに依拠しつつ，ナショナリズムと本質を異にする，公共の自由を守るパトリオティズムを救い出す。**杉田敦編『岩波講座憲法3　ネーションと市民』**所収の杉田敦「憲法とナショナリズム」は，ネーションが，シティズンシップや軍事的，生活的セキュリティとの関係で両義性を持つことを日本の憲法問題にも踏み込んで整理する。同書には，**関谷昇**「社会契約説と憲法」，**川出良枝**「憲法と共和主義」，**齋藤純一**「憲法と公共性」も含まれている。『戦争と政治学』には，**亀嶋庸一**「マックス・ウェーバーにおける戦争と政治」，**川原彰**「書かれざる『戦争の政治学』」，**北村治**「デモクラシーと戦争」が収められている。他方，**千葉眞**「平和の思想について」（植田隆子・町野朔編『平和のグランドセオリー序説』風行社）は，ヘブライズムのシャローム思想と聖徳太子の和の思想の中に平和構築の可能性を見出す。こうした現代世界への危機感，問題意

識を反映して，政治思想史研究の側から政治理論，政治概念の整理を進める動向があることも見逃せない。編者による序章・終章に悪と対峙する政治理論探究の意気込みを示す**太田義器・谷澤正嗣**編『**悪と正義の政治理論**』（ナカニシヤ出版）や**古賀敬太**編著『**政治概念の歴史的展開**』第2巻（晃洋書房）がそれである。前者には**野口雅弘**「合理性と悪」，**中金聡**「主体と臣民のあいだ」が，後者には**竹島博之**「独裁」，**菊池理夫**「共通善」が収められている。

　それでは，私たちは思想史研究，歴史研究と，そして政治的，社会的現実とどう向き合うべきだろうか。**半澤孝麿**「書評に応答する」（『早稲田政治経済学雑誌』No.369）は『ヨーロッパ思想史における＜政治＞の位相』（岩波書店），『ヨーロッパ思想史のなかの自由』（創文社）両著に対する6篇の書評への応答だが，この問いを考える上でも意味深い。そこでは筆者の見解（後著は自由意志説という主題とその変奏の歴史的展開の物語であることと近代の現象としての保守主義の非連続性）が再確認されるとともに，政治思想史研究の方法意識，政治理論や政治哲学との距離の取り方も問題にされているからである。筆者は「『政治理念史型』を実践する研究者は，歴史研究と言うよりは広い意味で政治的行為をしていると自己認識すべきだ」とのきわめて禁欲的な見識を改めて記す。研究者一人ひとりが各人の立場で，その問いに応答すべきであろう。以下，個々の研究を掲げる。

　まず古代には，**澤大洋**「プラトンの政治哲学の現代化」（*Journal of IOND University*, No.5），**中金聡**「レオ・シュトラウスと『アルキビアデス問題』」（レオ・シュトラウス政治哲学研究会編『政治哲学』6号）がある。古代から17世紀までを論ずる**R. W. デイヴィス**編（鷲見誠一・田上雅徳監訳）『**西洋における近代的自由の起源**』（慶應義塾大学出版会）は，自由と議会との関係が圧巻である。近代に入って，イタリアでは**厚見恵一郎**『**マキァヴェッリの拡大的共和国**』（木鐸社）が，マキァヴェッリは，政策を拡大という統治術の観点から眺めるがゆえに共和国の創設者に平民を重視すべきことを説くとみる。**鈴木宣則**「マキアヴェッリにおける最善の統治形態」（『鹿児島大学教育学部研究紀要　人文・社会科学編』58巻）も興味深い。

　フランスに移って，**川合清隆**『**ルソーとジュネーヴ共和国**』（名古屋大学出版会）は，ジュネーヴ・コンテクストの中にルソー思想を分析するわが国初の本格的著作だが，人民主権論理解も看過できない。**川出良枝**「商業の時代における人間──モンテスキュー『ペルシア人の手紙』を読む」（『日仏文化』No.74）は，商業と徳の関係を考える上で非常に興味深い。**半澤孝麿**「キリスト教思想家トクヴィル試論」（『藤女子大学キリスト教文化研究所紀要』8号）は，民衆自治としてのデモクラシーという従来の理解に抗して摂理としてのデモクラシーを救い出そうとする。**ラリー・シーデントップ**（野田裕久訳）『**トクヴィル**』（晃洋書房）や**松本礼二**, 'Is Democracy Peaceful?; Tocqueville and Constant on War and the Army'（*The Tocqueville Review/ La Revue Tocqueville*, Vol.XXV III）も注目される。ジャコバン主義に関しては，中谷猛「思想としてのフランス共和主義とジャコバン主義の問題」（『同志社法学』59巻2号）が得られ，田中拓道「＜研究動向＞ジャコバン主義と市民社会」（『社会思想史研究』No.31）は，政治的なものと社会的なものとの対抗関係を整理する。

イギリスでは，犬塚元 'Absolutism in the History of Political Thought: The Case of King James VI and I'（『群馬大学社会情報学部研究論集』14巻），木村俊道「初期近代ブリテンにおける『作法』の政治学1528－1774」（『法政研究』73巻4号）を得た。翻訳では，マイケル・オークショット（中金聡訳）『リヴァイアサン序説』（法政大学出版局）があり，池田和央・犬塚元・壽里竜による「ヒューム『イングランド史』抄訳（4）附録3（中）」「同抄訳（5）附録3（下）」（関西大学『経済論集』56巻4号，57巻2号）も継続された。下條慎一「J・S・ミル女性選挙権論の形成」（『法学新報』113巻11・12号）は感情の陶冶を重視するミルの立論を追う。さらに，名古忠行「ウェッブ夫妻とフェビアン協会」（『現代の理論』2007年秋号）がある。

ドイツでは，団体思想を検討する遠藤泰弘『オットー・フォン・ギールケの政治思想』（国際書院），同「『連邦国家』概念再考」（『政治思想研究』7号），同「ギールケ政治思想の再評価」（創文2007. 10）を得た。雀部幸隆『公共善の政治学』（未来社）は，日本の戦前戦後の政治を見通すために，ウェーバーの政治思想を政治学原理論として再構成する。今野元『マックス・ヴェーバー』（東京大学出版会）は，西欧派ドイツ・ナショナリストとしてのヴェーバーを実証的に描写し，同「マックス・ヴェーバーとオットー・フォン・ビスマルク」（『政治思想研究』7号），同「ハインリヒ・アウグスト・ヴィンクラーと『ナショナリズムの機能』論」（『愛知県立大学外国語学部紀要（地域研究・国際学編）』39号）も生み出された。谷喬夫「ハインリヒ・クラースのドイツ帝国改造論」（『法政理論』39巻2号）の保守革命思想の分析は，クーデタ，独裁，戦争を考える上で重要であり，同「東方支配と絶滅政策」（『法政理論』39巻4号）は，G.アリーとS.ハイムの『絶滅政策の立案者たち』（1991）の読解から，ナチの政策が専門家の経済合理性の追求と合致し，ユダヤ人虐殺もスラブ人殺戮計画とリンクしたナチ・ヨーロッパ新秩序構想の一環であった点を強調する。山田竜作「後期カール・マンハイムの政治思想的考察・序説（2），（3）」（『政経研究』43巻4号，44巻1号）は，ドイツ期と英国期の思想の一貫性を掬い出そうとする。さらに，野田裕久「ゴットフリート・ディーチェ『財産権擁護論』の事（2・完）」（『愛媛大学法文学部論集　総合政策学科編』23号）を得た。オーストリアでは，属人的な民族的自治論であるカール・レンナー（太田仁樹訳）『諸民族の自決

権』(岡山大学経済学研究叢書34冊)が訳出された。

現代では，**小田川大典**「崇高と政治理論」(『年報政治学2006-Ⅱ』『政治学の新潮流』)，**菊池理夫**「現代のコミュニタリアニズムと共和主義」(佐伯啓思・松原隆一郎編著『共和主義ルネサンス』NTT出版)，**石川涼子**「ブライアン・バリーの市民的ナショナリティ概念」(『政治思想研究』7号)，**セシル・ファーブル&デイビッド・ミラー**「正義の文化的バイアス――ロールズ，セン，ヌスバウム，オニールを題材として」(石川涼子訳)(『思想』Ｎｏ．993)が注目される。**関谷昇**「補完性原理と地方自治についての一考察」(『公共研究』4巻1号)は，自治体の自己統治の可能性をアルトジウスの多元，重層的統治論に見出す。**『年報政治学2007-Ⅱ』の特集『排除と包摂の政治学』**では，**齋藤純一**「排除に抗する社会統合の構想」が，ハーバーマスやロールズの議論の中に生の偶然性，有限性の相互承認に根ざした社会統合の思想を見るほか，**岡野八代**「シティズンシップ論再考」が，フェミニズムのケアの倫理や新しい責任論を紹介する。思想家の異文化体験を語る**山本周次『旅と政治』**(晃洋書房)，**土橋貴『国家と市民社会と公共性の変容』**(成文堂)も見逃せない。**松田博『グラムシ思想の探究』**(新泉社)は，サバルタン(従属的社会集団)論，ホモ・ファーベル(工作人)論の分析が光る。

(文責　鳴子博子)

政治史（日本）　　まず，内政について概観すると，2007年も，政党政治研究について，着実な業績の積み重ねが見られた。まず，**清水唯一朗『政党と官僚の近代』**(藤原書店)は，立憲制導入から政党政治確立に至る，政党・内閣・官僚の三者関係をめぐる制度設計と制度運用を検討し，政党・官僚の分立を前提とし，「官僚の政党化」を進めつつ，内閣・政務官・内閣補佐機構・審議会を通じて総合調整を図るという「立憲的統治構造」が政党政治期に成立したと指摘した。戦前期のみならず，戦後の政党政治・政官関係を考える際にも重要な問題提起を多く含むものといえよう。また，首相の政治指導を扱った論文に，注目すべきものが多い。**伏見岳人**「国家財政統合者としての内閣総理大臣」(『国家学会雑誌』120巻11・12号)は，桂太郎の第一次内閣期の財政問題をめぐる政治指導を論じ，元老から桂(世代)への政治権力の移行を実証的に明らかにした。研究史上の空白を埋める重要な論文といえる。さらに，**下重直樹**「日露戦後財政と桂新党」(『日本歴史』710号)は，第二次桂内閣の財政整理を検討し，桂と大蔵省の形成期財界への影響力拡大と政策主体統一の要請から，桂系官僚の政党化を論じた。**奈良岡聰智**「立憲民政党の創立」(『法学論叢』160巻5・6号)は，若槻首相の政治指導の欠陥を指摘しつつ，内閣総辞職の憲政会と分裂の危機に瀕する政友本党との合同，民政党成立の過程を論じた。また，**川田稔**「戦間期政党政治と議会制的君主

制の構造」(『思想』996号)は,原敬と浜口雄幸による帝国憲法の解釈・運用を論じ,独型君主制の英国型議会制的君主制への移行に向けた努力を説明している。

時代を遡ると,**小笠原正道**「士族反乱と民権思想」(笠原英彦編『近代日本の政治意識』慶應義塾大学出版会)は,西南戦争に対する板垣退助の「臨機応変」の判断の積み重ねが,挙兵からメディアを重視した言論活動へと立志社を導いたとする。また,**渡辺隆喜『日本政党成立史序説』**(日本経済評論社)は,地租改正や農民層分解という経済過程の分析を基礎に,自由民権期における政党の発展を明らかにすべく,地方政社の運動実態を丹念に追った。日露戦後の地域政治では,**伊藤之雄**「日露戦後の都市改造事業の展開」(『法学論叢』160巻5・6号)が,京都市における都市経営,第二疎水・上水道・道路拡築事業をめぐる市政界の動向を明らかにした。これは,1911年の市制改正前,市参事会制の下での市政運営の実例としても興味深い。**井竿富雄**「第一次世界大戦と民衆意識」(『日本史研究』535号)は,第一次大戦やシベリア出兵への国民動員が困難であったことを指摘し,**宮地忠彦**「大正後期の『内地在留朝鮮人』に対する『善導』主義政策の理論と実態」(『年報政治学2007−Ⅰ・排除と包摂の政治学』木鐸社)は,警察首脳の「善導」主義の意図と現場警察の厳しい取締りという,ある種の実施のギャップを論じている。最後に陸軍と政治をめぐっては,,**大前信也**「陸軍省軍務局と政治」(『日本政治研究』4巻1号)が,1936年の陸軍省官制改革が,陸軍の政治介入を機構的に強化するための,陸相の「国務」補佐機構の整備であったとして,軍務局軍事課の業務や組織を詳細に分析した。関連して,軍部大臣現役武官制を論じた筒井清忠『昭和十年代陸軍と政治』(岩波書店)も注目される。

次に,対外関係史・外交史に目を転じると,東アジアの地域秩序と,その中での日本のアジア主義を論じる,優れた論文集の刊行が相次いだ。**伊藤之雄・川田稔編著『20世紀日本と東アジアの形成』**(ミネルヴァ書房)は,明治天皇の東アジア安定化への寄与を論じた第一章にはじまり,東アジア地域やアジア主義に対する米国や英国の対応,陸軍の台頭やその対外認識・総力戦構想,ワシントン体制と国際連盟などを取り扱い,さらには,戦後の日本の防衛政策と安保体制に至るまで,多面的に東アジアの秩序とアジア主義を分析している。アジア主義という点では,**松浦正孝編著『昭和・アジア主義の実像』**(ミネルヴァ書房)は,中国人研究者の論文を多数含む共同研究の成果であり,台湾・華南・東南アジアを中心とする地域の日本の南進と昭和日本のアジア主義を多角的に論じている。その中で,松浦正孝は,日中戦争期における,台湾・「南洋」・「南支那」を舞台とした,華僑・経済ネットワークや中国の諸勢力を争奪しあう,日本と蒋介石政権の情報宣伝戦を論じた。その**松浦正孝**「汎アジア主義におけるインド『要因』」(石田憲編『膨張する

帝国　拡散する帝国』東大出版会）は，日中戦後の日本での反英主義の高まりを，在日インド人活動家と印僑ネットワークによる独立運動の影響や日英経済摩擦といった「インド要因」から説明する。華僑や印僑のネットワーク，各地域の政治勢力に着目して，日本の進出やアジア主義の内実を説明しようとする松浦の試みは，今後さらに，活かされるべき視点であろう。

　他方で，外交史研究は，全体的には，やや低調との感が否めない。だが，ロンドン海軍軍縮をめぐっては，**高杉洋平**「ロンドン海軍会議における主力艦制限先議問題」（『軍事史学』43巻2号），同じく**高杉洋平**「ロンドン海軍会議における『日仏提携』問題と海軍」（『国学院法政論叢』28輯）において，前者は，主力艦代換制限延長が日本側の最大関心であったが，米国の補助艦制限交渉先議の態度が，日本側の補助艦制限問題での譲歩を余儀なくさせたと指摘し，後者は，譲歩に対する海軍側の不満の根拠の一つに日仏提携論に基づく交渉継続要求があったと指摘した。同条約をめぐっては，その予備交渉から条約批准後の余剰金配分までの全過程を叙述した**関静雄**『ロンドン海軍条約成立史』（ミネルヴァ書房）が刊行された。また，**富田武**「満州事変前後の日ソ漁業交渉」（『歴史学研究』834号）は，1930～32年の漁業交渉を日ソ関係全体の中に位置づけて論じ，日本側の対ソ貿易拡大の期待や，ソ連の日ソ戦回避への配慮が妥協を可能にしたと論じている。

　戦後史では，**五十嵐仁編**『「戦後革新勢力」の源流』（大月書店）は，各章で，社共革新政党や労働・農民・女性・学生・沖縄など諸運動の戦後の出発を論じ，特に五十嵐（終章）は，戦後初期の諸運動のリーダーには，戦前の系譜を引く40代・50代が多いことを指摘して興味深い。また，**吉次公介**「戦後日米関係と日本国憲法」（同時代史学会編『日本国憲法の同時代史』日本経済評論社）は，戦後日米関係を論じ，憲法9条は，日米安保体制の強化を阻害するものであったが，他方では日本をアメリカの冷戦戦略につなぎとめる役割を果たしたと，その二面性を指摘する。最後に，**御厨貴編**『オーラル・ヒストリー入門』（岩波書店）が刊行された。聞き手の養成を通じて，口述による歴史資料がますます多く残され，歴史研究の裾野が広げられることを期待する。

　　　　　　　　　　　　　　　　　　　　　　（文責　森邊成一）

政治史・比較政治（西欧・北欧）　政治史の分野から見ていくと，まず，**篠原一**『歴史政治学とデモクラシー』（岩波書店）を挙げておきたい。著者がこれまで発表してきた「歴史政治学」に関する理論的論文5篇と，討議デモクラシー論に関する書き下ろし論文1篇が収められている。また，教科書としては，**杉本稔**『現代ヨーロッパ政治史』（北樹出版）を得た。コンパクトであるが，最近の英独仏政治の動きまでフォローしている。

個別分野でまず目に付くのは，ワイマール共和政崩壊をめぐる研究である。共産党の草の根の動きを丹念に追うことで，反ファシズム統一戦線のポテンシャルについて重層的立体的な考察を展開する星乃治彦『ナチス前夜における「抵抗」の歴史』（ミネルヴァ書房）のほか，ワイマール共和国を多面的に論じる星乃・田村栄子編『ヴァイマル共和国の光芒』（昭和堂）を得た。後者は，狭義の政治史研究として，大統領内閣とナチスの政権掌握阻止の関係を考察する熊野直樹「共和国救済の最後の選択肢？」を収録しているが，同書および熊野論文に対しては，小野清美「ワイマル共和国研究あるいは学問的議論の深化のために」（*Sprache und Kulutur*, 40）が批判を展開しているように，ワイマール末期の大統領内閣の評価は今改めて研究上の論争点になっていると言える。ナチズムについては，ヒトラーのカリスマ支配を「親密さの専制」という概念を用いて分析する田野大輔『魅惑する帝国』（名古屋大学出版会）が収穫である。

　政治史では，フランス第2共和政において導入された世界初の男子普通選挙制の具体的な姿を教えてくれる永井良和『普通選挙の幕開け』（芦書房），ハプスブルク二重帝国における選挙権拡大と「議会化」の問題を論じる平田武「オーストリア＝ハンガリー君主国における政治発展の隘路（1）」（『法学』71巻2号）のほか，高橋進「記憶の場——ムッソリーニ」（『日伊文化研究』XLV），田口晃「戦間期ウィーン市の住宅政策」（『北海学園大学法学部四十周年記念論文集　変容する世界と法律・政治・文化』），板橋拓己「ドイツ問題と中欧連邦構想」（『北大法学論集』57巻6号），土倉莞爾「キリスト教民主主義とコーポラティズム」（『関西大学法学論集』57巻4号），井関正久「西ドイツにおける抗議運動と暴力」（後掲『テロは政治をいかに変えたか』），藤井篤「アルジェリア戦争とフランスのカトリック」（『西洋史学』225号）を得た。

　近年，活況を呈している戦後ヨーロッパ国際関係史の分野であるが，本年も注目すべき作品を得た。川嶋周一『独仏関係と戦後ヨーロッパ国際秩序』（創文社）は，冷戦秩序の点でも欧州統合の点でも従来一般的に停滞的な時代と見なされてきた1960年代を70年代以降の国際秩序変容を準備した時代と捉え，ドゴール外交をこの国際政治変動の文脈との関連で位置づける労作である。同「欧州共通農業政策の成立とヨーロッパ統合の政体化」（明治大学『政経論叢』76巻1・2号）も注目できる。戦前期に関しては，石田憲「帝国と介入」（同編『膨張する帝国　拡散する帝国』東京大学出版会）が，第二次世界大戦前史に新たな視点を投げかけている。

　現代ヨーロッパ政治分析に移ろう。現代ヨーロッパ政治の注目点の一つである極右あるいは「新右翼」の動向に関しては，フランス国民戦線が「右翼権威主義政党」から，大衆のグローバル化に対する不安に応える「ナショナ

ル・ポピュリズム政党」へと転身していった過程を多角的に検討する**畑山敏夫**『**現代フランスの新しい右翼**』（法律文化社）が収穫である。このほか，**土倉莞爾**「現代フランスの極右とポピュリズム」（『関西大学　法学論集』56巻5・6号），**東原正明**「極右政党としてのオーストリア自由党（6）（7・完）」（『北海学園大法学研究』42巻4号，43巻1号），**クルト・リヒャルト・ルター**「オーストリア自由党とオーストリア未来同盟」（『開発論集』79号）がある。また，フランス政治については，フランスのパリテ法について紹介する**鈴木尊紘**「フランスにおける男女平等政治参画」（『外国の立法』233）を得た。

　「新しい右翼」の台頭の背景となっている移民問題に関しては，**近藤潤三**『**移民国としてのドイツ**』（木鐸社）を得た。同書は，移民問題の政治過程からドイツの政治システムの特徴を描き出している点でも貴重である。このほか，ドイツ政治の特徴を扱ったものに，**近藤正基**「『大連立国家』の変容（3・完）」（『法学論叢』161巻3号），**古田雅雄**「なぜドイツではネオリベラリズムが定着しないのか」（『奈良法学会雑誌』19巻3・4号），**小野耕二**「連邦議会の解散とメルケル政権の成立」（『法政論集』217），また，ドイツをはじめ大きな議論を引き起こしているトルコのEU加盟問題に関して，**八谷まち子編**『**EU拡大のフロンティア**』（信山社），**中谷毅**「トルコのEU加盟問題とドイツ」（『愛知学院大学宗教法制研究所紀要48号』）がある。

　移民問題とも関わって今日のヨーロッパ政治の重要なテーマとなっている「安全」の問題に関しては，日本比較政治学会年報が特集を組んでいる（『**テロは政治をいかに変えたか**』早稲田大学出版部）が，同書所収の**坪郷實・高橋進**「9・11事件以後の国内政治の変動と市民社会」が論じているように，安全や治安の問題は「市民社会」のあり方と密接に関わっており，前者の確保は後者の強化をこそ要請する。西欧の市民社会や参加デモクラシーに関しては，前述の篠原の著作のほか，市民社会の強化の問題を正面から扱う**坪郷實**『**ドイツの市民自治体**』（生活社）と**小川有美編**『**ポスト代表制の比較政治**』（早稲田大学出版部）を得たが，後者で大きく扱われているガヴァナンスの変容と地域・参加デモクラシーの関係は，近年とみに重要性を増しているテーマである。これについては，同書所収の**若松邦弘**「ネットワークガヴァナンスと民主主義」，**網谷龍介**「団体ガヴァナンスの民主化？」のほか，**宮島喬・若松邦弘・小森宏美編**『**地域のヨーロッパ**』（人文書院），また，**岡村茂**「フランスにおける市町村共同組織の展開とその問題性」（『愛媛大学地域創成研究年報』2号）および同「フランスにおける地域民主主義とガバナンス」（愛媛大学プロジェクトチーム編『えひめ知の創造』愛媛新聞社）を得た。また，ヨーロッパ各国のヨーロッパ統合への態度やヨーロッパ化の問題に関しては，**大島美穂編**『**EUスタディーズ3　国家・地域・民族**』（勁草書房），EUの政策過程については，**網谷龍介**「EUにおける社会政策のダイナミクス」

（樫村志郎編『規整と自律』法律文化社），同「ポストナショナルな統治体の動態的把握のために」（『社会科学研究』58巻2号）を得た。

　政党および政治的対立構造の変化に関しては，山本佐門「新世紀のドイツ社会民主党」（前掲『変容する世界と法律・政治・文化』），小野一「2005年連邦議会選挙とドイツ政党政治の変容」（『大原社会問題研究所雑誌』578），森本哲郎「現代政治における左右対立軸——持続と変化」（『関西大学法学論集』56巻5・6号）が注目できる。また，ロッカンらの「凍結仮説」論文の翻訳を収めた加藤秀治郎・岩渕美克編『政治社会学（第3版）』（一藝社）が出た。

（文責　野田昌吾）

　政治史・比較政治（北米）　アメリカ政治の分野では，久保文明編著『アメリカ外交の諸潮流——リベラルから保守まで』（日本国際問題研究所）が，アメリカの国内政治がいかに外交政策形成に影響を及ぼすのかを，共和党，民主党の各イデオロギー集団の動向から分析し，従来の国別，政策分野別研究とは異なる分析手法として注目される。また，アメリカの現代政党制の持つ意味を，外交政策を通して描き出した研究ともなっている。

　古矢旬，山田史郎編著『権力と暴力』（アメリカ研究の越境 第2巻）（ミネルヴァ書房）には，古矢旬「アメリカニズムと暴力」，中野勝郎「自由の暴力，秩序の暴力，言葉の暴力」，佐々木卓也「戦争とアメリカ外交」の各章がある。また，西山隆行「都市社会の秩序と暴力」は都市政治の観点から，ニューヨーク市で採用された「割れ窓戦略」を通して，都市の秩序と暴力を分析している。久保文明，有賀夏紀編著『個人と国家のあいだ——家族・団体・運動』（アメリカ研究の越境 第4巻）（ミネルヴァ書房）には，岡山裕「二大政党」，石澤靖治「ジャーナリズム批判と自己統治」，久保文明「個人と国家のあいだからアメリカを考える」などが収められており，学際研究における民主主義の多角的な研究の成果を示している。

　州議会に関する研究では，藤本一美『ネブラスカ州における一院制議会』（東信堂）が，歴史研究では，平体由美『連邦制と社会改革—— 20世紀初頭アメリカ合衆国の児童労働規制』（世界思想社）がある。

　論文では，政治研究の方法論について，待鳥聡史「比較現代アメリカ政治研究は何を目指すべきなのか——一つの試論」（『レヴァイアサン』40号），政党制について，同「少数党による議会中継専門放送局の活用——共和党優位の形成過程における一側面」（『法学論叢』160巻5・6号）が丹念な検証を行っている。

　政治制度については，森脇俊雅「2000年代の議員定数再配分と選挙区画再編成——アメリカと日本における諸問題」（『法と政治』58巻2号）が，選挙

区割りの問題を取り上げ示唆に富む．**細野豊樹**「民主党の復権——アメリカ中間選挙の分析」(『国際問題』559号) は，民主党が議会両院で多数派を獲得した2006年選挙を選挙区レベルで分析している．政治家の育成については，**久保文明**「アメリカの政治家はどう育てられているか」(『アステイオン』66号)，大統領制を支える制度については，**廣瀬淳子**「アメリカの大統領行政府と大統領補佐官」(『レファレンス』57巻5号) がある．

福祉国家の変容については，**水谷(坂部)真理**「アメリカ福祉国家の再編(1)——リスクの私化と1990年代の分岐点」(『名古屋大学法政論集』220号) がクリントン政権等の分析の枠組みを提示しており，都市政治については，**平田美和子**「アメリカにおける大都市政府の復活——1990年代のサンベルトを中心に」(『武蔵大学人文学会雑誌』38巻3号) が，大都市圏政府設立ブームを検証している．

イラク戦争に関しては，**前嶋和弘**「日米のイラク政策についての報道と世論の分析——日米比較の観点から」(『敬和学園大学人文社会科学研究所年報』5号) と，同「悪の社会構築——イラク戦争についての日米のメディアの比較分析」(『敬和学園大学研究紀要』16号)，国土安全保障については，**川久保文紀**「移民と国土安全保障——9・11テロ以後の文脈を中心に」(『中央学院大学法学論叢』20巻1・2号)，同「『ホームランド』としてのアメリカ——言説分析を中心として」(『中央学院大学法学論叢』21巻1号) がある．

資料としては，**藤本一美，濱賀裕子，末次俊之**編『資料・戦後米国大統領の「一般教書」第3巻』，『同第4巻』(大空社) の貢献がある．

(文責　廣瀬淳子)

政治史・比較政治（中南米）　2007年も2誌が中南米の「政権交代」「左傾化」を特集した．『海外事情』2007年2月号「ラテンアメリカの政権交代」で，**恒川惠市**は世論調査の分析から「現在の左派は革命左派ではなく」，「民主主義を支持しているがその機能に満足していない人々が左派を支持している」と左傾化現象を読み解く．**遅野井茂雄**は制度外のカリスマ・リーダーが台頭したペルーとボリビアの開発アプローチを比較し前者がチリ・モデル，後者はチャベス的革命左派と対照的であることを示す．**後藤政子**はカストロ以後のキューバが直面する公正さと市場原理導入のバランスの問題を考察．

一方，『ラテンアメリカレポート』24巻1号では**松下洋**が新自由主義批判から誕生したとされる左派政権を「社民的左派」「ポピュリスト的左派」に二分してネオポピュリズムと比較し，前者もネオポピュリズム政権と同様に新自由主義を踏襲せざるを得ないこと，後者は新自由主義批判から古典的ポピュリズムに近似しながらもそれを政策化しうるのは石油収入があるベネズエラのみであるから，左傾化による社会改革は限定的と分析する．同号には

2006年にブラジル（近田亮平），ニカラグア（田中高），エクアドル（**新木秀和**），ベネズエラ（**坂口安紀**）で行われた大統領選挙の分析が，同誌24巻2号にはウルグアイ・バスケス政権の中間評価（**佐藤亜季**），チャベスが人民権力と位置づける「地域住民委員会」の問題点（**林和宏**）に関する論考がある。ニカラグアについては尾尻希和「ニカラグア政党政治の研究」（『東京女子大学紀要論集』57巻2号）も2006年選挙を中心に同国政治史を概観する。

国別ではメキシコ研究が豊富である。国本伊代「メキシコ革命憲法制定議会と代議員」（『中央大学論集』28号）は当時としてはきわめて急進的な1917年憲法の成立過程を代議員団の経歴と思想面から分析する。**松下冽**「脱権威主義に向かうメキシコ」（『立命館国際研究』20巻1号），**箕輪茂**「民主化したメキシコ市政府の応答性」（『イベロアメリカ研究』29巻1号）は分権化と民主主義の質の問題を扱う。**高橋百合子** 'Explaining Split-Ticket Voting in the 2000 Federal Elections in Mexico'（『ラテンアメリカ研究年報』27号）は2000年選挙の分割投票は民主革命党PRD支持者の一部がフォックスに戦略的に投票したために生じたと分析する。小倉英敬「メキシコの政治的変化と2006年7月大統領選挙」（『常磐会学園大学研究紀要』7号）は新自由主義的政策が社会的格差を拡大したことがPRDの漸進的伸張をもたらしているとみる。

南部諸国については，**篠崎英樹**「地方ボスの台頭――ペロニスタ党の組織変容からの一考察（1983〜1987）」（『ラテンアメリカ論集』41号），軍政期人権侵害を扱った**杉山知子『国家テロリズムと市民――冷戦期のアルゼンチンの汚い戦争』**（北樹出版），浦部浩之「堅実だがきわめて緩慢なチリにおける正義の追求」（獨協大学外国語学部言語文化学科『マテシス・ウニウェルサリス』，9巻1号）がある。

（文責　内田みどり）

政治史・比較政治（ロシア・東欧）　　2008年5月に首相となったプーチンが大統領であった8年間にロシアは復活した。2004年以来のEU拡大で，バルト三国，チェコ，ハンガリー，ポーランド，スロヴァキア，スロヴェニア，ルーマニア，ブルガリアはEU加盟国となった。この地域での体制移行と現代政治の研究の必要が増している。

そうした研究だけでなく，**塩川伸明**は，ソ連という実験の失敗を「予め自明なものとしてではなく，深く掘り下げる作業が必要」（『多民族国家の興亡I　民族と言語』岩波書店，2004年，iv頁）であると主張している。この視点からの塩川の作業が，**『多民族国家ソ連の興亡II　国家の構築と解体』**，**『同III　ロシアの連邦制と民族問題』**（岩波書店）として完結した。塩川の著作は，ソ連（ロシア）における民族・エスニシティ問題をめぐる実験と経験の内容をさまざまな対立軸と論点が織りなす重層的な構造として描くことによって，

ソ連という実験が何であったかを改めて考えさせることに成功している。とくに，『興亡Ⅱ』での，共産党の組織構造と連邦制（民族）の関係の丹念な実証（第2章）とロシア・ナショナリズムの特異性の問題提起（第3章）が興味深い。『興亡Ⅱ』はソ連の連邦制についての，『興亡Ⅲ』は現代ロシアの連邦制についての概説として読むことができ，『興亡Ⅱ』での共和国党の分析（第2章），『興亡Ⅲ』でのタタルスタン（第2章）とチェチェン（第3章）の分析に見られるように，現地の視点を組み込んでいる。それは，日本における地域からのソ連・ロシア研究の成果の反映と見ることができるだろう。

なお，塩川には，『興亡Ⅱ』の第1章で扱われているペレストロイカからソ連解体に到る過程について，「ソ連解体の最終局面──ゴルバチョフ・フォンド・アルヒーフの資料から」（『国家学会雑誌』120巻7・8号）がある。ペレストロイカにおける連邦制問題の浮上の原因論や連邦制問題をめぐる対立構造の整理等ペレストロイカをめぐってはなお検討すべき論点も多いように思われる。塩川には，「国家の統合・分裂とシティズンシップ：ソ連解体前後における国籍法論争を中心に」（塩川伸明，中谷和弘編集〈法の再構築Ⅱ〉『国際化と法』東京大学出版会）もある。

中田瑞穂「東中欧における市民社会組織の発展と熟議＝参加デモクラシー」（小川有美編『ポスト代表制の比較政治──熟議と参加のデモクラシー』早稲田大学出版部）は，ハプスブルク帝国の時期にまで遡る「社会組織の継続」があることによって，東中欧諸国には，「新しい民主主義を支えるものとして市民社会の成長」を促す条件があると指摘している（53頁）。社会主義のもとでの社会について，国により時期により，さまざまな議論があった。一方では，政府が個人と社会を統制する全体主義社会というイメージがあり，他方ではこのイメージにはずれる，アトム化された個人からなる社会という側面や非公式な手続と関係によって維持される私生活領域の存在も強調されてきた。社会論について，伝統社会との連続性もふくめ今後も研究が必要だろう。

仙石学「東欧諸国の年金制度──比較政治学の視点からの多様性の説明の試み」（『西南学院大学法学論集』第39巻4号）は，「生活保障的な要素の強い基礎年金と所得保障的側面を有する付加年金」という多柱型年金制度の共有と「その中での制度の組み合わせの相違」に着目して（1ページ），チェコ，ハンガリー，ポーランド，スロヴァキア，スロヴェニア，ブルガリア，ルーマニア（これらの国はEU加盟）における年金改革の国内政治的条件の検討をめざしている。こうした視点は，この地域で何がどのように選択されたかを考えるうえで重要であり，興味深い。

（文責　樹神　成）

政治史・比較政治（アジア）　東アジア地域については,「歴史認識問題」やナショナリズムをテーマにした，あるいは直接的なテーマとはしないもののそれらを念頭に置いて書かれと思われる著作が少なくない。

木村幹 'Nationalistic Populism in Democratic Countries of East Asia' (*Journal of Korean Studies*, Vol.16, No.2）は，具体的なデータを示しながら，グローバリゼーションの進展によって東アジアの国々と東アジア以外の国々との結びつきが強まったことにより，東アジアの国々にとって，同じ東アジアに位置する隣国の重要性がむしろ相対的に低下してきていると論じ，互いにとっての相対的な重要性の低下が，東アジアの国々で，隣国に対して攻撃的なナショナリズムの台頭を招いた重要な要因になっていると主張する。

しかし同じ著者による**木村幹**「『地域研究』と『外国研究』としての『日本における朝鮮／韓国研究』」(『国際協力論集』15巻1号）や**木村幹**「日韓関係における『歴史の再発見』に関する一考察」(『国際協力論集』15巻2号）は，グローバリゼーションの進展によって，国民国家の権威が失墜し,「国民であること」の意味も縮小し，東アジアの国々における隣国に対する言説が多様化してきていると論じている。この2つの議論は必ずしも相容れないものではないが,「国民であること」の意味の低下とナショナリズムの台頭の双方を整合的に説明する議論が今後展開されることを期待したい。

この他，韓国については，現代韓国政治についての実証的な研究である**河東賢**「韓国におけるマニフェスト普及と政策移転ネットワーク形成」(『アジア経済』48巻11号）や高宗と閔妃の生涯を詳述した**木村幹**『高宗・閔妃——然らば致し方なし』(ミネルヴァ書房) などがある。

中国については，清朝時代の中国を長期的な視点から俯瞰することによって現代中国の政治状況の理解の糧を提供することも目指した**平野聡**『大清帝国と中華の混迷』(講談社)，中国共産党が1920年代後半から30年代前半の時期にすでに支配権を確立していた2つの農村地域における党と農民の関係について論じた**髙橋伸夫**『党と農民——中国農民革命の再検討』(研文出版) がある。**加々美光行**『鏡の中の日本と中国——中国学とコ・ビヘイビオリズムの視座』(日本評論社) は，日本人による中国研究を歴史的に振り返るとともに，現在においてもなお日本の中国研究者と中国の研究者との間の対話が少ないことを指摘し，そのことが日本人の中国認識に歪みを生じさせており，さらにはそうした歪みが日本政府の対中政策にも影を落としていると論じている。そうした中にあって，**広井良典・沈潔編**『中国の社会保障改革と日本——アジア福祉ネットワークの構築に向けて』(ミネルヴァ書房) は，日中の研究者が対話を重ねながら，共通の問題関心と理論的枠組みの下で日中両国の社会保障改革を比較分析したものとして注目される。

台湾については，**岩谷將**「訓政制度設計をめぐる蔣介石・胡漢民対立：党

と政府・集権と分権」(『アジア研究』第53巻第2号),東南アジアについては,**伊藤未帆**「ドイモイ期ベトナムにおける民族寄宿学校の役割——1990年代の少数民族幹部養成政策と『第7プログラム』」(『アジア研究』第53巻第1号),**五十嵐誠一**「マルコス体制崩壊過程における市民社会の実相——民主化をめぐるヘゲモニー闘争に着目して」(『アジア研究』第53巻第1号),南アジアについては,**山本盤男**『連邦国家インドの財政改革の研究』(九州大学出版会),**志賀美和子**「労働争議における植民地政府の役割——1918〜33年マドラス州の場合」(『アジア経済』第48巻第11号)などの実証的な論文が書かれている。

またアジア諸国を対象とした大規模な国際的世論調査である Asia Barometer の調査結果を分析したものとして,**猪口孝・Sanjay Kumar・三上了** 'Macro-Political Origin of Micro-Political Differences: A Comparison of Eleven Societies in East and South Asia' (*Japanese Journal of Political Science*, Vol. 8, No.3) と**猪口孝・三上了・藤井誠二** 'Social Capital in East Asia: Comparative Political Culture in Confucian Societies' (*Japanese Journal of Political Science*, Vol.8, No.3) がある。

(文責　浅見靖仁)

政治史,比較政治(アフリカ)　アフリカ現代政治を研究するときに大切なことは,歴史を知り,社会のあり方を学ぶことである。例えば,冷戦の代理戦争であったモザンビーク内戦を題材として,紛争後の国民的和解を論じたいのであれば,**舩田クラーセンさやか**『モザンビーク解放闘争史——「統一」と「分裂」の起源を求めて』(御茶の水書房)は必須の文献である。現在の原油高の一因となっている石油産出地域における抗争など,紛争事例に富むナイジェリアの社会を理解するには,**落合雄彦・金田知子**『アフリカの医療・障害・ジェンダー——ナイジェリア社会への新たな複眼的アプローチ』(龍谷大学国際社会文化研究所叢書／晃洋書房)が有益な視座を与えてくれる。2007年12月の大統領選挙における不正が原因で死者1000人を超えたケニアの大暴動を研究するには,植民地時代のイギリスによる土地収奪にまで遡らないと十分な理解ができないし,**津田みわ**「キバキ政権発足後のケニア憲法見直し問題——2005年新憲法案の国民投票否決を中心に」(『アジア経済』48号4巻)が集めた詳細な資料を利用して,ケニア政界の状況を理解することが必要である。

その国全体を知るためには,**岡倉登志**『エチオピアを知るための50章』(明石書店)や**私市正年**『モロッコを知るための65章』(明石書店)といったシリーズものが出版されている。また,アジア経済研究所が年2回発行している『アフリカレポート』にも重要な情報が満載されている。

アフリカ政治学において,「国家」をめぐる議論には長い蓄積がある。昨年

は，佐藤章編『統治者と国家 アフリカの個人支配再考』（アジア経済研究所），『アフリカ研究』71号における「特集　アフリカにおける人間の安全保障と国家」に寄せられた，高橋基樹「アフリカにおける人間の安全保障と国家：アフリカ研究と国家および人間」，花谷厚「政府開発援助における『人間の安全保障』の実践から見たアフリカの国家と開発」，佐藤誠「人間安全保障概念の再検討とアフリカ研究」，遠藤貢「内と外の論理からみたアフリカ国家とその変容」，落合雄彦「分枝国家シエラレオネにおける地方行政——植民地期の史的展開」に加えて，戸田真紀子「民主化がもたらした異議申し立て——ナイジェリア第四共和制の『民族・宗教』紛争」（『国際政治』149号）など，多岐にわたる論文が発表された。

　「紛争後」を扱った研究としては，南アのアパルトヘイト後の和解を記述した阿部利洋『紛争後社会と向き合う 南アフリカ真実和解委員会』（京都大学学術出版会）や，杉木明子「難民開発援助とエンパワーメントに関する予備的考察——ウガンダの事例から」（神戸学院大学法学37巻1号）が力作である。また，思想史として，荒木圭子は「南アフリカにおけるガーヴィーイズムの展開——パン・アフリカニズムからアフリカニズムへ」（『法學政治學論究』72号）を論じた。

（文責　戸田真紀子）

国際政治　　国際政治の分野では戦争や紛争に関する研究が多くを占めた。特にその理論研究としては，小松志朗「戦争と国家」（岩崎正洋・坪内淳編『国家の現在』芦書房）が，戦争と平和に関する伝統的理論を踏まえつつ，今日の戦争が主体と目的の多様化という点で変化していることに注目し，国家の役割も暴力を管理する主体へと変わっていると論じている。野田和彦「パワー・シフト理論と日米開戦」（『アジア研究』53巻4号）は戦争開始の原因を理論的に解明するためにパワー・シフト理論を提示し，さらにこの理論の有効性を日米開戦の事例によって検証している。同じ筆者による「リアリズムの戦争原因論」（『文明』9号）は，戦争原因に関するリアリズムの諸理論の意義と問題点を整理している。小林正弥「地球公共的霊性の哲学的展望」（『平和研究』32号）は，現代世界における「文明の衝突」の根底に原理主義的宗教の衝突があると見なし，それを乗り越えるための手がかりとして地球公共的霊性という概念を提起している。

　戦争や紛争に関する実証研究としては，石井貫太郎「リンドン・B・ジョンソンの政治哲学」（『目白大学　文学・言語学研究』3号）がジョンソン政権下におけるアメリカのベトナム戦争拡大を概観しつつ，ジョンソン大統領にそのような決断をさせた要因を明らかにし，過酷な時代環境の中で厳しい選択を迫られた大統領の悲劇性に注目している。三須拓也「非介入の名のも

とでの介入」（緒方貞子・半澤朝彦編『グローバル・ガヴァナンスの歴史的変容』ミネルヴァ書房）は，1960年から64年にかけてコンゴで活動した国連軍に対し，アメリカのケネディ政権がどのような影響力を及ぼしたかを検証している。野田葉「ハマーショルド国連事務総長の危機外交（3・完）」（『法学雑誌』53巻3号）は，国連事務総長が国際危機に際して，加盟諸国の単なる利害調整にとどまらず，自立した外交を展開し得ることを実証的に示している。藤井篤「アルジェリア戦争と日仏関係」（『香川法学』27巻2号）は，アルジェリア戦争における日本，フランス，民族解放勢力の関係を追跡し，日仏友好とAA連帯の狭間に置かれた日本の立場を分析した論文である。鳥潟優子 'Reexamining de Gaulle's Peace Initiative on the Vietnam War' (*Diplomatic History*, Vol. 31, No. 5) は，ベトナム戦争に対するドゴールの政策を公文書等に依拠しつつ跡付けた研究だ。

今日の国際秩序のあり方に関する理論研究にも着実な進展が見られた。猪口孝『国際関係論の系譜』（東京大学出版会）は，世界大戦や冷戦時代の国際関係論を概括した上でグローバル時代の国際関係論がどのように再編されるのかを展望し，さらに日本および東アジアの国際関係を考えるための理論的枠組を提示している。西川吉光『覇権と地域協力』（学文社）は，ヨーロッパからアジア太平洋地域までを視野に収め，大国による覇権の追求と諸国家が進める地域協力という二つの方向性を軸として，冷戦後の国際政治構造の特徴や趨勢を分析した研究書だ。石田淳「国内秩序と国際秩序の『二重の再編』」（『国際法外交雑誌』105巻4号）は「国内秩序と国際秩序の共振」の理論枠組を提示し，国内秩序の動揺と国際秩序の変容における政治動学を解明している。大串和雄「国境を超える社会」（江頭憲治郎・碓井光明編『法の再構築Ⅰ 国家と社会』東京大学出版会）は，国境を超えて活動する社会アクターの研究史を振り返り，トランスナショナル社会運動増加の実態と背景要因を分析し，近年のトランスナショナル社会運動の特徴的な形態や有効性を論じている。宮脇昇「国際政治における嘘と〈as if game〉」（『立命館大学 政策科学』14巻2号）は，国際政治において破約を行う国が，国際的合意にあたかも（as if）反しないかのごとく虚偽の言辞を生む行為を「as if 的行動」と定義し，それに起因する外交ゲームを「as if game」として理論化している。吉川宏「国際社会における自助の位相変化」（『北海学園大学法学部四十周年記念論文集 変容する世界と法律・政治・文化』）は，今日，国家の存在形態が著しく変化したことから，国家の自立は専ら自助によるのでなく，他者依存とのバランス関係の中に見出されるべきことを説く。庄司真理子・宮脇昇編『グローバル公共政策』（晃洋書房）は，グローバル社会における公共政策のあり方を理論化するとともに，国連，WTO，EU，サミット，NGO，企業等に適用してその政策決定過程を分析し，さらに人間の安全保障，

軍備管理，民主化，地球環境，ジェンダー等の地球的課題にどう立ち向かったらよいかを考察した共同研究である。

地域研究的アプローチによる成果も少なくなかった。川久保文紀「移民と国土安全保障」（『中央学院大学法学論叢』20巻1・2号）は，9・11テロ以後のアメリカの国土安全保障政策を分析対象とし，グローバル化時代における移民問題の扱い方への問題提起を行っている。また同じ筆者による「『ホームランド』としてのアメリカ」（『中央学院大学法学論叢』21巻1号）は，アメリカの展開する対テロ戦争の実態を，「ホームランド・セキュリティ」という分析視角から探っている。田中俊郎・小久保康之・鶴岡路人編『EUの国際政治』（慶應義塾大学出版会）は，EU域内の政治秩序と，EUの対外関係とを動態的に関連付け，国際政治現象としてのEUの姿を捉え直した共同研究である。大島美穂編『EUスタディーズ3 国家・地域・民族』勁草書房）もEUに関する共同研究だが，こちらはEUの機能的側面を，それぞれの国・地域・民族の視点から包括的に捉えようとしているのが特色であろう。川原彰「市民社会論の〈リアリズム〉」（『法学新報』114巻3・4号）は，主としてポーランドの政治活動家ミフニクの言説に即しながら，グローバル化時代における暴力と民主主義の関係を探っている。鹿島正裕 'The Arab States and Arab Nationalism'（押川文子編 *Enduring States*，京都大学地域研究統合情報センター）は，1920年代から今日に至るアラブ世界で愛国主義がいかに培われてきたかを分析している。

日本をめぐる外交史の方面でも，興味深い研究が見られた。信夫隆司は「佐藤－ニクソン会談（1969年）の準備段階における日米繊維交渉」（『政経研究』43巻4号），「佐藤－ニクソン会談（1969年）における日米繊維問題」（『政経研究』44巻1号），「日米繊維交渉における米第一次協定案と第二次協定案」（『日大法学』73巻2号）という3つの研究論文において，若泉敬とキッシンジャーを中心に据え，日米繊維交渉のプロセスを実証的に跡付けた。西田敏宏「ワシントン体制と国際連盟・集団安全保障」（伊藤之雄・川田稔編『20世紀日本と東アジアの形成』ミネルヴァ書房）は，日・米・英の政策展開を中心としつつ，ワシントン体制の実相を外交史研究の立場から考察している。

服部龍二・土田哲夫・後藤春美編『戦間期東アジア国際政治』（中央大学出版部）は，日・米・英・独・中・旧ソ連等で公開された新資料を積極的に取り入れつつ，戦間期の日本外交及び東アジア情勢を多角的かつ実証的に跡付けた共同研究である。

（文責　河原地英武）

2008年度文献委員会

1. 本委員会では各分野を次の委員が担当した。田村哲樹〈政治学・政治理論〉, 三船　毅〈日本政治・政治過程〉, 堀　雅晴〈行政学・地方自治〉, 冨田宏治〈政治思想（日本・アジア）〉, 鳴子博子〈政治思想（欧米）〉, 森邊成一〈政治史（日本）〉, 野田昌吾〈政治史・比較政治（西欧・北欧）〉, 廣瀬淳子〈政治史・比較政治（北米）〉, 内田みどり〈政治史・比較政治（中南米）〉, 樹神成〈政治史, 比較政治（ロシア・東欧）〉, 浅見靖仁〈政治史・比較政治（アジア）〉, 戸田真紀子〈政治史, 比較政治（アフリカ）〉, 河原地英武〈国際政治〉。なお全体的な調整は, 委員長の岩本美砂子が行った。

2. 分野の名称については前年度を踏襲した。学界展望の執筆に当たっては, 会員からの業績自己申告を基本としたが, 各委員が独自に調べた結果も反映している。委員によるコメントは簡潔にし, できるだけ多くの研究業績を紹介するよう配慮したが, 申告のあった全ての業績を紹介することは, 紙幅の関係でできなかった。会員の皆様に, お許しを乞いたい。なお, 複数の分野で紹介されている業績もある。「研究業績自己申告」要領（ニューズレター掲載, 2007年12月）に基づき本委員会が受理した文献数は, 212名, 313点であった。『年報政治学2006-Ⅱ』は実質上2007年に入っての刊行であったので, 所収の論文について言及している。

　最後になったが, 業績の申告や著書・論文などのご送付を頂いた会員の皆様, ならびに独自の調査を加えて学界展望をご執筆頂いた委員の皆様に, 心からお礼を申し上げたい。

（文責　岩本美砂子）

2008年度日本政治学会総会・研究会日程

日時　2008年10月11日（土）〜10月13日（月）
場所　関西学院大学西宮上ヶ原キャンパス

【第1日目】10月11日（土）
Ａ：10：00－12：00　《分科会》

Ａ1．デモクラシーと権力
司会者：千葉真（国際基督教大学）
報告者：杉田敦（法政大学）「デモクラシーの危機―その現状と課題」
　　　　権左武志（北海道大学）「近代民主主義の思想とその現代的変容」
討論者：高安健将（成蹊大学）

Ａ2．現代政治におけるポピュリズム現象
司会者：宮本太郎（北海道大学）
報告者：遅野井茂雄（筑波大学）「現代ラテンアメリカにおけるポピュリズムの再登場」
　　　　袴田茂樹（青山学院大学）「ロシアにおけるポピュリズム―プーチンの高支持率が意味するもの」
　　　　内山融（東京大学）「日本におけるポピュリズム―「境界戦略」の観点から」
討論者：大嶽秀夫（同志社女子大学）・五十嵐武士（東京大学）

Ａ3．2007年参議院選挙の分析
司会者：川人貞史（東北大学）
報告者：池田謙一（東京大学）「2007年参院選挙の分析―「選択の幅」の視点から」
　　　　森裕城（同志社大学）「団体－政党関係の諸相―JIGS 2調査の分析」
　　　　河村和徳（東北大学）「2007年統一地方選挙から参議院選挙にかけてみられる連続性と非連続性」
討論者：丹羽功（近畿大学）・堤英敬（香川大学）

Ａ4．分割政府の比較政治
司会者：竹中治堅（政策研究大学院大学）
報告者：待鳥聡史（京都大学）「分割政府の比較政治学―事例としてのアメリカ」
　　　　安井宏樹（神戸大学）「ドイツにおける分割政府と法案形成過程の関係」

　　　　　吉田徹（北海道大学）「フランスの事例―コ＝アビタシオンの政治学」
討論者：鈴木基史（京都大学）

A5. 昭和の外交官―有田八郎，重光葵，東郷茂徳
司会者：酒井哲哉（東京大学）
報告者：服部聡（大阪外語大学）「有田八郎―その戦前と戦後」
　　　　井上寿一（学習院大学）「重光葵の戦前と戦後―〈デモクラシー〉と外交」
　　　　鈴木多聞（日本学術振興会）「日米戦争と東郷茂徳」
討論者：服部龍二（中央大学）

A6. 多元化する規範空間とその共振―NGOs という紐帯
司会者：赤根谷達雄（筑波大学）
報告者：足立研幾（立命館大学）「レジーム間相互作用の促進アクターとしてのNGO―通常兵器ガヴァナンスを中心に」
　　　　宮脇昇（立命館大学）「NGO と国家の対立―ブーメラン効果の限界」
　　　　西谷真規子（神戸大学）「国際規範形成における NGO の二正面戦略」
討論者：赤根谷達雄（筑波大学）

A7. 行政制度国際比較データベースの構築に向けて
司会者：山口二郎（北海道大学）
報告者：増島俊之（聖学院大学）「行政制度・運営の国際比較データ・ベースの構築について」
討論者：上村進（総務省）・縣公一郎（早稲田大学）・広瀬淳子（国会図書館）

A8. 東アジアの環境悪化と人口高齢化が国際政治にどのような変化をもたらすか
司会者：猪口孝（中央大学）
報告者：亀山康子（国立環境研究所）「環境政策協調―気候保全に向けた国際制度構築」
　　　　徳田安春（聖ルカ・ライフサイエンス研究所）「健康と信頼―アジア29カ国分析」
　　　　武川正吾（東京大学）「東アジアにおける共通社会政策の可能性」
　　　　大谷順子（九州大学）「人口政策―東アジアの場合」
討論者：加藤節（成蹊大学）・五百旗頭真（防衛大学校）・廣瀬和子（上智大学）・田中明彦（東京大学）・馬征峰（東京大学）・太田宏（早稲田大学）

10：30－13：30 《政治学のフロンティア　1》
Ⅰ－1．伊藤俊介（慶應義塾大学）「投票行動における市民的能力の再検討」
Ⅰ－2．中村悦大（愛媛大学）「都市地方の政治意識変動の検討」
Ⅰ－3．冨田晃正（東京大学）「経済国際化によるアメリカ通商政策の変容―資本と労働の観点から」
Ⅰ－4．荻森正尊（早稲田大学）・尾崎敦司（早稲田大学）・笹岡伸矢（明治大学）・関能徳（早稲田大学）・三上了（中央大学）「国家横断的な政治制度・選挙データセットの構築―マクロ政治分析のフロンティア」
Ⅰ－5．川橋郁子（早稲田大学）「行政権限委譲と分権要求運動の連関―スコットランド，ウェールズの比較歴史分析」
Ⅰ－6．山下孝子（慶應義塾大学）「「承認の政治」理論の展開― 1990年代以降の政治理論を中心に」
Ⅰ－7．藤原郁郎（大阪大学）「コースの定理におけるコアの空集合問題―厚生経済における社会選択理論とゲーム理論の枠組みにおいて」
Ⅰ－8．福田康恵（田園調布学園大学）「EUにおける臨床研究とジェンダー政策」
Ⅰ－9．浅羽祐樹（山口県立大学）・大西裕（神戸大学）・春木育美（立教大学兼任講師）「李明博政府の誕生と政党政治―大統領制における政府形成に対するゲーム理論的分析」
Ⅰ－10．鎌原勇太（慶應義塾大学）「強度の異なる内戦の発生に関する研究―発生初年度の死者数の観点から」
Ⅰ－11．谷口尚司（帝京大学）「対戦型公共財供給ゲームとしての選挙と投票率のダイナミズム」

B：13：00－15：00　《分科会》
B1．アジアの民主主義と信頼
司会者：小林良彰（慶應義塾大学）
報告者：恒川惠市（政策研究大学院大学）「「信頼」と民主化―理論と現実」
　　　　河田潤一（大阪大学）「社会資本・信頼と民主主義」
　　　　岩崎正洋（日本大学）「アジアの民主主義と市民社会」
　　　　三上了（中京大学）「国家への信頼と民主制への支持―ルシアン・パイの政治文化論とアジア・バロメーターを手がかりに」
討論者：末廣昭（東京大学）・小野耕二（名古屋大学）・遠藤貢（東京大学）・廣瀬和子（上智大学）・玉田芳史（京都大学）

B2．政党，選挙，有権者
司会者：堤英敬（香川大学）
報告者：三村憲弘（早稲田大学）「国民意識における党派的対立軸の二重構造」

上神貴佳（高知大学）「地方議会選挙における候補者の党派と有権者の認識」
討論者：三船毅（愛知学泉大学）・日野愛郎（首都大学東京）

B3. 日本政治史における軍政
司会者：瀧口剛（大阪大学）
報告者：大前信也（同志社女子大学）「クーデタと官僚制—二・二六事件前後の陸軍軍政幕僚」
　　　コンペル・ラドミール（横浜国立大学）""Long End": The Struggle over the Early Postwar Okinawa"
討論者：楠綾子（大阪大学）

B4. 市民社会におけるナショナルなものについて
司会者：川原彰（中央大学）
報告者：岡本仁宏（関西学院大学）「市民社会概念の展開とナショナリズム」
　　　越智敏夫（新潟国際情報大学）「政治理論における忠誠と倫理の組織化について」
　　　寺島俊穂（関西大学）「市民活動とシティズンシップ—ナショナルな意識形成の対抗軸として」
討論者：押村高（青山学院大学）

B5. 経路依存，市民社会，福祉国家
司会者：鹿毛利枝子（東京大学）
報告者：佐々田博教（ワシントン大学）「経路依存の構造—アイディアが生み出すポジティブ・フィードバック効果が制度進化の過程に与える影響」
　　　ボホロディチ・ベアタ（A．ミツキェビッチ大学）"Civil Society in Poland after 1989: The Role of the State"
　　　加藤雅俊（名古屋大学）「転換期の福祉国家分析に向けて—段階論と類型論の再考」
討論者：平井由貴子（筑波大学）・松本俊太（名城大学）

B6. ヨーロッパ政治におけるオポジションの機能
司会者：杉本稔（日本大学）
報告者：河崎健（上智大学）「ドイツにおける「野党」の変化とその意味— 1990年の統一以降を中心に」
　　　渡辺容一郎（日本大学）「イギリス保守党の「オポジション」力—政治的マーケティングに見る現状と課題」

討論者：谷藤悦史（早稲田大学）・平島健司（東京大学）

B7. 各国の地方分権
司会者：北村亘（大阪市立大学）
報告者：岡村茂（愛媛大学）「市町村間共同組織と地域の民主主義」
　　　　石見豊（国士舘大学）「スコットランドと欧州構造基金—政府間関係の視点から」
　　　　舟木律子（神戸大学）「ボリビアにおける分権改革—「大衆参加法」成立をめぐって」
討論者：西山隆行（甲南大学）

14：00－17：00 《政治学のフロンティア　2》
Ⅱ－1．谷口将紀（東京大学）「政党支持概念史序説」
Ⅱ－2．川村一義（東北大学）「55年体制下の国会運営と選挙」
Ⅱ－3．新井真太郎（慶應義塾大学）「日本における新自由主義の受容と拒絶—新聞の内容分析を通して」
Ⅱ－4．前田幸男（東京大学）「内閣支持の認知枠組」
Ⅱ－5．武蔵勝宏（同志社大学）「政治の大統領制化と立法過程への影響」
Ⅱ－6．笠原樹也（神戸大学）「自主クーデターと軍—ペルー軍にとってフジモリの自主クーデターとは何であったか」
Ⅱ－7．城下賢一（京都大学）「岸内閣期の日米貿易問題」
Ⅱ－8．松本淳（慶應義塾大学）「選挙公約や国会審議にみられる代議士の政策選好」
Ⅱ－9．驛賢太郎（神戸大学）「橋本政権以後における財政再建をめぐる政策形成過程」
Ⅱ－10．中村仁（東京大学）「キャリア官僚における「部内均衡」と呼ばれる人事慣行に関する一考察」
Ⅱ－11．中馬瑞貴（慶應義塾大学）「ロシア中央・地方関係—連邦中央と連邦構成体の対立と合意」

C：15：30－17：30 《分科会》
C1. 大連合の政治学
司会者：大嶽秀夫（同志社女子大学）
報告者：小野一（工学院大学）「ドイツ・大連立をめぐる政党政治論的分析—移行期レジームか，政界再編成の終着点か」
　　　　古賀光生（東京大学）「大連合と急進主義—多極共存民主主義体制の異なる変容過程」

討論者：野田昌吾（大阪市立大学）

C2. 市民社会の構造的特徴に関する比較分析
司会者：河田潤一（大阪大学）
報告者：渡辺登（新潟大学）「日本の市民社会の構造―地域社会からの把握」
　　　　羅一慶（中京大学）「韓国の市民社会の構造」
討論者：片山善博（慶應義塾大学）・森正（愛知学院大学）

C3. 東アジアと拡大EUの比較研究
司会者：猪口孝（中央大学）
報告者：山本吉宣　（青山学院大学）「地域統合―理論化と問題点」
　　　　山影進（東京大学）「東アジア地域統合の現状と課題」
　　　　羽場久美子（青山学院大学）「拡大EUと東アジア共同体―比較政治の観点から」
　　　　猪口邦子（衆議院議員）「社会政策―少子高齢化のアジアとEU比較」
討論者：舒旻（早稲田大学）「中国から見た，アジアとヨーロッパ統合」
　　　　袴田茂樹（青山学院大学）「ロシアから見た，アジアとヨーロッパ統合」
　　　　五十嵐武士（東京大学）「アジア，ヨーロッパに対するアメリカの役割」

C4. 選挙，議員，党首
司会者：杉本稔（日本大学）
報告者：長富一暁（早稲田大学）「イギリスにおける選挙区割りについての研究の最新動向」
　　　　孫斉庸（東京大学）「野党所属議員の議会活動におけるインセンティヴ構造」
　　　　窪田明（東京福祉大学）「日本政治での政治家の起用」
討論者：荒木義修（武蔵野大学）

C5.「国際関係をめぐる思想」
司会者：初瀬龍平（京都女子大学）
報告者：梅田百合香（桃山学院大学）「ホッブスの国際関係論―自然法と諸国民の法について」
　　　　小南浩一（北陸大学）「戦後平和運動の一潮流―世界連邦運動の思想と展開」
　　　　大賀哲（九州大学）「デモクラシーの領域性とガヴァナンスの脱領域性―シャンタル・ムフにおけるデモクラシー論の質的変容」
討論者：小林誠（お茶の水大学）

C6. 戦時日本の国民意識―国策グラフ雑誌『写真週報』を通じて
司会者：酒井正文（平成国際大学）
報告者：玉井清（慶應義塾大学）「『写真週報』にみる戦時日本の対英米観とその変容」
　　　　岩村正史（高崎経済大学）「『写真週報』にみる戦時日本のドイツ観」
　　　　奥健太郎（東海大学）「『写真週報』にみる戦時日本の労務動員―女性労働を中心に」
討論者：服部龍二（中央大学）・前山亮吉（静岡県立大学）

C7. 官僚制と政策過程
司会者：石上泰州（平成国際大学）
報告者：西東克介（弘前学院大学）「専門家の専門性と個人主義・集団主義の政治文化を背景とする官僚制」
　　　　鷲野巣鼓弓（法政大学）「厚生行政の変容における政策過程の一考察―医師不足と歯科医師過剰問題」
　　　　上久保誠人（早稲田大学）「官邸主導と省庁―小泉政権の外交政策の転換を事例として」
討論者：桑原英明（中京大学）

C8. 国際交流委員会　ロシア政治学会との交流セッション
司会者：伊東孝之（早稲田大学）
報告者：セルゲイ・チュグロフ（MGIMO）"Japanese Foreign Policy: Russian View"
　　　　六鹿茂夫（静岡県立大学）「ロシア―グルジア戦争と日本のユーラシア外交」
討論者：岩下明裕（北海道大学）・永綱憲悟（亜細亜大学）

18：00－20：00　懇親会

【第2日目】10月12日（日）
D：10：00－12：00　《分科会》
D1. 分権時代のガバナンス
司会者：曽我謙悟（神戸大学）
報告者：松沢成文（神奈川県知事）「「知事多選禁止条例」制定への取組み」
　　　　名取良太（関西大学）「分権時代の「相乗り」選挙―「相乗り」の発生メカニズムに関する分析」

　　　　砂原庸介（神戸大学）「分権時代の二元代表制―議会の視点から」
討論者：金井利之（東京大学）

D2．近代日本おける国民統合とソーシャル・コントロールの思想
司会者：松田宏一郎（立教大学）
報告者：菅原光（専修大学）「明治前期における秩序問題への関心―西周を中心に」
　　　　小宮一夫（國學院大学）「「条約改正」と「民」の教導―明治期対外政策に見る国民像」
　　　　宮地忠彦（立教大学）「大正期警察行政と「朝鮮人問題」対策の構築―関東大震災期を中心に」
討論者：酒井哲哉（東京大学）・松田宏一郎（立教大学）

D3．司法政治
司会者：ダニエル・フット（東京大学）
報告者：牧原出（東北大学）「政治化と行政化のはざまの司法権―最高裁判所の定着をめぐる政治過程」
　　　　岡山裕（慶應義塾大学）「二つのアメリカ行政国家― 20世紀前半における行政機構と「司法の領分」」
　　　　福元健太郎（学習院大学）「事前規制型社会から事後裁定型社会へ―ゲーム論的アプローチ」
討論者：ダニエル・フット（東京大学）

D4．「都市―農村関係」の政治学
司会者：西澤由隆（同志社大学）
報告者：白鳥浩（法政大学）「日本政治における「都市」対「地方」―構造的な「中心－周辺」の出現：政党論を中心に」
討論者：岡田浩（金沢大学）・西澤由隆（同志社大学）

D5．市民性とは何か―シティズンシップ・エデュケーションの現状と課題
司会者：足立幸男（関西大学）
報告者：小林正弥（千葉大学）「シティズンシップ・エデュケーションの理念と課題―コミュニタリアニズム的共和主義の観点から」
　　　　白石克孝（龍谷大学）「地域公共人材に期待される能力とそれを社会化する仕組みについて」
　　　　佐野亘（京都府立大学）「公民教育はどのようなものであるべきか？―現代社会における公民教育の不可避性と困難」

討論者：杉田敦（法政大学）・深尾昌峰（きょうとNPOセンター）

D6. フレクシキュリティとヨーロッパ社会モデルの揺らぎ
司会者：高橋進（龍谷大学）
報告者：石田徹（龍谷大学）「欧州雇用戦略とフレクシキュリティ―ヨーロッパ社会モデルの現代化が意味するもの」
　　　　畑山敏夫（佐賀大学）「フランス社会モデルの危機とフレクシキュリテ（fléxicurité）」
　　　　馬場優（立命館大学）「オーストリアにおけるフレクシキュリティ」
討論者：宮本太郎（北海道大学）

D7. 寛容の政治理論
司会者：萩原能久（慶應義塾大学）
報告者：大澤麦（首都大学東京）「自由と信従―寛容論の思想的源泉としての良心」
　　　　森達也（専修大学）「価値多元論と寛容の道徳心理学」
　　　　松元雅和（慶應義塾大学）「現代自由主義社会における寛容―少数派文化権の是非をめぐる一考察」
討論者：山岡龍一（放送大学）

D8. 国際交流委員会　韓国政治学会との交流セッション
司会者：磯崎典世（学習院大学）
報告者：張勳（中央大学）"Reforming Initial Choices: Moving away from Majoritarian Democracy in South Korea"
　　　　全在晟（ソウル大学）"South Korea's Foreign Policy in the 21st Century"
討論者：磯崎典世（学習院大学）・若畑省二（前信州大学）

E：13：00－15：00　《分科会》
E1. 多元的に進化する現代民主主義―規範論と経験論の対話から見えるもの
司会者：千葉真（国際基督教大学）
報告者：山田陽（東京大学）「熟議民主主義における正当化―その批判的一考察」
　　　　井手弘子（東京大学）「日本における討議民主主義をめぐる実証研究」
　　　　細井優子（法政大学）「EUの民主的ガバナンスにおける討議民主主義の意義―国境を越える市民のデモクラシー：プランDを事例に」
討論者：田村哲樹（名古屋大学）・大賀哲（九州大学）

E2. 戦後政治の再編と1970年代

司会者：天川晃（放送大学）
報告者：福永文夫（獨協大学）「大平正芳と「三角大福」の時代」
　　　　竹中佳彦（筑波大学）「党内少数派の首相と世論―三木武夫・中曽根康弘・小泉純一郎」
　　　　若月秀和（北海学園大学）「1970年代の冷戦対立構造の変動と日本外交」
討論者：雨宮昭一（獨協大学）・中北浩爾（立教大学）

E3. 政治・行政不信をどうするか
司会者：橋本信之（関西学院大学）
報告者：大山耕輔（慶應義塾大学）「信頼とガバナンスはなぜ必要か―政府と市民の視点から」
　　　　菊地端夫（明治大学）「日本政府はどう対応しているか―国際比較の視点から」
　　　　増山幹高（慶應義塾大学）「信頼と参加はどう関係するのか―国・県・市町村の視点から」
討論者：新川達郎（同志社大学）

E4. 環境政策の現在
司会者：足立幸男（関西大学）
報告者：遠藤崇浩（総合地球環境学研究所）「水銀行における政府の役割―制度変化との関連」
　　　　金基成（山梨大学）「日本における気候保護政策とガバナンス」
討論者：申東愛（北九州市立大学）

E5. 政治分析単位としての国家・再考
司会者：岩崎正洋（日本大学）
報告者：坪内淳（山梨大学）「政治の単位としての国家をどうみるか」
　　　　杉浦功一（和洋女子大学）「非国家主体と国家との共存は可能か」
　　　　小松志朗（早稲田大学）「戦争における国家の役割は変わったのか」
討論者：三竹直哉（駒沢大学）・岩崎正洋（日本大学）

E6. 政治思想と国際政治の境界線
司会者：杉田敦（法政大学）
報告者：佐藤高尚（成蹊大学）「18世紀スコットランド啓蒙の国際政治観―ヒュームとスミスを中心にして」
　　　　市川美南子（東京福祉大学）「境界線の政治と政治の境界線―国際社会における例外状況と非決定性」

北村治（関東学院大学）「国際政治思想とは何か―国境を超える正義の可能性と限界」
討論者：山田竜作（日本大学）・押村高（青山学院大学）

E7. 政治学教育―何をどのように教えるのか
司会者：市川太一（広島修道大学）
報告者：依田博（京都女子大学）「政治学教育の意義と実践―ジェネリック・スキル，カリキュラム，そしてFD」
矢田部順二（広島修道大学）「大学1年生に国際関係史をどう教えるか―初年次における専門導入教育の試み」
加藤普章（大東文化大学）・武田知己（大東文化大学）「学年別に見た政治学の理解と政治学教育―大東文化大学の事例から」
討論者：中道壽一（北九州市立大学）・松田哲（京都学園大学）

E8. アイデンティティ，ナショナリズム，マイノリティ
司会者：関口正司（九州大学）
報告者：末廣幸恵（国際教養大学）「ウッドロー・ウィルソンと愛国心」
田中悟（神戸大学）「近代会津の戦死者とアイデンティティ」
福嶋美佐子（法政大学）「都市コミュニティの国際化とマイノリティのエンパワーメント」
討論者：施光恒（九州大学）

E9. 国際交流委員会　国際交流セッション「世界の日本政治研究」
司会者：谷口将紀（東京大学）
報告者：エリス・クラウス（カリフォルニア大学サンディエゴ校）"Research in the US on Japanese Politics"
ヴェレーナ・ブレヒンガー（ベルリン自由大学）"The State of Political Science Research on Japan in Europe"
李利範（国民大学）「韓国における日本研究の動向」
討論者：竹中治堅（政策研究大学院大学）

F：15：30―17：30　《分科会》
F1. 政治学におけるマルチエージェントシミュレーション・モデル
司会者：河野武司（慶應義塾大学）
報告者：荒井紀一郎（早稲田大学）「選挙分析とマルチエージェントシミュレーション・モデル―適応学習による投票参加モデルの検証」
富崎隆（駒沢大学）「政治経済学とマルチエージェントシミュレーショ

ン・モデル―政治的景気循環論の比較制度理論の試み」
　　　　三上了（中央大学）「比較政治学とマルチエージェントシミュレーション―ソ連崩壊研究を例として」
討論者：井戸正伸（早稲田大学）・品田裕（神戸大学）

F2. 多文化主義の政治学
司会者：網谷龍介（明治学院大学）
報告者：飯田文雄（神戸大学）「現代リベラリズムと多文化主義―潜在能力アプローチは多文化主義の問題を取り扱えるのか？」
　　　　津田由美子（獨協大学）「ベルギーの多文化政策と移民問題」
　　　　渋谷謙次郎（神戸大学）「ロシア多民族連邦制と多文化主義」
討論者：早川誠（立正大学）

F3. 途上国の政党論
司会者：遠藤貢（東京大学）
報告者：青山弘之（アジア経済研究所）「レバノン―国家内国家になろうとする政党連合」
　　　　佐藤章（アジア経済研究所）「コートディヴォワールの政党制―「少数者のゲーム」下の政治的コミュニケーション」
　　　　見市建（岩手県立大学）「インドネシアにおける民主化と政治的安定―イスラームの「制度化」をめぐって」
討論者：出岡直也（慶應義塾大学）

F4. 地方自治の理論的分析
司会者：北村亘（大阪市立大学）
報告者：青木栄一（国立教育政策研究所）「行政委員会の政策選択―知事による教育委員任命の政策結果への影響」
　　　　嶋田暁文（九州大学）「制度化の政治学―移送サービスと農泊（グリーンツーリズム）をめぐって」
　　　　曽我謙悟（神戸大学）「政治経済学から見た大都市―東京一極集中は地方分権により緩和されるのか？」
討論者：伊藤修一郎（筑波大学）

F5. 自由主義レジームの多様性と変容の政治過程
司会者：神江伸介（香川大学）
報告者：篠田徹（早稲田大学）「対抗的運動言説の復権―米国労働運動再生の政治過程に関する一考察」

新川敏光（京都大学）「もう一つの自由主義レジーム―カナダの労働と福祉国家」
討論者：阪野智一（神戸大学）・森脇俊雅（関西学院大学）

Ｆ６．ソーシャル・キャピタル研究のフロンティア
司会者：鹿毛利枝子（東京大学）
報告者：坂本治也（琉球大学）「日本における３次結社型団体の実態分析―JIGS-2データを用いて」
　　　徳久恭子（立命館大学）「コミュニティの再生？―結節点としての学校」
　　　山岸敬和（南山大学）「アメリカ医師会と医療政策」
討論者：安岡正晴（神戸大学）

Ｆ７．国際機関の法制化と民主制
司会者：大矢根聡（同志社大学）
報告者：山田高敬（首都大学東京）「NGOの「民主化」要求に対する世界銀行の能動的反応―官僚組織文化の内発的再編と複合的学習」
　　　福田耕治（早稲田大学）「EUをめぐる法制化とデモクラシー」
　　　庄司真理子（敬愛大学）「国連をめぐる法制化と民主制―国連グローバル・コンパクトを事例として」
討論者：山田敦（一橋大学）・大矢根聡（同志社大学）

Ｆ８．市民教育の思想と理論
司会者：関口正司（九州大学）
報告者：竹島博之（福岡教育大学）「多文化社会のシティズンシップ教育―アイデンティティ論の視点から」
　　　施光恒（九州大学）「日本の人権教育のより効果的な形態の探求―リベラリズムと文化との関係性の現代的理解に基づいて」
　　　辻康夫（北海道大学）「寛容思想の歴史的前提」
討論者：川出良枝（東京大学）・山岡龍一（放送大学）

Ｆ９．日本の政策形成の分析
司会者：福元健太郎（学習院大学）
報告者：田中雅子（東京大学）「連立政権下の福祉縮減過程― 1994年と2004年の年金改正を中心に」
　　　水田岳志（東京大学）"A Quantitative Analysis of Post-war Japanese Agricultural Protectionism and Its Political Condition"
　　　岩石徹（神戸大学）「九十年代以後の政治と行政の両者における改革進

展の分析」
討論者：菅原琢（東京大学）

【第3日目】10月13日（月）
G：10：00—12：00　共通論題
G1．シンポジウム　ポスト・デモクラシー
司会者：網谷龍介（明治学院大学）
報告者：平野浩（学習院大学）「ミリュー，ナラティヴ，参加と選択—投票行動研究から見た「ポスト・デモクラシー」論」
　　　　建林正彦（同志社大学）「ポストデモクラシーか，多様なデモクラシーか」
　　　　三浦まり（上智大学）「ポスト・デモクラシーにおける合意と競争」
討論者：川崎修（立教大学）・網谷龍介（明治学院大学）

12：00—13：00　総会

H：13：30—16：30　市民公開国際交流シンポジウム
H1．NPO・NGOの役割と課題に関する国際比較—日本・アジア・欧州—
司会者：伊藤光利（神戸大学）
報告者：片山善博（慶應義塾大学）「地方自治体におけるNPOの果たす役割と課題」
　　　　岡本仁宏（関西学院大学）「日本の福祉におけるNPO・NGOの役割と課題」
　　　　室崎益揮（関西学院大学）「日本の災害ボランティアの役割と課題」
　　　　鄭美愛（梨花女子大学）「韓国における市民運動の役割と課題」
　　　　坪郷實（早稲田大学）「ヨーロッパにおけるNPO・NGOの役割と課題」

『年報政治学』論文投稿規程

※第9条の「投稿申込書」は，日本政治学会のホームページからダウンロードできます（URL: http://wwwsoc.nii.ac.jp/jpsa2/publication/nenpou/index.html）。

1．応募資格
　　・日本政治学会の会員であり，応募の時点で当該年度の会費を納入済みの方。

2．既発表論文投稿の禁止
　　・応募できる論文は未発表のものに限ります。

3．使用できる言語
　　・日本語または英語。

4．二重投稿の禁止
　　・同一の論文を本『年報政治学』以外に同時に投稿することはできません。
　　・同一の論文を『年報政治学』の複数の号に同時に投稿することはできません。

5．論文の分量
　　・日本語論文の場合，原則として20,000字以内（注，参考文献，図表を含む）とします。文字数の計算はワープロソフトの文字カウント機能を使って結構ですが，脚注を数える設定にして下さい（スペースは数えなくても結構です）。半角英数字は2分の1字と換算します。図表は，刷り上がり1ページを占める場合には900字，半ページの場合には450字と換算して下さい。
　　　論文の内容から20,000字にどうしても収まらない場合には，超過を認めることもあります。ただし査読委員会が論文の縮減を指示した場合には，その指示に従って下さい。
　　・英語論文の場合，8,000語（words）以内（注，参考文献，図表を含む）とします。図表は，刷り上がり1ページを占める場合には360語（words），半ページの場合には180語（words）と換算して下さい。
　　　論文の内容から8,000語にどうしても収まらない場合には，超過を認めることもあります。ただし査読委員会が論文の縮減を指示した場合には，その指示に従って下さい。

6．論文の主題

・政治学に関わる主題であれば，特に限定しません。年報各号の特集の主題に密接に関連すると年報委員会が判断した場合には，特集の一部として掲載する場合があります。ただし，査読を経たものであることは明記します。

7．応募の締切
・論文の応募は年間を通じて受け付けますので，特に締切はありません。ただし，6月刊行の号に掲載を希望する場合は刊行前年の10月末日，12月刊行の号に掲載を希望する場合は刊行年の3月末日が応募の期限となります。しかし，査読者の修正意見による修正論文の再提出が遅れた場合などは，希望の号に掲載できないこともあります。また，査読委員会が掲載可と決定した場合でも，掲載すべき論文が他に多くある場合には，直近の号に掲載せず，次号以降に回すことがありますので，あらかじめご了承ください。掲載が延期された論文は，次号では最優先で掲載されます。

8．論文の形式
・図表は本文中に埋め込まず，別の電子ファイルに入れ，本文中には図表が入る位置を示して下さい。図表の大きさ（1ページを占めるのか半ページを占めるのか等）も明記して下さい。また，他から図表を転用する際には，必ず出典を各図表の箇所に明記して下さい。
・図表はスキャン可能なファイルで提出してください。出版社に作成を依頼する場合には，執筆者に実費を負担していただきます。
・投稿論文には，審査の公平を期すために執筆者の名前は一切記入せず，「拙著」など著者が識別されうるような表現は控えて下さい。

9．投稿の方法
・論文の投稿は，ワードまたは一太郎形式で電子ファイルに保存し，『年報政治学』査読委員会が指定する電子メールアドレス宛てに，メールの添付ファイルとして送信して下さい。投稿メールの件名（Subject）には，「年報政治学投稿論文の送付」と記入して下さい。
・なお，別紙の投稿申込書に記入の上，投稿論文と共にメールに添付して送付して下さい。
・また，投稿論文を別に3部プリントアウト（A4用紙に片面印刷）して，査読委員会が指定する宛先に送ってください（学会事務局や年報委員会に送らないようにご注意ください）。
・送付された投稿論文等は執筆者に返却致しません。

10．投稿論文の受理

・投稿論文としての要件を満たした執筆者に対しては,『年報政治学』査読委員会より,投稿論文を受理した旨の連絡を電子メールで行います。メールでの送受信に伴う事故を避けるため,論文送付後10日以内に連絡が来ない場合には,投稿された方は『年報政治学』査読委員会に問い合わせて下さい。

11. 査読
    ・投稿論文の掲載の可否は,査読委員会が委嘱する査読委員以外の匿名のレフリーによる査読結果を踏まえて,査読委員会が決定し,執筆者に電子メール等で結果を連絡します。
    ・なお,「掲載不可」および「条件付で掲載可」と査読委員会が判断した場合には,執筆者にその理由を付して連絡します。
    ・「条件付で掲載可」となった投稿論文は,査読委員会が定める期間内に,初稿を提出した時と同一の手続で修正稿を提出して下さい。なお,その際,修正した箇所を明示した修正原稿も電子メールの添付ファイルとして送って下さい。

12. 英文タイトルと英文要約
    ・査読の結果,『年報政治学』に掲載されることが決まった論文については,著者名の英文表記,英文タイトル,英文要約を提出いただくことになります。英文要約150語程度（150 words）になるようにして下さい（200語以内厳守）。査読委員会は原則として手直しをしないので,執筆者が各自で当該分野に詳しいネイティヴ・スピーカーなどによる校閲を済ませて下さい。

13. 著作権
    ・本『年報政治学』が掲載する論文の著作権は日本政治学会に帰属します。掲載論文の執筆者が当該論文の転載を行う場合には,必ず事前に文書で本学会事務局と出版社にご連絡下さい。また,当該『年報政治学』刊行後1年以内に刊行される出版物への転載はご遠慮下さい。
    ・また,投稿論文の執筆に際しては他人の著作権の侵害,名誉毀損の問題を生じないように充分に配慮して下さい。他者の著作物を引用するときは,必ず出典を明記して下さい。
    ・なお,万一,本『年報政治学』に掲載された執筆内容が他者の著作権を侵害したと認められる場合,執筆者がその一切の責任を負うものとします。

14. その他の留意点
    ・執筆者の校正は初校のみです。初校段階で大幅な修正・加筆をすることは

認められません。また，万が一査読委員会の了承の下に初校段階で大幅な修正・加筆を行った場合，そのことによる製作費用の増加は執筆者に負担していただきます。
・本『年報政治学』への同一の著者による論文の投稿数については何ら制限を設けるものではありませんが，採用された原稿の掲載数が特定の期間に集中する場合には，次号以下に掲載を順次繰り延べることがあります。

査読委員会規程

1. 日本政治学会は，機関誌『年報政治学』の公募論文を審査するために，理事会の下に査読委員会を置く。査読委員会は，委員長及び副委員長を含む7名の委員によって構成する。

    査読委員会委員の任期は2年間とする。任期の始期及び終期は理事会の任期と同時とする。ただし再任を妨げない。

    委員長及び副委員長は，理事長の推薦に基づき，理事会が理事の中から任命する。その他の委員は，査読委員長が副委員長と協議の上で推薦し，それに基づき，会員の中から理事会が任命する。委員の選任に当たっては，所属機関，出身大学，専攻分野等の適切なバランスを考慮する。

2. 査読委員会は，『年報政治学』に掲載する独立論文および特集論文を公募し，応募論文に関する査読者を決定し，査読結果に基づいて論文掲載の可否と掲載する号，及び配列を決定する。特集の公募論文は，年報委員長と査読委員長の連名で論文を公募し，論文送付先を査読委員長に指定する。

3. 査読者は，原則として日本政治学会会員の中から，専門的判断能力に優れた者を選任する。ただし査読委員会委員が査読者を兼ねることはできない。年報委員会委員が査読者になることは妨げない。査読者の選任に当たっては，論文執筆者との個人的関係が深い者を避けるようにしなければならない。

4. 論文応募者の氏名は査読委員会委員のみが知るものとし，委員任期終了後も含め，委員会の外部に氏名を明かしてはならない。査読者，年報委員会にも論文応募者の氏名は明かさないものとする。

5. 査読委員長は，学会事務委託業者に論文応募者の会員資格と会費納入状況を確認する。常務理事は学会事務委託業者に対して，査読委員長の問い合わせに答えるようにあらかじめ指示する。

6. 査読委員会は応募論文の分量，投稿申込書の記載など，形式が規程に則しているかどうか確認する。

7. 査読委員会は，一編の応募論文につき，2名の査読者を選任する。査読委員会は，査読者に論文を送付する際に，論文の分量を査読者に告げるとともに，論文が制限枚数を超過している場合には，超過の必要性についても審査を依頼する。

    査読者は，A，B，C，Dの4段階で論文を評価するとともに，審査概評を報告書に記載する。A～Dには適宜＋または－の記号を付してもよい。記号の意味は以下の通りとする。

    A：従来の『年報政治学』の水準から考えて非常に水準が高く，ぜひ掲載すべき論文

　　　　B：掲載すべき水準に達しているが，一部修正を要する論文
　　　　C：相当の修正を施せば掲載水準に達する可能性がある論文
　　　　D：掲載水準に達しておらず，掲載すべきではない論文。
　　査読者は，BもしくはCの場合は，別紙に修正の概略を記載して査読報告書とともに査読委員会に返送する。またDの場合においては，論文応募者の参考のため，論文の問題点に関する建設的批評を別紙に記載し，査読報告書とともに査読委員会に返送する。査読委員会は査読者による指示ならびに批評を論文応募者に送付する。ただし査読委員会は，査読者による指示ならびに批評を論文応募者に送付するにあたり，不適切な表現を削除もしくは変更するなど，必要な変更を加えることができる。
　　AないしCの論文において，その分量が20,000字（英語論文の場合には8,000語）を超えている場合には，査読者は論文の内容が制限の超過を正当化できるかどうか判断し，必要な場合には論文の縮減を指示することとする。
8．修正を施した論文が査読委員会に提出されたときは，査読委員会は遅滞なく初稿と同一の査読者に修正論文を送付し，再査読を依頼する。ただし，同一の査読者が再査読を行えない事情がある場合には，査読委員会の議を経て査読者を変更することを妨げない。また，所定の期間内に再査読結果が提出されない場合，査読委員会は別の査読者を依頼するか，もしくは自ら査読することができるものとする。
9．最初の査読で査読者のうち少なくとも一人がD（D＋およびD－を含む。以下，同様）と評価した論文は，他の査読者に査読を依頼することがある。ただし，評価がDDの場合は掲載不可とする。修正論文の再査読の結果は，X（掲載可），Y（掲載不可）の2段階で評価する。XYの場合は，委員会が査読者の評価を尊重して掲載の可否を検討する。
10．査読委員会は，年報委員長と協議して各号に掲載する公募論文の数を決定し，その数に応じて各号に掲載する公募論文を決定する。各号の掲載決定は，以下の原則によるものとする。
　　1）掲載可と判断されながら紙幅の制約によって前号に掲載されなかった論文をまず優先する。
　　2）残りの論文の中では，初稿の査読評価が高い論文を優先する。この場合，BBの評価はACの評価と同等とする。
　　3）評価が同等の論文の中では，最終稿が提出された日が早い論文を優先する。
　　上記3つの原則に拘らず，公募論文の内容が特集テーマに密接に関連している場合には，その特集が組まれている号に掲載することを目的として掲載号を変えることは差し支えない。
11．応募論文が特集のテーマに密接に関連する場合，または応募者が特集の一

部とすることを意図して論文を応募している場合には，査読委員長が特集号の年報委員長に対して論文応募の事実を伝え，その後の査読の状況について適宜情報を与えるものとする。査読の結果当該論文が掲載許可となった場合には，その論文を特集の一部とするか独立論文として扱うかにつき，年報委員長の判断を求め，その判断に従うものとする。
12. 査読委員長，査読委員及び査読者の氏名・所属の公表に関しては，査読委員長の氏名・所属のみを公表し，他は公表しない。

付則1
1．本規程は，2005年10月より施行する。
2．本規程の変更は，理事会の議を経なければならない。
3．本規程に基づく査読委員会は2005年10月の理事会で発足し，2006年度第2号の公募論文から担当する。最初の査読委員会の任期は，2006年10月の理事交代時までとする。

付則2
1．本規程は，2007年3月10日より施行する。

The Annuals of
Japanese Political Science Association 2008-II

Summary of Articles

The Influence of Central-Local Relations on Fiscal Deficits:
Fiscal Deficits, Japanese Style?

Wataru KITAMURA (11)

This article analyses the difference in the rates of an increase in fiscal deficits between central and local government in Japan. Since the mid 1970s, central government had boosted its own deficits, whereas local government deficits had grown at a slow pace.

The existing literature stresses the importance of the institutional arrangement which biased in favour of the Ministry of Home Affairs (MoHA), responsible for local government finance. However, it fails to explain why, during the periods of 1975-84 and 1989-98, there was a marked increase in central government deficits, despite a slight increase in local government deficits.

In this article, I argue that the political game of local government finance among the ruling Liberal Democratic Party (LDP), the MoHA, and the Ministry of Finance (MoF) does matter in explaining the unique pattern of Japanese fiscal deficits. The LDP, encountering the political instability, preferred fiscal expansion without taxation. Knowing the LDP' policy preference, the MoHA strongly requested the MoF to raise the unconditional lump-sum grants to local government. As a result of the LDP's influence, the MoF reluctantly surrendered to the MoHA.

Relaxation of Intergovernmental Regulations and Institutional Choice of Local Governments: The Case of Board of Education Reform in Japan

Yusuke MURAKAMI (37)

In political science, there are many studies related to institutional choice. Previous studies, however, have exclusively considered the case of the national government. When we analyze the institutional choice of local governments, we must focus on intergovernmental relations and the socioeconomic context because the policy choices of local governments are restricted by these factors.

In Japan, the national government obliges the local governments to establish the Board of Education. After the decentralization reforms, this regulation was criticized. However, if this regulation is relaxed, we are not certain whether local governments would be able to establish efficient and useful institutions.

We conducted an empirical analysis to answer this question. In this research, we asked mayors whether the Board of Education would be retained or abolished if they could choose, and analyzed the type of mayors who wished to abolish the institution.

We discovered that political conditions are the most important factors for institutional choice. The mayor wishes to abolish the institution when the mayor is supported from voters strongly but he or she can't have good relation to local assembly. The socioeconomic context, the mayors' evaluation of the current system and their preferences for educational policy influence their choices; however, these factors are less effective than the political contexts. Intergovernmental regulation prevents political conditions from influencing institutional choices. Therefore, it is not necessary that local governments would establish efficient and useful institutions if the intergovernmental regulation is abolished.

The Political Analysis of the Intergovernmental Governance:
The Political Process of 'Real Estate Excise Tax' in Korea
          Kyung Tae NAM and Min Kyu LEE (59)

The purpose of the paper is to explore the reduction process of 'Real Estate Excise Tax' in Korea by using 'Rational Choice Model of Local Decentralization'. To improve our comprehension of what this process should take into account, we ask two questions: 1) why did the ruling party (The Uri Party) target the reduction of 'Real Estate Excise Tax' that occupied most ratios in local tax, and 2) why did the opposition party change policy preference; The opposition party (The Grand National Party) insisted on reducing taxes for a long time. For this, we demonstrate that the ruling party lost almost all local powers in the Fourth Nationwide Local Elections in May 2006, and the opposite party occupied more than two thirds of local government; As a result, the ruling party weakened the discretion of local governments.

The Political Process of the 2000 Decentralization Reforms
              Yoshitaka ICHIKAWA (79)

This article examines the political process of the 2000 decentralization reforms in Japan. Since World War II, most of the decentralization reforms have been frustrated in Japan. The 2000 decentralization broke this cycle and can be regarded as the most successful compared to the previous faltering attempts.

This article identifies 'the structure of the frustration' behind the previous attempts. Though many researchers have tried to find out the reason of the success of the 2000 decentralization, they have failed to identify 'the structure of the frustration' and, as a result, have not given satisfactory explanations for the reason of the success. After identifying 'the structure of the frustration', the article depicts the political process of the 2000 decentralization as an overcoming process of that structure.

Unlike many failed decentralization attempts, the 2000 decentralization acquired the support of the business and, as a result, high legitimacy among the government agenda. The article explains this process as 'the politics of ideas'. The second distinctive feature of the 2000 decentralization was the creation of a highly influential advisory committee. The third distinction was the control exerted within this committee by members of 'local government policy community' who formed the majority. This article addresses how the committee formation was strongly influenced by Prime Minister Murayama and Chief Cabinet Secretary Igarashi who had the obvious intention of backing 'local government policy community'

Lower Budget, More Risks: A Study on Policy Process of Governance in Public Hospital Reform

Kiyosada SOMAE (100)

This article tries to clarify how unpopular policy alternatives to sell public hospitals have been taken place in several prefectures. Approaching historically, the essence of public hospital is carefully examined to conclude that hospital is rather socially dependent. The role of a hospital in an area is determined by existing medical network there and the decision to reform medical system is likely to be independent for the area government. Since actors in this policy area should have medical expertise as well as historical background, the authorities, especially of National Ministries, is not prerequisite for hospital system reform. In addition, survivor issue plays a critical role in the policy process. There were many problems to be solved and the dificit in public hospital account was one of them. Although it seemed politically unpopular, it was relatively easy to handle for those prefectures. Thus circumstances around decisionmaker determine how the reform would go. Finally the author implies governance might carry clearer policy making but never promise good policy outcomes. Decisionmakers learn others' expprerience very hard for two reasons: introduction cost would decline and moreover it can evade systemic meltdown from which people would suffer.

What Does Education Mayor Take Over? : The Impact of the Decentralization Reforms in Japan

Eiichi AOKI (125)

The central government had controlled the local government about the education policy. But, after decentralization reform was performed, control of the central government became weaker. The local government came to implement policies like school choice which had not been able to be implemented in 1980's. Moreover, in the local government which is implementing new policies, the mayor and Parliament use strong influence to the superintendent of education or the board-of-education.

It is as follows that this paper clarified.

First, progress of the institutional reform which enabled the local government to implement a unique policy. Decentralization reform law in Japan was enforced in 2000, on the other hand, in an education policy, the institutional reform which advances decentralization was being performed after the second half of the 1990s.

Second, the main actors of the educational administration in the municipalities in Japan are the superintendent of education and the Board of Education. 25% of members of the Board of Education is a former teacher and 70% of the superintendent of education is also a former teacher. In five member of the Board of Educations, two persons are former teacher. That is, it became clear that there is no change in the constituent factor of the policy community of the education in a local government level in 2000's.

Third, it became clear that a politician uses influence to the main actors of educational administration in the local government which implements unique policies.

Review Article: Recent Studies on Central-Local Relations

Kengo SOGA (144)

This review article explores the recent trends of the studies on central-local relations. I categorize the researches into two; one which treats central-local relations as an independent variable and one which tries to explain the central-local relations as a dependent variable. In another words, the former asks what is an "institutional equilibrium" of the central-local relations and the latter questions how and why a central-local relation becomes an "equilibrium institution".

Although the inquiries on central-local relations in the United States cannot be said productive before 1990s comparing with other research fields, we see the improvement in this decade. I prospect the future trend will be the integration of the "institutional equilibrium" analyses and the "equilibrium institution" analyses. I also derive the implication and make a suggestion to the researches in Japan from the researches in the United States.

Law and Violence: dialectic of boundary setting/irregularity
Atsushi SUGITA (166)

In the 1920's Germany, Walter Benjamin probed into the conglutination of the law and violence, and expected for the so-called "pure violence" to transcend the coercive order depending on the law-violence. In response to this argument, Carl Schmitt tried to consolidate a system of the sovereignty where everything was to be solved within legal contexts, even in the state of emergency.

Giorgio Agamben has successfully elucidated this "polemic" between the two thinkers. But his argument that the state of emergency has already been normalized may lead to an expectation of an escape from the present situation, like in the theory of Benjamin.

In the 60's, in his theory on partisans, Schmitt warned about the risk of the erosion of a legal system by the "irregularity" of partisans. But Hannah Arendt's beloved "space of appearance" is actually rather similar to the "space of irregularity" of partisans. Seen in this way, the seriously dissenting thinkers coincide in setting a boundary between a desirable realm and an undesirable realm.

However, this kind of boundary setting may not be necessary for the politics. What is needed is a continuous and endless negotiation between the dichotomous categories.

Identifying the Domestic Anchors of Post-Cold War U.S. Foreign Policy
Nobuhiro HIWATARI (182)

The United States responded to the end of the Cold War by promoting trade with regimes that adopted market-oriented reforms but investing in weapons development to maintain superiority over non-democratizing military powers. This policy was sustained in Congress in spite of majority Party changes, divided government, and economic swings. This article constructs a framework that incorporates Presidential agenda setting, partisan debates over control of the agenda, and ideological overlap between the parties to identify the lawmakers behind this policy. This framework builds on Tsebelis' veto player theory, which includes both institutional veto points and partisan veto players, and predicts voting patterns that differ from Krehbiel's pivotal politics model (focusing exclusively on institutional veto points), Cox and McCubbins' partisan agenda model (examining only partisan veto players), or the two presidency thesis (emphasizing Presidential agenda setting). The framework is then applied to understand Congressional foreign policy voting patterns. An analysis of Congressional bills and resolutions on China trade, defense spending, and missile defense spending shows voting patterns that are in line with the predictions from this framework, rather than existing models and suggests that stable support for the above policy comes from a bipartisan, pro-business, and President-supportive group of lawmakers.

What is "Evolutionary Political Science"?
Tomonori MORIKAWA (217)

In recent years, so-called "Evolutionary Political Science" has drawn much attention from political scientists in the United States as well as in Europe. Little is known, however, about the overall framework of the approach, as it has been variously termed as "biopolitics", "neuro-politics," "evolutionary approach to political behavior" or "sociogenomics." Scholars in this field share and emphasize human cognitive processes that have derived from an evolutionary perspective on human cognitive functioning and architecture. In light of the above, recent analyses on: (1) altruistic decision-making, (2) genetic influence on political behaviors, and (3) an "ultimate" approach to warfare are discussed in detail. In the process, I refer to important aspects of proximate vs. ultimate mechanism, nature vs. nurture, and general problem solver vs. "modular" architecture of the summaries 373

human brain -- arguments which are all closely connected with information processing mechanisms in the study of political science.

The Politics of Policy Termination: Cases of Dam Construction Projects in Japanese Prefectural Government
                                    Yosuke SUNAHARA (237)

This article analyzes how Japanese local governments decide to terminate policy programs, by examining the experiences of terminating dam construction in prefectural governments. Though Japanese local governments are commonly regarded as subordinate to the central government, they are granted considerable autonomy to implement investment programs. In fact, after the last half of 1990s, many prefectural governments have decided to terminate investment programs, such as dam construction programs which this article deals with.

The author advances several hypotheses that the election system of local governments affects the motivations of politicians to implement dam construction programs, and examines those hypotheses by using the techniques of Event History Modeling. The empirical results of this article suggest that a change of local governor is the most important factor of policy termination and that the local assemblies which tend to oppose to the governor become substantive resistance force against termination. These findings demonstrate that the policy termination is not only economical or technical decision, but highly political decision.

Liberalism as idealism
—The political thought of Benedetto Croce between 1910 and 1925
                                    Takeshi KURASHINA (258)

The purpose of this paper is to discuss and revise the traditional interpretation of the political thought of Benedetto Croce first proposed by Norberto Bobbio and described by Giuseppe Galasso.

According to this interpretation, Croce revised his political thought in order to confront the fascist regime because the logic of real politics, on which he had insisted during the Great War, meant that he could not criticize Fascism. The traditional interpretation maintains that, on the rise of Fascism, Croce came to lose faith in real politics and to shift emphasis onto an ethical criticism in order to justify the moral values of the liberal regime in the Kingdom of Italy.

The paper suggests an alternative interpretation that Croce recognized his own political sympathy towards the Kingdom of Italy but did not criticize Fascism in direct support of the Kingdom. Neither did he convert his philosophy for political reasons; rather, he constructed conceptions of liberty and decadence, which were based on his original philosophy, and used them to analyse contemporary politics and criticize Fascism as a decadent regime.

Self-Ownership and Equality:
The Merits and Limits of Left-Libertarianism

Akira INOUE (276)

Left-libertarianism has attracted our attention as one of the powerful strands of political philosophy. Left-libertarianism endorses the thesis of self-ownership and reinterprets the Locken proviso in an egalitarian manner. It holds, roughly, that while people own their mind and body, unowned resources should be distributed equally among them.

This paper attempts to specify the merits and limits of left-libertarianism. On the one hand, left-libertarianism has two merits. First, left-libertarians demonstrate the possibility of justice as a system of perfect duties in such a way that the thesis of self-ownership is reasonably weakened. Second, the left-libertarian (re)interpretations of the Lockean proviso lead us to see the plausibility of the proviso as an egalitarian principle of justice. On the other hand, there are two problems with left-libertarianism. First, some inequalities resulting from the difference of people's native endowments are left unattended in the left-libertarian argument, mainly because left-libertarians fail to distinguish voluntariness from non-coerciveness; the thesis of self-ownership guarantees the latter, not always the former. Second, left-libertarianism is vulnerable to real-life uncertainty. Given that uncertainty is a characteristic trait of our market society, this implication seems fatal to the left-libertarian argument.

Bureaucrats and Decentralization Reform in Japan

Hajime KIDERA (296)

It had been said that the agency delegated functions and the local financial system centralized the local autonomy system in Japan. The central government decided to abolish the functions in 1990s, whereas Koizumi cabinet failed the fundamental reform of local financial system.

Discourse matters to gain agreement for reform. Japanese policy-making process needs "communicative discourse" (Schmidt 2002). But academic experts who commit in policy-making centers for the decentralization reform cannot make it alone. They need the help of bureaucracy for it.

This article examines several cases in decentralization reforms in Japan and shows the presence of bureaucrats' help contributed to the success of decentralization and its absence contributed to its failure

年報政治学2008 – Ⅱ
政府間ガバナンスの変容

2008年12月10日　第1刷発行

編　者　　日 本 政 治 学 会（年報委員長　稲継裕昭）
発行者　　坂　口　節　子
発行所　　有限会社　木　鐸　社
印刷　㈱アテネ社／製本　大石製本

〒112-0002　東京都文京区小石川5-11-15-302
　　　電話（03）3814-4195　　郵便振替　00100-5-126746番
　　　ファクス（03）3814-4196　　http://www.bokutakusha.com/
ISBN978-4-8332-2404-8　　C 3331

乱丁・落丁本はお取替致します

日本政治学会編　年報政治学

日本政治学会編　年報政治学2005－Ⅰ　2005年より版元変更。年2回刊
市民社会における参加と代表
A5判・360頁・2300円（2005年11月）ISBN4-8332-2370-8 C3331
政治改革の効果測定－小選挙区比例代表並立制導入に伴う投票行動の変化と持続－＝小林良彰
2003年衆議院選挙・2004年参議院選挙の分析－期待の政治の帰結と有権者＝池田謙一
2004年参院選における業績評価投票＝平野浩
2004年参院選における自民党からの離反と小泉評価＝山田真裕，他

日本政治学会編　年報政治学2005－Ⅱ
市民社会における政策過程と政策情報
A5判・260頁・1700円（2006年3月）ISBN4-8332-2375-9 C3331
衆議院総選挙候補者の政策位置＝谷口将紀
無党派知事下の地方政府における政策選択＝曽我謙悟・待鳥聡史
政策形成過程における官僚の民主的統制としての組織規範＝金宗郁
国民の対外意識に及ぼすマスメディアの影響＝河野武司

日本政治学会編　年報政治学2006－Ⅰ
平等と政治
A5判・320頁・2200円（2006年11月）ISBN4-8332-2382-1 C3331
運命と平等——現代規範的平等論＝飯田文雄
世界秩序の変動と平等＝遠藤誠治
不平等と政治的動員戦略＝新川敏光
福祉国家と平等をめぐる政治＝宮本太郎

日本政治学会編　年報政治学2006－Ⅱ
政治学の新潮流——21世紀の政治学へ向けて
A5判・270頁・1800円（2007年3月）ISBN978-4-8332-2391-1 C3331
規範理論と経験的研究との対話可能性＝田村哲樹
比較政治学における「アイディアの政治」＝近藤康史
「制度改革」の政治学＝森　正
日本官僚論の再定義＝宮本　融

日本政治学会編　年報政治学2007−Ⅰ
戦争と政治学　戦争の変容と政治学の模索
A5判・200頁・1400円（2007年9月）ISBN978-4-8332-2396-6 C3331
ウエーバーにおける戦争と政治＝亀嶋庸一
書かれざる「戦争の政治学」＝川原　彰
民主主義と武力行使＝押村　高
デモクラシーと戦争＝北村　治

日本政治学会編　年報政治学2007−Ⅱ
排除と包摂の政治学
越境，アイデンティティ，そして希望
A5判・262頁・1700円（2007年12月）ISBN978-4-8332-2398-0 C3331
帝国の時代におけるリージョンとマイノリティ＝竹中　浩
無国籍者をめぐる越境とアイデンティティ＝陳　天璽
文化的多様性と社会統合＝辻　康夫
越境社会と政治文化＝小川有美

日本政治学会編　年報政治学2008−Ⅰ
国家と社会　統合と連帯の政治学
A5判・368頁・2300円（2008年6月）ISBN978-4-8332-2404-8 C3331
労働の再定義――現代フランス福祉国家――＝田中拓道
ハイエクの民主政治論――トクヴィルとの比較＝山中　優
結社と民主政治＝早川　誠
ポスト植民地主義期の社会と国家＝大中一弥

水口憲人・北原鉄也・真渕　勝・久米郁男・秋月謙吾編
変化をどう説明するか〔全3巻〕

　日本の政治行政システムは大きな「変化」の時期を迎えている。本企画はこれらの「変化」を発見し，それに「説明」を試みる。また，そこに多様な問題を発見し，それを観察し記述し分析することで「変化の時代」の特徴を捉えようとするもの。

政治篇——政治的利益の再編
A5判・264頁・3000円（1999年）ISBN4-8332-2284-1

行政篇——官僚的思考の変容
A5判・286頁・3000円（2000年）ISBN4-8332-2285-X

地方自治篇——ポストモダンの地方制度
A5判・250頁・3000円（2000年）ISBN4-8332-2286-8

自由主義の終焉　■現代政府の問題性
Theodore J. Lowi, The End of Liberalism, 1979
Th. ロウィ著　村松岐夫監訳
46判・446頁・5000円（OD版2008年）ISBN4-8332-9012-X　C3031
第1部　合衆国における自由主義イデオロギーの起源と衰退　第2部　何故自由主義的政府は計画できないか　第3部　なぜ自由主義的政府は正義を実現することができないか　第4部　自由主義を超えて
　ニューディール期に胚胎したアメリカの「利益集団自由主義」と呼ぶべきポリシーが，結局は民主主義を腐敗させ政府の無能力化を招いている病癖を剔抉。日本にも共通する現代民主制の問題点を衝く。

日本の政府間関係　■都道府県の政策決定
Steven R. Reed, Japanese Prefectures and Policymaking, 1986
スティーヴン・リード著　森田朗他訳
A5判・296頁・2800円（1998年2刷）ISBN4-8332-2151-9
　1 政府間関係における影響力　2 比較的視座における日本の地方政府　3 日本の地方政府の発展　4 公害規制政策　5 住宅政策　高校教育政策　7 結論
　日本の地方自治を，比較政治学の観点から考察し政策決定に当ってどのような影響力関係が働いているかを分析。

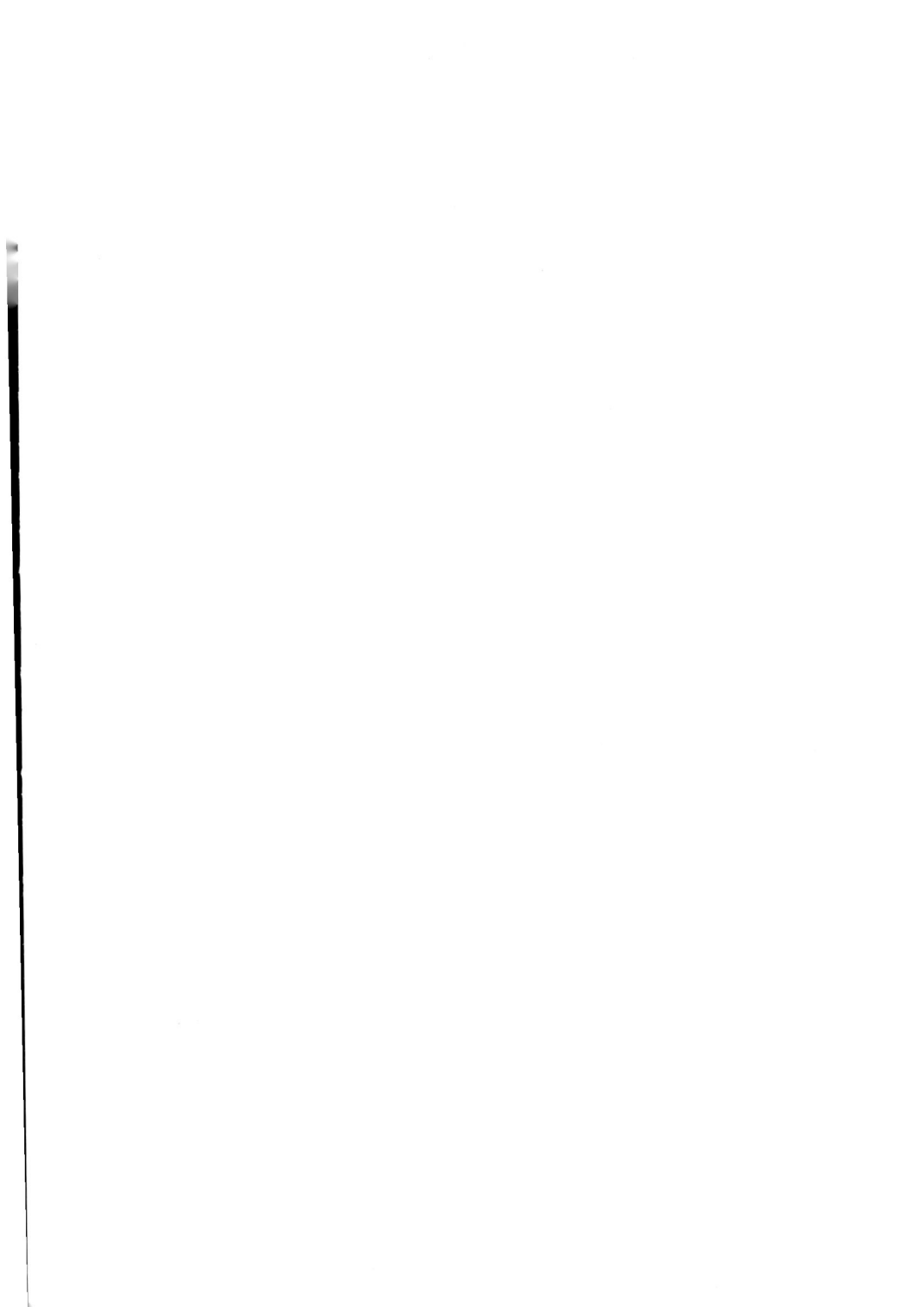